AF193426

EVANGELIO
POPULAR
2025

Comentarios de las

Carmelitas Descalzas de Puçol

Diseño: Amparo Hernández Pereda-Velasco

Cubierta: Carmen Corrales Álvarez

Ilustración de cubierta: Arturo Asensio Morunoo

© 2024, Carmelitas Descalzas de Puçol (de los comentarios)

© 2023, PPC, Editorial y Distribuidora, SA
        Impresores 2
        Parque Empresarial Prado del Espino
        28660 Boadilla del Monte (Madrid)
        ppcedit@ppc-editorial.com
        www.ppc-editorial.com

ISBN 978-84-288-4183-2

Depósito legal: M-15134-2024

Impreso en la UE / *Printed in EU*

ENERO

Miércoles
Santa María, Madre de Dios
Octava de la Natividad del Señor

Primera lectura: Números 6,22-27

Salmo 66: El Señor tenga piedad y nos bendiga

Segunda lectura: Gálatas 4,4-7

Evangelio: Lucas 2,16-21

En aquel tiempo, los pastores fueron corriendo a Belén y encontraron a María y a José, y al niño acostado en el pesebre. Al verlo, contaron lo que les habían dicho de aquel niño. Todos los que lo oían se admiraban de lo que les decían los pastores. Y María conservaba todas estas cosas, meditándolas en su corazón. Los pastores se volvieron dando gloria y alabanza a Dios por lo que habían visto y oído; todo como les habían dicho. Al cumplirse los ocho días tocaba circuncidar al niño, y le pusieron por nombre Jesús, como lo había llamado el ángel antes de su concepción.

En este evangelio se nos invita a vivir algunas actitudes que quisiéramos encarnar en nosotros: la disponibilidad, la acogida de la Palabra en nuestro corazón, la acción de gracias, la admiración, la adoración. Jesús se nos manifiesta y, ante la grandeza de este misterio, brota un gran agradecimiento por el inmenso amor del Señor que se ha hecho «Dios con nosotros». Los pastores son los primeros anunciadores de esta gran noticia, su alegría y gratitud son el mejor mensaje que transmiten a todos quienes los escuchan. Y María guarda en su corazón este insondable misterio. En este primer día del año renovamos nuestra fe y esperanza en Jesús, que se ha hecho uno de nosotros por amor, y agradecemos a María y a José su apertura al Misterio que se nos regala.

ENERO

2

Jueves
San Basilio y San Gregorio Nacianceno

Primera lectura: 1 Juan 2,22-28

Salmo 97: Los confines de la tierra han contemplado la victoria de nuestro Dios

Evangelio: Juan 1,19-28

Este fue el testimonio de Juan cuando los judíos enviaron desde Jerusalén sacerdotes y levitas a Juan a que le preguntaran: «Tú, ¿quién eres?». Él confesó sin reservas: «Yo no soy el Mesías». Le preguntaron: «Entonces, ¿qué? ¿Eres tú Elías?». Él dijo: «No lo soy». «¿Eres tú el Profeta?». Respondió: «No». Y le dijeron: «¿Quién eres? Para que podamos dar una respuesta a los que nos han enviado, ¿qué dices de ti mismo?». Él contestó: «Yo soy la voz que grita en el desierto: "Allanad el camino del Señor", como dijo el profeta Isaías».

Entre los enviados había fariseos y le preguntaron: «Entonces, ¿por qué bautizas si tú no eres el Mesías, ni Elías, ni el Profeta?». Juan les respondió: «Yo bautizo con agua; en medio de vosotros hay uno que no conocéis, el que viene detrás de mí, y al que no soy digno de desatar la correa de la sandalia».

Esto pasaba en Betania, en la otra orilla del Jordán, donde estaba Juan bautizando.

La figura de Juan, el precursor, aparece con fuerza en este relato evangélico. Los sacerdotes y levitas le interrogan, quieren saber su identidad. Juan les habla de su misión como precursor del Mesías y ya les adelanta la diferencia entre su bautismo, de agua, y el de Jesús, que nos otorga su Espíritu. Juan conoce su propia identidad y vocación. Es la voz, no la Palabra; es quien predica la conversión y el arrepentimiento, pero no el que perdona y restaura, ese será Jesús, a quien Juan allana el camino. Este evangelio nos invita a reconocer nuestra identidad en la Iglesia, a ser testigos audaces de Jesús, que es quien trae la salvación a toda la humanidad.

ENERO

3 | **Viernes**
Santísimo Nombre de Jesús

Primera lectura: 1 Juan 2,29-36

Salmo 97: Los confines de la tierra han contemplado la victoria de nuestro Dios

Evangelio: Juan 1,29-34

Al día siguiente, al ver Juan a Jesús, que venía hacia él, exclamó: «Este es el Cordero de Dios que quita el pecado del mundo. Este es aquel de quien yo dije: "Tras de mí viene un hombre que está por delante de mí, porque existía antes que yo". Yo no lo conocía, pero he salido a bautizar con agua, para que sea manifestado a Israel». Y Juan dio testimonio diciendo: «He contemplado al Espíritu que bajaba del cielo como una paloma y se posó sobre él. Yo no lo conocía, pero el que me envió a bautizar con agua me dijo: "Aquel sobre quien veas bajar el Espíritu y posarse sobre él, ese es el que ha de bautizar con Espíritu Santo". Y yo lo he visto, y he dado testimonio de que este es el Hijo de Dios».

Como continuación del evangelio de ayer, seguimos contemplando la figura de Juan, al que acude Jesús en busca de su bautismo, como preparación para la misión que el Padre le ha dado. Juan proclama la auténtica identidad de Jesús: «Es el Cordero de Dios que quita el pecado del mundo», quien bautizará con Espíritu Santo. Es un momento clave en el itinerario que va a empezar Jesús, su vida pública. Juan recibe de Dios Padre la señal que le hará ver quién es Jesús, el Hijo de Dios: la paloma, el Espíritu, que se posa sobre él. Saber reconocer a Jesús como enviado del Padre es la invitación que nos hace este relato evangélico. Juan da testimonio de Jesús, imitemos también nosotros al Bautista y sintámonos llamados a ser testigos del Ungido del Padre.

ENERO

4 | Sábado

Primera lectura: 1 Juan 3,7-10

Salmo 97: Los confines de la tierra han contemplado la victoria de nuestro Dios

Evangelio: Juan 1,35-42

En aquel tiempo estaba Juan con dos de sus discípulos y, fijándose en Jesús, que pasaba, dice: «Este es el Cordero de Dios». Los dos discípulos oyeron sus palabras y siguieron a Jesús. Jesús se volvió y, al ver que lo seguían, les pregunta: «¿Qué buscáis?». Ellos contestaron: «Rabí (qué significa maestro), ¿dónde vives?». Él les dijo: «Venid y lo veréis». Entonces fueron, vieron dónde vivía y se quedaron con él aquel día; serían las cuatro de la tarde.

Andrés, hermano de Simón Pedro, era uno de los dos que oyeron a Juan y siguieron a Jesús; encuentra primero a su hermano

Simón y le dice: «Hemos encontrado al Mesías (que significa Cristo)». Y lo llevó a Jesús. Jesús se le quedó mirando y le dijo: «Tú eres Simón, el hijo de Juan; tú te llamarás Cefas (que se traduce Pedro)».

En este evangelio asistimos a la llamada de los primeros discípulos de Jesús. Son seguidores de Juan el Bautista, que señala el paso del tiempo antiguo al nuevo que inaugura Jesús. Este les pregunta: «¿Qué buscáis?». Ellos, a su vez, responden con otro interrogante: «¿Dónde vives?»; Jesús los invita a ir con él. También a nosotros Jesús nos interpela, nos propone ir con él, participar de su intimidad. A su vez, Andrés, que ya ha conocido a Jesús como Mesías, conduce a su hermano Simón a Jesús, que lo mira y le asigna el nombre de Pedro. Ser mirado por Jesús es ser y saberse amado. San Juan de la Cruz dice que «el mirar de Dios es amar». La propuesta evangélica de hoy nos invita a descubrir la llamada y la mirada de Jesús en nuestra vida y a responder con generosidad, al igual que hicieron los discípulos.

ENERO

5

Domingo
II DESPUÉS DE NAVIDAD

Primera lectura: Eclesiástico 24,1-2.8-12
....
Salmo 147: La Palabra se hizo carne y acampó entre nosotros
....
Segunda lectura: Efesios 1,3-6.15-18
....

Evangelio: Juan 1,1-18

En el principio ya existía la Palabra, y la Palabra estaba junto a Dios, y la Palabra era Dios. La Palabra en el principio estaba junto a Dios. Por medio de la Palabra se hizo todo, y sin ella no se hizo nada de lo que se ha hecho. En la Palabra había vida, y la vida era la luz de los hombres. La luz brilla en la tiniebla, y la tiniebla no la recibió. Surgió un hombre enviado por Dios que se llamaba Juan: este venía como testigo, para dar testimonio de la luz, para que por él todos vinieran a la fe. No era él la luz, sino testigo de la luz. La Palabra era la luz verdadera que alumbra a todo hombre. Al mundo vino y en el mundo estaba; el mundo se hizo por medio de ella, y el mundo no la conoció. Vino a su casa, y los suyos no la recibieron. Pero a cuantos la recibieron les da poder para ser hijos de Dios, si creen en su nombre. Estos no han nacido de sangre, ni de amor carnal, ni de amor humano, sino de Dios. Y la Palabra se hizo carne y acampó entre nosotros, y hemos contemplado su gloria: gloria propia del Hijo único del Padre, lleno de gracia y de verdad.

Juan da testimonio de él y grita diciendo: «Este es de quien te dije: "El que viene detrás de mí pasa delante de mí, porque existía antes que yo"». Pues de su plenitud todos hemos recibido, gracia tras gracia. Porque la Ley se dio por medio de Moisés, la gracia y la verdad vinieron por medio de Jesucristo. A Dios nadie lo ha visto jamás: Dios Hijo único, que está en el seno del Padre, es quien lo ha dado a conocer.

Este relato del evangelio de Juan nos transporta a la verdad central de nuestra vida. Jesús es la Palabra hecha carne, es la vida que nos vivifica y junto a nosotros acampa. Juan es quien da testimonio de la divinidad del Hijo de Dios que estaba desde siempre junto a él. Jesús es la luz que brilla en las tinieblas, y a quienes la reciben les regala ser hijos de Dios. Este evangelio merece ser saboreado y meditado de manera pausada, dejándonos interpelar e iluminar por la verdadera Palabra que nos hermana en una misma familia, la de los hijos de Dios. Seamos agradecidos a la infinita bondad y misericordia de Dios que ha querido compartir con nosotros nuestra existencia humana en la persona de Jesús, la Palabra que es luz y vida.

Primera lectura: Isaías 60,1-6

Salmo 71: Se postrarán ante ti, Señor, todos los pueblos de la tierra

Segunda lectura: Efesios 3,2-3a.5-6

Evangelio: Mateo 2,1-12

Jesús nació en Belén de Judea en tiempos del rey Herodes. Entonces, unos magos de Oriente se presentaron en Jerusalén preguntando: «¿Dónde está el Rey de los judíos que ha nacido? Porque hemos visto salir su estrella y venimos a adorarlo». Al enterarse el rey Herodes se sobresaltó, y todo Jerusalén con él; convocó a los sumos sacerdotes y a los escribas del país, y les preguntó dónde tenía que nacer el Mesías. Ellos le contestaron: «En Belén de Judea, porque así lo ha escrito el profeta: "Y tú, Belén, tierra de Judea, no eres ni mucho menos la última de las ciudades de Judea, pues de ti saldrá un jefe que será el pastor de mi pueblo Israel".

Entonces Herodes llamó en secreto a los magos para que le precisaran el tiempo en que había aparecido la estrella, y los mandó a Belén, diciéndoles: «Id y averiguad cuidadosamente qué hay del niño y, cuando lo encontréis, avisadme, para ir yo también a adorarlo». Ellos, después de oír al rey, se pusieron en camino, y de pronto la estrella que habían visto salir comenzó a guiarlos hasta que vino a pararse encima de donde estaba el niño. Al ver la estrella se llenaron de inmensa alegría. Entraron en la casa, vieron al niño con María, su madre, y, cayendo de rodillas, lo adoraron; después, abriendo sus cofres, le ofrecieron regalos: oro, incienso y mirra. Y habiendo recibido en sueños un oráculo para que no volvieran a Herodes, se marcharon a su tierra por otro camino.

La fiesta de la Epifanía nos lleva ante Jesús, nacido como un pequeño niño, hecho que Herodes es incapaz de entender. Él piensa en un rey poderoso semejante a él. En cambio, la auténtica realeza de Jesús es la pobreza, la misericordia y la compasión. Por eso Herodes actúa tiránicamente cuando escucha a los magos que quieren ir a adorar al rey de los judíos. El objetivo de Herodes es opuesto al de los magos: destruir y matar a quien puede ser un enemigo suyo. Pero los reyes, aunque no pertenecen al pueblo elegido, saben reconocer al Mesías y lo adoran, ofreciendo sus presentes: «Los reyes magos son ante el pesebre los representantes de todos los que buscan, de cualquier pueblo y nación», dice Edith Stein. Dejémonos interpelar por este pasaje que nos invita a estar en camino, a descubrir a Jesús como Verdad y estar abiertos a todo ser humano que reconoce a Jesús como Salvador.

ENERO

7 | **Martes**
San Raimundo de Peñafort

Primera lectura: 1 Juan 3,22-4,6

Salmo 2: Te daré en herencia las naciones

Evangelio: Mateo 4,12-17.23-25

El aquel tiempo, al enterarse Jesús de que habían arrestado a Juan, se retiró a Galilea. Dejando Nazaret se estableció en Cafarnaún, junto al lago, en el territorio de Zabulón y Neftalí. Así se cumplió lo que había dicho el profeta Isaías: «País de Zabulón y país de Neftalí, camino del mar, al otro lado del Jordán, Galilea de los gentiles. El pueblo que habitaba en las tinieblas vio una luz grande; a los que habitaban en tierra y sombras de muerte, una luz les brilló».

Entonces comenzó Jesús a predicar diciendo: «Convertíos, porque está cerca el reino de los cielos». Recorría toda Galilea enseñando en las sinagogas y proclamando el Evangelio del reino, curando las enfermedades y dolencias del pueblo. Su fama se extendió por toda Siria y le traían todos los enfermos aquejados de toda clase de enfermedades y dolores, endemoniados, lunáticos y paralíticos. Y él los curaba. Y le seguían multitudes venidas de Galilea, Decápolis, Jerusalén, Judea y Transjordania.

El evangelio que hoy se nos propone nos muestra el inicio de la labor evangelizadora de Jesús junto al lago de Galilea. Así se cumplió la profecía de Isaías, cuando predijo que en esta tierra brotaría una gran luz, que es Jesús. La predicación de Jesús y la llamada a los primeros discípulos conforman este relato evangélico que nos lleva a centrar la mirada en la misión de Jesús, que proclama la Buena Noticia y cura las «enfermedades y dolencias del pueblo». ¿Qué dolencias necesitamos sanar? ¿Somos conscientes de ellas y las presentamos a Jesús para que las cure? Este evangelio nos invita a acoger y encarnar la Buena Noticia y a descubrir nuestra necesidad de ser sanados por Jesús.

ENERO

8 | Miércoles

Primera lectura: 1 Juan 4,7-10

Salmo 71: Que todos los pueblos de la tierra se postren ante ti, Señor

Evangelio: Marcos 6,34-44

En aquel tiempo, Jesús vio una multitud y le dio lástima de ellos, porque andaban como ovejas sin pastor; y se puso a enseñarles con calma. Cuando se hizo tarde se acercaron sus discípulos a decirle: «Estamos en despoblado y ya es muy tarde. Despídelos, que vayan a los cortijos y aldeas de alrededor y se compren de comer». Él les replicó: «Dadles vosotros de comer». Ellos le preguntaron: «¿Vamos a ir a comprar doscientos denarios de pan para darles de comer?». Él les dijo: «¿Cuántos panes tenéis? Id a ver». Cuando lo averiguaron le dijeron: «Cinco, y dos peces». Él les mandó que hicieran recostarse a la gente sobre la hierba en grupos. Ellos se acomodaron por grupos de ciento y de cincuenta. Y, tomando los cinco panes y los dos peces, alzó la mirada al cielo, pronunció la bendición, partió los panes y se los dio a los discípulos para que se los sirvieran. Y repartió entre todos los dos peces. Comieron todos y se saciaron, y recogieron las sobras: doce cestos de pan y de peces. Los que comieron eran cinco mil hombres.

El milagro de la multiplicación de los panes y los peces es uno de los más impactantes que realiza Jesús, quizá por lo extraordinario del mismo. Pero lo que realmente nos interesa descubrir es el sentido profundo de este signo. Jesús pide la colaboración de sus discípulos: hemos de aportar lo que poseemos, aunque sea poco. Jesús lo toma, alza la mirada al cielo, pronuncia la bendición, parte los panes y se los da a los discípulos. Igual gesto hizo con los peces. Unidos a Jesús, somos capaces de multiplicar los dones recibidos, que hemos de compartir con nuestros hermanos. Este evangelio nos invita a reconocer y agradecer cuanto recibimos de Dios, mientras le pedimos que nos enseñe a ser generosos y entregados a nuestros prójimos.

ENERO

9

Jueves
San Eulogio de Córdoba

Primera lectura: 1 Juan 4,11-18

Salmo 71: Que todos los pueblos de la tierra se postren ante ti, Señor

Evangelio: Marcos 6,45-52

Después de que se saciaron los cinco mil hombres, Jesús enseguida apremió a los discípulos a que subieran a la barca y se le adelantaran hacia la orilla de Betsaida mientras él despedía a la gente. Y después de despedirse de ellos se retiró al monte a orar. Llegada la noche, la barca estaba en mitad del lago, y Jesús, solo, en tierra. Viendo el trabajo con que remaban, porque tenían viento contrario, a eso de la madrugada va hacia ellos andando sobre el lago, e hizo además de pasar de largo. Ellos, viéndolo andar sobre el lago, pensaron que era un fantasma y dieron un grito, porque al verlo se habían sobresaltado. Pero él les dirige enseguida la palabra y les dice: «Ánimo, soy yo, no tengáis miedo». Entró en la barca con ellos y amainó el viento. Ellos estaban en el colmo del estupor, pues no habían comprendido lo de los panes, porque eran torpes para entender.

Jesús se retira al monte a orar tras el milagro de los panes y los peces. Da gracias al Padre por lo que acaba de suceder. Jesús nos invita a orar en todo momento. Los discípulos en la barca siguen su tarea y, en medio de un fuerte viento, aparece Jesús, al que confunden con un fantasma. Cuando el miedo nos paraliza, no somos capaces de reconocer a Jesús, que viene a nuestro encuentro. Nuestros propios fantasmas nos impiden verlo. ¡Cuántas veces nos dejamos vencer por el miedo, por los fantasmas que en realidad no existen sino en nuestro pensamiento! Y el hecho de que Jesús hable a los discípulos, pronunciando una palabra de ánimo, les serena el espíritu y quedan como mudos de estupor. Jesús nos enseña a dejar de lado los miedos y a confiar siempre en él, que nunca nos abandona ni deja zozobrar la barca de nuestra vida.

ENERO

10 | **Viernes**

Primera lectura: 1 Juan 4,19-5,4

Salmo 71: Que todos los pueblos de la tierra se postren ante ti, Señor

Evangelio: Lucas 4,14-22a

Jesús volvió a Galilea con la fuerza del Espíritu; y su fama se extendió por toda la comarca. Enseñaba en las sinagogas, y todos lo alababan.

Fue a Nazaret, donde se había criado, entró en la sinagoga, como era su costumbre los sábados, y se puso en pie para hacer la lectura. Le entregaron el rollo del profeta Isaías y, desenrollándolo, encontró el pasaje donde estaba escrito: «El Espíritu del Señor está sobre mí, porque él me ha ungido. Me ha enviado a evangelizar a los pobres, a proclamar a los cautivos la libertad, y a los ciegos, la vista; a poner en libertad a los oprimidos; a proclamar el año de gracia

La lectura del profeta Isaías en la sinagoga de Nazaret es un momento clave en el itinerario de Jesús. Él proclama la profecía y señala que ese día se ha hecho realidad. En Jesús se cumple la promesa del Padre que lo unge con la fuerza del Espíritu para cumplir su misión de liberar a los oprimidos, sanar a todos los enfermos de cualquier dolencia, a liberarnos de nuestras esclavitudes. Todos tenían la mirada puesta en Jesús. ¿Soy de los que centro mi mirada en él o la tengo puesta en otros intereses? ¿Es Jesús quien realmente me libera de mis ataduras? No cabe sino una acción de gracias inmensa porque, en el hoy de nuestra existencia, Jesús viene a regalarnos la auténtica libertad, a proclamar el año de gracia del Señor.

ENERO

11 | Sábado

Primera lectura: 1 Juan 5,5-13

Salmo 147: Glorifica al Señor, Jerusalén

Evangelio: Lucas 5,12-16

Sucedió que, estando Jesús en una de las ciudades, se presentó un hombre lleno de lepra; al ver a Jesús, cayendo sobre su rostro, le suplicó, diciendo: «Señor, si quieres, puedes limpiarme». Y, extendiendo la mano, lo tocó, diciendo: «Quiero, queda limpio». Y enseguida la lepra se le quitó. Y él le ordenó no comunicarlo a nadie; y le dijo: «Ve, preséntate al sacerdote y ofrece por tu purificación según mandó Moisés, para que les sirva de testimonio».

Se hablaba de él cada vez más, y acudía mucha gente a oírlo y a que los curara de sus enfermedades. Él, por su parte, solía retirarse a despoblado y se entregaba a la oración.

La curación del leproso es toda una catequesis del modo de actuar de Jesús y de quien se relaciona con él. Podemos contemplar la humildad del leproso que pide con sencillez ser curado por Jesús, en quien tiene una gran confianza y será atendido. Jesús, a su vez, derrocha toda su misericordia en este enfermo de lepra, enfermedad que le mantenía como un proscrito en la sociedad. Le pide que no lo diga a nadie, pero que cumpla la Ley de Moisés presentándose al sacerdote para que certifique su curación. Tengamos la fe firme del leproso, que pide con humildad ser curado; seamos agradecidos al Señor, que siempre está dispuesto a sanar las «lepras» que nos separan de Dios y de los hermanos. Finalmente, hagamos como Jesús, que se retiraba a orar, a ese «diálogo de amistad con quien sabemos nos ama», en palabras de santa Teresa de Jesús.

ENERO

Domingo
BAUTISMO DEL SEÑOR

Primera lectura: Isaías 42,1-4.6-7

Salmo 28: El Señor bendice a su pueblo con la paz

Segunda lectura:: Hechos de los Apóstoles 10,34-38

Evangelio: Lucas 3,15-16.21-22

En aquel tiempo, el pueblo estaba en expectación, y todos se preguntaban si no sería Juan el Mesías; él tomó la palabra y dijo a todos: «Yo os bautizo con agua; pero viene el que puede más que yo, y no merezco desatarle la correa de sus sandalias. Él os bautizará con Espíritu Santo y fuego».

En un bautismo general, Jesús también se bautizó. Y, mientras oraba, se abrió el cielo, bajó el Espíritu Santo sobre él en forma de paloma y vino una voz del cielo: «Tú eres mi Hijo, el amado, el predilecto».

En esta fiesta del Bautismo del Señor asistimos a la manifestación de Jesús como Hijo de Dios. El pueblo estaba expectante, porque pensaba que Juan el Bautista era el Mesías esperado, pero Juan siempre tuvo claro que era el precursor, el profeta que anunciaba la llegada del Mesías. A pesar de que el bautismo de Juan es poco más que apariencia, Jesús acude a ser bautizado por él, se une a todos los que desean ser perdonados, es un gesto de humildad y de amor para con todos. El Padre revela la identidad de Jesús: «El Hijo amado, el predilecto». Y el Espíritu se posa sobre él. Con el bautismo de Jesús se inicia el nuevo tiempo de gracia para toda la humanidad. Agradezcamos el don del bautismo con que se nos regala el don del Espíritu que nos hace hijos de Dios y hermanos de una misma familia. Jesús inicia su misión tras recibir el bautismo, con la fuerza del Espíritu, y nos invita a todos a ser testigos suyos en medio de nuestro mundo, tan necesitado de evangelizadores de la Buena Noticia.

TIEMPO ORDINARIO

ENERO

13

Lunes
San Hilario

Primera lectura: Hebreos 1,1-6

Salmo 96: Adorad al Señor todos sus ángeles

Evangelio: Marcos 1,14-20

Cuando arrestaron a Juan, Jesús se marchó a Galilea a proclamar el evangelio de Dios. Decía: «Se ha cumplido el plazo, está cerca el reino de Dios: convertíos y creed en el evangelio». Pasando junto al lago de Galilea vio a Simón y a su hermano Andrés, que eran pescadores y estaban echando el copo en el lago. Jesús les dijo: «Venid conmigo y os haré pescadores de hombres». Inmediatamente dejaron las redes y lo siguieron. Un poco más adelante vio a Santiago, hijo de Zebedeo, y a su hermano Juan, que estaban en la barca repasando las redes. Los llamó, dejaron a su padre Zebedeo en la barca con los jornaleros y se marcharon con él.

Ha llegado el tiempo de la plenitud de Dios para toda la humanidad. Es el tiempo nuevo del reino de Dios. Jesús nos invita a la conversión, creer en él y vivir con él una vida para el Evangelio. Jesús llama a sus primeros discípulos e inicia con ellos este estilo de vida que quiere mostrar la cercanía de Dios en medio de la humanidad. Esta llamada a la conversión exige un cambio de vida y una actitud interior: disponibilidad y seguimiento de Jesús. ¿Estoy disponible para responder a la llamada de la conversión y seguimiento de Jesús? Todo va a cambiar en mí. ¿Asumo otro estilo de vida que me lleve por donde no sé ni conozco? Se trata de fiarnos de Jesús y aventurar la vida con él.

ENERO
14 | **Martes**

Primera lectura: Hebreos 2,5-12

Salmo 8: Diste a tu Hijo el mando sobre las obras de tus manos

Segunda lectura: 1 Corintios 6,13c-15a.17-20

Evangelio: Marcos 1,21-28

En aquel tiempo, Jesús y sus discípulos entraron en Cafarnaún, y, cuando el sábado siguiente fue a la sinagoga a enseñar, se quedaron asombrados de su doctrina, porque no enseñaba como los escribas, sino con autoridad. Estaba precisamente en la sinagoga un hombre que tenía un espíritu inmundo, y se puso a gritar: «¿Qué quieres de nosotros, Jesús Nazareno? ¿Has venido a acabar con nosotros? Sé quién eres: el Santo de Dios». Jesús lo increpó: «Cállate y sal de él». El espíritu inmundo lo retorció y, dando un grito muy fuerte, salió. Todos se preguntaron estupefactos: «¿Qué es esto? Este enseñar con autoridad es nuevo. Hasta a los espíritus inmundos les manda y le obedecen». Su fama se extendió enseguida por todas partes, alcanzando la comarca entera de Galilea.

Jesús comienza un estilo de enseñanza nuevo. La gente lo escucha con asombro, lo califican como alguien que habla con autoridad. Solo quien tiene una gran seguridad en sí mismo es capaz de hablar con autoridad. Jesús habla como palabra de Dios, y esta palabra lleva fuerza sanadora y libertadora. Jesús lo sabe, y para esta hora ha venido. Solo quien es libre como Jesús puede liberar del mal y curar las heridas del cuerpo y las ataduras del espíritu. Quien se adhiere a Jesús asume su misma vida de amor y libertad. La fuerza de Dios que actúa en Jesús la llevamos en nuestro interior todos los hijos e hijas de Dios. Para sanar y liberar somos enviados. Dios quiere que hagamos experiencia personal y comunitaria de conversión libertadora. Algo nuevo ha comenzado.

ENERO

15 | Miércoles

Primera lectura: Hebreos 2,14-18

Salmo 104: El Señor se acuerda de su alianza eternamente

Evangelio: Marcos 1,29-39

En aquel tiempo, al salir Jesús de la sinagoga, fue con Santiago y Juan a casa de Simón y Andrés. La suegra de Simón estaba en cama con fiebre, y se lo dijeron. Jesús se acercó, la cogió de la mano y la levantó. Se le pasó la fiebre y se puso a servirles. Al ano-checer, cuando se puso el sol, le llevaron todos los enfermos y endemoniados. La población entera se agolpaba a la puerta. Curó a muchos enfermos de diversos males y expulsó muchos demonios; y como los demonios lo conocían, no les permitía hablar.

Se levantó de madrugada, se marchó al descampado y allí se puso a orar. Simón y sus compañeros fueron y, al encontrarlo, le dijeron: «Todo el mundo te busca». Él les respondió: «Vámonos a otra parte, a las aldeas cercanas, para predicar también allí; que para eso he salido». Así recorrió toda Galilea, predicando en las sinagogas y expulsando los demonios.

Jesús cura a la suegra de Pedro dándole la mano y levantándola; ella se muestra pronta para ponerse a su servicio. Esta mujer ha entendido que el amor verdadero es entrega y servicio eficaz. Servir es la actitud humilde y callada de tantas mujeres que viven en completo anonimato. Servir es la actitud de Jesús, que se situó a los pies de la humanidad para lavarla, curarla, amarla. Jesús está atento a los aconteceres de la vida, cubre las necesidades. Su amor es curativo y libertador. Que Jesús ponga su mano sobre las fiebres que enferman nuestro mundo y vivamos con autén-tico espíritu de servicio, aliviando las carencias de la gente necesitada. Jesús se retira a orar. La oración es la relación íntima con Dios, donde nos es dada la fuerza sanadora y libertadora. La oración es fuente de salud.

Primera lectura: Hebreos 3,7-14

Salmo 94: Ojalá escuchéis hoy la voz del Señor: «No endurezcáis el corazón»

Evangelio: Marcos 1,40-45

En aquel tiempo se acercó a Jesús un leproso, suplicándole de rodillas: «Si quieres, puedes limpiarme». Sintiendo lástima, extendió la mano y lo tocó, diciendo: «Quiero: queda limpio». La lepra se le quitó inmediatamente, y quedó limpio. Él lo despidió, encargándole severamente: «No se lo digas a nadie; pero, para que conste, ve a presentarte al sacerdote y ofrece por tu purificación lo que mandó Moisés». Pero, cuando se fue, empezó a divulgar el hecho con grandes ponderaciones, de modo que Jesús ya no podía entrar abiertamente en ningún pueblo; se quedaba fuera, en descampado; y aun así acudían a él de todas partes.

Jesús tiene un corazón compasivo. Siente lástima por las heridas de la gente, y su gesto es de una gran ternura: pone su mano sobre el leproso y lo cura. Jesús no espera otra cosa sino que yo le muestre mis heridas, mi lepra, para conmoverse de lástima y curarme. Hace falta que reconozcamos nuestras partes enfermas. La religión nos puede llevar a cumplir normas, ritos y devociones, pero, si no nos ayuda a vernos desde dentro, ¿cómo saber qué me afecta para ser curada ante Dios? Lo fundamental en la vida de Jesús no fueron las ceremonias religiosas. Fue sanar, amar, perdonar, salvar. Como seguidores de Jesús, sea esta la manera de ser y hacer Iglesia, fraternizar la vida atendiendo a las necesidades de la gente, materiales y espirituales.

Poner la mano amorosamente sobre el sufrimiento humano y ser eucaristía para todos.

17 | **Viernes**
San Antonio, abad

Primera lectura: Hebreos 4,1-5,11
Salmo 77: No olvidéis las acciones de Dios

Evangelio: Marcos 2,1-12

Cuando, a los pocos días, volvió Jesús a Cafarnaún, se supo que estaba en casa. Acudieron tantos que no quedaba sitio ni a la puerta. Él les proponía la palabra. Llegaron cuatro llevando un paralítico y, como no podían meterlo, por el gentío, levantaron unas tejas encima de donde estaba Jesús, abrieron un boquete y descolgaron la camilla con el paralítico. Viendo Jesús la fe que tenían, le dijo al paralítico: «Hijo, tus pecados quedan perdonados».

Unos escribas, que estaban allí sentados, pensaban para sus adentros: «¿Por qué habla este así? Blasfema. ¿Quién puede perdonar pecados, fuera de Dios?». Jesús se dio cuenta de lo que pensaban y les dijo: «¿Por qué pensáis eso? ¿Qué es más fácil: decirle al paralítico: "Tus pecados quedan perdonados", o decirle: "Levántate, coge la camilla y echa a andar"? Pues, para que veáis que el Hijo del hombre tiene potestad en la tierra para perdonar pecados...». Entonces le dijo al paralítico: «Contigo hablo: levántate, coge tu camilla y vete a tu casa». Se levantó inmediatamente, cogió la camilla y salió a la vista de todos. Se quedaron atónitos y daban gloria a Dios, diciendo: «Nunca hemos visto una cosa igual».

Pecar es vivir alejados de Dios. El pecado nos desvincula de la gracia y nos deshumaniza, nos esclaviza y enferma. Jesús es el hombre que viene de Dios y obra con la fuerza del Espíritu. Cuando vivimos unidos a Jesús, su fuerza obra gracia en nosotros. Cuando amamos y perdonamos, es el Espíritu de Jesús, que vive dentro de nosotros, quien nos lleva a realizar las mismas obras. La fuerza de la fe es tan grande que levanta tejados para lograr llegar donde está la fuente de la salud, que es Jesús. La vida de la Iglesia tiene en sí misma la gracia de ayudarnos a tener siempre la mirada puesta en Jesús. Somos ayudados por los hermanos y hermanas que, tomándonos de la mano, nos llevan a Jesús. Si yo flaqueo, ellos me levantan para llegar a Jesús y ser fortalecido.

ENERO

18 | Sábado

Primera lectura: Hebreos 4,12-16

Salmo 18: Tus palabras, Señor, son espíritu y vida

Evangelio: Marcos 2,13-17

En aquel tiempo, Jesús salió de nuevo a la orilla del lago; la gente acudía a él, y les enseñaba. Al pasar vio a Leví, el de Alfeo, sentado al mostrador de los impuestos, y le dijo: «Sígueme». Se levantó y lo siguió. Estando Jesús a la mesa en su casa, de entre los muchos que lo seguían, un grupo de publicanos y pecadores se sentaron con Jesús y sus discípulos. Algunos escribas fariseos, al ver que comía con publicanos y pecadores, les dijeron a los discípulos: «¡De modo que come con publicanos y pecadores!». Jesús lo oyó y les dijo: «No necesitan médico los sanos, sino los enfermos. No he venido a llamar a los justos, sino a los pecadores».

Una sola palabra de Jesús: «Sígueme», es capaz de cambiarnos radicalmente la vida. Hace falta disposición interior para dejarlo todo y seguirle, y esto sucede cuando veo en lo que Jesús me propone un no sé qué que me pone inmediatez para aventurar la vida en su seguimiento. Leví es un cobrador de impuestos, tenido por pecador y usurpador del dinero de los pobres. Los guardianes de la religión murmuran porque ven a Jesús juntarse con gente pecadora. Son las miras mezquinas de quienes no van más allá de los legalismos, y su actitud los aleja de la gracia, que obra escondidamente en lo interior. ¿Quién es el enfermo o el sano? Cuando juzgamos, ponemos de manifiesto nuestra enfermedad. Dejemos que Jesús toque nuestro corazón y sanaremos.

ENERO

 19 | **Domingo**
II Tiempo Ordinario

Primera lectura: Isaías 62,1-5

Salmo 95: Contad las maravillas del Señor a todas las naciones

Segunda lectura: 1 Corintios 12,4-11

Evangelio: Juan 2,1-12

En aquel tiempo había una boda en Caná de Galilea, y la madre de Jesús estaba allí. Jesús y sus discípulos estaban también invitados a la boda. Faltó el vino, y la madre de Jesús le dijo: «No les queda vino». Jesús le contestó: «Mujer, déjame, todavía no ha llegado mi hora». Su madre dijo a los sirvientes: «Haced lo que él diga».

Había allí colocadas seis tinajas de piedra, para las purificaciones de los judíos, de unos cien litros cada una. Jesús les dijo: «Llenad las tinajas de agua». Y las llenaron hasta arriba. Entonces les mandó: «Sacad ahora y llevádselo al mayordomo». Ellos se lo llevaron. El mayordomo probó el agua convertida en vino sin saber de dónde venía –los sirvientes sí lo sabían, pues habían sacado el agua–, y entonces llamó al novio y le dijo: «Todo el mundo pone primero el vino bueno y, cuando ya están bebidos, el peor; tú, en cambio, has guardado el vino bueno hasta ahora».

Así, en Caná de Galilea, Jesús comenzó sus signos, manifestó su gloria y creció la fe de sus discípulos en él. Después bajó a Cafarnaún con su madre y sus hermanos y sus discípulos, pero no se quedaron allí muchos días.

Jesús ha ido a una boda. Se han quedado sin vino. Quien se ha dado cuenta de esta carencia es su madre. Ella se apresura a acudir a su hijo. María conoce a Jesús, intuye algo del misterio que envuelve a su Hijo. Y, ante aquella incómoda situación, viendo que no hay vino para los invitados, tiene coraje para forzar a Jesús a manifestarse. Él se resiste por un momento, pero ella, con toda la autoridad de madre, dice a los sirvientes: «Haced lo que él os diga». Actitud del seguidor. María lo fuerza a alumbrar el don de Dios que lleva en sí y sacar del apuro a los novios. Él obedeció; del agua sacó el mejor vino para que la fiesta siguiera. Jesús se muestra favorecedor de bienes para los demás. Es bonito ver que vive con naturalidad los aconteceres de la vida y los sabe festejar.

Primera lectura: Hebreos 5,1-10

Salmo 109: «Tú eres sacerdote eterno, según el rito de Melquisedec»

Evangelio: Marcos 2,18-22

En aquel tiempo, los discípulos de Juan y los fariseos estaban de ayuno. Vinieron unos y le preguntaron a Jesús: «Los discípulos de Juan y los discípulos de los fariseos ayunan. ¿Por qué los tuyos no?». Jesús les contestó: «¿Es que pueden ayunar los amigos del novio mientras el novio está con ellos? Mientras tienen al novio con ellos no pueden ayunar. Llegará un día en que se lleven al novio; aquel día sí que ayunarán. Nadie le echa un remiendo de paño sin remojar a un manto pasado; porque la pieza tira del manto, lo nuevo de lo viejo, y deja un roto peor. Nadie echa vino nuevo en odres viejos, porque revienta los odres y se pierden el vino y los odres; a vino nuevo, odres nuevos».

Los discípulos de Jesús no ayunan, esto causa murmuraciones. Jesús, en medio de ellos, cambia la realidad vieja, por la novedad que es él mismo. El novio está presente y quiere que la vida fluya en alegría y fiesta. No es tiempo de ayunos impuestos por las leyes. Lo nuevo está viniendo. No se trata de desechar todo, pero sí de vivir abiertos a la novedad de Dios, que no permite estancamientos. La vida y los seres humanos vivimos una eterna transformación que nos pone en novedad permanentemente; a esto es a lo que hay que atender con apertura. El hacer de Dios es bueno y bello, aunque produzca dolor. El novio es la novedad; por un momento lo harán desaparecer, pero su resurrección lo hace todavía más novedoso. El ayuno es expulsar lo que nos ata. La novedad: el novio, el banquete. Ha comenzado la liberación.

Primera lectura: Hebreos 6,10-20

Salmo 110: El Señor recuerda siempre su alianza

Evangelio: Marcos 2,23-28

Un sábado atravesaba el Señor un sembrado; mientras andaban, los discípulos iban arrancando espigas. Los fariseos le dijeron: «Oye, ¿por qué hacen en sábado lo que no está permitido?». Él les respondió: «¿No habéis leído nunca lo que hizo David cuando él y sus hombres se vieron faltos y con hambre? Entró en la casa de Dios, en tiempo del sumo sacerdote Abiatar, comió de los panes presentados, que solo pueden comer los sacerdotes, y les dio también a sus compañeros». Y añadió: «El sábado se hizo para el hombre y no el hombre para el sábado; así que el Hijo del hombre es señor también del sábado».

Los guardianes de la ley y las normas están siempre al acecho para caer sobre quien las viola. Condenar nos encanta, tal vez más que justificar al agresor de la ley. No miramos la necesidad del otro; el ojo avizor está vigilante para ver a quién podemos pillar infringiendo la ley y castigar. Jesús mira la necesidad. Justifica al hambriento por encima de la norma. Ninguna ley debe suponer sumisión dañina, sino aliviadora. Jesús no quiere ser un agresor de la ley, fastidiando a los que la custodian; quiere que el amor y la necesidad sean la primera ley que cumplir. El sábado –para nosotros el domingo– es el tiempo dedicado a dar gracias a Dios como Señor de la vida, por lo que nos da para vivir con dignidad humana. Dedicar nuestro tiempo a Dios es de personas agradecidas. Jesús también lo hace.

Primera lectura: Hebreos 7,1-3.15-17

Salmo 109: «Tú eres sacerdote eterno, según el rito de Melquisedec»

Evangelio: Marcos 3,1-6

En aquel tiempo entró Jesús otra vez en la sinagoga, y había allí un hombre con parálisis en un brazo. Estaban al acecho, para ver si curaba en sábado y acusarlo. Jesús le dijo al que tenía la parálisis: «Levántate y ponte ahí en medio». Y a ellos les preguntó: «¿Qué está permitido en sábado?, ¿hacer lo bueno o lo malo?, ¿salvarle la vida a un hombre o dejarlo morir?». Se quedaron callados. Echando en torno una mirada de ira, y dolido de su obstinación, le dijo al hombre: «Extiende el brazo». Lo extendió y quedó restablecido. En cuanto salieron de la sinagoga, los fariseos se pusieron a planear con los herodianos el modo de acabar con él.

Nueva polémica con los maestros religiosos sobre curar en sábado, violando la Ley. Jesús se muestra desafiante dentro de la misma sinagoga. Los cuestiona ante el enfermo: «¿Qué está permitido hacer en sábado?». La cuestión es importante, porque la elección es entre hacer lo bueno o lo establecido, salvar o dejar morir. Jesús ha de moderarse, porque sentía ira dentro de sí a causa de la dureza de corazón y la cerrazón mental. Jesús no duda. Cura al enfermo, a sabiendas de arriesgar su dignidad y su vida. Nada le impide hacer el bien. ¿Cómo nos situamos nosotros ante la ley y la necesidad, ante la norma y la libertad, ante la salud y la enfermedad? ¿A qué damos prioridad? ¿Soy capaz de arriesgar mi fama y reputación a causa de la justicia en favor de los demás? ¿Qué me mueve? ¿La norma o la misericordia?

23

Jueves
San Ildefonso

Primera lectura: Hebreos 7,25-8,6

Salmo 39: Aquí estoy, Señor, para hacer tu voluntad

Evangelio: Marcos 3,7-12

En aquel tiempo, Jesús se retiró con sus discípulos a la orilla del lago, y lo siguió una muchedumbre de Galilea. Al enterarse de las cosas que hacía, acudía mucha gente de Judea, de Jerusalén y de Idumea, de Transjordania, de las cercanías de Tiro y Sidón. Encargó a sus discípulos que le tuviesen preparada una lancha, no lo fuera a estrujar el gentío. Como había curado a muchos, todos los que sufrían de algo se le echaban encima para tocarlo. Cuando lo veían, hasta los espíritus inmundos se postraban ante él, gritando: «Tú eres el Hijo de Dios». Pero él les prohibía severamente que lo diesen a conocer.

Los que nos decimos seguidores de Jesús, ¿sabemos bien a quién seguimos? Tal vez lo buscamos para que resuelva nuestros problemas, cegueras, enfermedades, sufrimientos. De hecho, Jesús quiere cambiar nuestras vidas. Pero nunca nos llevará por el camino de la popularidad y los éxitos. Adentrarnos en la vida de Jesús será por siempre luchar para ayudar a la gente a vivir con la dignidad de hijos e hijas de Dios, y no esclavos de los sistemas de poder que nos someten, subyugan y esclavizan. Seguir a Jesús es enterarnos bien de qué quiere Dios para la humanidad y trabajar por la libertad que el mensaje de Jesús trae para todos. La relación con Jesús, con Dios Padre, es alumbradora de verdades. También nosotros tenemos necesidad de «echarnos encima» de él, tocarlo y descansar en él nuestros agobios.

24

Viernes
San Francisco de Sales

Primera lectura: Hebreos 8,6-13

Salmo 84: La misericordia y la fidelidad se encuentran

Evangelio: Marcos 3,13-19

En aquel tiempo, Jesús, mientras subía a la montaña, fue llamando a los que él quiso, y se fueron con él. A doce los hizo sus compañeros, para enviarlos a predicar, con poder para expulsar demonios. Así constituyó el grupo de los Doce: Simón, a quien dio el sobrenombre de Pedro, Santiago el de Zebedeo y su hermano Juan, a quienes dio el sobrenombre de Boanerges –Los Truenos–, Andrés, Felipe, Bartolomé, Mateo, Tomás, Santiago el de Alfeo, Tadeo, Simón el Celotes y Judas Iscariote, que lo entregó.

Jesús comienza su misión rodeándose de un grupo de seguidores, también de seguidoras, aunque aquí no se nombre a las mujeres. Quienes nos sentimos llamados por Jesús no es por iniciativa propia, es elección suya, y será decidida respuesta por nuestra parte. A quienes llama, lo hace para adherirnos a su plan salvador, que es de entrega y servicio, no de encumbramiento. Cada seguidor o seguidora de Jesús se siente llamado por su nombre; soy yo, con mi nombre, mi realidad personal, con mis limitaciones. Tendremos que ponernos de aprendices. Jesús es el único Maestro en medio de la comunidad. Y no hay otro, de él lo aprendemos todo. Lo que a lo largo de la historia de la Iglesia han sido encumbramientos expresa que hemos errado el camino. Volver a Jesús. Seguirle es haber oído mi nombre y haberme puesto en camino. Somos enviados a predicar, escuchar y curar.

Primera lectura: Hechos de los Apóstoles 22,3-16 o 9,1-22

Salmo 116: Id al mundo entero y proclamad el Evangelio

Evangelio: Marcos 16,15-18

En aquel tiempo se apareció Jesús a los Once y les dijo: «Id al mundo entero y proclamad el Evangelio a toda la creación. El que crea y se bautice se salvará; el que se resista a creer será condenado. A los que crean les acompañarán estos signos: echarán demonios en mi nombre, hablarán lenguas nuevas, cogerán serpientes en sus manos y, si beben un veneno mortal, no les hará daño. Impondrán las manos a los enfermos y quedarán sanos».

Llamada y misión van a la par. Hay un tiempo para mirar y escuchar a Jesús, y hacer un proceso de conversión y comprensión del mensaje libertador. Después somos lanzados a proclamar el Evangelio a toda la creación. Ayudar a romper resistencias y ofrecer la propuesta del mensaje salvador de Jesús. Hoy, la llamada sigue siendo la misma: llegar al corazón de la gente y encender el fuego de la esperanza, saciar la sed de Dios, sanar sus heridas, reconciliar y pacificar sus conflictos. De antemano, esto supone una vida de conversión permanente y de fidelidad a Jesús, por parte de quienes somos sus discípulos y discípulas. Testimoniar una vida para el Evangelio en medio de la humanidad es nuestro ofrecimiento hoy y siempre.

ENERO

26

Domingo
III Tiempo Ordinario
San Timoteo y San Tito

Primera lectura: Nehemías 8,2-6.8-10

Salmo 18: Tus palabras, Señor, son espíritu y vida

Segunda lectura: 1 Corintios 12,12-30

Evangelio: Lucas 1,1-4; 4,14-21

Excelentísimo Teófilo: muchos han emprendido la tarea de componer un relato de los hechos que se han verificado entre nosotros, siguiendo las tradiciones transmitidas por los que primero fueron testigos oculares y luego predicadores de la palabra. Yo también, después de comprobarlo todo exactamente desde el principio, he resuelto escribírtelos por su orden, para que conozcas la solidez de las enseñanzas que has recibido.

En aquel tiempo, Jesús volvió a Galilea con la fuerza del Espíritu; y su fama se extendió por toda la comarca. Enseñaba en las sinagogas y todos lo alababan. Fue a Nazaret, donde se había criado, entró en la sinagoga, como era su costumbre los sábados, y se puso en pie para hacer la lectura. Le entregaron el libro del profeta Isaías y, desenrollándolo, encontró el pasaje donde estaba escrito: «El Espíritu del Señor está sobre mí, porque él me ha ungido. Me ha enviado para anunciar el Evangelio a los pobres, para anunciar a los cautivos la libertad y a los ciegos la vista. Para dar libertad a los oprimidos; para anunciar el año de gracia del Señor». Y, enrollando el libro, lo devolvió al que le ayudaba y se sentó. Toda la sinagoga tenía los ojos fijos en él. Y él se puso a decirles: «Hoy se cumple esta Escritura que acabáis de oír».

Con la venida de Jesús al mundo se cumple el tiempo de la plenitud de Dios para la humanidad y para toda la creación.

Comienza el tiempo nuevo que Jesús irá haciendo presente en medio de nosotros. El Espíritu Santo mora en él, y es la fuerza que mueve todo su trabajo, su enseñanza, las curaciones y la dignificación de los pobres, la libertad a los cautivos, ser liberados de tantas realidades que nos esclavizan. Dar luz a nuestras cegueras. En fin, ha comenzado el tiempo nuevo, que es de salvación, redención y no de juicio y condena. Tiempo de Dios, tiempo del Espíritu, que habita en Jesús, tiempo de alegre esperanza para toda la humanidad. Así lo proclamó el profeta Isaías siglos antes de Jesús. Con él comienza el tiempo nuevo de la historia, en el que vivimos este hacer de Dios en todos y todo

ENERO

27 | **Lunes**
Santa Ángela de Mérici

Primera lectura: Hebreos 9,15.24-28

Salmo 97: Cantad al Señor un cántico nuevo, porque ha hecho maravillas

Evangelio: Marcos 3,22-30

En aquel tiempo, los escribas que habían bajado de Jerusalén decían: «Tiene dentro a Belcebú y expulsa a los demonios con el poder del jefe de los demonios». Él los invitó a acercarse y les puso estas parábolas: «¿Cómo va a echar Satanás a Satanás? Un reino en guerra civil no puede subsistir; una familia dividida no puede subsistir. Si Satanás se rebela contra sí mismo, para hacerse la guerra, no puede subsistir, está perdido. Nadie puede meterse en casa de un hombre forzudo para arramblar con su ajuar si primero no lo ata; entonces podrá arramblar con la casa. Creedme, todo se les podrá perdonar a los hombres: los pecados y cualquier blasfemia que digan; pero el que blasfeme contra el Espíritu

Santo no tendrá perdón jamás, cargará con su pecado para siempre». Se refería a los que decían que tenía dentro un espíritu inmundo.

Jesús es acusado de estar poseído por lo diabólico. Así de fuerte: «Tiene dentro a Belcebú y expulsa a los demonios con el poder del jefe de los demonios». Jesús sabe que los jefes religiosos tienen una gran influencia sobre la gente. Están celosos y lo odian, porque la atracción que siente la gente hacia Jesús los aleja de ellos, y por eso lo denigran, acusándolo de tener trato con Belcebú. Jesús los cuestiona, y viene a decirles que Dios perdona todos los pecados. Pero, si nosotros nos alejamos de la fuente del perdón, nunca nos será dado ver la luz, y permaneceremos en nuestro empeño de seguir condenando. Al fin, condenamos en los demás lo que es nuestro propio pecado. Lo que no soporto del otro es lo que está en mí, sin verlo ni reconocerlo. Atención interior a lo que habita en mí, ¿qué me mueve?

ENERO

28 | Martes
Santo Tomás de Aquino

Primera lectura: Hebreos 10,1-10

Salmo 39: Aquí estoy, Señor, para hacer tu voluntad

Evangelio: Marcos 3,31-35

En aquel tiempo llegaron la madre y los hermanos de Jesús y desde fuera lo mandaron llamar. La gente que tenía sentada alrededor le dijo: «Mira, tu madre y tus hermanos están fuera y te buscan». Les contestó: «¿Quiénes son mi madre y mis hermanos?». Y, paseando la mirada por el corro, dijo: «Estos son mi madre y mis hermanos. El que cumple la voluntad de Dios, ese es mi hermano y mi hermana y mi madre».

Los lazos familiares de la carne y la sangre son indisolubles. Jesús, con sus palabras, no quiere desvincularnos de la familia natural. Lo que pretende es poner de relieve la familia que ya está fundando, y que está vinculada a su persona y mensaje. La nueva familia de Jesús nos relaciona con Dios como Padre, y con toda la humanidad como hermanos y hermanas. Son los lazos del Espíritu que nos universalizan. Una familia fraterna, que mira las cosas como Dios las mira, no como las vemos nosotros. Una nueva comunidad con mirada de Dios, que mira amando. Pertenencia familiar que nos descentra de nosotros mismos, para ampliar nuestro horizonte. Esta nueva familia es de servicio y entrega, no de dominación, donde unos mandan y los otros obedecen. Pasar haciendo el bien es nuestro reto y tarea, como Jesús. Servir para dignificar, liberar, humanizar, atender, perdonar. Amarnos como Dios nos ama.

ENERO

29 | Miércoles

Primera lectura: Hebreos 10,11-18

Salmo 109: «Tú eres sacerdote eterno, según el rito de Melquisedec»

Evangelio: Marcos 4,1-20

En aquel tiempo, Jesús se puso a enseñar otra vez junto al lago. Acudió un gentío tan enorme que tuvo que subirse a una barca; se sentó, y el gentío se quedó en la orilla. Les enseñó mucho rato con parábolas, como él solía enseñar: «Escuchad: salió el sembrador a sembrar; al sembrar, algo cayó al borde del camino, vinieron los pájaros y se lo comieron. Otro poco cayó en terreno pedregoso, donde apenas tenía tierra; como la tierra no era profunda, brotó enseguida; pero, en cuanto salió el sol, se abrasó y, por falta de raíz, se secó. Otro poco cayó entre zarzas; las zarzas crecieron, lo ahogaron, y no dio grano. El resto cayó en tierra buena: nació, creció y dio grano; y la cosecha fue del treinta o del sesenta o del ciento por uno». Y añadió: «El que tenga oídos para oír que oiga».

Cuando se quedó solo, los que estaban alrededor y los Doce le preguntaban el sentido de las parábolas. Él les dijo: «A vosotros se os han comunicado los secretos del reino de Dios; en cambio, a los de fuera todo se les presenta en parábolas, para que "por más que miren no vean, por más que oigan no entiendan, no sea que se conviertan y los perdonen"».

Y añadió: «¿No entendéis esta parábola? ¿Pues cómo vais a entender las demás? El sembrador siembra la palabra. Hay unos que están al borde del camino donde se siembra la palabra; pero en cuanto la escuchan viene Satanás y se lleva la palabra sembrada en ellos. Hay otros que reciben la simiente como terreno pedregoso; al escucharla, la acogen con alegría, pero no tienen raíces, son inconstantes y, cuando viene una dificultad o persecución por la palabra, enseguida sucumben. Hay otros que reciben la simiente entre zarzas; estos son los que escuchan la palabra, pero los afanes de la vida, la seducción de las riquezas y el deseo de todo lo demás los invaden, ahogan la palabra y se queda estéril. Los otros son los que reciben la simiente en tierra buena; escuchan la palabra, la aceptan y dan una cosecha del treinta o del sesenta o del ciento por uno».

Dios es generoso, tanto que, al salir a sembrar, no mira solo la tierra buena y segura para dar fruto. Dios da a todos por igual. Siembra en nuestro terreno, sea bueno o malo, pedregoso o lleno de zarzas. A Dios lo que le importa es que su palabra –semilla– penetre en nuestro terreno, con posibilidad de florecer. Jesús siembra en cada persona que lo escucha. La siembra es siempre en esperanza, no una garantía. Acoger la palabra también dependerá de la disposición interior de nuestro corazón. La posibilidad de hacerla germinar nos es dada a todos con la generosidad propia de Dios, que nos quiere salvar a todos. Responsabilidad nuestra es acoger y trabajar nuestro terreno del corazón. La gracia, para este trabajo esforzado y en ocasiones duro, no nos faltará, si nos disponemos con verdad. Dios alienta nuestro esfuerzo.

ENERO

30 | Jueves

Primera lectura: Hebreos 10,19-25

Salmo 23: Estos son los que buscan al Señor

Evangelio: Marcos 4,21-25

En aquel tiempo dijo Jesús a la muchedumbre: «¿Se trae el candil para meterlo debajo del celemín o debajo de la cama, o para ponerlo en el candelero? Si se esconde algo es para que se descubra; si algo se hace a ocultas es para que salga a la luz. El que tenga oídos para oír que oiga». Les dijo también: «Atención a lo que estáis oyendo: la medida que uséis la usarán con vosotros, y con creces. Porque al que tiene se le dará, y al que no tiene se le quitará hasta lo que tiene».

Dios es luz. Jesús ha venido a mostrarnos esa luz. Él mismo es luz de Dios, y lo que quiere poner de manifiesto es que nosotros somos reflejo de la luz de Dios. Pero sucede que, en lugar de vivir como hijos de la luz, la escondemos y, con ello, nos oscurecemos. El ejemplo que Jesús propone en este evangelio es la llamada a ser luz, a proyectar nuestra imagen y semejanza de Dios. Siempre se nos espolea a la responsabilidad personal y comunitaria. Atención a lo que somos en verdad: hijos e hijas de la luz. No podemos eludir la responsabilidad con los demás, para ayudar a vivir y vivirnos con transparencia. Humanamente, somos propensos a ocultar cosas para que no se sepan. Cristianamente, hemos de ser luz del mundo. Vivir con limpieza de corazón es proyectar luz de Dios.

ENERO

31 | **Viernes**
San Juan Bosco

Primera lectura: Hebreos 10,32-39

Salmo 36: El Señor es quien salva a los justos

Evangelio: Marcos 4,26-34

En aquel tiempo dijo Jesús a la gente: «El reino de Dios se parece a un hombre que echa simiente en la tierra. Él duerme de noche y se levanta de mañana; la semilla germina y va creciendo sin que él sepa cómo. La tierra va produciendo la cosecha ella sola: primero los tallos, luego la espiga, después el grano. Cuando el grano está a punto, se mete la hoz, porque ha llegado la siega». Dijo también: «¿Con qué podemos comparar el reino de Dios? ¿Qué parábola usaremos? Con un grano de mostaza: al sembrarlo en la tierra es la semilla más pequeña, pero después brota, se hace más alta que las demás hortalizas y echa ramas tan grandes que los pájaros pueden cobijarse y anidar en ellas».

Con muchas parábolas parecidas les exponía la palabra, acomodándose a su entender.

Todo se lo exponía con parábolas, pero a sus discípulos se lo explicaba todo en privado.

Lo grande, el reino de Dios, se realiza en lo muy pequeño y escondido; una simple semilla, un diminuto grano de mostaza. En la tierra de cada corazón, Dios hace esta siembra y, silenciosamente, sin saber cómo, y sin prisa, va germinando hasta hacerse grande, dando su flor y fruto. La tierra que somos y poseemos está destinada a dar buen fruto. Vivir la siembra con agradecimiento, porque es Dios, más que nosotros, quien saca lo más y mejor de nuestro terreno. Cada acción hecha con amor, cada trabajo bien realizado, cada gesto delicado con los demás, son asomos de la buena semilla que germina en nuestro corazón. El reino de Dios pide nuestra colaboración, pero sabiendo que, fundamentalmente, es gracia, es él quien la hace madurar y la lleva a plenitud. La acción salvadora de Dios trabaja nuestra tierra en silencio amoroso hasta dar fruto.

FEBRERO

1 | Sábado

Primera lectura: Hebreos 11,1-2.8-19

Salmo Lucas 1,69-75: Bendito sea el Señor, Dios de Israel, porque ha visitado a su pueblo

Evangelio: Marcos 4,35-40

Un día, al atardecer, dijo Jesús a sus discípulos: «Vamos a la otra orilla». Dejando a la gente se lo llevaron en barca, como estaba; otras barcas lo acompañaban. Se levantó un fuerte huracán y las olas rompían contra la barca hasta casi llenarla de agua. Él estaba a popa, dormido sobre un almohadón. Lo despertaron, diciéndole: «Maestro, ¿no te importa que nos hundamos?». Se puso en pie, increpó al viento y dijo al lago: «¡Silencio, cállate!». El viento cesó y vino una gran calma. Él les dijo: «¿Por qué sois tan cobardes? ¿Aún no tenéis fe?». Se quedaron espantados y se decían unos a otros: «Pero ¿quién es este? ¡Hasta el viento y las aguas le obedecen!».

Cuando ponemos nuestra vida a disposición de lo que Jesús quiera de nosotros, sucede lo inesperado. Cuando termina el día, inesperadamente, se nos pide embarcar e ir a otro lugar. Llega la noche e irrumpe la tempestad, todo se nos pone en contra y bregamos con esfuerzo y pavor ante lo que nos sobreviene y nos hunde. Parece que, estando con Jesús, tendríamos que estar seguros y serenos, pero la fe que tenemos puesta en él no es tan grande ni inquebrantable. En la noche oscura sucede que no somos capaces de vivir la plena confianza de que Jesús va a nuestro lado y nos cuida. Desesperamos y gritamos: «Maestro, ¿no te importa que nos hundamos?». Y Jesús viene en ayuda de nuestra debilidad, calmando el temporal que nos hunde. A cada crisis vivida, afirmar la fe en Jesús y seguir navegando con él.

FEBRERO

2

Domingo
PRESENTACIÓN DEL SEÑOR
IV TIEMPO ORDINARIO

Primera lectura: Malaquías 3,1-4

Salmo 23: El Señor, Dios de los ejércitos, es el Rey de la gloria

Segunda lectura: Hebreos 2,14-18

Evangelio: Lucas 2,22-40

Cuando llegó el tiempo de la purificación, según la ley de Moisés, los padres de Jesús lo llevaron a Jerusalén, para presentarlo al Señor, de acuerdo con lo escrito en la ley del Señor: «Todo primogénito varón será consagrado al Señor», y para entregar la oblación, como dice la ley del Señor: «Un par de tórtolas o dos pichones». Vivía entonces en Jerusalén un hombre llamado Simeón, hombre justo y piadoso, que aguardaba el consuelo de Israel; y el Espíritu Santo moraba en él. Había recibido un oráculo del Espíritu Santo: que no vería la muerte antes de ver al Mesías del Señor. Impulsado por el Espíritu fue al templo. Cuando entraban con el niño Jesús sus padres para cumplir con él lo previsto por la ley, Simeón lo tomó en brazos y bendijo a Dios diciendo: «Ahora, Señor, según tu promesa, puedes dejar a tu siervo irse en paz.

Porque mis ojos han visto a tu Salvador, a quien has presentado ante todos los pueblos: luz para alumbrar a las naciones y gloria de tu pueblo Israel». Su padre y su madre estaban admirados por lo que se decía del niño. Simeón los bendijo, diciendo a María, su madre: «Mira, este está puesto para que muchos en Israel caigan y se levanten; será como una bandera discutida: así quedará clara la actitud de muchos corazones. Y a ti, una espada te traspasará el alma».

Había también una profetisa, Ana, hija de Fanuel, de la tribu de Aser. Era una mujer muy anciana; de jovencita había vivido siete años casada y luego viuda hasta los ochenta y cuatro; no se apartaba del templo día y noche, sirviendo a Dios con ayunos y oraciones. Acercándose en aquel momento daba gracias a Dios y hablaba del niño a todos los que aguardaban la liberación de Jerusalén.

Y, cuando cumplieron todo lo que prescribía la ley del Señor, se volvieron a Galilea, a su ciudad de Nazaret. El niño iba creciendo y robusteciéndose, y se llenaba de sabiduría; y la gracia de Dios lo acompañaba.

Todas las religiones están sujetas a tradiciones, costumbres, normas y ritos. Aquí aparecen los padres de Jesús, presentando al Niño en el Templo, como todo primogénito varón; así lo establecía la Ley. Es reconocido como salvador y luz de Dios para salvar a todos los pueblos. La oscuridad que, con frecuencia, nos envuelve se puede disipar acogiendo la gran luz que es Jesús y que se nos revela a todos. Esta luz pide una actitud: ser acogida de corazón, para poder verla. No es una luz material, como la del sol; la luz de Dios solo es percibida con los ojos de la fe. La luz nos sitúa ante la vida con realismo, nos permite saber qué camino seguir y qué acción realizar. En esta historia que nos toca vivir, la luz es fe oscura y luminosa como pleno día. Y esta fe es la llama ardiente que hay en cada uno de nosotros para, todos juntos, alumbrar la humanidad y creación entera. Jesús es Luz de Luz. Y nosotros, luz de su luz.

FEBRERO

3 | **Lunes**
San Blas

Primera lectura: Hebreos 11,32-40

Salmo 30: Sed fuertes y valientes de corazón, los que esperáis en el Señor

Evangelio: Marcos 5,1-20

En aquel tiempo, Jesús y sus discípulos llegaron a la orilla del lago, en la región de los gerasenos. Apenas desembarcó le salió al encuentro, desde el cementerio, donde vivía en los sepulcros, un hombre poseído de espíritu inmundo; ni con cadenas podía nadie sujetarlo; muchas veces lo habían sujetado con cepos y cadenas, pero él rompía las cadenas y destrozaba los cepos, y nadie tenía fuerza para domarlo. Se pasaba el día y la noche en los sepulcros y en los montes, gritando e hiriéndose con piedras. Viendo de lejos a Jesús, echó a correr, se postró ante él y gritó a voz en cuello: «¿Qué tienes que ver conmigo, Jesús, Hijo de Dios Altísimo? Por Dios te lo pido, no me atormentes». Porque Jesús le estaba diciendo: «Espíritu inmundo, sal de este hombre».

Jesús le preguntó: «¿Cómo te llamas?». Él respondió: «Me llamo Legión, porque somos muchos». Y le rogaba con insistencia que no los expulsara de aquella comarca. Había cerca una gran piara de cerdos hozando en la falda del monte. Los espíritus le rogaron: «Déjanos ir y meternos en los cerdos». Él se lo permitió.

Los espíritus inmundos salieron del hombre y se metieron en los cerdos; y la piara, unos dos mil, se abalanzó acantilado abajo al lago y se ahogó en el lago. Los porquerizos echaron a correr y dieron la noticia en el pueblo y en los cortijos. Y la gente fue a ver qué había pasado. Se acercaron a Jesús y vieron al endemoniado que había tenido la legión, sentado, vestido y en su juicio. Se quedaron espantados. Los que lo habían visto les contaron lo que había pasado al endemoniado y a los cerdos. Ellos le rogaban que se marchase de su país. Mientras se embarcaba, el endemoniado le pidió que lo admitiese en su compañía. Pero no se lo permitió, sino que le dijo: «Vete a casa con los tuyos y anúnciales lo que el Señor ha hecho contigo por su misericordia». El hombre se marchó y empezó a proclamar por la Decápolis lo que Jesús había hecho con él; todos se admiraban.

Jesús desembarca en una región donde un poseído le sale al encuentro y le pide que no le toque, que lo deje como está. Cuando lo inhumano nos encadena, no soportamos la luz de Dios, y la evadimos. Pero Jesús no quiere la deshumanización de ningún hijo de Dios y lo quiere liberar. Así lo hace, y el hombre vuelve a sentir su humanidad en su sano juicio. Este hombre quiere ser del grupo de Jesús, pero él no se lo permite; sin embargo, lo envía como misionero, para dar testimonio de lo ocurrido a todos los de su entorno. Es el primer misionero gentil, que se hace comunicador de los milagros que Jesús realiza para devolvernos la imagen y semejanza de Dios que hay en nosotros, y que nos libra del mal. Seamos humanos al estilo de la humanidad de Jesús.

4 | Martes

Primera lectura: Hebreos 12,1-4

Salmo 21: Te alabarán, Señor, los que te buscan

Evangelio: Marcos 5,21-43

En aquel tiempo, Jesús atravesó de nuevo en barca a la otra orilla, se le reunió mucha gente a su alrededor y se quedó junto al lago. Se acercó un jefe de la sinagoga, que se llamaba Jairo, y, al verlo, se echó a sus pies, rogándole con insistencia: «Mi niña está en las últimas; ven, pon las manos sobre ella, para que se cure y viva». Jesús se fue con él, acompañado de mucha gente que lo apretujaba.

Había una mujer que padecía flujos de sangre desde hacía doce años. Muchos médicos la habían sometido a toda clase de tratamientos, y se había gastado en eso toda su fortuna; pero, en vez de mejorar, se había puesto peor. Oyó hablar de Jesús y, acercándose por detrás, entre la gente, le tocó el manto, pensando que con solo tocarle el vestido curaría. Inmediatamente se secó la fuente de sus hemorragias y notó que su cuerpo estaba curado. Jesús, notando que había salido fuerza de él, se volvió enseguida, en medio de la gente, preguntando: «¿Quién me ha tocado el manto?». Los discípulos le contestaron: «Ves cómo te apretuja la gente y preguntas: "¿Quién me ha tocado?"». Él seguía mirando alrededor, para ver quién había sido. La mujer se acercó asustada y temblorosa, al comprender lo que había pasado, se le echó a los pies y le confesó todo. Él le dijo: «Hija, tu fe te ha curado. Vete en paz y con salud».

Todavía estaba hablando cuando llegaron de casa del jefe de la sinagoga para decirle: «Tu hija se ha muerto. ¿Para qué molestar más al maestro?». Jesús alcanzó a oír lo que hablaban y le dijo al jefe de la sinagoga: «No temas; basta con que tengas fe». No permitió que lo acompañara nadie, más que Pedro, Santiago y Juan, el hermano de Santiago. Llegaron a casa del jefe de la sinagoga y encontró el alboroto de los que lloraban y se lamentaban a gritos. Entró y les dijo: «¿Qué estrépito y qué lloros son estos? La niña no está muerta, está dormida». Se reían de él. Pero él los echó fuera a todos y, con el padre y la madre de la niña y sus acompañantes, entró donde estaba la niña, la cogió de la mano y le dijo: *«Talitha qum»* (que significa: «Contigo hablo, niña, levántate»). La niña se puso en pie inmediatamente y echó a andar; tenía doce años. Y se quedaron viendo visiones. Les insistió en que nadie se enterase; y les dijo que dieran de comer a la niña.

«No temas; basta con que tengas fe». «Hija, tu fe te ha curado». Estamos ante dos milagros conmovedores en los que la fe es la gran protagonista. Jairo, movido por la confianza, le suplica que vaya a su casa para curar a su hija. Y a la mujer con flujos de sangre, la fe en Jesús le hace creer que, si logra tocar su manto, se curará. La fe conmueve a Jesús. Todo lo que pide es fe. Tomando la mano de la niña, la levanta, la despierta. También cierra el flujo de sangre de la mujer, y la elogia por su fe. Jesús tiene su gozo en aliviar y curar. No mira la pureza o impureza legal, mira el sufrimiento y devuelve la alegría de la vida. Devolver salud y vida es anuncio de la cercana redención que salvará a toda la humanidad. Todo es vida.

5

Miércoles
Santa Águeda

Primera lectura: Hebreos 12,4-7.11-15

Salmo 102: La misericordia del Señor dura siempre para los que cumplen sus mandatos

Evangelio: Marcos 6,1-6

En aquel tiempo fue Jesús a su pueblo en compañía de sus discípulos. Cuando llegó el sábado empezó a enseñar en la sinagoga; la multitud que lo oía se preguntaba asombrada: «¿De dónde saca todo eso? ¿Qué sabiduría es esa que le han enseñado? ¿Y esos milagros de sus manos? ¿No es este el carpintero, el hijo de María, hermano de Santiago y José y Judas y Simón? Y sus hermanas, ¿no viven con nosotros aquí?». Y esto les resultaba escandaloso. Jesús les decía: «No desprecian a un profeta más que en su tierra, entre sus parientes y en su casa». No pudo hacer allí ningún milagro, solo curó algunos enfermos imponiéndoles las manos. Y se extrañó de su falta de fe. Y recorría los pueblos de alrededor enseñando.

Jesús se extraña de hallar poca fe entre los suyos. Solo curó a algunos enfermos, porque no halló fe en su gente, sino hostilidad y crítica. Entre los que son nuestros conocidos y parientes, con frecuencia, es donde se produce más resistencia, descrédito y burla. Para que Jesús pueda realizar su obra salvadora y sanadora en cada uno de nosotros necesita de nuestra parte un corazón bien dispuesto, una acogida convencida, una reconocida necesidad del don de Dios que, en Jesús, deposita en nosotros el amor que sana heridas, nos levanta de las caídas, suaviza nuestras crispaciones y va untando nuestro ser de suave humildad, donde el amor puede florecer. Dejemos que, dentro de nosotros, Jesús halle hogar de acogida.

FEBRERO

6 | **Jueves**
| San Pablo Miki y comps. márts.

Primera lectura: Hebreos 12,18-19.21-24

Salmo 47: Oh Dios, meditamos tu misericordia en medio de tu templo

Evangelio: Marcos 6,7-13

En aquel tiempo llamó Jesús a los Doce y los fue enviando de dos en dos, dándoles autoridad sobre los espíritus inmundos. Les encargó que llevaran para el camino un bastón y nada más, pero ni pan, ni alforja, ni dinero suelto en la faja; que llevasen sandalias, pero no una túnica de repuesto. Y añadió: «Quedaos en la casa donde entréis hasta que os vayáis de aquel sitio. Y si un lugar no os recibe ni os escucha, al marcharos sacudíos el polvo de los pies, para probar su culpa». Ellos salieron a predicar la conversión, echaban muchos demonios, ungían con aceite a muchos enfermos y los curaban.

La misión es salida a lo desconocido. Salir al paso de la gente necesitada. Realizar curaciones, liberar de opresiones, bendecir todo con el poder de Dios, que nos da la gracia y la fuerza para obrar milagros y construir humanidad en los corazones rotos. Lo que poseemos nos es dado. Salir así, con lo poco necesario, al desnudo y con la confianza en la providencia de Dios que hallaremos en el camino, porque la providencia cuida y abastece al peregrino que misiona. No exigir nada, conformidad en la acogida, simplemente ofrecer lo que somos y tenemos en nombre de quien nos envía: Jesús. Si recibimos rechazo, sencillamente sacudir el polvo para que la hostilidad no nos envuelva, y retornar el camino con la paz en el corazón y la alegría propia de la misión cumplida.

FEBRERO

7 | Viernes

Primera lectura: Hebreos 13,1-8

Salmo 26: El Señor es mi luz y mi salvación

Evangelio: Marcos 6,14-29

En aquel tiempo, como la fama de Jesús se había extendido, el rey Herodes oyó hablar de él. Unos decían: «Juan Bautista ha resucitado, y por eso los poderes actúan en él». Otros decían: «Es Elías». Otros: «Es un profeta como los antiguos». Herodes, al oírlo, decía: «Es Juan, a quien yo decapité, que ha resucitado». Es que Herodes había mandado prender a Juan y lo había metido en la cárcel, encadenado. El motivo era que Herodes se había casado con Herodías, mujer de su hermano Filipo, y Juan le decía que no le era lícito tener la mujer de su hermano. Herodías aborrecía a Juan y quería quitarlo de en medio; no acababa de conseguirlo, porque Herodes respetaba a Juan, sabiendo que era un hombre honrado y santo, y lo defendía. Cuando lo escuchaba quedaba desconcertado, y lo escuchaba con gusto.

La ocasión llegó cuando Herodes, por su cumpleaños, dio un banquete a sus magnates, a sus oficiales y a la gente principal de Galilea. La hija de Herodías entró y danzó, gustando mucho a Herodes y a los convidados. El rey le dijo a la joven: «Pídeme lo que quieras, que te lo doy». Y le juró: «Te daré lo que me pidas, aunque sea la mitad de mi reino». Ella salió a preguntarle a su madre: «¿Qué le pido?». La madre le contestó: «La cabeza de Juan, el Bautista».

Entró ella enseguida, a toda prisa, se acercó al rey y le pidió: «Quiero que ahora mismo me des en una bandeja la cabeza de Juan, el Bautista». El rey se puso muy triste; pero, por el juramento y los convidados, no quiso desairarla. Enseguida le mandó a un verdugo que trajese la cabeza de Juan. Fue, lo decapitó en la cárcel, trajo la cabeza en una bandeja y se la entregó a la joven; la joven se la entregó a su madre. Al enterarse sus discípulos fueron a recoger el cadáver y lo enterraron.

Ante los poderes de este mundo, cuando lo que impera es dominar, enriquecerse, controlar, subyugar, incluso matar; ¿qué seguridad pueden ofrecer los que así actúan? Todo aquel que denuncia los abusos del poder totalitario está expuesto a que acaben con su vida; tal fue el caso de Juan Bautista, y tal sería el caso de Jesús. Entonces y ahora estamos expuestos al mismo peligro, porque también hoy el poder desmedido se impone por encima de la necesidad y el bienestar de la gente. Quien así ejerce el poder sigue siendo tan despiadado como lo fue Herodes. Y así seguimos siendo víctimas de la violencia de las guerras, la trata de personas y tanta barbarie que sufre la humanidad. Quien denuncia la injusticia sabe que puede acabar como Juan y Jesús, como los profetas. El poder del mundo odia a los justos.

8

Sábado
San Jerónimo Emiliani, Santa Josefina Bakhita

Primera lectura: Hebreos 13,15-17.20-21

Salmo 22: El Señor es mi pastor, nada me falta

Evangelio: Marcos 6,30-34

En aquel tiempo, los apóstoles volvieron a reunirse con Jesús y le contaron todo lo que habían hecho y enseñado. Él les dijo: «Venid vosotros solos a un sitio tranquilo a descansar un poco». Porque eran tantos los que iban y venían que no encontraban tiempo ni para comer. Se fueron en barca a un sitio tranquilo y apartado. Muchos los vieron marcharse y los reconocieron; entonces de todas las aldeas fueron corriendo por tierra a aquel sitio y se les adelantaron. Al desembarcar, Jesús vio una multitud y le dio lástima de ellos, porque andaban como ovejas sin pastor; y se puso a enseñarles con calma.

Llevarse a los discípulos a un lugar tranquilo y descansar. Esto nos habla de la delicadeza de Jesús, que conoce las limitadas fuerzas humanas y quiere recrear a sus amigos con el descanso. Se llama ser humano, tener sentimientos de compasión y favorecer la recuperación del aliento y las energías. Pero todavía fue más compasivo ante la pobre gente que corrió al lugar de descanso para ser atendida. Jesús sintió lástima, aparcó el descanso y se puso a atenderlos y enseñarles con calma. Jesús no soporta el abandono que viven las personas, que andan como ovejas sin pastor, sin atención, sin formación, sin amor. La compasión, la enseñanza, la calma, el descanso. Tratar con humanidad a la gente, para que la vida se desarrolle en equilibrio y dignidad. Y dar prioridad a atender las necesidades, aun en los momentos de descanso.

Primera lectura: Isaías 6,1-8

Salmo 137: Delante de los ángeles tañeré para ti, Señor

Segunda lectura: 1 Corintios 15,1-11

Evangelio: Lucas 5,1-11

En aquel tiempo, la gente se agolpaba alrededor de Jesús para oír la palabra de Dios, estando él a orillas del lago de Genesaret. Vio dos barcas que estaban junto a la orilla; los pescadores habían desembarcado y estaban lavando las redes. Subió a una de las barcas, la de Simón, y le pidió que la apartara un poco de tierra. Desde la barca, sentado, enseñaba a la gente. Cuando acabó de hablar dijo a Simón: «Rema mar adentro, y echad las redes para pescar». Simón contestó: «Maestro, nos hemos pasado la noche bregando y no hemos cogido nada; pero, por tu palabra, echaré las redes».

Y, puestos a la obra, hicieron una redada de peces tan grande que reventaba la red. Hicieron señas a los socios de la otra barca para que vinieran a echarles una mano. Se acercaron ellos y llenaron las dos barcas, que casi se hundían. Al ver esto, Simón Pedro se arrojó a los pies de Jesús diciendo: «Apártate de mí, Señor, que soy un pecador». Y es que el asombro se había apoderado de él y de los que estaban con él al ver la redada de peces que habían cogido; y lo mismo les pasaba a Santiago y Juan, hijos de Zebedeo, que eran compañeros de Simón. Jesús dijo a Simón: «No temas; desde ahora serás pescador de hombres». Ellos sacaron las barcas a tierra y, dejándolo todo, lo siguieron.

Desde que comenzó su enseñanza, la gente buscaba a Jesús para escuchar sus palabras, que les abrían a la esperanza y aliviaban el peso de sus agobios. Junto al lago, los discípulos viven bregando para ganarse el pan de cada día. Jesús los llama a aventurar la vida y los lanza a remar mar adentro, desde una actitud nueva: fiarse de él. La misión en la Iglesia es una aventura en la que de ningún modo podemos vanagloriarnos de nuestros éxitos. Se trata de tener la confianza puesta solo en Dios, fiarnos de él y saber que todo depende de su providencia. Nosotros podemos hacer muchos planes y trabajar intensamente en ellos. Los frutos del trabajo dependen solo de Dios. Sin él no hay gracia ni fruto, y el vacío llena la barca, y el desaliento, el corazón. El Evangelio es una aventura que recorre la vida entera. Jesús siempre nos pide ir más adentro, hacia lo desconocido. La fe y la confianza han de ser los remos que impulsan nuestra nave. Los peces y los frutos son cosa de Dios. A nosotros nos toca aventurar la vida remando mar adentro.

FEBRERO

10 | Lunes
Santa Escolástica

Primera lectura: Génesis 1,1-19
....
Salmo 103: El Señor goce con sus obras
....

Evangelio: Marcos 6,53-56

En aquel tiempo, Jesús y sus discípulos, terminada la travesía, tocaron tierra en Genesaret y atracaron. Apenas desembarcados, algunos lo reconocieron y se pusieron a recorrer toda la comarca; cuando se enteraba la gente dónde estaba Jesús, le llevaban los enfermos en camillas. En la aldea o pueblo o caserío donde llegaba colocaban a los enfermos en la plaza y le rogaban que les dejase tocar al menos el borde de su manto; y los que lo tocaban se ponían sanos.

La gente iba donde sabía que estaba Jesús. En él veían algo nuevo y diferente, que les tocaba el corazón y los llenaba de alegría. Ante él depositaban sus enfermedades, agobios, esperanzas, cegueras, sorderas, parálisis. Querían ser tocados por Jesús, o por lo menos tocar su manto, porque de él recibían una fuerza curativa que los sanaba. ¿Qué sucede hoy en la Iglesia, que mucha gente mira más las enseñanzas de otras religiones que el Evangelio? ¿Dónde hemos colocado a Jesús en nuestra vida? ¿Se ha entibiado nuestra fe y ya no lo seguimos con entusiasmo? Despertemos para acoger la palabra de Jesús y, junto a él, vivir una vida para el Evangelio. Mirar y volver a Jesús.

FEBRERO

11 | **Martes**
Nuestra Señora de Lourdes

Primera lectura: Génesis 1,20-2,4

Salmo 8: ¡Señor, dueño nuestro, qué admirable es tu nombre en toda la tierra!

Evangelio: Marcos 7,1-13

En aquel tiempo se acercó a Jesús un grupo de fariseos con algunos escribas de Jerusalén, y vieron que algunos discípulos comían con manos impuras, es decir, sin lavarse las manos. (Los fariseos, como los demás judíos, no comen sin lavarse antes las manos, restregando bien, aferrándose a la tradición de sus mayores, y, al volver de la plaza, no comen sin lavarse antes, y se aferran a otras muchas tradiciones de lavar vasos, jarras y ollas.) Según eso, los fariseos y los escribas preguntaron a Jesús: «¿Por qué comen tus discípulos con manos impuras y no siguen la tradición de los mayores?». Él les contestó: «Bien profetizó Isaías de vosotros, hipócritas, como está escrito: "Este pueblo me honra con los labios, pero su corazón está lejos de mí. El culto que me dan está vacío, porque la doctrina que enseñan son preceptos humanos". Dejáis a un lado el mandamiento de Dios para aferraros a la tradición de los hombres». Y añadió: «Anuláis el mandamiento de Dios por mantener vuestra tradición. Moisés dijo: "Honra a tu padre y a tu madre" y "el que maldiga a su padre o a su madre tiene pena de muerte"; en cambio, vosotros decís: "Si uno le dice a su padre o a su madre: 'Los bienes con que podría ayudarte los ofrezco al templo'", ya no le permitís hacer nada por su padre o por su madre, invalidando la palabra de Dios con esa tradición que os transmitís; y como estas hacéis muchas».

A lo largo de la historia de la Iglesia ha sido frecuente ir alejándonos del estilo pobre, sencillo y humilde de Jesús, y hemos llenado la religión de ritos, costumbres, devociones, preceptos. Incluso la Palabra ha sido propiedad privada de los presbíteros, conformando al pueblo con devociones piadosas. Sigue sucediendo como en tiempos de Jesús, que estaban aferrados a preceptos humanos. También hoy seguimos asidos a celebraciones que son costumbres devocionales y folclores, y no vivimos una vida para el Evangelio en profundidad. Tal vez nos sucede lo que denunciaba Jesús: «Este pueblo me honra con los labios, pero su corazón está lejos de mí. El culto que me dan está vacío, porque la doctrina que enseñan son preceptos humanos». ¿Hay algo de esto en nosotros? Tal vez nos falta mirar más a Jesús y cambiar tradiciones obsoletas.

FEBRERO

12 | Miércoles

Primera lectura: Génesis 2,5-9.15-17

Salmo 103: Bendice, alma mía, al Señor

Evangelio: Marcos 7,14-23

En aquel tiempo llamó Jesús de nuevo a la gente y les dijo: «Escuchad y entended todos: nada que entre de fuera puede hacer al hombre impuro; lo que sale de dentro es lo que hace impuro al hombre. El que tenga oídos para oír, que oiga».

Cuando dejó a la gente y entró en casa le pidieron sus discípulos que les explicara la parábola. Él les dijo: «¿Tan torpes sois también vosotros? ¿No comprendéis? Nada que entre de fuera puede hacer impuro al hombre, porque no entra en el corazón, sino en el vientre, y se echa en la letrina». Con esto declaraba puros todos los alimentos. Y siguió: «Lo que sale de dentro, eso sí mancha al hombre. Porque de dentro, del corazón del hombre, salen los malos propósitos, las fornicaciones, robos, homicidios, adulterios, codicias, injusticias, fraudes, desenfreno, envidia, difamación, orgullo, frivolidad. Todas esas maldades salen de dentro y hacen al hombre impuro».

Sagrado, profano, bueno, malo; Dios todo lo ha hecho bueno y bello. Verlo así es fruto de la relación con Dios, que nos vive dentro y nos hace ver con sus ojos la bondad de todas las cosas. Es la actitud interior, las intenciones del corazón, lo que nos proyecta con bondad o maldad hacia fuera. En el centro del ser está la sede de nuestro hacer y pensar. De ahí surge lo santo, que no deja entrar ni salir nada negativo de nosotros. Si me dejo polarizar por Dios, el bien asomará de dentro hacia fuera.

Si el centro no está en Dios, entonces el mal nos toma también desde dentro con facilidad. Hacer lo bueno está en mi confianza y gracia de Dios. Vivir hacia dentro. No perdernos lo profundo de Dios y de nosotros mismos.

FEBRERO

13 | Jueves

Primera lectura: Génesis 2,18-25
Salmo 127: Dichosos los que temen al Señor

Evangelio: Marcos 7,24-30

En aquel tiempo, Jesús fue a la región de Tiro. Se alojó en una casa, procurando pasar inadvertido, pero no lo consiguió; una mujer que tenía una hija poseída por un espíritu impuro se enteró enseguida, fue a buscarlo y se le echó a los pies. La mujer era griega, una fenicia de Siria, y le rogaba que echase el demonio de su hija. Él le dijo: «Deja que coman primero los hijos. No está bien echarles a los perros el pan de los hijos». Pero ella replicó: «Tienes razón, Señor; pero también los perros, debajo de la mesa, comen las migajas que tiran los niños». Él le contestó: «Anda, vete, que, por eso que has dicho, el demonio ha salido de tu hija». Al llegar a su casa se encontró a la niña echada en la cama; el demonio se había marchado.

Una mujer siro-fenicia pone en jaque a Jesús. Ella, echada a sus pies, le pide la curación de su hija. Jesús se resiste, porque era pagana. Resulta ofensiva la dureza de Jesús llamando «perros» a los paganos. Pero la mujer lo cuestiona, y él cede ante la fe e intrepidez de sus palabras; ve que dice verdad y la cura. Genial por desafiante la actitud de la mujer. Jesús rompe prejuicios y se abre a todos, sin mirar raza ni religión. La humanidad se define no por diferencias de raza, sexo o religión, sino por el hecho fundamental de ser hijos e hijas de Dios. A Jesús, la fe de la gente lo seduce y lo lleva a abrirse y acoger a todos sin mirar credos. Los prejuicios nos estrechan la mirada y el corazón. Abrámonos a todos para hacer el bien, como Jesús.

FEBRERO

14

Viernes
San Cirilo y San Metodio, patronos de Europa

Primera lectura: Hechos de los Apóstoles 13,46-49

Salmo 116: Id al mundo entero y proclamad el Evangelio

Evangelio: Lucas 10,1-9

En aquel tiempo designó el Señor otros setenta y dos y los mandó por delante, de dos en dos, a todos los pueblos y lugares adonde pensaba ir él. Y les decía: «La mies es abundante y los obreros, pocos; rogad, pues, al dueño de la mies que mande obreros a su mies. ¡Poneos en camino! Mirad que os mando como corderos en medio de lobos. No llevéis talega, ni alforja, ni sandalias; y no os detengáis a saludar a nadie por el camino. Cuando entréis en una casa decid primero: "Paz en esta casa". Y si allí hay gente de paz, descansará sobre ellos vuestra paz; si no, volverá a vosotros. Quedaos en la misma casa, comed y bebed de lo que tengan, porque el obrero merece su salario. No andéis cambiando de casa. Si entráis en un pueblo y os reciben bien, comed lo que os pongan, curad a los enfermos que haya y decid: "Está cerca de vosotros el reino de Dios"».

Ponernos en camino es la aventura a la que nos reta Jesús. Somos obreros de un proyecto de vida y la labor es abundante, excede nuestras fuerzas. Los mensajeros del Reino van ligeros y vacíos de posesiones; solo lo básico: sandalias, túnica y bastón. Caminar, aventurar la vida en medio de la hostilidad del mundo. La paz en el corazón, ofrecerla como paga por la acogida. Y el anuncio: «Está cerca el reino de Dios». Así, ligeros, pacíficos, libres, comunicadores e iluminadores de la Buena Nueva. La invitación es vivir una vida para el Evangelio. Acoger e implicarnos en los planes de paz y amor de Dios para la humanidad entera.

FEBRERO

15 | Sábado

Primera lectura: Génesis 3,9-24

Salmo 89: Señor, tú has sido nuestro refugio de generación en generación

Evangelio: Marcos 8,1-10

Uno de aquellos días, como había mucha gente y no tenían qué comer, Jesús llamó a sus discípulos y les dijo: «Me da lástima esta gente; llevan ya tres días conmigo y no tienen qué comer, y, si los despido a sus casas en ayunas, se van a desmayar por el camino. Además, algunos han venido desde lejos». Le replicaron los discípulos: «¿Y dónde se puede sacar pan aquí, en despoblado, para que se queden satisfechos?». Él les preguntó: «¿Cuántos panes tenéis?». Ellos contestaron: «Siete». Mandó que la gente se sentara en el suelo, tomó los siete panes, pronunció la acción de gracias, los partió y los fue dando a sus discípulos para que los sirvieran. Ellos los sirvieron a la gente. Tenían también unos cuantos peces; Jesús los bendijo y mandó que los sirvieran también. La gente comió hasta quedar satisfecha, y de los trozos que sobraron llenaron siete canastas; eran unos cuatro mil. Jesús los despidió, luego se embarcó con sus discípulos y se fue a la región de Dalmanuta.

Jesús no soporta que la gente pase necesidad, siente lástima y busca cómo cubrir la indigencia. Saciar el hambre es lo básico de la vida. Dar de comer a los hambrientos del mundo es una responsabilidad humana que no podemos eludir. Tenemos los recursos, se trata de distribuir y compartir lo poco o mucho que poseemos. Que la comida, el pan, llegue para todos. Jesús se ofrecerá como pan de vida. Y más, él nos hace lo que es en sí mismo: pan de vida. Somos carne de su carne y sangre de su sangre. Los seguidores de Jesús estamos llamados a compartir lo que somos y tenemos: pan de Dios, para que el mundo viva por nuestra vida ofrecida y como Jesús se dio a ser comido. Somos eucaristía, pan de Dios, démonos para ser comidos.

MES

16

Domingo
VI Tiempo Ordinario

Primera lectura: Jeremías 17,5-8

Salmo 1: Dichoso el hombre que ha puesto su confianza en el Señor

Segunda lectura: 1 Corintios 15,12.16-20

Evangelio: Lucas 6,17.20-26

En aquel tiempo bajó Jesús del monte con los Doce y se paró en un llano, con un grupo grande de discípulos y de pueblo, procedente de toda Judea, de Jerusalén y de la costa de Tiro y de Sidón. Él, levantando los ojos hacia sus discípulos, les dijo: «Dichosos los pobres, porque vuestro es el reino de Dios. Dichosos los que ahora tenéis hambre, porque quedaréis saciados. Dichosos los que ahora lloráis, porque reiréis. Dichosos vosotros cuando os odien los hombres, y os excluyan, y os insulten, y proscriban vuestro nombre como infame por causa del Hijo del hombre. Alegraos ese día y saltad de gozo, porque vuestra recompensa será grande en el cielo. Eso es lo que hacían vuestros padres con los profetas. Pero, ¡ay de vosotros, los ricos!, porque ya tenéis vuestro consuelo. ¡Ay de vosotros, los que ahora estáis saciados!, porque tendréis hambre. ¡Ay de los que ahora reís!, porque haréis duelo y lloraréis. ¡Ay si todo el mundo habla bien de vosotros! Eso es lo que hacían vuestros padres con los falsos profetas».

Las bienaventuranzas son la proclamación más clara de la presencia de Dios en medio de la humanidad. Ellas reflejan la bondad y belleza del rostro de Dios, la dicha de su gracia regaladora de bienes y la ternura de su amor. La felicidad de haber recibido el misterio de Dios en Jesús, anunciando que él no quiere víctimas de la inmisericordia ni de la injusticia. En lo profundo del misterio de la humanidad se hallan los bienes del reino de Dios, que florecerán si, desde lo hondo del corazón humano, actuamos con la compasión de Jesús, que socorre la necesidad de todos. El ¡ay! de la maldición recae sobre quienes se cierran voluntariamente a la gracia de Dios, endureciendo su corazón ante la pobreza material que afecta a tanta gente y no toman la actitud bienaventurada de la justicia, la compasión y la limpieza de corazón. Amar es ser bienaventurado.

FEBRERO

17

Lunes
Los siete fundadores de la Orden de los Siervos de la Virgen María

Primera lectura: Génesis 4,1-15.25

Salmo 49: Ofrece al Señor un sacrificio de alabanza

Evangelio: Marcos 8,11-13

En aquel tiempo se presentaron los fariseos y se pusieron a discutir con Jesús; para ponerlo a prueba le pidieron un signo del cielo. Jesús dio un profundo suspiro y dijo: «¿Por qué esta generación reclama un signo? Os aseguro que no se le dará un signo a esta generación». Los dejó, se embarcó de nuevo y se fue a la otra orilla.

Jesús no soporta la arrogancia de la incredulidad. Los signos que él va obrando a lo largo de su ministerio son claras manifestaciones, señales evidentes de que Dios actúa lo nuevo, lo dichoso para todos. El mensaje y las obras realizadas por Jesús son signos suficientes para celebrar la fiesta del Reino, que ha llegado a este mundo. Nada será eficaz si no trabajamos el desarrollo de las verdades del amor, la justicia y la alegría que Jesús anuncia. No se trata de señales prodigiosas, es el trabajo sencillo y silencioso que hace germinar la semilla del Reino del amor. No dejemos que Jesús huya a la otra orilla por nuestra terquedad de corazón.

18 | **Martes**

Primera lectura: Génesis 6,5-8; 7,1-5.10

Salmo 28: El Señor bendice a su pueblo con la paz

Evangelio: Marcos 8,14-21

En aquel tiempo, a los discípulos se les olvidó llevar pan, y no tenían más que un pan en la barca. Jesús les recomendó: «Tened cuidado con la levadura de los fariseos y con la de Herodes». Ellos comentaban: «Lo dice porque no tenemos pan». Dándose cuenta, les dijo Jesús: «¿Por qué comentáis que no tenéis pan? ¿No acabáis de entender? ¿Tan torpes sois? ¿Para qué os sirven los ojos si no veis y los oídos si no oís? A ver, ¿cuántos cestos de sobras recogisteis cuando repartí cinco panes entre cinco mil? ¿Os acordáis?». Ellos contestaron: «Doce». «¿Y cuántas canastas de sobras recogisteis cuando repartí siete entre cuatro mil?». Le respondieron: «Siete». Él les dijo: ¿Y no acabáis de entender?».

Seguramente, nosotros no tenemos mejores entendederas que los discípulos. ¿Qué hemos de entender, qué hemos de repartir? La barca era signo de la Iglesia, en ella bregamos para llevar el pan de Dios a la humanidad. Cada uno de nosotros somos pan de Dios. La eucaristía es una realidad de servicio: dar el pan que somos. Dar también el pan de Dios acumulado en la Iglesia en cestos para ser repartido. La realidad de Jesús en nosotros –si entendemos que él es nuestro pan y nos hace pan– es que somos gente abastecida de buen alimento, que es Jesús mismo, y a él hemos de anunciar y dar como pan. Dar nosotros la eucaristía que somos. ¿Entendemos que somos eucaristía? Somos celebradores del banquete del Reino, el pan está servido.

Primera lectura: Génesis 8,6-13.20-22

Salmo 115: Te ofreceré, Señor, un sacrificio de alabanza

Evangelio: Marcos 8,22-26

En aquel tiempo, Jesús y los discípulos llegaron a Betsaida. Le trajeron un ciego, pidiéndole que lo tocase. Él lo sacó de la aldea, llevándolo de la mano, le untó saliva en los ojos, le impuso las manos y le preguntó: «¿Ves algo?». Empezó a distinguir y dijo: «Veo hombres; me parecen árboles, pero andan». Le puso otra vez las manos en los ojos; el hombre miró: estaba curado y veía todo con claridad. Jesús lo mandó a casa, diciéndole: «No entres siquiera en la aldea».

¿Cuántas veces Jesús tendrá que poner sus manos sobre nuestros ojos para que veamos claro? En muchas ocasiones sufrimos ceguera; lo importante es recurrir a Jesús y, con gesto humilde, pedirle que nos cure. Solo él es la luz que puede esclarecer nuestra oscuridad abriendo nuestros ojos. Cuando vemos claro, podemos entender que Jesús nos ha sacado del mal que nos cegaba; una vez recuperada la vista, no volvamos sobre lo que nos oscurece y enferma. «No entres siquiera en la aldea», es decir, alejémonos de lo que nos puede volver a oscurecer. Cambiar el rumbo de nuestra vida, ir hacia la luz. Sigamos a Jesús y resplandecerá su luz en nuestros ojos. Veamos todas las cosas con los ojos de Jesús.

20 | Jueves

Primera lectura: Génesis 9,1-13

Salmo 101: El Señor, desde el cielo, se ha fijado en la tierra

Evangelio: Marcos 8,27-33

En aquel tiempo, Jesús y sus discípulos se dirigieron a las aldeas de Cesarea de Filipo; por el camino preguntó a sus discípulos: «¿Quién dice la gente que soy yo?». Ellos le contestaron: «Unos, Juan Bautista; otros, Elías; y otros, uno de los profetas». Él les preguntó: «Y vosotros, ¿quién decís que soy?». Pedro le contestó: «Tú eres el Mesías». Él les prohibió terminantemente decírselo a nadie. Y empezó a instruirlos: «El Hijo del hombre tiene que padecer mucho, tiene que ser condenado por los ancianos, sumos sacerdotes y escribas, ser ejecutado y resucitar a los tres días». Se lo explicaba con toda claridad. Entonces Pedro se lo llevó aparte y se puso a increparlo. Jesús se volvió y, de cara a los discípulos, increpó a Pedro: «¡Quítate de mi vista, Satanás! ¡Tú piensas como los hombres, no como Dios!».

Hoy, como ayer, Jesús nos sigue preguntando: «Y vosotros, ¿quién decís que soy?». Como seguidores de Jesús en la Iglesia, es fundamental dar respuesta a la pregunta que él nos hace hoy de manera personalizada y comunitaria. La Iglesia será, ahora y en un futuro, aquella imagen que tenemos de Jesús dentro de nuestro corazón. El cristianismo es todo y solo Jesús, que «pasó haciendo el bien», murió y resucitó. Como judío, Pedro dijo: «Tú eres el Mesías». Fuera de la religión judía esto no se entendía. Hoy entendemos que él es la humanidad de Dios encarnada y viva dentro de nosotros. Seguirle será por siempre vivir a partir de Cristo Jesús. Ser humanos a la manera de Jesús. Jesús, tú eres el hombre-Dios que vives dentro de nosotros. Tú eres el Resucitado, el viviente, que das sentido a nuestras vidas. Queremos pensar como tú.

FEBRERO

21 | **Viernes**
San Pedro Damiani

Primera lectura: Génesis 11,1-9

Salmo 32: Dichoso el pueblo que el Señor se escogió como heredad

Evangelio: Marcos 8,34-9,1

En aquel tiempo, Jesús llamó a la gente y a sus discípulos, y les dijo: «El que quiera venirse conmigo que se niegue a sí mismo, que cargue con su cruz y me siga. Mirad, el que quiera salvar su vida la perderá; pero el que pierda su vida por mí y por el evangelio la salvará. Pues, ¿de qué le sirve al hombre ganar el mundo entero si arruina su vida? ¿O qué podrá dar uno para recobrarla? Quien se avergüence de mí y de mis palabras, en esta generación descreída y malvada, también el Hijo del hombre se avergonzará de él cuando venga con la gloria de su Padre entre los santos ángeles». Y añadió: «Os aseguro que algunos de los aquí presentes no morirán sin haber visto llegar el reino de Dios en toda su potencia».

Jesús nos llama a una radicalidad que, humanamente, nos puede estremecer. Cargar con la cruz y seguirle. Viendo lo que esto suponía para él, muchos se volvieron atrás. A nosotros, lo que se nos pide está bien definido en el decir de santa Teresa: «Una grande y muy determinada determinación» de seguir a Jesús en todas las cosas. «Juntos andemos, Señor. Por donde fuereis tengo de ir. Por donde pasareis tengo de pasar». Vivir una vida para el Evangelio es el camino de nuestro ser cristianos dando la vida. Y ser eucaristía es la identidad que pone de manifiesto nuestra vinculación a Jesús. Ser pan de Dios que se parte y se reparte es nuestra entrega y seguimiento, nuestra disposición a cargar con la cruz.

FEBRERO

22

Sábado
CÁTEDRA DEL APÓSTOL SAN PEDRO

Primera lectura: 1 Pedro 5,1-4

Salmo 22: El Señor es mi pastor, nada me falta

Evangelio: Mateo 16,13-19

En aquel tiempo, al llegar a la región de Cesarea de Filipo, Jesús preguntó a sus discípulos: «¿Quién dice la gente que es el Hijo del hombre?». Ellos contestaron: «Unos que Juan Bautista, otros que Elías, otros que Jeremías o uno de los profetas». Él les preguntó: «Y vosotros, ¿quién decís que soy yo?». Simón Pedro tomó la palabra y dijo: «Tú eres el Mesías, el Hijo de Dios vivo». Jesús le respondió: «¡Dichoso tú, Simón, hijo de Jonás!, porque eso no te lo ha revelado nadie de carne y hueso, sino mi Padre, que está en el cielo. Ahora te digo yo: tú eres Pedro, y sobre esta piedra edificaré mi Iglesia, y el poder del infierno no la derrotará. Te daré las llaves del reino de los cielos; lo que ates en la tierra quedará atado en el cielo, y lo que desates en la tierra quedará desatado en el cielo».

Jesús es base y fundamento de la Iglesia y la razón de ser del cristianismo. Pedro es confirmado por Jesús como piedra fundacional de lo que será la Iglesia y referencia de la unidad apostólica. Sobre este apóstol, Jesús cimentó lo que iba a ser, poco a poco, la gran comunidad eclesial. La figura de Pedro es el eje central en la que el cristianismo se ha ido consolidando en la unidad con los primeros testigos de la misión de Jesús y del misterio más trascendental, la experiencia del Resucitado, que los confirma en la fe y la misión del anuncio. Pedro, sobre el cual queda vinculada la figura papal, forma el lazo de la unidad universal del cristianismo en torno a Jesús y el Evangelio. La razón principal de esta figura es mantener la unidad en la gran pluralidad y no en la uniformidad. Plurales fueron las primeras comunidades cristianas. Y esta figura debe ser un referente de la vida humilde, sencilla y carismática de Jesús. No un poder imperial, sino una comunidad servidora humilde y pobre que, como Jesús, lava los pies a la humanidad.

MES

Domingo
VII Tiempo Ordinario
San Policarpo

Primera lectura: 1 Samuel 26,2.7-9.12-13.22-23
....
Salmo 102: El Señor es compasivo y misericordioso
....
Segunda lectura: 1 Corintios 15,45-49
....

Evangelio: Lucas 6,27-38

En aquel tiempo dijo Jesús a sus discípulos: «A los que me escucháis os digo: amad a vuestros enemigos, haced el bien a los que os odian, bendecid a los que os maldicen, orad por los que os injurian. Al que te pegue en una mejilla preséntale la otra; al que te quite la capa déjale también la túnica. A quien te pide dale; al que se lleve lo tuyo no se lo reclames. Tratad a los demás como queréis que ellos os traten. Pues, si amáis solo a los que os aman, ¿qué mérito tenéis? También los pecadores aman a los que los aman. Y si hacéis bien solo a los que os hacen bien, ¿qué mérito tenéis? También los pecadores lo hacen. Y si prestáis solo cuando esperáis cobrar, ¿qué mérito tenéis? También los pecadores prestan a otros pecadores, con intención de cobrárselo. ¡No! Amad a vuestros enemigos, haced el bien y prestad sin esperar nada; tendréis un gran premio y seréis hijos del Altísimo, que es bueno con los malvados y desagradecidos. Sed compasivos como vuestro Padre es compasivo; no juzguéis, y no seréis juzgados; no condenéis, y no seréis condenados; perdonad, y seréis perdonados; dad, y se os dará: os verterán una medida generosa, colmada, remecida, rebosante. La medida que uséis la usarán con vosotros».

«Sed compasivos como vuestro Padre es compasivo». La compasión es fruto del amor. Este evangelio es un compendio de lo que es ser cristiano. Vivir para bendecirnos y perdonarnos mutuamente. Bendecir es decir y desear bien a los demás, como Dios hacia nosotros. Jesús ha pasado por la vida amando y bendiciendo. Amar, bendecir, hacer el bien, disponibles para el servicio, ser generosos. El cristiano es un vocacionado para amar y crear la gran fraternidad humana. Bendecir y amar incluso a nuestros enemigos. La oración es la relación con Dios, la fuente por la que recibimos los bienes del Reino, que nos capacita para ser una bendición hacia todos. Ser compasivos y amar es lo que nos pone rostro de Dios. Vivimos bajo la bendición de Dios y somos bendición para toda la humanidad. Amar y hacer el bien es signo de hijos e hijas de Dios.

24 | Lunes

Primera lectura: Eclesiástico 1,1-10

Salmo 92: El Señor reina, vestido de majestad

Evangelio: Marcos 9,14-29

En aquel tiempo, cuando Jesús y los tres discípulos bajaron de la montaña, al llegar donde estaban los demás discípulos vieron mucha gente alrededor, y a unos escribas discutiendo con ellos. Al ver a Jesús, la gente se sorprendió y corrió a saludarlo. Él les preguntó: «¿De qué discutís?». Uno le contestó: «Maestro, te he traído a mi hijo; tiene un espíritu que no le deja hablar y, cuando lo agarra, lo tira al suelo, echa espumarajos, rechina los dientes y se queda tieso. He pedido a tus discípulos que lo echen, y no han sido capaces». Él les contestó: «¡Gente sin fe! ¿Hasta cuándo estaré con vosotros? ¿Hasta cuándo os tendré que soportar? Traédmelo». Se lo llevaron. El espíritu, en cuanto vio a Jesús, retorció al niño; cayó por tierra y se revolcaba, echando espumarajos. Jesús preguntó al padre: «¿Cuánto tiempo hace que le pasa esto?». Contestó él: «Desde pequeño. Y muchas veces hasta lo ha echado al fuego y al agua, para acabar con él. Si algo puedes, ten lástima de nosotros y ayúdanos». Jesús replicó: «¿Si puedo? Todo es posible al que tiene fe». Entonces el padre del muchacho gritó: «Tengo fe, pero dudo; ayúdame». Jesús, al ver que acudía gente, increpó al espíritu inmundo, diciendo: «Espíritu mudo y sordo, yo te lo mando: vete y no vuelvas a entrar en él». Gritando y sacudiéndolo violentamente salió. El niño se quedó como un cadáver, de modo que la multitud decía que estaba muerto. Pero Jesús lo levantó, cogiéndolo de la mano, y el niño se puso en pie. Al entrar en casa, sus discípulos le preguntaron a solas: «¿Por qué no pudimos echarlo nosotros?». Él les respondió: «Esta especie solo puede salir con oración».

En buena medida, la imposibilidad nos viene de la incredulidad. Jesús se crispa cuando constata la poca fe de sus discípulos. Tener fe es la luz y salud de ser creyentes. Sin fe no podemos hacer nada. Y la fe debe alimentarse de la oración, de la relación con Dios. Jesús acaba de bajar de la montaña, donde ha estado relacionándose con el Padre. Todo bien, don y gracia nos viene solo de Dios. Tener fe es tener fuerza sanadora para curar, perdonar, levantar. El padre del niño enfermo dice tener fe, y en un gesto humilde reconoce la tibieza de su fe. «Tengo fe, pero dudo; ayúdame». Ahí, Jesús queda seducido por la petición sincera de aquel padre que ruega por la curación del hijo. Jesús, conmovido por la fe y el sufrimiento, liberó al niño y lo levantó de su muerte. La oración es fuerza libertadora, nos levanta de nuestras postraciones.

FEBRERO

25 | **Martes**

Primera lectura: Eclesiástico 2,1-11

Salmo 36: Encomienda tu camino al Señor, y él actuará

Evangelio: Marcos 9,30-37

En aquel tiempo, Jesús y sus discípulos se marcharon de la montaña y atravesaron Galilea; no quería que nadie se enterase, porque iba instruyendo a sus discípulos. Les decía: «El Hijo del hombre va a ser entregado en manos de los hombres, y lo matarán; y, después de muerto, a los tres días resucitará». Pero no entendían aquello, y les daba miedo preguntarle. Llegaron a Cafarnaún y, una vez en casa, les preguntó: «¿De qué discutíais por el camino?». Ellos no contestaron, pues por el camino habían discutido quién era el más importante. Jesús se sentó, llamó a los Doce y les dijo: «Quien quiera ser el primero que sea el último de todos y el servidor de todos». Y, acercando a un niño, lo puso en medio de ellos, lo abrazó y les dijo: «El que acoge a un niño como este en mi nombre me acoge a mí; y el que me acoge a mí no me acoge a mí, sino al que me ha enviado».

Para Jesús, instruir a los discípulos era desalentador. Llevan tiempo con él, ven su manera de vivir y proceder, pero no se enteran de nada. Jesús está pendiente de las necesidades de la gente, trata con todos con sencillez, viviendo pobremente, sin estar por encima de nadie. Ellos solo piensan en quién era el más importante. La mentalidad de Jesús es una cosa, la de los apóstoles es otra. Jesús vive el desprendimiento, ellos están pendientes de los primeros puestos. Jesús los corrige poniendo un ejemplo de lo que ha de ser la vida de sus seguidores. Pero ni ellos ni nosotros hemos aprendido demasiado. En la Iglesia se ve mucha gente entregada a cubrir las necesidades de las personas. Pero también se ve, y demasiado, las ansias de poder y los primeros puestos, las suntuosidades y los mandos. Hacerse pequeño y dar la vida es hacerse como Jesús.

FEBRERO

26 | Miércoles

Primera lectura: Eclesiástico 4,11-19

Salmo 118: Mucha paz tienen, Señor, los que aman tus leyes

Evangelio: Marcos 9,38-40

En aquel tiempo dijo Juan a Jesús: «Maestro, hemos visto a uno que echaba demonios en tu nombre y se lo hemos querido impedir, porque no es de los nuestros». Jesús respondió: «No se lo impidáis, porque uno que hace milagros en mi nombre no puede luego hablar mal de mí. El que no está contra nosotros está a nuestro favor».

Mandar, controlar, impedir. Es un instinto que llevamos dentro, que nos sitúa como dominadores. Nos tomamos el poder para decidir sobre los demás, quién puede o no puede hacer las cosas. La gracia de Dios, todos la llevamos dentro, no es propiedad privada de nadie ni de ninguna religión. Hacer el bien es don de la gracia en cualquier persona, sea de la religión que sea, no necesariamente «de los nuestros» ni de nuestra religión. Y esto lo vemos en Jesús; aprendamos de él a saber alegrarnos de todo bien, provenga de los nuestros o de otros. Quien quiere seguir a Jesús ha de acoger a todos y alegrarse del bien de todos. Toda la humanidad es de Dios y amada por Dios. ¿Quién soy yo para excluir a nadie? En la Iglesia, la exclusión de las mujeres es una injusticia contra el Reino.

FEBRERO

27 | **Jueves**
| *San Gregorio de Narek*

Primera lectura: Eclesiástico 5,1-8

Salmo 1: Dichoso el hombre que ha puesto su confianza en el Señor

Evangelio: Marcos 9,41-50

En aquel tiempo dijo Jesús a sus discípulos: «El que os dé a beber un vaso de agua porque seguís al Mesías, os aseguro que no se quedará sin recompensa. El que escandalice a uno de estos pequeñuelos que creen, más le valdría que le encajasen en el cuello una piedra de molino y lo echasen al mar. Si tu mano te hace caer, córtatela: más te vale entrar manco en la vida que ir con las dos manos al abismo, al fuego que no se apaga. Y si tu pie te hace caer, córtatelo: más te vale entrar cojo en la vida que ser echado con los dos pies al infierno. Y si tu ojo te hace caer, sácatelo: más te vale entrar tuerto en el reino de Dios que ser echado con los dos ojos al infierno, donde el gusano no muere y el fuego no se apaga. Todos serán salados a fuego. Buena es la sal; pero, si la sal se vuelve sosa, ¿con qué la sazonaréis? Que no falte entre vosotros la sal, y vivid en paz unos con otros».

Ante este evangelio es muy difícil decir una palabra equilibrada y eficaz. La predicación de la condena y el miedo al infierno ha sido una realidad abusiva a lo largo de la historia y ha causado mucha angustia a la gente. También ha supuesto mucho abuso de control de las conciencias, creando miedo más que confianza. Lo que quiero destacar es la importancia de dar agua al sediento, no escandalizar a nadie con nuestro comportamiento y tratar de vivir una vida para el Evangelio para ser sal buena y vivir en paz con todos. Tener la saludable esperanza y segura confianza de que estamos en manos de Dios, que nos ama con amor eterno. En Jesús nos ha salvado a todos. Y vivir en paz unos con otros.

FEBRERO

28 | Viernes

Primera lectura: Eclesiástico 6,5-17

Salmo 118: Guíame, Señor, por la senda de tus mandatos

Evangelio: Marcos 10,1-12

En aquel tiempo, Jesús se marchó a Judea y a Transjordania; otra vez se le fue reuniendo gente por el camino y, según costumbre, les enseñaba. Se acercaron unos fariseos y le preguntaron a

Jesús, para ponerlo a prueba: «¿Le es lícito a un hombre divorciarse de su mujer?». Él les replicó: «¿Qué os ha mandado Moisés?». Contestaron: «Moisés permitió divorciarse, dándole a la mujer un acta de repudio». Jesús les dijo: «Por vuestra terquedad dejó escrito Moisés este precepto. Al principio de la creación, Dios "los creó hombre y mujer. Por eso abandonará el hombre a su padre y a su madre, se unirá a su mujer y serán los dos una sola carne". De modo que ya no son dos, sino una sola carne. Lo que Dios ha unido que no lo separe el hombre».

En casa, los discípulos volvieron a preguntarle sobre lo mismo. Él les dijo: «Si uno se divorcia de su mujer y se casa con otra comete adulterio contra la primera. Y si ella se divorcia de su marido y se casa con otro comete adulterio».

Una vez más, el privilegio era para los hombres en detrimento de las mujeres. Quien vive el amor hace del matrimonio una realidad vinculante e indisoluble; ni se piensa en el divorcio. El amor, si es verdadero, es una robustez sólida, que hace de las dos personas una sola y un disfrute de vida. El amor matrimonial es convivencia realizadora para la pareja, que cuida del ser amado, creciendo juntos en plenitud. El ideal del amor conyugal hace posible la vida feliz para siempre. Pero, si el amor desaparece y la convivencia es angustiosa e insufrible, lo más humano y digno para las personas es separarse. La comunidad de creyentes debe abrigar con amor el sufrimiento de estas parejas y orar a Dios por ellas, nada más. Dios sabe el porqué de todo. Nosotros no juzguemos a nadie. El juicio es de Dios.

MARZO

1 | Sábado

Primera lectura: Eclesiástico 17,1-15

Salmo 102: La misericordia del Señor sobre sus fieles dura siempre

Evangelio: Marcos 10,13-16

En aquel tiempo le acercaban a Jesús niños para que los tocara, pero los discípulos les regañaban. Al verlo, Jesús se enfadó y les dijo: «Dejad que los niños se acerquen a mí: no se lo impidáis; de los que son como ellos es el reino de Dios. Os aseguro que el que no acepte el reino de Dios como un niño no entrará en él». Y los abrazaba y los bendecía imponiéndoles las manos.

Que antipáticos se muestran los discípulos con los niños, hasta se molestan porque la gente los acerca a Jesús, y encima los regañan. Una vez más, Jesús les da una lección de acogida: «Dejad que los niños se acerquen a mí: no se lo impidáis». Lo que no contaba y era tenido en nada, Jesús lo hace modelo del reino de Dios. Dios no mira las cosas como nosotros, él mira con corazón compasivo y amoroso, y tiene en cuenta y valora lo que nosotros despreciamos. Jesús quiere que, en este mundo, las personas tengamos entrañas de misericordia con todos. Que los pobres y pequeños encuentren acogida digna, abrazo y bendición. Ser acogedores como lo es Jesús.

Domingo
VIII Tiempo Ordinario

Primera lectura: Eclesiástico 27,4-7

Salmo 91: Es bueno darte gracias, Señor

Segunda lectura: 1 Corintios 15,54-58

Evangelio: Lucas 6,39-45

En aquel tiempo dijo Jesús una parábola: «¿Acaso puede un ciego guiar a otro ciego? ¿No caerán los dos en el hoyo? No está el discípulo sobre su maestro, si bien, cuando termine su aprendizaje, será como su maestro. ¿Por qué te fijas en la mota que tiene tu hermano en el ojo y no reparas en la viga que llevas en el tuyo? ¿Cómo puedes decirle a tu hermano: "Hermano, déjame que te saque la mota del ojo", sin fijarte en la viga que llevas en el tuyo? ¡Hipócrita! Sácate primero la viga de tu ojo, y entonces verás claro para sacar la mota del ojo de tu hermano. Pues no hay árbol bueno que dé fruto malo, ni árbol malo que dé fruto bueno; por ello, cada árbol se conoce por su fruto; porque no se recogen higos de las zarzas, ni se vendimian racimos de los espinos. El hombre bueno, de la bondad que atesora en su corazón saca el bien, y el que es malo, de la maldad saca el mal; porque de lo que rebosa el corazón habla la boca».

Todos padecemos alguna ceguera, pero vemos más la de los otros que la nuestra. Miramos los defectos de los demás, los señalamos y no soportamos que se nos digan nuestras faltas. Lo que Jesús quiere es que aprendamos de él a ser compasivos con todos y que nos ayudemos mutuamente, sin criticar ni humillar a nadie. Tener la humildad de reconocer nuestras cegueras y motas en los ojos. No tocar a nadie si no somos capaces de hacerlo con amor para levantar, encaminar y no acusar. Nada mejor dicho que las palabras del propio evangelio: «El hombre bueno, de la bondad que atesora en su corazón saca el bien, y el que es malo, de la maldad saca el mal; porque de lo que rebosa el corazón habla la boca». Vivir junto a Jesús, para que nuestra vida se asemeje en algo a la suya.

MARZO

3 | Lunes

Primera lectura: Eclesiástico 17,24-29

Salmo 31: Alegraos, justos, y gozad en el Señor

Evangelio: Marcos 10,17-27

En aquel tiempo, cuando salía Jesús al camino, se le acercó uno corriendo, se arrodilló y le preguntó: «Maestro bueno, ¿qué haré para heredar la vida eterna?». Jesús le contestó: «¿Por qué me llamas bueno? No hay nadie bueno más que Dios. Ya sabes los mandamientos: no matarás, no cometerás adulterio, no robarás, no darás falso testimonio, no estafarás, honra a tu padre y a tu madre». Él replicó: «Maestro, todo eso lo he cumplido desde pequeño». Jesús se le quedó mirando con cariño y le dijo: «Una cosa te falta: anda, vende lo que tienes, dale el dinero a los pobres, así tendrás un tesoro en el cielo, y luego sígueme». A estas palabras, él frunció el ceño y se marchó pesaroso, porque era muy rico. Jesús, mirando alrededor, dijo a sus discípulos: «¡Qué difícil les va a ser a los ricos entrar en el reino de Dios!». Los discípulos se extrañaron de estas palabras. Jesús añadió: «Hijos, qué difícil les es entrar en el reino de Dios a los que ponen su confianza en el dinero! Más fácil le es a un camello pasar por el ojo de una aguja que a un rico entrar en el reino de Dios». Ellos se espantaron y comentaban: «Entonces, ¿quién puede salvarse?». Jesús se les quedó mirando y les dijo: «Es imposible para los hombres, no para Dios. Dios lo puede todo».

El cumplidor de la ley suele tenerse por alguien disciplinado y justo. El joven quería ir más lejos, asegurarse la vida eterna. Jesús lo mira con cariño, porque ve su buen deseo, y le plantea un extremo: «Vende lo que tienes, dale el dinero a los pobres, así tendrás un tesoro en el cielo, y luego sígueme». No pudo con ello, se retiró pesaroso; tenía un ídolo: el dinero. Y prefirió la posesión y el disfrute que le proporcionaba su riqueza que aquel proyecto de intemperie y desnudez que le ofrecía Jesús. Ante el capital monetario, todos quedamos expuestos. Con tal propuesta dejamos al descubierto dónde llega nuestra entrega. Todos se espantaron por la imposibilidad de tamaña renuncia. «Entonces, ¿quién puede salvarse?». Resulta desalentador encontrarnos con la verdad de nosotros mismos, con nuestro apego al dinero. Dios hará posible lo que para nosotros es imposible: vaciarnos, despojarnos, salvarnos.

MARZO

4 | **Martes**
San Casimiro

Primera lectura: Eclesiástico 35,1-12

Salmo 49: Atención, los que olvidáis a Dios

Evangelio: Marcos 10,28-31

En aquel tiempo, Pedro se puso a decirle a Jesús: «Ya ves que nosotros lo hemos dejado todo y te hemos seguido». Jesús dijo: «Os aseguro que quien deje casa, o hermanos o hermanas, o madre o padre, o hijos o tierras, por mí y por el Evangelio, recibirá ahora, en este tiempo, cien veces más –casas y hermanos y hermanas y madres e hijos y tierras, con persecuciones–, y en la edad futura vida eterna. Muchos primeros serán últimos, y muchos últimos, primeros».

El seguimiento de Jesús choca fuertemente con la realidad de este mundo. Su estilo de vida es absolutamente otra cosa de lo que el mundo vive. Dejarlo todo es la «determinada determinación» de vivir todo, de vivir solo a partir de Jesús, en el espíritu de las bienaventuranzas del Reino. El modelo es Jesús mismo en su propia vivencia: el Evangelio. La radicalidad evangélica, humanamente, es inalcanzable y siempre será un intento de caminar tras las huellas de Jesús. Cuando decae nuestro ánimo y el desaliento nos envuelve, él es quien nos levanta y da fuerzas para retomar el camino. Dejarlo todo y seguir a Jesús implica persecución, incomprensiones, pobreza. También una familia nueva, la que marca el cielo nuevo que está en medio de nosotros. La ganancia del ciento por uno en este mundo es la gozosa luz del Resucitado, que alumbra nuestra fe oscura y segura.

TERMINA LA PRIMERA PARTE DEL TIEMPO ORDINARIO Y COMIENZA LA CUARESMA

Primera lectura: Joel 2,12-18

Salmo 50: Joel 2,12-18

Segunda lectura: 2 Corintios 5,20-6,2

Evangelio: Mateo 6,1-6.16-18

En aquel tiempo dijo Jesús a sus discípulos: «Cuidad de no practicar vuestra justicia delante de los hombres para ser vistos por ellos; de lo contrario no tendréis recompensa de vuestro Padre celestial. Por tanto, cuando hagas limosna, no vayas tocando la trompeta por delante, como hacen los hipócritas en las sinagogas y por las calles, con el fin de ser honrados por los hombres; os aseguro que ya han recibido su paga. Tú, en cambio, cuando hagas limosna, que no sepa tu mano izquierda lo que hace tu derecha; así tu limosna quedará en secreto, y tu Padre, que ve en lo secreto, te lo pagará.

Cuando recéis, no seáis como los hipócritas, a quienes les gusta rezar de pie en las sinagogas y en las esquinas de las plazas, para que los vea la gente. Os aseguro que ya han recibido su paga. Tú, cuando vayas a rezar, entra en tu aposento, cierra la puerta y reza a tu Padre, que está en lo escondido, y tu Padre, que ve en lo escondido, te lo pagará.

Cuando ayunéis, no andéis cabizbajos, como los hipócritas, que desfiguran su cara para hacer ver a la gente que ayunan. Os aseguro que ya han recibido su paga. Tú, en cambio, cuando ayunes, perfúmate la cabeza y lávate la cara, para que tu ayuno lo note no la gente, sino tu Padre, que está en lo escondido; y tu Padre, que ve en lo escondido, te recompensará

El Miércoles de Ceniza nos sitúa ante el umbral de la Cuaresma. Es el tiempo favorable para el asomo interior. Este evangelio nos alerta ante nuestras actitudes. ¿Qué motiva nuestro comportamiento? Nuestro hacer sea discreto y sincero de corazón. Quien ve la verdad de fondo solo es Dios. Y solo movidos por Dios debemos andar en generosidad y justicia. Dar, compartir, es regalar un poco de lo mucho que Dios nos da por adelantado. Por otra parte, la oración sea relación de amistad e intimidad con Dios; un tú a tú que nos vincula en el amor, para obrar amorosamente, como lo hace Dios con nosotros. El ayuno es, ante todo, una actitud de sobriedad en la vida, compartiendo con los más necesitados. Seguidores de Jesús, nuestro modelo es su propia manera de ser y hacer. El modelo de todo es él. En algo hemos de parecernos.

MARZO

6 | Jueves después de Ceniza

Primera lectura: Deuteronomio 30,15-20

Salmo 1: Dichoso el hombre que ha puesto su confianza en el Señor

Evangelio: Lucas 9,22-25

En aquel tiempo dijo Jesús a sus discípulos: «El Hijo del hombre tiene que padecer mucho, ser desechado por los ancianos, sumos sacerdotes y escribas, ser ejecutado y resucitar al tercer día». Y, dirigiéndose a todos, dijo: «El que quiera seguirme que se niegue a sí mismo, cargue con su cruz cada día y se venga conmigo. Pues el que quiera salvar su vida la perderá; pero el que pierda su vida por mi causa la salvará. ¿De qué le sirve a uno ganar el mundo entero si se pierde o se perjudica a sí mismo?».

La Cuaresma nos pone de cara ante el sufrimiento. Humanamente, todos debemos asumir la realidad del sufrimiento, porque está en la entraña misma de nuestra naturaleza. Aquí, la llamada es al seguimiento de Jesús, según su estilo de vida, hacia la realización del Reino. Seguirle no nos garantiza la ausencia de sufrimiento. Jesús pasa por el fracaso, el sufrimiento y la muerte. Y nos deja claro que la suerte de sus discípulos no será más favorable que la del Maestro. Seguir a Jesús, tomar la cruz, es la imitación de su vida a la que estamos llamados. La cruz es el signo del sufrimiento que causa la injusticia de este mundo, cuando el egoísmo cierra nuestras entrañas amorosas y nos alejamos de la fraternidad con los hermanos. Perdemos la vida cuando rompemos la comunión con los demás. La ganamos cuando amamos.

MARZO

7 | **Viernes después de Ceniza**
Santas Perpetua y Felicidad

Primera lectura: Isaías 58,1-9

Salmo 50: Un corazón quebrantado y humillado, tú, Dios mío, no lo desprecias

Evangelio: Mateo 9,14-15

En aquel tiempo se acercaron los discípulos de Juan a Jesús, preguntándole: «¿Por qué nosotros y los fariseos ayunamos a menudo y, en cambio, tus discípulos no ayunan?». Jesús les dijo: «¿Es que pueden guardar luto los invitados a la boda mientras el novio está con ellos? Llegará un día en que se lleven al novio, y entonces ayunarán».

Jesús se sale de las normas del judaísmo de su tiempo, provocando la desconfianza de los cumplidores de la Ley, atados a las tradiciones y costumbres del pasado. El ayuno que Dios quiere que hagamos es desterrar de nosotros todo sentimiento malo hacia las personas: no juzgar, no criticar, no explotar a nadie, no hacer víctimas a los demás de nuestros egoísmos. Jesús fomenta todo lo que es favorecedor de las buenas relaciones, nos estimula a ser solidarios, amigos de la vida y creadores de la fiesta del corazón que alegra y satisface por el amor y la buena convivencia. Jesús es el novio y el amigo y nos quiere a su lado, porque, con él, la vida adquiere sentido de la amistad y la fiesta. Él mismo es el banquete que satisface nuestra hambre y sed de Dios.

MARZO

8 Sábado después de Ceniza
San Juan de Dios

Primera lectura: Isaías 58,9-14

Salmo 85: Enséñame, Señor, tu camino, para que siga tu verdad

Evangelio: Lucas 5,27-32

En aquel tiempo, Jesús vio a un publicano llamado Leví, sentado al mostrador de los impuestos, y le dijo: «Sígueme». Él, dejándolo todo, se levantó y lo siguió. Leví ofreció en su honor un gran banquete en su casa, y estaban a la mesa con ellos un gran número de publicanos y otros. Los fariseos y los escribas dijeron a sus discípulos, criticándolo: «¿Cómo es que coméis y bebéis con publicanos y pecadores?». Jesús les replicó: «No necesitan médico los sanos, sino los enfermos. No he venido a llamar a los justos, sino a los pecadores a que se conviertan».

Cuando Jesús llama, no mira la condición del llamado. Llama así, sin más. La respuesta del llamado habla de la prontitud interior y la disposición para el cambio. El banquete es el signo de lo nuevo, porque reúne a todos, y el acento se pone en los pecadores. Dios quiere sanar y limpiar lo perdido, no a la manera de la Ley, sino por el amor y la compasión, la comprensión y la ternura. Ante Jesús se produce el descoloque, porque acoge lo que, de natural, nosotros rechazamos. En la mesa del Reino estamos invitados a sentarnos todos juntos, justos y pecadores. Dios sabe lo que hay en el fondo de los corazones, y, en su banquete, la comida ofrecida produce salud. La medicina de Dios sana y salva. En la Iglesia todavía hay que sanar muchas realidades para que se dé una total inclusión de colectivos que aún están marginados.

MARZO

9

Domingo
I Cuaresma
Santa Francisca Romana

Primera lectura: Deuteronomio 26,4-10

Salmo 90: Está conmigo, Señor, en la tribulación

Segunda lectura: Romanos 10,8-13

Evangelio: Lucas 4,1-13

En aquel tiempo, Jesús, lleno del Espíritu Santo, volvió del Jordán y, durante cuarenta días, el Espíritu lo fue llevando por el desierto, mientras era tentado por el diablo.

Todo aquel tiempo estuvo sin comer, y al final sintió hambre.

Entonces el diablo le dijo: «Si eres Hijo de Dios, dile a esta piedra que se convierta en pan». Jesús le contestó: «Está escrito: "No solo de pan vive el hombre"».

Después, llevándole a lo alto, el diablo le mostró en un instante todos los reinos del mundo y le dijo: «Te daré el poder y la gloria de todo eso, porque a mí me lo han dado, y yo lo doy a quien quiero. Si tú te arrodillas delante de mí, todo será tuyo». Jesús le contestó: «Está escrito: "Al Señor, tu Dios, adorarás y a él solo darás culto"».

Entonces lo llevó a Jerusalén y lo puso en el alero del templo y le dijo: «Si eres Hijo de Dios, tírate de aquí abajo, porque está escrito: "Encargará a los ángeles que cuiden de ti", y también: "Te sostendrán en sus manos, para que tu pie no tropiece con las piedras"». Jesús le contestó: «Está mandado: "No tentarás al Señor, tu Dios"».

Completadas las tentaciones, el demonio se marchó hasta otra ocasión.

El mayor descanso que podemos hallar para nuestra felicidad es que Jesús vence donde nosotros hemos sucumbido. Él batalla dentro de sí la tentación diabólica del Maligno. El combate que mantiene es ganado a favor de toda la humanidad, porque, en él, Jesús asume todo el ser humano en su lucha contra lo diabólico. Nosotros, criaturas frágiles y menesterosas, no podríamos desatarnos de lo que nos encadena. Jesús acoge nuestra imposibilidad y la transforma. El Tentador conoce nuestra debilidad y entra por lo más sutil que hay en nosotros, para hacernos sucumbir. La lucha es contra el mundo, el demonio y la carne, es decir, contra lo que nos deshumaniza y desfigura el rostro de hijos e hijas de Dios. Somos tentados en toda nuestra dignidad humana. Jesús nos muestra la manera de liberarnos del mal. Acogernos a él, dejarle penetrar en nuestro mal, en nuestra realidad herida, para que luche con nosotros. Dejarnos ganar por Dios hasta expulsar al Tentador, que huye ante el amor que sana y salva. Solo Dios nos devuelve el rostro de hijos e hijas amados y, en él, vamos siendo transfigurados.

Primera lectura: Levítico 19,1-2.11-18

Salmo 18: Tus palabras, Señor, son espíritu y vida

Evangelio: Mateo 25,31-46

En aquel tiempo dijo Jesús a sus discípulos: «Cuando venga en su gloria el Hijo del hombre, y todos los ángeles con él, se sentará en el trono de su gloria, y serán reunidas ante él todas las naciones. Él separará a unos de otros, como un pastor separa las ovejas de las cabras. Y pondrá las ovejas a su derecha y las cabras a su izquierda. Entonces dirá el rey a los de su derecha: "Venid vosotros, benditos de mi Padre; heredad el reino preparado para vosotros desde la creación del mundo. Porque tuve hambre y me disteis de comer, tuve sed y me disteis de beber, fui forastero y me hospedasteis, estuve desnudo y me vestisteis, enfermo y me visitasteis, en la cárcel y vinisteis a verme". Entonces los justos le contestarán: "Señor, ¿cuándo te vimos con hambre y te alimentamos o con sed y te dimos de beber?; ¿cuándo te vimos forastero y te hospedamos o desnudo y te vestimos?; ¿cuándo te vimos enfermo o en la cárcel y fuimos a verte?"

Y el rey les dirá: "Os aseguro que cada vez que lo hicisteis con uno de estos, mis humildes hermanos, conmigo lo hicisteis". Y entonces dirá a los de su izquierda: "Apartaos de mí, malditos, id al fuego eterno preparado para el diablo y sus ángeles. Porque tuve hambre y no me disteis de comer, tuve sed y no me disteis de beber, fui forastero y no me hospedasteis, estuve desnudo y no me vestisteis, enfermo y en la cárcel y no me visitasteis".

Entonces también estos contestarán: "Señor, ¿cuándo te vimos con hambre o con sed, o forastero o desnudo, o enfermo o en la cárcel, y no te asistimos?" Y él replicará: "Os aseguro que cada vez que no lo hicisteis con uno de estos, los humildes, tampoco lo hicisteis conmigo". Y estos irán al castigo eterno, y los justos, a la vida eterna».

Este evangelio nos descoloca. Nos preguntamos de qué grupo somos. Todos conocemos el mal del que somos capaces y el bien que llevamos dentro. En nosotros constatamos la lucha contra el mal que no queremos y el bien que sí queremos y no siempre hacemos. Lo decisivo es cómo se sitúa Dios ante la realidad de sus criaturas amadas. Él está dentro de nosotros para embellecernos y quiere expulsar de nosotros el gesto amenazador y la maledicencia que nos deshumaniza. Dios, desde dentro, trabaja nuestra debilidad y la santifica en sí. Llevamos el ADN de Dios para realizar las obras de Dios. Él apela a nuestra responsabilidad personal para que obremos en favor del bien. Y el bien es el amor al prójimo siempre. Amar y decirlo con la vida. Vivir atentos a las necesidades de los demás para atenderlos. Somos para deleitarnos con Dios en los hermanos y hermanas.

MARZO

11 | **Martes**

Primera lectura: Isaías 55,10-11

Salmo 33: El Señor libra de sus angustias a los justos

Evangelio: Mateo 6,7-15

En aquel tiempo dijo Jesús a sus discípulos: «Cuando recéis, no uséis muchas palabras, como los gentiles, que se imaginan que por hablar mucho les harán caso. No seáis como ellos, pues vuestro Padre sabe lo que os hace falta antes de que lo pidáis. Vosotros rezad así: "Padre nuestro del cielo, santificado sea tu nombre, venga tu reino, hágase tu voluntad en la tierra como en el cielo, danos hoy el pan nuestro de cada día, perdónanos nuestras ofensas, pues nosotros hemos perdonado a los que nos han ofendido, no nos dejes caer en la tentación, sino líbranos del Maligno". Porque si perdonáis a los demás sus culpas, también vuestro Padre del cielo os perdonará a vosotros. Pero si no perdonáis a los demás, tampoco vuestro Padre perdonará vuestras culpas».

La vida cristiana está asentada sobre el amor y el perdón. El amor nos vincula al perdón. Si no perdonamos como Dios nos perdona, no hallamos el pan nuestro de la paz interior. Reconocer a Dios como padre que nos ama y nos vive envolviéndonos en su amor es todo nuestro bien. Dios se preocupa de cubrir nuestras necesidades. Y nos quiere en relación amorosa y personal con él. Una relación que pide intimidad, porque entre Dios y su criatura todo va de enamoramiento. «A solas con Dios solo, tratar de amistad con quien sabemos nos ama». Orar nos va concediendo imagen y semejanza con Dios; la relación con él nos hace amados amadores y perdonados perdonadores. El hacer de Dios es amar, el nuestro también. El pan de Dios que somos crea la comunión con los demás. Somos perdonados, perdonemos; somos amados, amemos. Y vaya todo en felicidad.

Primera lectura: Jonás 3,1-10

Salmo 50: Un corazón quebrantado y humillado, tú, Dios mío, no lo desprecias

Evangelio: Lucas 11,29-32

En aquel tiempo, la gente se apiñaba alrededor de Jesús, y él se puso a decirles: «Esta generación es una generación perversa. Pide un signo, pero no se le dará más signo que el signo de Jonás. Como Jonás fue un signo para los habitantes de Nínive, lo mismo será el Hijo del hombre para esta generación. Cuando sean juzgados los hombres de esta generación, la reina del Sur se levantará y hará que los condenen; porque ella vino desde los confines de la tierra para escuchar la sabiduría de Salomón, y aquí hay uno que es más que Salomón. Cuando sea juzgada esta generación, los hombres de Nínive se alzarán y harán que los condenen; porque ellos se convirtieron con la predicación de Jonás, y aquí hay uno que es más que Jonás».

¿Reconocemos a Jesús como el que tiene palabras de vida eterna? Tendemos a buscar fuera lo que tenemos dentro. La sabiduría de Dios está dentro de nosotros. Jesús mora dentro para ser camino, verdad y vida para nosotros. No hace falta buscar lugares de culto, ni sabidurías de iluminados, ni experiencias de elevaciones o gustos espirituales sensibles. Dentro, y en nuestro centro está Jesús como maestro iluminador de la verdad plena. Lo que se nos pide es atención interior. Este tiempo de Cuaresma es invitación para la escucha y tiempo para discernir qué perversidad hay en mí. Cuando nuestra vida no se centra en Jesús y en el Evangelio, podemos convertirnos en generación malvada y pervertida. Lo determinante es vivir todo y solo a partir de Cristo Jesús. Él es la sabiduría de Dios que nos llena y satisface. Jesús es todo nuestro bien, nuestra alegre esperanza y segura confianza.

MARZO

13 | Jueves

Primera lectura: Ester 14,1.3-5.12-14

Salmo 137: Cuando te invoqué, me escuchaste, Señor

Evangelio: Mateo 7,7-12

En aquel tiempo dijo Jesús a sus discípulos: «Pedid y se os dará, buscad y encontraréis, llamad y se os abrirá; porque quien pide recibe, quien busca encuentra y al que llama se le abre.

Si a alguno de vosotros le pide su hijo pan, ¿le va a dar una piedra?; y si le pide pescado, ¿le dará una serpiente? Pues si vosotros, que sois malos, sabéis dar cosas buenas a vuestros hijos, ¡cuánto más vuestro Padre del cielo dará cosas buenas a los que le piden! En resumen: tratad a los demás como queréis que ellos os traten; en esto consiste la Ley y los Profetas».

¿Qué imagen de Dios llevamos dentro? ¿Es el Dios del miedo y la condena o el Padre bueno que nos ama? Somos reflejo de la imagen de Dios que alimentamos en nosotros. La relación con Jesús nos va haciendo imagen del Dios padre que nos ama. El Padre de las misericordias no es un perverso castigador. Dios es todo y solo amor. Si nosotros sabemos dar y hacer cosas buenas a los demás, ¿por qué no somos capaces de creer que Dios nos da siempre lo bueno, aunque hagamos cosas malas? Todo depende de la actitud con que vivimos la realidad. Dios está pronto para satisfacernos. Ser hijos e hijas nos da una grandeza de alma y una libertad de espíritu para vivir la plena confianza, gustando el bien que Dios nos regala. Se trata de ver con los ojos de la fe, para discernir el don y gracia de Dios.

MARZO

14 | **Viernes**

Primera lectura: Ezequiel 18,21-28

Salmo 129: Si llevas cuenta de los delitos, Señor, ¿quién podrá resistir?

Evangelio: Mateo 5,20-26

En aquel tiempo dijo Jesús a sus discípulos: «Si no sois mejores que los escribas y fariseos no entraréis en el reino de los cielos. Habéis oído que se dijo a los antiguos: "No matarás", y el que mate será procesado. Pero yo os digo: todo el que esté peleado con su hermano será procesado. Y si uno llama a su hermano "imbécil" tendrá que comparecer ante el Sanedrín, y si lo llama "renegado" merece la condena del fuego. Por tanto, si cuando vas a poner tu ofrenda sobre el altar te acuerdas allí mismo de que tu hermano tiene quejas contra ti, deja allí tu ofrenda ante el altar y vete primero a reconciliarte con tu hermano, y entonces vuelve a presentar tu ofrenda. Con el que te pone pleito procura arreglarte enseguida, mientras vais todavía de camino, no sea que te entregue al juez, y el juez al alguacil, y te metan en la cárcel. Te aseguro que no saldrás de allí hasta que hayas pagado el último cuarto».

Ser cristianos es ser hermanos, hermanas. Es decir, adheridos a Jesús, vivir una vida para el Evangelio, como realidad que expulsa todo mal, para ser hacedores de bien. Realizar las obras de Jesús, que perdona siempre. Tener grandeza de alma para resolver nuestros conflictos y peleas con los demás, desde el perdón que retoma el amor de unos con otros. La salud de la humanidad es el amor y el perdón. Esto lo entendemos todos, pero nos dejamos arrastrar por los impulsos malévolos que quieren alejarnos de Dios y de los demás. Llevamos dentro el potencial del amor y el perdón como gracia de hijos e hijas de Dios y no sabemos echar mano de esa genialidad. Volver a Jesús es sanear nuestras actitudes pervertidas que malogran las buenas relaciones. Una vida para el Evangelio nos devuelve la faz amable del amor. Volver al Amor y ser amor.

MARZO

15 | Sábado

Primera lectura: Deuteronomio 26,16-19

Salmo 118: Dichoso el que camina en la voluntad del Señor

Evangelio: Mateo 5,43-48

En aquel tiempo dijo Jesús a sus discípulos: «Habéis oído que se dijo: "Amarás a tu prójimo" y aborrecerás a tu enemigo. Yo, en cambio, os digo: amad a vuestros enemigos y rezad por los que os persiguen. Así seréis hijos de vuestro Padre, que está en el cielo, que hace salir su sol sobre malos y buenos y manda la lluvia a justos e injustos. Porque, si amáis a los que os aman, ¿qué premio tendréis? ¿No hacen lo mismo también los publicanos? Y si saludáis solo a vuestros hermanos, ¿qué hacéis de extraordinario? ¿No hacen lo mismo también los gentiles? Por tanto, sed perfectos como vuestro Padre celestial es perfecto».

En este tiempo de conflicto universal, donde la guerra crea odio, nos parece imposible poder pacificar la vida. ¿Cómo amar y perdonar cuando nos matamos mutuamente? Matamos de tantas maneras: las violaciones, el rechazo a los inmigrantes, a los miembros del colectivo LGTBI por su condición sexual, división entre religiones, odios entre familias, celos, envidias… Matamos la vida cuando matamos la buena convivencia. Si el Dios en quien creemos no nos lleva a buscar el perdón y volver a la amistad y al amor con todos, ponemos de manifiesto que hemos expulsado a Dios de nuestra vida. Llegados a este punto, el caos está servido y se oscurece el futuro de la humanidad entera. La Cuaresma es camino de conversión a Dios como única posibilidad redentora del mal que nos envuelve. Volver a acoger el don del amor para restablecer la esperanza de la vida en la paz y la justicia.

MARZO

16

Domingo
II Cuaresma

Primera lectura: Génesis 15,5-12.17-18

Salmo 26: El Señor es mi luz y mi salvación

Segunda lectura: Filipenses 3,17-4,1

Evangelio: Lucas 9,28b-36

En aquel tiempo, Jesús cogió a Pedro, a Juan y a Santiago y subió a lo alto de la montaña para orar. Y, mientras oraba, el aspecto de su rostro cambió, sus vestidos brillaban de blancos.

De repente, dos hombres conversaban con él: eran Moisés y Elías, que, apareciendo con gloria, hablaban de su muerte, que iba a consumar en Jerusalén. Pedro y sus compañeros se caían de sueño; y, espabilándose, vieron su gloria y a los dos hombres que estaban con él. Mientras estos se alejaban dijo Pedro a Jesús: «Maestro, qué bien se está aquí. Haremos tres tiendas: una para ti, otra para Moisés y otra para Elías».

No sabía lo que decía. Todavía estaba hablando cuando llegó una nube que los cubrió. Se asustaron al entrar en la nube. Una voz desde la nube decía: «Este es mi Hijo, el escogido, escuchadle».

Cuando sonó la voz se encontró Jesús solo. Ellos guardaron silencio y, por el momento, no contaron a nadie nada de lo que habían visto.

La transfiguración es un relato de lo trascendente. Jesús habla con Moisés y Elías, que representan la Ley y la Profecía. Todo ha de cumplirse. La gracia de este momento de intimidad con lo divino es lo que fortalecerá a Jesús para asumir la pasión y la muerte en cruz. Se vislumbra un adelanto de gloria. Pero el fracaso, el sufrimiento, el horror de la muerte está asomando. Jesús lo sabe, por eso se lleva aparte a tres apóstoles para ir preparándolos para cuando llegue la hora. El Tabor es la experiencia sublime de lo divino unido a lo humano. En la cumbre del monte, los apóstoles saborean la vida del cielo y quieren instalarse en ese estado de idilio, donde nada negativo les toca. Pero la nube será presagio de lo que está por venir y se estremecen. Una voz resuena: «Este es mi Hijo, el escogido, escuchadle». Al final, Jesús se queda solo. Los apóstoles bajan del monte para volver a la penosa realidad. En su corazón queda una palabra: «Escuchadle». Lo definitivo será «la escucha» que llena la historia de la fe de todos los tiempos.

17 | **Lunes**
San Patricio

Primera lectura: Daniel 9,4b-10

Salmo 78: Señor, no nos trates como merecen nuestros pecados

Evangelio: Lucas 6,36-38

En aquel tiempo dijo Jesús a sus discípulos: «Sed compasivos como vuestro Padre es compasivo; no juzguéis y no seréis juzgados; no condenéis y no seréis condenados; perdonad y seréis perdonados; dad y se os dará: os verterán una medida generosa, colmada, remecida, rebosante. La medida que uséis la usarán con vosotros».

Volvemos a la compasión de Dios hacia la humanidad y la creación entera. Dios es compasivo como Padre amoroso, y estamos llamados a ser como él. Tener entrañas compasivas para arrancar de nosotros la negra tendencia a juzgar y condenar. Las relaciones humanas y fraternas han de ser vividas desde la generosidad y desbordantes en amor, creadoras de comunión y comunicación. Quien vive vinculado a Jesús realiza las obras del amor y el perdón, como él las ejercía con todos, sin distinciones. Dios nos ha hecho generosos para dar, y quiere que compartamos con abundancia, nos quiere perdonadores de verdad. Dios se fía de nosotros, nos pide que saquemos nuestra mejor imagen y semejanza con él, y que obremos compasivamente con los demás. A Dios le agrada la bondad humana a la manera de la bondad de Jesús. Ser compasivos es el llamamiento, y ha de ser acción eficaz.

MARZO

18 | **Martes**
San Cirilo de Jerusalén

Primera lectura: Isaías 1,10.16-20

Salmo 49: Al que sigue buen camino le haré ver la salvación de Dios

Evangelio: Mateo 23,1-12

En aquel tiempo, Jesús habló a la gente y a sus discípulos, diciendo: «En la cátedra de Moisés se han sentado los escribas y los fariseos: haced y cumplid lo que os digan; pero no hagáis lo que ellos hacen, porque ellos no hacen lo que dicen. Ellos lían fardos pesados e insoportables y se los cargan a la gente en los hombros, pero ellos no están dispuestos a mover un dedo para empujar. Todo lo que hacen es para que los vea la gente: alargan las filacterias y ensanchan las franjas del manto; les gustan los primeros puestos en los banquetes y los asientos de honor en las sinagogas; que les hagan reverencias por la calle y que la gente los llame "maestros". Vosotros, en cambio, no os dejéis llamar "maestro", porque uno solo es vuestro maestro, y todos vosotros sois hermanos. Y no llaméis "padre" vuestro a nadie en la tierra, porque uno solo es vuestro Padre, el del cielo. No os dejéis llamar "consejeros", porque uno solo es vuestro consejero, Cristo. El primero entre vosotros será vuestro servidor. El que se enaltece será humillado, y el que se humilla será enaltecido».

Este texto evangélico es de una dureza impresionante, y entraña un cierto peligro: acusar a los que tienen cargos eclesiásticos de poder. Sin embargo, el poder y las ansias de controlar, todos las llevamos dentro. Intentamos ejercer el servicio con buena voluntad. Pero también emergen las ansias de poder aplastante, y afectan a los que más queremos. Entre el mando y el servicio hay un finísimo hilo divisorio, sutilmente traspasable, y aquí hay que estar vigilantes. Jesús apela a la coherencia de vida, fundamentalmente a los que ostentan cargos y deben ser servidores y testigos fiables para los demás. Jesús fue ejemplo de humildad y pobreza. Lo suyo es la invitación y la propuesta, nunca el encumbramiento. En la vida cristiana no hay más título que el de la fraternidad: hermanos y hermanas. El servicio amable y humilde sea nuestro vestido y adorno.

MARZO

 19

Miércoles
San José, esposo de la Virgen María

Primera lectura: 2 Samuel 7,4-5a.12-14a.16

Salmo 88: Su linaje será perpetuo

Segunda lectura: Romanos 4,13.16-18.22

Evangelio: Mateo 1,16.18-21.24a

Jacob engendró a José, el esposo de María, de la cual nació Jesús, llamado Cristo. El nacimiento de Jesucristo fue de esta manera: María, su madre, estaba desposada con José y, antes de vivir juntos, resultó que ella esperaba un hijo por obra del Espíritu Santo. José, su esposo, que era bueno y no quería denunciarla, decidió repudiarla en secreto. Pero, apenas había tomado esta resolución, se le apareció en sueños un ángel del Señor, que le dijo: «José, hijo de David, no tengas reparo en llevarte a María, tu mujer, porque la criatura que hay en ella viene del Espíritu Santo. Dará a luz un hijo, y tú le pondrás por nombre Jesús, porque él salvará a su pueblo de los pecados». Cuando José se despertó, hizo lo que le había mandado el ángel del Señor.

Hoy celebramos la fiesta de San José, el hombre que vivió a la sombra de Jesús y María. Él será el hombre justo y fiel a la llamada de Dios para una misión del todo trascendental, que cambiará el rumbo de la historia humana. Ser esposo de María y padre de Jesús. Como las grandes figuras bíblicas de Abrahán y Moisés, José destaca también por su fe ante una realidad que superaba lo razonablemente normal. Ser esposo y padre de alguien que, sin ser de su carne y sangre, se le pide llevar adelante el más sublime misterio de la encarnación de Dios. José acepta el plan de Dios y calla. Acoge el misterio y enmudece. Deja que el Espíritu Santo sea el gran protagonista que le ayude a asumir todo aquel oscuro y luminoso misterio de amor y desconcierto. La ejemplaridad de José pone de manifiesto que Dios capacita nuestro ser para la fidelidad y la santidad. Solo la gracia de Dios hace posible lo que humanamente es imposible. Jesús crecerá al amparo de estos padres buenos que serán para él ejemplo de fe, esperanza y amor. Y los tres serán modelo de familia cristiana.

MARZO

20 | Jueves

Primera lectura: Jeremías 17,5-10

Salmo 1: Dichoso el hombre que ha puesto su confianza en el Señor

Evangelio: Lucas 16,19-31

En aquel tiempo dijo Jesús a los fariseos: «Había un hombre rico que se vestía de púrpura y de lino y banqueteaba espléndidamente cada día. Y un mendigo llamado Lázaro estaba echado en su portal, cubierto de llagas, y con ganas de saciarse de lo que tiraban de la mesa del rico. Y hasta los perros se le acercaban a lamerle las llagas. Sucedió que se murió el mendigo, y los ángeles lo llevaron al seno de Abrahán. Se murió también el rico, y lo enterraron. Y, estando en el infierno, en medio de los tormentos, levantando los ojos, vio de lejos a Abrahán, y a Lázaro en su seno, y gritó: "Padre Abrahán, ten piedad de mí y manda a Lázaro que moje en agua la punta del dedo y me refresque la lengua, porque me torturan estas llamas". Pero Abrahán le contestó: "Hijo, recuerda que recibiste tus bienes en vida y Lázaro, a su vez, males: por eso encuentra aquí consuelo mientras que tú padeces. Y, además, entre nosotros y vosotros se abre un abismo inmenso, para que no puedan cruzar, aunque quieran, desde aquí hacia vosotros ni puedan pasar de ahí hasta nosotros". El rico insistió: "Te ruego, entonces, padre, que mandes a Lázaro a casa de mi padre, porque tengo cinco hermanos, para que, con su testimonio, evites que vengan también ellos a este lugar de tormento". Abrahán le dice: "Tienen a Moisés y a los profetas; que los escuchen". El rico contestó: "No, padre Abrahán. Pero si un muerto va a verlos se arrepentirán". Abrahán le dijo: "Si no escuchan a Moisés y a los profetas no harán caso ni aunque resucite un muerto"».

Este evangelio alumbra una situación muy actual. En nuestra sociedad del bienestar vivimos en la opulencia y el derroche; mientras, en el Mediterráneo, los pobres intentan acercarse a nosotros para alimentarse y vivir con cierta dignidad y, en muchas ocasiones, mueren ahogados. Cuando consiguen llegar a las costas, ¿los acogemos como hijos de Dios y hermanos nuestros? ¿Tenemos entrañas de misericordia para socorrer sus necesidades? Tenemos delante al menesteroso que solo pide pan, trabajo y casa, lo imprescindible para vivir como persona. Sabemos que Jesús se estremecía de compasión ante la indigencia de la gente, y los socorría con palabras de esperanza y compartiendo el pan. Como seguidores de Jesús, ¿somos capaces de socorrer la necesidad de los desamparados o miramos a otra parte para no ver la penosa realidad? Dios nos dice:

¿qué haces con tus hermanos y hermanas? ¿Cómo me siento conmigo mismo ante esa realidad y ante Dios?

MARZO

21 | **Viernes**

Primera lectura: Génesis 37,3-4.12-13.17-28

Salmo 104: Recordad las maravillas que hizo el Señor

Evangelio: Mateo 21,33-43.45-46

En aquel tiempo dijo Jesús a los sumos sacerdotes y a los ancianos del pueblo: «Escuchad otra parábola: había un propietario que plantó una viña, la rodeó con una cerca, cavó en ella un lagar, construyó la casa del guarda, la arrendó a unos labradores y se marchó de viaje. Llegado el tiempo de la vendimia, envió sus criados a los labradores para percibir los frutos que le correspondían. Pero los labradores, agarrando a los criados, apalearon a uno, mataron a otro y a otro lo apedrearon. Envió de nuevo otros criados, más que la primera vez, e hicieron con ellos lo mismo. Por último, les mandó a su hijo, diciéndose: "Tendrán respeto a mi hijo". Pero los labradores, al ver al hijo, se dijeron: "Este es el heredero: venid, lo matamos y nos quedamos con su herencia". Y, agarrándolo, lo empujaron fuera de la viña y lo mataron. Y ahora, cuando vuelva el dueño de la viña, ¿qué hará con aquellos labradores?». Le contestaron: «Hará morir de mala muerte a esos malvados y arrendará la viña a otros labradores que le entreguen los frutos a sus tiempos». Y Jesús les dice: «¿No habéis leído nunca en la Escritura: "La piedra que desecharon los arquitectos es ahora la piedra angular. Es el Señor quien lo ha hecho, ha sido un milagro patente"? Por eso os digo que se os quitará a vosotros el reino de Dios y se dará a un pueblo que produzca sus frutos».

Los sumos sacerdotes y los fariseos, al oír sus parábolas, comprendieron que hablaba de ellos. Y, aunque buscaban echarle mano, temieron a la gente, que lo tenía por profeta.

Una parábola que nos interpela a nosotros, porque la historia se repite. Dios se preocupa de que nuestra tierra sea un lugar de prosperidad para todos. Sin embargo, pronto surgen las actitudes de dominio y poder de los responsables, usurpando con violencia lo que es ganancia para el amo y los jornaleros. Somos los trabajadores de la viña. Nuestra responsabilidad es la siembra del Reino, para que produzca actitudes de generosidad. Dios ha puesto la Iglesia, su viña, en nuestras manos, y quiere que su fruto sean las bienaventuranzas del Reino. Sembrar es producir vida, cuidar la viña es respetar el plan del viñador. Los buenos labradores reconocen a los enviados del amo y rinden cuentas responsablemente. Trabajar, amar, no agredir ni matar. Agradecer a Dios el don de la Iglesia y que en ella realicemos las misericordias del Señor, para bien de la humanidad y la paz.

MARZO

22 | Sábado

Primera lectura: Miqueas 7,14-15.18-20

Salmo 102: El Señor es compasivo y misericordioso

Evangelio: Lucas 15,1-3.11-32

En aquel tiempo solían acercarse a Jesús todos los publicanos y los pecadores a escucharle. Y los fariseos y los escribas murmuraban entre ellos: «Ese acoge a los pecadores y come con ellos». Jesús les dijo esta parábola: «Un hombre tenía dos hijos;

el menor de ellos dijo a su padre: "Padre, dame la parte que me toca de la fortuna". El padre les repartió los bienes. No muchos días después, el hijo menor, juntando todo lo suyo, emigró a un país lejano, y allí derrochó su fortuna viviendo perdidamente. Cuando lo había gastado todo vino por aquella tierra un hambre terrible, y empezó él a pasar necesidad. Fue entonces y tanto le insistió a un habitante de aquel país que lo mandó a sus campos a guardar cerdos. Le entraban ganas de saciarse de las algarrobas que comían los cerdos, y nadie le daba de comer. Recapacitando entonces se dijo: "Cuántos jornaleros de mi padre tienen abundancia de pan, mientras yo aquí me muero de hambre. Me pondré en camino adonde está mi padre, y le diré: 'Padre, he pecado contra el cielo y contra ti; ya no merezco llamarme hijo tuyo: trátame como a uno de tus jornaleros'".

Se puso en camino adonde estaba su padre; cuando todavía estaba lejos, su padre lo vio y se conmovió; y, echando a correr, se le echó al cuello y se puso a besarlo. Su hijo le dijo: "Padre, he pecado contra el cielo y contra ti; ya no merezco llamarme hijo tuyo". Pero el padre dijo a sus criados: "Sacad enseguida el mejor traje y vestidlo; ponedle un anillo en la mano y sandalias en los pies; traed el ternero cebado y matadlo; celebremos un banquete, porque este hijo mío estaba muerto y ha revivido; estaba perdido y lo hemos encontrado". Y empezaron el banquete.

Su hijo mayor estaba en el campo. Cuando, al volver, se acercaba a la casa, oyó la música y el baile, y llamando a uno de los mozos le preguntó qué pasaba. Este le contestó: "Ha vuelto tu hermano; y tu padre ha matado el ternero cebado, porque lo ha recobrado con salud". Él se indignó y se negaba a entrar; pero su padre salió e intentaba persuadirlo. Y él replicó a su padre: "Mira: en tantos años como te sirvo, sin desobedecer nunca una orden tuya, a mí nunca me has dado un cabrito para tener un banquete con mis amigos; y cuando ha venido ese hijo tuyo que se ha comido tus bienes con malas mujeres le matas el ternero cebado". El padre le dijo: "Hijo, tú siempre estás conmigo, y todo lo mío es tuyo: deberías alegrarte, porque este hermano tuyo estaba muerto y ha revivido; estaba perdido y lo hemos encontrado"».

Este evangelio nos habla del cariño de Dios. Jamás debemos sentir miedo de Dios, desmedidamente amoroso, que respeta la libertad de los hijos, incluso ante la actitud despótica del hijo insensato. El único personaje conmovedor es el padre. Los hijos: uno, un vividor, y el otro, un falso cumplidor del deber. Son las actitudes egoístas de quienes piensan solo en sí mismos. Ni aman al padre ni se aman entre sí. Solo el padre actúa amorosamente hacia los dos. Ante el retorno del derrochador, todo es acogida, alegría y fiesta. No hay reproches, la casa del padre será el lugar de la regeneración. Recuperar al hijo es motivo para banquetear. El mayor vuelca la rabia y envidia por tanto festejo. Y el padre derrama su amor generoso, haciéndole ver que todo le pertenece. Solo la vida en el amor hará que las relaciones sean de fraternidad, amistad y fiesta.

MARZO

 23

Domingo
III Cuaresma
Santo Toribio de Mogrovejo

Primera lectura: Éxodo 3,1-8.13-15

Salmo 102: El Señor es compasivo y misericordioso

Segunda lectura: 1 Corintios 10,1-6.10-12

Evangelio: Lucas 13,1-9

En una ocasión se presentaron algunos a contar a Jesús lo de los galileos cuya sangre vertió Pilato con la de los sacrificios que ofrecían. Jesús les contestó: «¿Pensáis que esos galileos eran más pecadores que los demás galileos porque acabaron así? Os digo que no; y, si no os convertís, todos pereceréis lo mismo. Y aquellos dieciocho que murieron aplastados por la torre de Siloé, ¿pensáis que eran más culpables que los demás habitantes de Jerusalén? Os digo que no; y, si no os convertís, todos pereceréis de la misma manera». Y les dijo esta parábola: «Uno tenía una higuera plantada en su viña y fue a buscar fruto en ella, y no lo encontró. Dijo entonces al viñador: "Ya ves: tres años llevo viniendo a buscar fruto en esta higuera, y no lo encuentro. Córtala. ¿Para qué va a ocupar terreno en balde?" Pero el viñador contestó: "Señor, déjala todavía este año; yo cavaré alrededor y le echaré estiércol, a ver si da fruto. Si no, la cortas"».

La conversión es la llamada de atención central de este evangelio. Todos estamos expuestos a la muerte violenta, sea por fanatismo religioso, catástrofes o cualquier otra causa. Jesús conoce bien la vulnerabilidad del ser humano y no se yergue como juez condenador de nuestras acciones. Jesús sabe que la vida humana es precaria y que la muerte llega cuando menos lo esperamos. Su actitud es dar siempre posibilidades a la vida, que será saludable si nos abrimos a la conversión del corazón a Dios. Él sabe esperar que nuestra viña dé buenos frutos. La conversión es el abono que hace fructificar la tierra del corazón, y su fruto es el amor. Ante la muerte, Dios nos halle con actitud bien dispuesta y confiada. La Cuaresma es tiempo de conversión, y Dios se adelanta a darnos un corazón nuevo para amar.

24 | Lunes

Primera lectura: 2 Reyes 5,1-15a

Salmo 41: Mi alma tiene sed del Dios vivo: ¿cuándo veré el rostro de Dios?

Evangelio: Lucas 4,24-30

En aquel tiempo dijo Jesús al pueblo en la sinagoga de Nazaret: «Os aseguro que ningún profeta es bien mirado en su tierra. Os garantizo que en Israel había muchas viudas en tiempos de Elías, cuando estuvo cerrado el cielo tres años y seis meses, y hubo una gran hambre en todo el país; sin embargo, a ninguna de ellas fue enviado Elías más que a una viuda de Sarepta, en el territorio de Sidón. Y muchos leprosos había en Israel en tiempos del profeta Eliseo; sin embargo, ninguno de ellos fue curado más que Naamán, el sirio». Al oír esto, todos en la sinagoga se pusieron furiosos y, levantándose, lo empujaron fuera del pueblo hasta un barranco del monte en donde se alzaba su pueblo, con intención de despeñarlo. Pero Jesús se abrió paso ente ellos y se alejaba.

El Evangelio tiene la agudeza de sacar a la luz nuestras reacciones más primarias cuando alguien nos cuestiona. Entre los nuestros, amigos y familia, en ocasiones somos menos valorados o tenidos en cuenta que cuando nos relacionamos con desconocidos. Soportamos mal que nos desprecien por nuestra manera de pensar. Pero sucede también que, cuando alguien nos dice algo con lo que no estamos de acuerdo, porque no encaja en nuestra razón, la reacción puede ser de rechazo y hasta de desprecio. Le sucedió a Jesús. Él vino con un mensaje salvador para todos, los de cerca y los de lejos, y los suyos le rechazaron, con una violencia que le lleva a la muerte en cruz. Hoy, los suyos también le seguimos rechazando cuando sembramos violencia y enemistad en nuestro entorno, cuando no somos capaces de ser pacificadores y crear relaciones de amor y amistad, de justicia y paz.

MARZO

 25

Martes
ANUNCIACIÓN DEL SEÑOR

Primera lectura: Isaías 7,10-14; 8,10
Salmo 39: Aquí estoy, Señor, para hacer tu voluntad
Segunda lectura: Hebreos 10,4-10

Evangelio: Lucas 1,26-38

A los seis meses, el ángel Gabriel fue enviado por Dios a una ciudad de Galilea llamada Nazaret, a una virgen desposada con un hombre llamado José, de la estirpe de David; la virgen se llamaba María. El ángel, entrando en su presencia, dijo: «Alégrate, llena de gracia, el Señor está contigo». Ella se turbó ante estas palabras y se preguntaba qué saludo era aquel. El ángel le dijo: «No temas, María, porque has encontrado gracia ante Dios. Concebirás en tu vientre y darás a luz un hijo, y le podrás por nombre Jesús. Será grande, se llamará Hijo del Altísimo, el Señor Dios le dará el trono de David, su padre, reinará sobre la casa de Jacob para siempre y su reino no tendrá fin». Y María dijo al ángel: «¿Cómo será eso, pues no conozco varón?». El ángel le contestó: «El Espíritu Santo vendrá sobre ti y la fuerza del Altísimo te cubrirá con su sombra; por eso el Santo que va a nacer se llamará Hijo de Dios. Ahí tienes a tu pariente Isabel que, a pesar de su vejez, ha concebido un hijo y ya está de seis meses la que llamaban estéril, porque para Dios nada es imposible». María contestó: «Aquí está la esclava del Señor; hágase en mí según tu palabra». Y la dejó el ángel.

Dios prepara la plenitud de los tiempos en las entrañas de una mujer que ha hallado gracia a sus ojos. Dios se introduce en el seno maternal de una jovencita judía y la llama «bendita entre las mujeres»: María queda embarazada de Dios. Ella se turbó y se interroga: «¿Cómo será eso?». Pero se fía y dice sí. El sí al plan de Dios más descolocador y misterioso. Solo la aceptación humilde a los planes de Dios sobre nosotros nos pone en la línea de los anawim, los pobres de Yahvé. Las obras grandes de Dios no son ostentosas, suceden en la sencillez de lo más humilde y pobre. El Dios amor, en Jesús, vivirá abajado a nuestros pies por siempre. Y este es nuestro reto y tarea: un sí confiado a Dios. Alegres servidores de la humanidad entera. El sí de María es inspirador del nuestro; la disponibilidad suya, también. Acoger el misterio de la fe oscura y segura hasta el fin de nuestros días: «Aquí está la esclava del Señor; hágase en mí según tu palabra».

MARZO

26 | Miércoles

Primera lectura: Glorifica al Señor, Jerusalén
Salmo 147: Glorifica al Señor, Jerusalén

Evangelio: Mateo 5,17-19

En aquel tiempo dijo Jesús a sus discípulos: «No creáis que he venido a abolir la Ley y los profetas: no he venido a abolir, sino a dar plenitud. Os aseguro que antes pasarán el cielo y la tierra que deje de cumplirse hasta la última letra o tilde de la Ley. El que se salte uno solo de los preceptos menos importantes y se lo enseñe así a los hombres será el menos importante en el reino de los cielos. Pero quien los cumpla y enseñe será grande en el reino de los cielos».

Jesús es radical para dejarnos claro que la Ley de Dios es para ser cumplida y no abolida. Él ha venido para darle plenitud. Jesús es crítico con los jerarcas de su tiempo, por el abuso que hacen de la Ley, obligando a cumplir la casuística humana más que preocuparse por lo esencial. Jesús fundamenta la plenitud en el amor a Dios, y se hace real cuando nos amamos unos a otros. En esto radica su cumplimiento, y la urgencia es llevar su mensaje a los confines de la tierra. Que la humanidad entera se convierta a la ley del amor, y vivamos amando, sirviendo, creando comunión unos con otros. Esto es lo que a Dios le agrada, lo que crea la fiesta del corazón y nos hace felices. Pablo dirá: «Amar es cumplir la Ley entera».

MARZO

27 | Jueves

Primera lectura: Jeremías 7,23-28

Salmo 94: Ojalá escuchéis hoy la voz del Señor: «No endurezcáis vuestro corazón»

Evangelio: Lucas 11,14-23

En aquel tiempo, Jesús estaba echando un demonio que era mudo y, apenas salió el demonio, habló el mudo. La multitud se quedó admirada, pero algunos de ellos dijeron: «Si echa los demonios es por arte de Belcebú, el príncipe de los demonios» Otros, para ponerlo a prueba, le pedían un signo en el cielo. Él, leyendo sus pensamientos, les dijo: «Todo reino en guerra civil va a la ruina y se derrumba casa tras casa. Si también Satanás está en guerra civil, ¿cómo mantendrá su reino? Vosotros decís que yo echo los demonios con el poder de Belcebú; y, si yo echo los demonios con el poder de Belcebú, vuestros hijos, ¿por arte de quién los echan? Por eso ellos mismos serán vuestros jueces. Pero si yo echo los demonios con el dedo de Dios, entonces es que el reino de Dios ha llegado a vosotros. Cuando un hombre fuerte y bien armado guarda su palacio, sus bienes están seguros. Pero si otro más fuerte lo asalta y lo vence, le quita las armas de que se fiaba y reparte el botín. El que no está conmigo está contra mí; el que no recoge conmigo desparrama».

La lucha de Jesús es contra el mal deshumanizador. El mayor mal es el desamor, causante de los crímenes y las guerras, odios, xenofobias, explotaciones de niños, mafias, drogas y toda clase de violencia. Solo una persona llena de Dios, y por gracia, puede enfrentarse a lo diabólico, para liberar a quien es víctima del mal. El mal existe, busca arrancarnos de Dios y desfigurar nuestra humanidad. El mal sigue siendo un misterio oscuro y turbador. Pero Jesús ha asumido toda la realidad del mal y lo ha triturado en la cruz. Ha echado de nosotros la iniquidad, para que gustemos la libertad de hijos de Dios redimidos. Como testigos de la salvación redentora de Jesús, nuestra lucha es también ayudar a liberar la vida del mal. ¿Y cuál es el mal del que Jesús me tiene que liberar a mí?

MARZO

28 | Viernes

Primera lectura: Oseas 14,2-10

Salmo 80: Yo soy el Señor, Dios tuyo: escucha mi voz

Evangelio: Marcos 12,28b-34

En aquel tiempo, un escriba se acercó a Jesús y le preguntó: «¿Qué mandamiento es el primero de todos?». Respondió Jesús: «El primero es: "Escucha, Israel, el Señor, nuestro Dios, es el único Señor: amarás al Señor, tu Dios, con todo tu corazón, con toda tu alma, con toda tu mente, con todo tu ser". El segundo es este: "Amarás a tu prójimo como a ti mismo". No hay mandamiento mayor que estos». El escriba replicó: «Muy bien, maestro, tienes razón cuando dices que el Señor es uno solo y no hay otro fuera de él; y que amarlo con todo el corazón, con todo el entendimiento y con todo el ser, y amar al prójimo como a uno mismo, vale más que todos los holocaustos y sacrificios». Jesús, viendo que había respondido sensatamente, le dijo: «No estás lejos del reino de Dios». Y nadie se atrevió a hacerle más preguntas.

Tenemos aprendido que el primer mandamiento es amar a Dios sobre todas las cosas. Pero parece que Dios se retira a un lado y se pone de segundón. Y pone por delante su obra más preciada, el ser humano, sus hijas e hijos queridos. «Ama a tu prójimo como a ti mismo». Y amar será por siempre, amar como Dios nos ama. Amar al prójimo es el signo más significativo y testimonial de cómo amamos a Dios. No hay amor a Dios si no amamos a los demás. Y no solo a los de cerca o a los que me caen bien. Amar hasta a aquellos que nos hacen mal, porque amar es perdonar, y el perdón es auténtico si amamos. Dios no quiere ser amado por encima del amor al prójimo, sino en la misma medida.

Primera lectura: Oseas 6,1-6

Salmo 50: Quiero misericordia, y no sacrificios

Evangelio: Lucas 18,9-14

En aquel tiempo, a algunos que, teniéndose por justos, se sentían seguros de sí mismos y despreciaban a los demás, dijo Jesús esta parábola: «Dos hombres subieron al templo a orar. Uno era fariseo; el otro, un publicano. El fariseo, erguido, oraba así en su interior: "¡Oh Dios!, te doy gracias, porque no soy como los demás: ladrones, injustos, adúlteros; ni como ese publicano. Ayuno dos veces por semana y pago el diezmo de todo lo que tengo". El publicano, en cambio, se quedó atrás y no se atrevía ni a levantar los ojos al cielo; solo se golpeaba el pecho, diciendo: "¡Oh Dios!, ten compasión de este pecador". Os digo que este bajó a su casa justificado, y aquel no. Porque todo el que se enaltece será humillado, y el que se humilla será enaltecido».

Orar no es erguirse, es abajarse. Orar es mostrar a Dios nuestra hambre y sed de él; volcar en él todo lo que nos resulta demasiado cargante y nos angustia. Orar es el gusto de saberme necesitado de Dios y echarme en sus brazos de Padre. Oro porque me sé amado de Dios, y oro porque, si no me sé sostenido por él, el caos me arrastra, creando la dispersión y distracción que me enferman. Fuera de Dios, enfermamos, nos desordenamos, nos perdemos. Orar crea vínculos de enamoramiento con Dios y lazos de amor con nuestros prójimos. «¡Oh Dios!, ten compasión de este pecador». Y Dios nos perdona siempre y nos come a besos. Dios es besucón, enamorado de sus criaturas. Se deleita con nosotros y su perdón es ternura.

Domingo
IV Cuaresma *Laetare*

Primera lectura: Josué 5,9-12
Salmo 33: Gustad y ved qué bueno es el Señor
Segunda lectura: 2 Corintios 5,17-21

Evangelio: Lucas 15,1-3.11-32

En aquel tiempo solían acercarse a Jesús todos los publicanos y los pecadores a escucharle. Y los fariseos y los escribas murmuraban entre ellos: «Ese acoge a los pecadores y come con ellos». Jesús les dijo esta parábola: «Un hombre tenía dos hijos; el menor de ellos dijo a su padre: "Padre, dame la parte que me toca de la fortuna". El padre les repartió los bienes. No muchos días después, el hijo menor, juntando todo lo suyo, emigró a un país lejano, y allí derrochó su fortuna viviendo perdidamente. Cuando lo había gastado todo vino por aquella tierra un hambre terrible, y empezó él a pasar necesidad. Fue entonces y tanto le insistió a un habitante de aquel país que lo mandó a sus campos a guardar cerdos. Le entraban ganas de saciarse de las algarrobas que comían los cerdos, y nadie le daba de comer. Recapacitando entonces se dijo: "Cuántos jornaleros de mi padre tienen abundancia de pan, mientras yo aquí me muero de hambre. Me pondré en camino adonde está mi padre, y le diré: 'Padre, he pecado contra el cielo y contra ti; ya no merezco llamarme hijo tuyo: trátame como a uno de tus jornaleros'".

Se puso en camino adonde estaba su padre; cuando todavía estaba lejos, su padre lo vio y se conmovió; y, echando a correr, se le echó al cuello y se puso a besarlo. Su hijo le dijo: "Padre, he pecado contra el cielo y contra ti; ya no merezco llamarme hijo tuyo". Pero el padre dijo a sus criados: "Sacad enseguida el mejor traje y vestidlo; ponedle un anillo en la mano y sandalias en los pies; traed el ternero cebado y matadlo; celebremos un banquete, porque este hijo mío estaba muerto y ha revivido; estaba perdido y lo hemos encontrado". Y empezaron el banquete.

Su hijo mayor estaba en el campo. Cuando, al volver, se acercaba a la casa, oyó la música y el baile, y llamando a uno de los mozos le preguntó qué pasaba. Este le contestó: "Ha vuelto tu hermano; y tu padre ha matado el ternero cebado, porque lo ha recobrado con salud". Él se indignó y se negaba a entrar; pero su padre salió e intentaba persuadirlo. Y él replicó a su padre: "Mira: en tantos años como te sirvo, sin desobedecer nunca una orden tuya, a mí nunca me has dado un cabrito para tener un banquete con mis amigos; y cuando ha venido ese hijo tuyo que se ha comido tus bienes con malas mujeres le matas el ternero cebado". El padre le dijo: "Hijo, tú siempre estás conmigo, y todo lo mío es tuyo: deberías alegrarte, porque este hermano tuyo estaba muerto y ha revivido; estaba perdido y lo hemos encontrado"».

Este evangelio es conmovedor. Ante el retorno del hijo alejado, despilfarrador y perdido, ante su vuelta, el padre se conmueve. No da tiempo al hijo para que pida perdón, sencillamente lo abraza y le llena de besos. El hijo hace un reconocimiento y pide perdón. Pero el padre solo se ocupa de hacer fiesta. Ha recuperado al hijo, hay que celebrarlo. El hijo pasa de la marginalidad a la vuelta al hogar, recuperando cuanto es en verdad: el hijo amado. Dios tiene una mirada que nada tiene que ver con la nuestra, y una actitud que sobrepasa toda lógica y pedagogía nuestras. Dice Juan de la Cruz: «El mirar de Dios es amar». Y el amor descoloca nuestro sentido de la justicia, de lo razonable y equilibrado. Tenemos un Padre que no sabe de condenas. Su afectividad le hace conmoverse por el retorno y lo cubre de besos. Ante el hijo mayor, endurecido y envidioso, quiere que estos hermanos se amen como él los ama. «Hijo, tú siempre estás conmigo». Quiere que el hijo sea consciente de su suerte personal y capaz de amor. Dejando resentimientos, devenir limpios y libres.

MARZO

31 | Lunes

Primera lectura: Isaías 65,17-21

Salmo 29: Te ensalzaré, Señor, porque me has librado

Evangelio: Juan 4,43-54

En aquel tiempo salió Jesús de Samaría para Galilea. Jesús mismo había hecho esta afirmación: «Un profeta no es estimado en su propia patria». Cuando llegó a Galilea, los galileos lo recibieron bien, porque habían visto todo lo que había hecho en Jerusalén durante la fiesta, pues también ellos habían ido a la fiesta. Fue Jesús otra vez a Caná de Galilea, donde había convertido el agua en vino. Había un funcionario real que tenía un hijo enfermo en Cafarnaún. Oyendo que Jesús había llegado de Judea a Galilea, fue a verle, y le pedía que bajase a curar a su hijo, que estaba muriéndose. Jesús le dijo: «Como no veáis signos y prodigios no creéis». El funcionario insiste: «Señor, baja antes de que se muera mi niño». Jesús le contesta: «Anda, tu hijo está curado». El hombre creyó en la palabra de Jesús y se puso en camino. Iba ya bajando cuando sus criados vinieron a su encuentro, diciéndole que su hijo estaba curado. Él les preguntó a qué hora había empezado la mejoría. Y le contestaron: «Hoy, a la una, lo dejó la fiebre». El padre cayó en la cuenta de que esa era la hora cuando Jesús le había dicho: «Tu hijo está curado». Y creyó él con toda su familia. Este segundo signo lo hizo Jesús al llegar de Judea a Galilea.

Jesús recorre los pueblos al encuentro de las gentes, para atender sus necesidades y llevarles esperanza e infundirles confianza. También va a Samaría, lugar hostil para los judíos, porque a nadie quiere dejar sin su presencia y mensaje. Dios quiere llegar a todos. Las personas acudimos a quien nos acoge, comprende y sabe poner su mano blanda sobre nuestras heridas. Jesús siente debilidad ante las actitudes de confianza. El funcionario real es padre de familia, sufre por el hijo enfermo y acude a Jesús para pedirle que le cure, confía en él. Jesús realiza la curación. El hombre cree y se pone en camino. Creer es caminar hacia la plenitud de vida que Dios siempre nos está regalando. Creer es fundamental para ver y comprender, «aunque es de noche». ¿Sé ver la acción sanadora de Dios en lo enfermo que hay en mí?

ABRIL

1 | Martes

Primera lectura: Ezequiel 47,1-9.12

Salmo 45: El Señor de los ejércitos está con nosotros, nuestro alcázar es el Dios de Jacob

Evangelio: Juan 5,1-3.5-16

En aquel tiempo se celebraba una fiesta de los judíos, y Jesús subió a Jerusalén. Hay en Jerusalén, junto a la puerta de las ovejas, una piscina que llaman en hebreo Betesda. Esta tiene cinco soportales, y allí estaban echados muchos enfermos, ciegos, cojos, paralíticos. Estaba también allí un hombre que llevaba treinta y ocho años enfermo. Jesús, al verlo echado, y sabiendo que ya llevaba mucho tiempo, le dice: «¿Quieres quedar sano?». El enfermo le contestó: «Señor, no tengo a nadie que me meta en la piscina cuando se remueve el agua; para cuando llego yo, otro se me ha adelantado». Jesús le dice: «Levántate, toma tu camilla y echa a andar». Y al momento el hombre quedó sano, tomó su camilla y echó a andar.

Aquel día era sábado, y los judíos dijeron al hombre que había quedado sano: «Hoy es sábado y no se puede llevar la camilla». Él les contestó: «El que me ha curado es quien me ha dicho: "Toma tu camilla y echa a andar"». Ellos le preguntaron: «¿Quién es el que te ha dicho que tomes la camilla y eches a andar?». Pero el que había quedado sano no sabía quién era, porque Jesús, aprovechando el barullo de aquel sitio, se había alejado.

Más tarde lo encuentra Jesús en el templo y le dice: «Mira, has quedado sano; no peques más, no sea que te ocurra algo peor». Se marchó aquel hombre y dijo a los judíos que era Jesús quien lo había sanado. Por eso los judíos acosaban a Jesús, porque hacía tales cosas en sábado.

A Jesús le gusta acudir a las fiestas, celebrar la alegría con los demás. Recorriendo el lugar, se detiene donde ve la necesidad. Se fija en un enfermo que llevaba muchos años postrado. Jesús le pregunta si quiere ser curado. No hay una respuesta afirmativa, sino la queja de la imposibilidad que pesa sobre él desde hace muchos años. Jesús lo estimula a un esfuerzo más: «Levántate, toma tu camilla y echa a andar». Levantarse es ponerse en camino también. El nuevo encuentro entre el enfermo y Jesús se produce tras la curación. La salud requiere una actitud de vida limpia, porque estamos expuestos a volver a postrarnos, y nuestra recaída puede ser peor que la primera caída. Vivir con salud humano-espiritual requiere la adhesión a Jesús, fortalecedor de nuestras debilidades. ¿De qué postraciones debemos levantarnos?

Primera lectura: Isaías 49,8-15

Salmo 144: El Señor es clemente y misericordioso

Evangelio: Juan 5,17-30

En aquel tiempo dijo Jesús a los judíos: «Mi Padre sigue actuando y yo también actúo». Por eso los judíos tenían más ganas de matarlo: porque no solo abolía el sábado, sino también llamaba a Dios Padre suyo, haciéndose igual a Dios. Jesús tomó la palabra y les dijo: «Os lo aseguro: el Hijo no puede hacer por su cuenta nada que no vea hacer al Padre. Lo que hace este, eso mismo hace también el Hijo, pues el Padre ama al Hijo y le muestra todo lo que él hace, y le mostrará obras mayores que esta, para vuestro asombro. Lo mismo que el Padre resucita a los muertos y les da vida, así también el Hijo da vida a los que quiere. Porque el Padre no juzga a nadie, sino que ha confiado al Hijo el juicio de todos, para que todos honren al Hijo como honran al Padre. El que no honra al Hijo no honra al Padre, que lo envió. Os lo aseguro: quien escucha mi palabra y cree al que me envió posee la vida eterna y no se le llamará a juicio, porque ha pasado ya de la muerte a la vida. Os aseguro que llega la hora, y ya está aquí, en que los muertos oirán la voz del Hijo de Dios, y los que hayan oído vivirán. Porque, igual que el Padre dispone de la vida, así ha dado también al Hijo el disponer de la vida. Y le ha dado potestad de juzgar, porque es el Hijo del hombre. No os sorprenda, porque viene la hora en que los que están en el sepulcro oirán su voz: los que hayan hecho el bien saldrán a una resurrección de vida; los que hayan hecho el mal, a una resurrección de juicio. Yo no puedo hacer nada por mí mismo; según le oigo, juzgo, y mi juicio es justo, porque no busco mi voluntad, sino la voluntad del que me envió».

Jesús ya se había significado por su manera de proceder provocativa para las autoridades de su tiempo. La actitud imperante entre los dirigentes era la de matarlo. Jesús había puesto en cuestión el sábado, y mostraba una relación tan familiar con Dios que no toleraban que lo llamara «Padre suyo, haciéndose igual a Dios». Jesús sobrepasaba los límites de lo soportable para aquellas mentalidades estrechas y ciegas. Jesús sabe que su proceder es provocativo, pero no teme exponerse. Jesús es el portador de la vida de Dios para todos, y no se le pueden poner diques de contención. Dios, en Jesús, actúa como Dios, sin poner condiciones a las necesidades de las personas; la Ley no puede estar por encima de la persona, sino a su servicio. Ser cristianos es obrar, como Jesús, liberando, curando, perdonando. También en sábado. La necesidad no tiene ley.

ABRIL

3 | Jueves

Primera lectura: Éxodo 32,7-14

Salmo 105: Acuérdate de mí, Señor, por amor a tu pueblo

Evangelio: Juan 5,31-47

En aquel tiempo dijo Jesús a los judíos: «Si yo doy testimonio de mí mismo, mi testimonio no es válido. Hay otro que da testimonio de mí, y sé que es válido el testimonio que da de mí. Vosotros enviasteis mensajeros a Juan, y él ha dado testimonio de la verdad. No es que yo dependa del testimonio de un hombre; si digo esto es para que vosotros os salvéis. Juan era la lámpara que ardía y brillaba, y vosotros quisisteis gozar un instante de su luz. Pero el testimonio que yo tengo es mayor que el de Juan: las obras que el Padre me ha concedido realizar; esas obras que hago dan testimonio de mí: que el Padre me ha enviado. Y el Padre, que me envió, él mismo ha dado testimonio de mí. Nunca habéis escuchado su voz ni visto su semblante, y su palabra no habita en vosotros, porque al que él envió no le creéis. Estudiáis las Escrituras pensando encontrar en ellas vida eterna; pues ellas están dando testimonio de mí, ¡y no queréis venir a mí para tener vida! No recibo gloria de los hombres; además, os conozco y sé que el amor de Dios no está en vosotros. Yo he venido en nombre de mi Padre, y no me recibisteis; si otro viene en nombre propio, a ese sí lo recibiréis. ¿Cómo podréis creer vosotros, que aceptáis gloria unos de otros y no buscáis la gloria que viene del único Dios? No penséis que yo os voy a acusar ante el Padre, hay uno que os acusa: Moisés, en quien tenéis vuestra esperanza. Si creyerais a Moisés, me creeríais a mí, porque de mí escribió él. Pero si no dais fe a sus escritos, ¿cómo daréis fe a mis palabras?».

La misión de Jesús es clara: salvar. «Si digo esto es para que vosotros os salvéis». En Jesús no hay exclusiones, él es pura acogida. Es la actitud personal de encerramiento en nosotros mismos la que nos lleva a apartarnos del mensaje liberador de Jesús, impidiendo que la vida de Dios nos ilumine. Jesús lleva en sí toda la Ley y los Profetas. Él es el que tenía que venir. Las Escrituras y Dios mismo dan testimonio de él, «y no queréis venir a mí para tener vida». Tenemos a Jesús, y con frecuencia buscamos fuera lo que tenemos dentro. ¿A quién buscamos?, ¿en quién creemos?, ¿en quién ponemos nuestra esperanza? Creer en Jesús es vivir adheridos solo a él. Escucharle a él es entrar en la plenitud de la vida que no acaba. Mirar la vida de Jesús.

Primera lectura: Sabiduría 2,1.12-22

Salmo 33: El Señor está cerca de los atribulados

Evangelio: Juan 7,1-2.10.25-30

En aquel tiempo recorría Jesús Galilea, pues no quería andar por Judea, porque los judíos trataban de matarlo. Se acercaba la fiesta judía de las Tiendas. Después que sus parientes se marcharon a la fiesta, entonces subió él también, no abiertamente, sino a escondidas. Entonces algunos que eran de Jerusalén dijeron: «¿No es este el que intentan matar? Pues mirad cómo habla abiertamente, y no le dicen nada. ¿Será que los jefes se han convencido de que este es el Mesías? Pero este sabemos de dónde viene, mientras que el Mesías, cuando llegue, nadie sabrá de dónde viene».

Entonces Jesús, mientras enseñaba en el templo, gritó: «A mí me conocéis, y conocéis de dónde vengo. Sin embargo, yo no vengo por mi cuenta, sino enviado por el que es veraz; a ese voso

Entonces intentaban agarrarlo; pero nadie le pudo echar mano, porque todavía no había llegado su hora.

Poco a poco, Jesús se va sintiendo amenazado por las autoridades religiosas. Limita más los momentos de aparición en público, porque se sabe vigilado. Las autoridades temían perder sus privilegios si la gente seguía a Jesús y le hacían caso. Jesús cuestionó mucho el montaje establecido de su tiempo, y esto molestaba. Y, con todo, hoy sucede lo mismo cuando las autoridades se cierran a la novedad que Jesús trae en cada momento histórico, pretendiendo que nada cambie y haciendo que todos sigamos con las mismas normas, ritos, devociones y cumplimientos legales. Que pensemos por nosotros mismos y seamos capaces de novedad no agrada a las autoridades, acostumbrados a ser ellos quienes deciden y marcan las pautas que hay que seguir, controlando la libertad de los creyentes. Lo importante es conocer a Jesús y vivir una vida para el Evangelio. Ser libres.

ABRIL

5

Sábado
San Vicente Ferrer

Primera lectura: Jeremías 11,18-20

Salmo 7: Señor, Dios mío, a ti me acojo

Evangelio: Juan 7,40-53

En aquel tiempo, algunos de entre la gente, que habían oído los discursos de Jesús, decían: «Este es de verdad el Profeta». Otros decían: «Este es el Mesías». Pero otros decían: «¿Es que de Galilea va a venir el Mesías? ¿No dice la Escritura que el Mesías vendrá del linaje de David, y de Belén, el pueblo de David?». Y así surgió entre la gente una discordia por su causa. Algunos querían prenderlo, pero nadie le puso la mano encima.

Los guardias del templo acudieron a los sumos sacerdotes y fariseos, y estos les dijeron: «¿Por qué no lo habéis traído?». Los guardias respondieron: «Jamás ha hablado nadie como ese hombre». Los fariseos les replicaron: «¿También vosotros os habéis dejado embaucar? ¿Hay algún jefe o fariseo que haya creído en él? Esa gente que no entiende de la Ley son unos malditos». Nicodemo, el que había ido en otro tiempo a visitarlo y que era fariseo, les dijo: «¿Acaso nuestra Ley permite juzgar a nadie sin escucharlo primero y averiguar lo que ha hecho?».

Ellos le replicaron: «¿También tú eres galileo? Estudia y verás que de Galilea no salen profetas». Y se volvieron cada uno a su casa.

«Jamás ha hablado nadie como ese hombre», es la opinión de la gente, que anda dividida a causa del mensaje de Jesús. Unos lo tienen por profeta, otros por el Mesías y otros más no le dan crédito alguno, porque sale de Galilea y no de Judea. Las opiniones están divididas a causa de Jesús. Solo los pobres y sencillos le seguían con alegría, sin preocuparse de su origen, porque se sentían atendidos, amparados, consolados y bendecidos. Jesús se había acercado a ellos con ternura amorosa y les había llamado «benditos del Reino», les hacía sentir el amor de Dios por ellos, que eran rechazados por los religiosos, que se creían puros. Los pequeños, los tenidos por pecadores y rechazados, estos acogen el mensaje y ven en Jesús el cumplimiento de sus esperanzas. Nosotros, ¿qué decimos de Jesús?, ¿dónde lo situamos en nuestra vida?

MARZO

6

Domingo
V Cuaresma

Primera lectura: Isaías 43,16-21

Salmo 125 : El Señor ha estado grande con nosotros, y estamos alegres

Segunda lectura: Filipenses 3,8-14

Evangelio: Juan 8,1-11

En aquel tiempo, Jesús se retiró al monte de los Olivos. Al amanecer se presentó de nuevo en el templo, y todo el pueblo acudía a él, y, sentándose, les enseñaba. Los escribas y los fariseos le traen una mujer sorprendida en adulterio, y, colocándola en medio, le dijeron: «Maestro, esta mujer ha sido sorprendida en flagrante adulterio. La ley de Moisés nos manda apedrear a las adúlteras; tú, ¿qué dices?».

Le preguntaban esto para comprometerlo y poder acusarlo. Pero Jesús, inclinándose, escribía con el dedo en el suelo. Como insistían en preguntarle se incorporó y les dijo: «El que esté sin pecado que le tire la primera piedra». E inclinándose otra vez siguió escribiendo.

Ellos, al oírlo, se fueron escabullendo uno a uno, empezando por los más viejos.

Y quedó solo Jesús, con la mujer, en medio, que seguía allí delante. Jesús se incorporó y le preguntó: «Mujer, ¿dónde están tus acusadores?; ¿ninguno te ha condenado?». Ella contestó: «Ninguno, Señor».

Jesús dijo: «Tampoco yo te condeno. Anda, y en adelante no peques más»

«El que esté sin pecado que le tire la primera piedra». Impresionante, ¡nadie! Y somos tan impulsivamente prontos para condenar. Aquellos hombres religiosos se dispersan en silencio. Han sido descubiertos en su propio pecado y se retiran callados. Ha bastado una palabra salida del corazón de Jesús para que hayan quedado impactados por lo penetrante e incisiva que es. El pecado nos embrutece a todos. Jesús, de pie frente a la mujer, le dice: «Tampoco yo te condeno». Jesús conoce el pecado de cada uno de nosotros. Nos mira, pero no nos condena. Él quiere que andemos en vida nueva. «No peques más». Los seguidores de Jesús estamos llamados a confrontarnos con su vida y sus palabras. Si no somos condenados, no condenemos. Porque somos amados, amemos. Tratar a los demás como queremos ser tratados. Jamás condenar a nadie, y oremos para que nuestro corazón y sentimientos se vayan pareciendo a los de Jesús. Su mirada nos purifica y esclarece.

7

Lunes
San Juan Bautista de La Salle

Primera lectura: Daniel 13,1-9.15-17.19-30.33-62

Salmo 22: Aunque camine por cañadas oscuras, nada temo,
porque tú vas conmigo

Evangelio: Juan 8,12-20

En aquel tiempo, Jesús volvió a hablar a los fariseos: «Yo soy la luz del mundo; el que me sigue no camina en tinieblas, sino que tendrá la luz de la vida». Le dijeron los fariseos: «Tú das testimonio de ti mismo, tu testimonio no es válido». Jesús les contestó: «Aunque yo doy testimonio de mí mismo, mi testimonio es válido, porque sé de dónde he venido y adónde voy; en cambio, vosotros no sabéis de dónde vengo ni adónde voy. Vosotros juzgáis según la carne, yo no juzgo a nadie; y, si juzgo yo, mi juicio es legítimo, porque no estoy yo solo, sino que estoy con el que me ha enviado, el Padre; y en vuestra ley está escrito que el testimonio de dos es válido. Yo doy testimonio de mí mismo, y además da testimonio de mí el que me envió, el Padre».

Ellos le preguntaban: «¿Dónde está tu Padre?». Jesús contestó: «Ni me conocéis a mí ni a mi Padre; si me conocierais a mí conoceríais también a mi Padre».

Jesús tuvo esta conversación junto al arca de las ofrendas, cuando enseñaba en el templo. Y nadie le echó mano, porque todavía no había llegado su hora.

Jesús brilla por siempre como luz. Él es la luz. Humanidad y creación están iluminadas por esa claridad. Jesús se define a sí mismo como luz para atraer a todos hacia la vida que él propone; quien le sigue no permanecerá en las tinieblas, «sino que tendrá la luz de la vida». Nuestra realidad, siempre en búsqueda, pasa por profundas noches oscuras; cuando asoma la luz, nos alegramos y revivimos. La luz es el signo de la cercanía de Dios a la humanidad. La luz de Jesús nos ilumina también con respecto al Padre, que permanece siempre con nosotros. Desde el comienzo de la humanidad, la luz es esclarecedora del proceder de Dios, que trabaja la plenitud en la creación entera. La venida de Jesús al mundo confirma la gracia salvadora de Dios. Él y el Padre son uno, una sola luz que ilumina nuestro peregrinar en la fe.

ABRIL

8 | **Martes**

Primera lectura: Números 21,4-9

Salmo 101: Señor, escucha mi oración, que mi grito llegue hasta ti

Evangelio: Juan 8,21-30

En aquel tiempo dijo Jesús a los fariseos: «Yo me voy y me buscaréis, y moriréis por vuestro pecado. Donde yo voy no podéis venir vosotros». Y los judíos comentaban: «¿Será que va a suicidarse, y por eso dice: "Donde yo voy no podéis venir vosotros"?». Y él continuaba: «Vosotros sois de aquí abajo, yo soy de allá arriba: vosotros sois de este mundo, yo no soy de este mundo. Con razón os he dicho que moriréis por vuestros pecados: pues, si no creéis que yo soy, moriréis por vuestros pecados». Ellos le decían: «¿Quién eres tú?». Jesús les contestó: «Ante todo, eso mismo que os estoy diciendo. Podría decir y condenar muchas cosas en vosotros; pero el que me envió es veraz, y yo comunico al mundo lo que he aprendido de él». Ellos no comprendieron que les hablaba del Padre. Y entonces dijo Jesús: «Cuando levantéis al Hijo del hombre, sabréis que yo soy, y que no hago nada por mi cuenta, sino que hablo como el Padre me ha enseñado. El que me envió está conmigo, no me ha dejado solo; porque yo hago siempre lo que le agrada». Cuando les exponía esto, muchos creyeron en él.

Jesús habla un lenguaje desconcertante: «Vosotros, de aquí abajo; yo, de allá arriba». No entienden nada, sus ojos están cerrados a la luz, su increencia alimenta el mal en ellos; y le preguntan: «¿Quién eres tú?». Ante todo, Jesús es lo que dice y hace; es el pan de Dios para que el mundo viva. Es el que pasa haciendo el bien, levantando, curando, perdonando, escuchando y suavizando el sufrimiento de la gente. Jesús quiere dejar claro que él ha venido para salvar a todos y nos da su luz para verlo y entenderlo. Jesús y el Padre actúan juntos; solo cuenta el plan de Dios. Pero quien no penetra en la verdad profunda no ve ni entiende que Dios actúa en Jesús. Él dice: en la cruz sabréis que «yo soy». En la cruz, Jesús unifica el cielo y la tierra, lo humano y lo divino.

ABRIL

9 | Miércoles

Primera lectura: Daniel 3,14-20.91-92.95

Salmo: Daniel 3,52-56: A ti gloria y alabanza por los siglos

Evangelio: Juan 8,31-42

En aquel tiempo dijo Jesús a los judíos que habían creído en él: «Si os mantenéis en mi palabra seréis de verdad discípulos míos; conoceréis la verdad, y la verdad os hará libres». Le replicaron: «Somos linaje de Abrahán y nunca hemos sido esclavos de nadie. ¿Cómo dices tú: "Seréis libres"?». Jesús les contestó: «Os aseguro que quien comete pecado es esclavo. El esclavo no se queda en la casa para siempre, el hijo se queda para siempre. Y si el Hijo os hace libres, seréis realmente libres. Ya sé que sois linaje de Abrahán; sin embargo, tratáis de matarme, porque no dais cabida a mis palabras. Yo hablo de lo que he visto junto a mi Padre, pero vosotros hacéis lo que le habéis oído a vuestro padre». Ellos replicaron: «Nuestro padre es Abrahán». Jesús les dijo: «Si fuerais hijos de Abrahán haríais lo que hizo Abrahán. Sin embargo, tratáis de matarme a mí, que os he hablado de la verdad que le escuché a Dios, y eso no lo hizo Abrahán. Vosotros hacéis lo que hace vuestro padre» Le replicaron: «Nosotros no somos hijos de prostitutas; tenemos un solo padre: Dios». Jesús les contestó: «Si Dios fuera vuestro padre, me amaríais, porque yo salí de Dios, y aquí estoy. Pues no he venido por mi cuenta, sino que él me envió».

Lo que nos hace potencialmente libres es nuestra adhesión a Jesús. Él es la verdad y la libertad; unidos a él, nuestra vida camina en la luz. Lo que nos hace realmente humanos y cristianos es vivir todo a partir de Jesús. Escucharle a él y realizar sus obras es amarle, es agradar al Padre, es crear la gran fraternidad mundial. Todo a partir de Cristo Jesús, a él hay que mirar, escuchar y seguir. Él robustece nuestra vida interior para ser libres frente a todo lo que es pecado y nos esclaviza. Libres frente a los controles religiosos, políticos, ideológicos, consumismo y droga. Libres para hacer el bien al fin. Libres en Dios y para Dios; es ser libres para amar y dar la vida como Jesús. Amar a Jesús es amar a Dios y a los hermanos y hermanas.

10 | Jueves

Primera lectura: Génesis 17,3-9

Salmo 104: El Señor se acuerda de su alianza eternamente

Evangelio: Juan 8,51-59

En aquel tiempo dijo Jesús a los judíos: «Os aseguro: quien guarda mi palabra no sabrá lo que es morir para siempre». Los judíos le dijeron: «Ahora vemos claro que estás endemoniado; Abrahán murió, los profetas también, ¿y tú dices: "Quien guarde mi palabra no conocerá lo que es morir para siempre"? ¿Eres tú más que nuestro padre Abrahán, que murió? También los profetas murieron, ¿por quién te tienes?».

Jesús contestó: «Si yo me glorificara a mí mismo, mi gloria no valdría nada. El que me glorifica es mi Padre, de quien vosotros decís: "Es nuestro Dios", aunque no lo conocéis. Yo sí lo conozco, y si dijera: "No lo conozco", sería, como vosotros, un embustero; pero yo lo conozco y guardo su palabra. Abrahán, vuestro padre, saltaba de gozo pensando ver mi día; lo vio, y se llenó de alegría».

Los judíos le dijeron: «No tienes todavía cincuenta años, ¿y has visto a Abrahán?».

Jesús les dijo: «Os aseguro que antes que naciera Abrahán existo yo».

Entonces cogieron piedras para tirárselas, pero Jesús se escondió y salió del templo.

Todos deseamos la vida, vivir es nuestro mayor anhelo. Por la fe afirmamos que la muerte no es lo último. Pero cada día sufrimos la muerte en nuestro entorno, la sabemos unida a esta vida, la que vivimos y aquella en la que nos agrada permanecer. No queremos morir, nos agarramos a la vida y nos sabemos hechos para vivirla. Jesús, con su peculiar atrevimiento, dice: «Os aseguro: quien guarda mi palabra no sabrá lo que es morir para siempre». ¿Qué significa esto? De alguna manera, y misteriosamente, con la muerte y resurrección de Jesús ya hemos vuelto a la vida. Con Jesús hemos muerto y con él hemos resucitado. Nuestro ser carnal muere cada día un poco. Nuestro ser espiritual va tomando más vida día a día. Jesús, en su muerte y resurrección, lo ha dejado todo cumplido, caminamos hacia la plenitud de este misterio.

ABRIL

11 | **Viernes**
San Estanislao

Primera lectura: Jeremías 20,10-13

Salmo 17: En el peligro invoqué al Señor, y me escuchó

Evangelio: Juan 10,31-42

En aquel tiempo, los judíos cogieron piedras para apedrear a Jesús. Él les replicó: «Os he hecho ver muchas obras buenas por encargo de mi Padre: ¿por cuál de ellas me apedreáis?». Los judíos le contestaron: «No te apedreamos por una obra buena, sino por una blasfemia: porque tú, siendo un hombre, te haces Dios». Jesús les replicó: «¿No está escrito en vuestra ley: "Yo os digo: 'Sois dioses'"? Si la Escritura llama dioses a aquellos a quienes vino la palabra de Dios (y no puede fallar la Escritura), a quien el Padre consagró y envió al mundo, ¿decís vosotros que blasfema porque dice que es hijo de Dios? Si no hago las obras de mi Padre no me creáis, pero si las hago, aunque no me creáis a mí, creed a las obras, para que comprendáis y sepáis que el Padre está en mí y yo en el Padre».

Intentaron de nuevo detenerlo, pero se les escabulló de las manos. Se marchó de nuevo al otro lado del Jordán, al lugar donde antes había bautizado Juan, y se quedó allí. Muchos acudieron a él y decían: «Juan no hizo ningún signo; pero todo lo que Juan dijo de este era verdad». Y muchos creyeron en él allí.

Avanza la Cuaresma y el evangelio nos va acercando a los momentos más críticos que vivió Jesús. Su predicación y sus obras han levantado polémica entre los maestros religiosos; están irritados por el atrevimiento de su identificación con Dios: «El Padre está en mí y yo en el Padre». Sus palabras suenan a blasfemia y no las toleran. El ambiente se ha enrarecido; unos lo quieren matar, otros reconocen que su mensaje y obras son verdad. Hoy, lo determinante sigue siendo creer en Jesús. Sus obras son tan necesarias ahora como en su tiempo. Y Jesús las sigue haciendo por medio de sus seguidores y seguidoras que creemos en él. Creer es dar vida, hacer obras buenas. Y orar para saborear que el Padre está en mí, como lo estaba con Jesús. Que quien nos ve vea el talante de Jesús.

ABRIL

12 | Sábado

Primera lectura: Ezequiel 37,21-28

Salmo Jeremías 31,10-13: El Señor nos guardará como un pastor a su rebaño

Evangelio: Juan 11,45-57

En aquel tiempo, muchos judíos que habían venido a casa de María, al ver lo que había hecho Jesús, creyeron en él. Pero algunos acudieron a los fariseos y les contaron lo que había hecho Jesús.

Los sumos sacerdotes y los fariseos convocaron el Sanedrín y dijeron: «¿Qué hacemos? Este hombre hace muchos signos. Si lo dejamos seguir, todos creerán en él, y vendrán los romanos y nos destruirán el lugar santo y la nación». Uno de ellos, Caifás, que era sumo sacerdote aquel año, les dijo: «Vosotros no entendéis ni palabra; no comprendéis que os conviene que uno muera por el pueblo y que no perezca la nación entera». Esto no lo dijo por propio impulso, sino que, por ser sumo sacerdote aquel año, habló proféticamente, anunciando que Jesús iba a morir por la nación; y no solo por la nación, sino también para reunir a los hijos de Dios dispersos. Y aquel día decidieron darle muerte. Por eso Jesús ya no andaba públicamente con los judíos, sino que se retiró a la región vecina al desierto, a una ciudad llamada Efraín, y pasaba allí el tiempo con los discípulos.

Se acercaba la Pascua de los judíos, y muchos de aquella región subían a Jerusalén, antes de la Pascua, para purificarse. Buscaban a Jesús y, estando en el templo, se preguntaban: «¿Qué os parece? ¿No vendrá a la fiesta?». Los sumos sacerdotes y fariseos habían mandado que el que se enterase de dónde estaba les avisara para prenderlo.

Nuevamente estamos ante la vida y la muerte. Mientras Jesús sigue predicando, los signos son de vida. Mientras las autoridades se siguen irritando, los signos son de muerte. Y ya lo han decidido en su corazón: «Os conviene que uno muera por el pueblo y que no perezca la nación entera». Todo lo que pone en peligro el sistema de poder acaba pereciendo. Y Jesús lo cuestionaba todo. Él alegraba a los pobres y sencillos, a los marginados, a las mujeres y niños. La popularidad de Jesús ponía en peligro todo el sistema oficial, tanto el religioso como el político. Era peligroso para ambas autoridades, la religiosa y la política. Lo establecido no se toca. Hoy, el sistema religioso también se siente tocado, surgen voces proféticas que señalan la necesidad de cambios, por ejemplo, la exclusión de las mujeres para el sacerdocio. Hay miedo y oposición al cambio.

COMIENZA LA SEMANA SANTA

ABRIL
13

Domingo
De Ramos en la Pasión del Señor
San Martín I, San Hermenegildo

Primera lectura: Isaías 50,4-7

Salmo 21: Dios mío, Dios mío, ¿por qué me has abandonado?

Segunda lectura: Filipenses 2,6-11

Evangelio: Lucas 22,14-23,56

C. Llegada la hora se sentó Jesús con sus discípulos y les dijo:

+. «He deseado enormemente comer esta comida pascual con vosotros antes de padecer, porque os digo que ya no la volveré a comer hasta que se cumpla en el reino de Dios».

C. Y, tomando una copa, pronunció la acción de gracias y dijo:

+. «Tomad esto, repartidlo entre vosotros; porque os digo que no beberé desde ahora del fruto de la vid hasta que venga el reino de Dios. Haced esto en memoria mía».

C. Y, tomando pan, pronunció la acción de gracias, lo partió y se lo dio, diciendo:

+. «Esto es mi cuerpo, que se entrega por vosotros; haced esto en memoria mía».

C. Después de cenar hizo lo mismo con la copa, diciendo:

+. «Esta copa es la nueva alianza, sellada con mi sangre, que se derrama por vosotros.

Pero mirad: la mano del que me entrega está con la mía en la mesa. Porque el Hijo del hombre se va, según lo establecido; pero ¡ay de ése que lo entrega!».

C. Ellos empezaron a preguntarse unos a otros quién de ellos podía ser el que iba a hacer eso.

Los discípulos se pusieron a disputar sobre quién de ellos debía ser tenido como el primero. Jesús les dijo:

+. «Los reyes de las naciones las dominan, y los que ejercen la autoridad se hacen llamar bienhechores. Vosotros no hagáis así, sino que el primero entre vosotros pórtese como el menor, y el que gobierne como el que sirve.

Porque, ¿quién es más, el que está en la mesa o el que sirve? ¿Verdad que el que está en la mesa? Pues yo estoy en medio de vosotros como el que sirve.

Vosotros sois los que habéis perseverado conmigo en mis pruebas, y yo os transmito el reino como me lo transmitió mi Padre a mí: comeréis y beberéis a mi mesa en mi reino, y os sentaréis en tronos para regir a las doce tribus de Israel».

C. Y añadió:

+. «Simón, Simón, mira que Satanás os ha reclamado para cribaros como trigo. Pero yo he pedido por ti, para que tu fe no se apague. Y tú, cuando te recobres, da firmeza a tus hermanos».

C. Él le contestó:

S. «Señor, contigo estoy dispuesto a ir incluso a la cárcel y a la muerte».

C. Jesús le replicó:

+. «Te digo, Pedro, que no cantará hoy el gallo antes que tres veces hayas negado conocerme».

C. Y dijo a todos:

+. «Cuando os envié sin bolsa, ni alforja, ni sandalias, ¿os faltó algo?».

C. Contestaron:

S. «Nada».

C. Él añadió:

+. «Pero ahora, el que tenga bolsa que la coja, y lo mismo la alforja; y el que no tiene espada, que venda su manto y compre una. Porque os aseguro que tiene que cumplirse en mí lo que está escrito: "Fue contado con los malhechores". Lo que se refiere a mí toca a su fin».

C. Ellos dijeron:

S. «Señor, aquí hay dos espadas».

C. Él les contestó:

+. «Basta».

C. Y salió Jesús, como de costumbre, al monte de los Olivos, y lo siguieron los discípulos. Al llegar al sitio les dijo:

+. «Orad para no caer en la tentación».

C. Él se arrancó de ellos, alejándose como a un tiro de piedra y, arrodillado, oraba, diciendo:

+. «Padre, si quieres, aparta de mí ese cáliz; pero que no se haga mi voluntad, sino la tuya».

C. Y se le apareció un ángel del cielo, que lo animaba. En medio de su angustia oraba con más insistencia. Y le bajaba hasta el suelo un sudor como de gotas de sangre. Y, levantándose de la oración, fue hacia sus discípulos, los encontró dormidos por la pena y les dijo:

+. «¿Por qué dormís? Levantaos y orad, para no caer en la tentación».

C. Todavía estaba hablando cuando aparece gente; y los guiaba el llamado Judas, uno de los Doce. Y se acercó a besar a Jesús.

Jesús le dijo:

+. «Judas, ¿con un beso entregas al Hijo del hombre?».

C. Al darse cuenta los que estaban con él de lo que iba a pasar, dijeron:

S. «Señor, ¿herimos con la espada?».

C. Y uno de ellos hirió al criado del sumo sacerdote y le cortó la oreja derecha.

Jesús intervino, diciendo:

+. «Dejadlo, basta».

C. Y, tocándole la oreja, lo curó. Jesús dijo a los sumos sacerdotes, y a los oficiales del templo, y a los ancianos que habían venido contra él:

+. «¿Habéis salido con espadas y palos como a caza de un bandido? A diario estaba en el templo con vosotros, y no me echasteis mano. Pero esta es vuestra hora: la del poder de las tinieblas».

C. Ellos lo prendieron, se lo llevaron y lo hicieron entrar en casa del sumo sacerdote. Pedro lo seguía desde lejos. Ellos encendieron fuego en medio del patio, se sentaron alrededor, y Pedro se sentó entre ellos.

Al verlo una criada sentado junto a la lumbre se lo quedó mirando y dijo:

S. «También este estaba con él».

C. Pero él lo negó, diciendo:

S. «No lo conozco, mujer».

C. Poco después lo vio otro y le dijo:

S. «Tú también eres uno de ellos».

C. Pedro replicó:

S. «Hombre, no lo soy».

C. Pasada cosa de una hora otro insistía:

S. «Sin duda también este estaba con él, porque es galileo».

C. Pedro contestó:

S. «Hombre, no sé de qué me hablas».

C. Y estaba todavía hablando cuando cantó un gallo. El Señor, volviéndose, le echó una mirada a Pedro, y Pedro se acordó de la palabra que el Señor le había dicho: «Antes de que cante hoy el gallo me negarás tres veces». Y, saliendo afuera, lloró amargamente.

C. Y los hombres que sujetaban a Jesús se burlaban de él, dándole golpes.

Y, tapándole la cara, le preguntaban:

S. «Haz de profeta; ¿quién te ha pegado?».

C. Y proferían contra él otros muchos insultos.

Cuando se hizo de día se reunió el senado del pueblo, o sea, sumos sacerdotes y escribas, y, haciéndole comparecer ante su Sanedrín, le dijeron:

S. «Si tú eres el Mesías, dínoslo».

C. Él les contestó:

+. «Si os lo digo, no lo vais a creer; y si os pregunto, no me vais a responder.

Desde ahora el Hijo del hombre estará sentado a la derecha de Dios todopoderoso».

C. Dijeron todos:

S. «Entonces, ¿tú eres el Hijo de Dios?».

C. Él les contestó:

+. «Vosotros lo decís, yo lo soy».

C. Ellos dijeron:

S. «¿Qué necesidad tenemos ya de testimonios? Nosotros mismos lo hemos oído de su boca».

C. Se levantó toda la asamblea y llevaron a Jesús a presencia de Pilato.

Y se pusieron a acusarlo, diciendo:

S. «Hemos comprobado que este anda amotinando a nuestra nación y oponiéndose a que se paguen tributos al César, y diciendo que él es el Mesías rey».

C. Pilato preguntó a Jesús:

S. «¿Eres tú el rey de los judíos?».

C. Él le contestó:

+. «Tú lo dices».

C. Pilato dijo a los sumos sacerdotes y a la gente:

S. «No encuentro ninguna culpa en este hombre».

C. Ellos insistían con más fuerza, diciendo:

S. «Solivianta al pueblo enseñando por toda Judea, desde Galilea hasta aquí».

C. Pilato, al oírlo, preguntó si era galileo; y, al enterarse de que era de la jurisdicción de Herodes, se lo remitió. Herodes estaba precisamente en Jerusalén por aquellos días.

Herodes, al ver a Jesús, se puso muy contento; pues hacía bastante tiempo que quería verlo, porque oía hablar de él y esperaba verle hacer algún milagro. Le hizo un interrogatorio bastante largo; pero él no le contestó ni palabra.

Estaban allí los sumos sacerdotes y los escribas acusándolo con ahínco. Herodes, con su escolta, lo trató con desprecio y se burló de él; y, poniéndole una vestidura blanca, se lo remitió a Pilato. Aquel mismo día se hicieron amigos Herodes y Pilato, porque antes se llevaban muy mal.

Pilato, convocando a los sumos sacerdotes, a las autoridades y al pueblo, les dijo:

S. «Me habéis traído a este hombre, alegando que alborota al pueblo; y resulta que yo lo he interrogado delante de vosotros y no he encontrado en este hombre ninguna de las culpas que le imputáis; ni Herodes tampoco, porque nos lo ha remitido: ya veis que nada digno de muerte se le ha probado. Así que le daré un escarmiento y lo soltaré».

C. Por la fiesta tenía que soltarles a uno. Ellos vociferaron en masa, diciendo:

S. «¡Fuera ese! Suéltanos a Barrabás».

C. A este lo habían metido en la cárcel por una revuelta acaecida en la ciudad y un homicidio.

Pilato volvió a dirigirles la palabra con intención de soltar a Jesús. Pero ellos seguían gritando:

S. «¡Crucifícalo, crucifícalo!».

C. Él les dijo por tercera vez:

S. «Pues, ¿qué mal ha hecho este? No he encontrado en él ningún delito que merezca la muerte. Así es que le daré un escarmiento y lo soltaré».

C. Ellos se le echaban encima, pidiendo a gritos que lo crucificara; e iba creciendo el griterío.

Pilato decidió que se cumpliera su petición: soltó al que le pedían (al que había metido en la cárcel por revuelta y homicidio), y a Jesús se lo entregó a su arbitrio.

Mientras lo conducían echaron mano de un cierto Simón de Cirene, que volvía del campo, y le cargaron la cruz, para que la llevase detrás de Jesús.

Lo seguía un gran gentío del pueblo, y de mujeres que se daban golpes y lanzaban lamentos por él.

Jesús se volvió hacia ellas y les dijo:

+. «Hijas de Jerusalén, no lloréis por mí, llorad por vosotras y por vuestros hijos, porque mirad que llegará el día en que dirán: "Dichosas las estériles, y los vientres que no han dado a luz, y los pechos que no han criado". Entonces empezarán a decirles a los montes: "Desplomaos sobre nosotros", y a las colinas: "Sepultadnos"; porque, si así tratan al leño verde, ¿qué pasara con el seco?».

C. Conducían también a otros dos malhechores para ajusticiarlos con él.

Y, cuando llegaron al lugar llamado «La Calavera», lo crucificaron allí, a él y a los malhechores, uno a la derecha y otro a la izquierda.

Jesús decía:

+. «Padre, perdónalos, porque no saben lo que hacen».

C. Y se repartieron sus ropas, echándolas a suerte.

El pueblo estaba mirando.

Las autoridades le hacían muecas, diciendo:

S. «A otros ha salvado; que se salve a sí mismo, si él es el Mesías de Dios, el Elegido».

C. Se burlaban de él también los soldados, ofreciéndole vinagre y diciendo:

S. «Si eres tú el rey de los judíos, sálvate a ti mismo».

C. Había encima un letrero en escritura griega, latina y hebrea: «Este es el rey de los judíos».

Uno de los malhechores crucificados lo insultaba, diciendo:

S. «¿No eres tú el Mesías? Sálvate a ti mismo y a nosotros».

C. Pero el otro le increpaba:

S. «¿Ni siquiera temes tú a Dios, estando en el mismo suplicio? Y lo nuestro es justo, porque recibimos el pago de lo que hicimos; en cambio, este no ha faltado en nada».

C. Y decía:

S. «Jesús, acuérdate de mí cuando llegues a tu reino».

C. Jesús le respondió:

+. «Te lo aseguro: hoy estarás conmigo en el paraíso».

C. Era ya eso de mediodía, y vinieron las tinieblas sobre toda la región hasta la media tarde; porque se oscureció el sol. El velo del templo se rasgó por medio. Y Jesús, clamando con voz potente, dijo:

+. «Padre, a tus manos encomiendo mi espíritu».

C. Y, dicho esto, expiró.

Todos se arrodillan, y se hace una pausa

C. El centurión, al ver lo que pasaba, daba gloria a Dios, diciendo:

S. «Realmente este hombre era justo».

C. Toda la muchedumbre que había acudido a este espectáculo, habiendo visto lo que ocurría, se volvía dándose golpes de pecho.

Todos sus conocidos se mantenían a distancia, y lo mismo las mujeres que lo habían seguido desde Galilea y que estaban mirando.

Un hombre llamado José, que era senador, hombre bueno y honrado (que no había votado a

favor de la decisión y del crimen de ellos), que era natural de Arimatea, pueblo de Judea, y que aguardaba el reino de Dios, acudió a Pilato a pedirle el cuerpo de Jesús. Y, bajándolo, lo envolvió en una sábana y lo colocó en un sepulcro excavado en la roca, donde no habían puesto a nadie todavía.

Era el día de la Preparación y rayaba el sábado. Las mujeres que lo habían acompañado desde Galilea fueron detrás a examinar el sepulcro y cómo colocaban su cuerpo. A la vuelta prepararon aromas y ungüentos. Y el sábado guardaron reposo, conforme al mandamiento.

El Domingo de Ramos nos sitúa ante un gran contraste. Jesús entra en Jerusalén y es aclamado festivamente por el pueblo como el Rey esperado. E, inmediatamente, la pasión y muerte de Jesús. Aquí tienen lugar las falsas acusaciones, torturas, humillaciones, escarnios y mofas, condena y muerte ignominiosa en la cruz. Entramos en la semana más estremecedora del año litúrgico. Semana orante para la cristiandad. Cada texto debe ser leído con reverencia orante. La pasión es cruel y deformadora de la dignidad humana; Jesús queda maltrecho. En la cruz, por siempre, pende un gemido orante dirigido a Dios: «Padre, perdónalos, porque no saben lo que hacen». Y una actitud rendida y confiada: «Padre, a tus manos encomiendo mi espíritu». Cuando todo acaba, podemos preguntarnos: ¿qué hemos hecho? Y, mirando nuestro mundo: ¿qué hacemos? También hoy debemos orar con Jesús y reconocer que le seguimos crucificando en cada rostro humano explotado y despreciado. Elevemos un ruego a Dios, como el de Jesús, por la culpabilidad de las crucifixiones de los inocentes. Humanidad herida, humillada, escarnecida: Padre, perdónanos, porque no sabemos lo que hacemos.

14

Lunes Santo

Primera lectura: Isaías 42,1-7

Salmo 26: El Señor es mi luz y mi salvació

Evangelio: Juan 12,1-11

Seis días antes de la Pascua fue Jesús a Betania, donde vivía Lázaro, a quien había resucitado de entre los muertos. Allí le ofrecieron una cena; Marta servía y Lázaro era uno de los que estaban con él a la mesa. María tomó una libra de perfume de nardo, auténtico y costoso, le ungió a Jesús los pies y se los enjugó con su cabellera. Y la casa se llenó de la fragancia del perfume.

Judas Iscariote, uno de sus discípulos, el que lo iba a entregar, dice: «¿Por qué no se ha vendido este perfume por trescientos denarios para dárselos a los pobres?». Esto lo dijo no porque le importasen los pobres, sino porque era un ladrón; y, como tenía la bolsa, se llevaba de lo que iban echando. Jesús dijo: «Déjala; lo tenía guardado para el día de mi sepultura; porque a los pobres los tenéis siempre con vosotros, pero a mí no siempre me tenéis».

Una muchedumbre de judíos se enteró de que estaba allí y fueron no solo por Jesús, sino también para ver a Lázaro, al que había resucitado de entre los muertos. Los sumos sacerdotes decidieron matar también a Lázaro, porque muchos judíos, por su causa, se les iban y creían en Jesús.

Siempre he pensado que el lavatorio de los pies de Jesús a los apóstoles se lo inspiró el gesto de María, que, a los pies del Maestro, derrama sobre ellos un costoso perfume y se los unge, se los seca con su cabellera y se los besa. Este gesto de María da muestra de que Jesús permite romper con las costumbres, normas y tradiciones de su tiempo. Ninguna mujer podía hacer tal cosa; Jesús lo sabe y se lo permite, cautivado por ello. Cuando el Espíritu que inspira a Jesús nos infunde su gracia, somos capaces de romper con todo y crear la novedad, más allá de toda norma y ley. María es un modelo para imitar también hoy, porque las mujeres en la Iglesia hemos de tener *parresía* para decir y hacer lo que todavía no hemos podido ni se nos ha permitido. «Déjala». Dejadnos.

ABRIL
15 | **Martes Santo**

Primera lectura: Isaías 49,1-6

Salmo 70: Mi boca contará tu salvación, Señor

Evangelio: Juan 13,21-33.36-38

En aquel tiempo, Jesús, profundamente conmovido, dijo: «Os aseguro que uno de vosotros me va a entregar». Los discípulos se miraron unos a otros, perplejos, por no saber de quién lo decía. Uno de ellos, el que Jesús tanto amaba, estaba reclinado a la mesa junto a su pecho. Simón Pedro le hizo señas para que averiguase por quién lo decía. Entonces él, apoyándose en el pecho de Jesús, le preguntó: «Señor, ¿quién es?». Le contestó Jesús: «Aquel a quien yo le dé este trozo de pan untado». Y, untando el pan, se lo dio a Judas, hijo de Simón, el Iscariote. Detrás del pan entró en él Satanás. Entonces Jesús le dijo: «Lo que tienes que hacer, hazlo enseguida». Ninguno de los comensales entendió a qué se refería. Como Judas guardaba la bolsa, algunos suponían que Jesús le encargaba comprar lo necesario para la fiesta o dar algo a los pobres. Judas, después de tomar el pan, salió inmediatamente. Era de noche.

Cuando salió dijo Jesús: «Ahora es glorificado el Hijo del hombre, y Dios es glorificado en él. Si Dios es glorificado en él, también Dios lo glorificará en sí mismo: pronto lo glorificará. Hijos míos, me queda poco de estar con vosotros. Me buscaréis, pero lo que dije a los judíos os lo digo ahora a vosotros: "Donde yo voy, vosotros no podéis ir"». Simón Pedro le dijo: «Señor, ¿a dónde vas?». Jesús le respondió: «Adonde yo voy no me puedes acompañar ahora, me acompañarás más tarde». Pedro replicó: «Señor, ¿por qué no puedo acompañarte ahora? Daré mi vida por ti». Jesús le contestó: «¿Con que darás tu vida por mí? Te aseguro que no cantará el gallo antes de que me hayas negado tres veces».

Cuando el mal muestra su cara, todo se oscurece. «Era de noche» en el corazón de Judas. Y de noche, cuando nada ve, organiza la traición. Judas no dejó penetrar dentro de sí la luz del Maestro. El mal lo toma por dentro y se precipita a ejecutarlo. Luego, cuando una luz le ilumina el espanto de lo realizado, se desespera y se suicida. Pobre Judas. En nuestro mundo sigue habiendo mucha oscuridad y muchos traidores. ¿Cómo estoy yo por dentro y qué hay de mis oscuridades? Nuestra oración traspasa las horas cruciales de Jesús y su misterio de vida, amor y muerte. Queremos seguirle a donde va, tal vez somos impulsivos, como Pedro, y, a la hora de la verdad, también somos capaces de negar a Jesús setenta veces. Estos días, nuestro gesto sea reclinarnos en el regazo de Jesús y acompañarle en sus horas de sufrimiento. Hagamos silencio orante.

Primera lectura: Isaías 50,4-9

Salmo 68: Señor, que me escuche tu gran bondad el día de tu favor

Evangelio: Mateo 26,14-25

En aquel tiempo, uno de los Doce, llamado Judas Iscariote, fue a los sumos sacerdotes y les propuso: «¿Qué estáis dispuestos a darme si os lo entrego?». Ellos se ajustaron con él en treinta monedas. Y desde entonces andaba buscando ocasión propicia para entregarlo. El primer día de los Ázimos se acercaron los discípulos a Jesús y le preguntaron: «¿Dónde quieres que te preparemos la cena de Pascua?». Él contestó: «Id a la ciudad, a casa de fulano, y decidle: "El Maestro dice: 'Mi momento está cerca; deseo celebrar la Pascua en tu casa con mis discípulos'"». Los discípulos cumplieron las instrucciones de Jesús y prepararon la Pascua.

Al atardecer se puso a la mesa con los Doce. Mientras comían dijo: «Os aseguro que uno de vosotros me va a entregar». Ellos, consternados, se pusieron a preguntarle uno tras otro: «¿Soy yo acaso, Señor?». Él respondió: «El que ha mojado en la misma fuente que yo, ese me va a entregar. El Hijo del hombre se va, como está escrito de él; pero ¡ay del que va a entregar al Hijo del hombre!; más le valdría no haber nacido». Entonces preguntó Judas, el que lo iba a entregar: «¿Soy yo acaso, Maestro?». Él respondió: «Tú lo has dicho».

Es escalofriante leer la traición de Judas. Nosotros también podemos preguntarnos: ¿cuánta traición he realizado en la vida? Si me pongo al descubierto y quiero ser sincero, debo reconocer que también yo he traicionado y mentido; unas veces por conveniencia; otras, y mucho peor, por auténtica cobardía. Dentro de mí también hallo un Pedro y un Judas; uno lo traiciona negándolo; el otro, entregándolo a la muerte. No so estamos expuestos al más horrible de los pecados, y solo por gracia Dios nos libra de la iniquidad. Ante Jesús, hagamos un gesto de valentía y atrevámonos a preguntarle también nosotros: «¿Soy yo acaso, Maestro?». Escuchemos desde dentro.

COMIENZA EL TRIDUO PASCUAL

ABRIL

Jueves Santo
EN LA CENA DEL SEÑOR

Primera lectura: Éxodo 12,1-8.11-14

Salmo 115: El cáliz que bendecimos es la comunión de la sangre de Cristo

Segunda lectura: 1 Corintios 11,23-26

Evangelio: Juan 13,1-15

Antes de la fiesta de la Pascua, sabiendo Jesús que había llegado la hora de pasar de este mundo al Padre, habiendo amado a los suyos que estaban en el mundo, los amó hasta el extremo. Estaban cenando, ya el diablo le había metido en la cabeza a Judas Iscariote, el de Simón, que lo entregara, y Jesús, sabiendo que el Padre había puesto todo en sus manos, que venía de Dios y a Dios volvía, se levanta de la cena, se quita el manto y, tomando una toalla, se la ciñe; luego echa agua en la jofaina y se pone a lavarles los pies a los discípulos, secándoselos con la toalla que se había ceñido. Llegó a Simón Pedro, y este le dijo: «Señor, ¿lavarme los pies tú a mí?». Jesús le replicó: «Lo que yo hago tú no lo entiendes ahora, pero lo comprenderás más tarde». Pedro le dijo: «No me lavarás los pies jamás». Jesús le contestó: «Si no te lavo no tienes nada que ver conmigo». Simón Pedro le dijo: «Señor, no solo los pies, sino también las manos y la cabeza». Jesús le dijo: «Uno que se ha bañado no necesita lavarse más que los pies, porque todo él está limpio. También vosotros estáis limpios, aunque no todos». Porque sabía quién lo iba a entregar, por eso dijo: «No todos estáis limpios».

Cuando acabó de lavarles los pies tomó el manto, se lo puso otra vez y les dijo: «¿Comprendéis lo que he hecho con vosotros? Vosotros me llamáis "el Maestro" y "el Señor", y decís bien, porque lo soy. Pues si yo, el Maestro y el Señor, os he lavado los pies, también vosotros debéis lavaros los pies unos a otros; os he dado ejemplo para que lo que yo he hecho con vosotros, vosotros también lo hagáis».

Jesús ha comido muchas veces con sus discípulos; poco saben ellos que esta cena es la última. El Jueves Santo es un día fundante para la Iglesia. Dos hechos destacan: Jesús se parte y reparte a sí mismo al partir el pan. Se vacía de sí mismo al verter el vino en la copa. Carne y sangre para que el mundo viva. Y, abajándose a los pies de los discípulos, se los lava. El Maestro se hace servidor de todos. Eucaristía y lavatorio de los pies son dos realidades que realizar en la vida diaria y a lo largo de la historia de todos los tiempos. Partirnos y repartirnos para ser comidos como Jesús. Somos eucaristía, pan de Dios. Y servirnos mutuamente lavándonos unos a otros nuestras heridas y suciedades. Mesa como celebración y fiesta, y servicio como trabajo que realizar; ambas cosas como identidad cristiana, que somos eucaristía.

Primera lectura: Isaías 52,13-53,12

Salmo 30: Padre, a tus manos encomiendo mi espíritu

Segunda lectura: Hebreos 4,14-16; 5,7-9

Evangelio: Juan 18,1-19,42

C. En aquel tiempo salió Jesús con sus discípulos al otro lado del torrente Cedrón, donde había un huerto, y entraron allí él y sus discípulos. Judas, el traidor, conocía también el sitio, porque Jesús se reunía a menudo allí con sus discípulos. Judas, entonces, tomando la patrulla y unos guardias de los sumos sacerdotes y de los fariseos, entró allá con faroles, antorchas y armas. Jesús, sabiendo todo lo que venía sobre él, se adelantó y les dijo:

+. «¿A quién buscáis?».

C. Le contestaron:

S. «A Jesús, el Nazareno».

C. Les dijo Jesús:

+. «Yo soy».

C. Estaba también con ellos Judas, el traidor. Al decirles: «Yo soy», retrocedieron y cayeron a tierra. Les preguntó otra vez:

+. «¿A quién buscáis?».

C. Ellos dijeron:

S. «A Jesús, el Nazareno».

C. Jesús contestó:

+. «Os he dicho que soy yo. Si me buscáis a mí, dejad marchar a estos».

C. Y así se cumplió lo que había dicho: «No he perdido a ninguno de los que me diste».

Entonces Simón Pedro, que llevaba una espada, la sacó e hirió al criado del sumo sacerdote, cortándole la oreja derecha. Este criado se llamaba Malco. Dijo entonces Jesús a Pedro.

+. «Mete la espada en la vaina. El cáliz que me ha dado mi Padre, ¿no lo voy a beber?».

C. La patrulla, el tribuno y los guardias de los judíos prendieron a Jesús, lo ataron y lo llevaron primero a Anás, porque era suegro de Caifás, sumo sacerdote aquel año; era Caifás el que había dado a los judíos este consejo: «Conviene que muera un solo hombre por el pueblo». Simón Pedro y otro discípulo seguían a Jesús. Este discípulo era conocido del sumo sacerdote y entró con Jesús en el palacio del sumo sacerdote, mientras Pedro se quedó fuera, a la puerta. Salió el otro discípulo, el conocido del sumo sacerdote, habló a la portera e hizo entrar a Pedro. La criada que hacía de portera dijo entonces a Pedro:

S. «¿No eres tú también de los discípulos de ese hombre?».

C. Él dijo:

S. «No lo soy».

C. Los criados y los guardias habían encendido un brasero, porque hacía frío, y se calentaban. También Pedro estaba con ellos de pie, calentándose.

El sumo sacerdote interrogó a Jesús acerca de sus discípulos y de la doctrina. Jesús le contestó:

+. «Yo he hablado abiertamente al mundo; yo he enseñado continuamente en la sinagoga y en el templo, donde se reúnen todos los judíos, y no he dicho nada a escondidas. ¿Por qué me interrogas a mí? Interroga a los que me han oído de qué les he hablado. Ellos saben lo que he dicho yo».

C. Apenas dijo esto, uno de los guardias que estaba allí le dio una bofetada a Jesús, diciendo:

S. «¿Así contestas al sumo sacerdote?».

C. Jesús respondió:

+. «Si he faltado al hablar, muestra en qué he faltado; pero si he hablado como se debe, ¿por qué me pegas?». C. Entonces Anás lo envió atado a Caifás, sumo sacerdote.

Simón Pedro estaba en pie, calentándose, y le dijeron:

S. «¿No eres tú también de sus discípulos?».

C. Él lo negó, diciendo:

S. «No lo soy».

C. Uno de los criados del sumo sacerdote, pariente de aquel a quien Pedro le cortó la oreja, le dijo:

S. «¿No te he visto yo con él en el huerto?».

C. Pedro volvió a negar, y enseguida cantó un gallo.

Llevaron a Jesús a casa de Caifás al pretorio. Era el amanecer, y ellos no entraron en el pretorio para no incurrir en impureza y poder así comer la Pascua. Salió Pilato afuera, adonde estaban ellos, y dijo:

S. «¿Qué acusación presentáis contra este hombre?».

C. Le contestaron:

S. «Si este no fuera un malhechor no te lo entregaríamos».

C. Pilato les dijo:

S. «Lleváoslo vosotros y juzgadlo según vuestra ley».

C. Los judíos le dijeron:

S. «No estamos autorizados para dar muerte a nadie».

C. Y así se cumplió lo que había dicho Jesús, indicando de qué muerte iba a morir.

Entró otra vez Pilato en el pretorio, llamó a Jesús y le dijo:

S. «¿Eres tú el rey de los judíos?».

C. Jesús le contestó:

+. «¿Dices eso por tu cuenta o te lo han dicho otros de mí?».

C. Pilato replicó:

S. «¿Acaso soy yo judío? Tu gente y los sumos sacerdotes te han entregado a mí; ¿qué has hecho?».

C. Jesús le contestó:

+. «Mi reino no es de este mundo. Si mi reino fuera de este

mundo, mi guardia habría luchado para que no cayera en manos de los judíos. Pero mi reino no es de aquí».

C. Pilato le dijo:

S. «Conque, ¿tú eres rey?».

C. Jesús le contestó:

+. «Tú lo dices: soy rey. Yo para esto he nacido y para esto he venido al mundo: para ser testigo de la verdad. Todo el que es de la verdad escucha mi voz».

C. Pilato le dijo:

S. «Y, ¿qué es la verdad?».

C. Dicho esto, salió otra vez a donde estaban los judíos y les dijo:

S. «Yo no encuentro en él ninguna culpa. Es costumbre ente vosotros que por Pascua ponga a uno en libertad. ¿Queréis que os suelte al rey de los judíos?».

C. Volvieron a gritar:

S. «A ese no, a Barrabás».

C. El tal Barrabás era un bandido.

Entonces Pilato tomó a Jesús y lo mandó azotar. Y los soldados trenzaron una corona de espinas, se la pusieron en la cabeza y le echaron por encima un manto color púrpura; y, acercándose a él, le decían:

S. «¡Salve, rey de los judíos!».

C. Y le daban bofetadas. Pilato salió otra vez afuera y les dijo:

S. «Mirad, os lo saco afuera, para que sepáis que no encuentro en él ninguna culpa».

C. Y salió Jesús afuera, llevando la corona de espinas y el manto color púrpura. Pilato les dijo:

S. «Aquí lo tenéis».

C. Cuando lo vieron los sumos sacerdotes y los guardias gritaron:

S. «¡Crucifícalo, crucifícalo!».

C. Pilato les dijo:

S. «Lleváoslo vosotros y crucificadlo, porque yo no encuentro culpa en él».

C. Los judíos le contestaron:

S. «Nosotros tenemos una ley, y según esa ley tiene que morir, porque se ha declarado Hijo de Dios».

C. Cuando Pilato oyó estas palabras se asustó aún más y, entrando otra vez en el pretorio, dijo a Jesús:

S. «¿De dónde eres tú?».

C. Pero Jesús no le dio respuesta. Pilato le dijo:

S. «¿A mí no me hablas? ¿No sabes que tengo autoridad para soltarte y autoridad para crucificarte?».

C. Jesús le contestó:

+. «No tendrías ninguna autoridad sobre mí si no te la hubieran dado de lo alto. Por eso el que me ha entregado a ti tiene un pecado mayor».

C. Desde este momento Pilato trataba de soltarlo, pero los judíos gritaban:

S. «Si sueltas a ese no eres amigo del César. Todo el que se declara rey está contra el César».

C. Pilato entonces, al oír estas palabras, sacó afuera a Jesús y lo sentó en el tribunal, en el sitio que llaman «el Enlosado» (en hebreo Gábbata). Era el día de la Preparación de la Pascua, hacia el mediodía. Y dijo Pilato a los judíos:

S. «Aquí tenéis a vuestro rey».

C. Ellos gritaron:

S. «¡Fuera, fuera; crucifícalo!».

C. Pilato les dijo:

S. «¿A vuestro rey voy a crucificar?».

C. Contestaron los sumos sacerdotes:

S. «No tenemos más rey que al César».

C. Entonces se lo entregó para que lo crucificaran.

Tomaron a Jesús, y él, cargando con la cruz, salió al sitio llamado «de la Calavera» (que en hebreo se dice Gólgota), donde lo crucificaron; y con él a otros dos, uno a cada lado, y en medio Jesús. Y Pilato escribió un letrero y lo puso encima de la cruz; en él estaba escrito: «Jesús, el Nazareno, el rey de los judíos». Leyeron el letrero muchos judíos, porque estaba cerca el lugar donde crucificaron a Jesús, y estaba escrito en hebreo, latín y griego. Entonces los sumos sacerdotes de los judíos dijeron a Pilato:

S. «No escribas: "El rey de los judíos", sino: "Este ha dicho: 'Soy el rey de los judíos'"».

C. Pilato les contestó:

S. «Lo escrito, escrito está».

C. Los soldados, cuando crucificaron a Jesús, cogieron su ropa, haciendo cuatro partes, una para cada soldado, y apartaron la túnica. Era una túnica sin costura, tejida toda de una pieza de arriba abajo. Y se dijeron:

S. «No la rasguemos, sino echemos a suerte, a ver a quién le toca».

C. Así se cumplió la Escritura: «Se repartieron mis ropas y echaron a suerte mi túnica». Esto hicieron los soldados.

Junto a la cruz de Jesús estaban su madre, la hermana de su madre, María, la de Cleofás, y María, la Magdalena. Jesús, al ver a su madre y cerca al discípulo que tanto quería, dijo a su madre:

+. «Mujer, ahí tienes a tu hijo».

C. Luego dijo al discípulo:

+. «Ahí tienes a tu madre».

C. Y, desde aquella hora, el discípulo la recibió en su casa.

Después de esto, sabiendo Jesús que todo había llegado a su término, para que se cumpliera la Escritura dijo:

+. «Tengo sed».

C. Había allí un jarro lleno de vinagre. Y, sujetando una esponja empapada en vinagre a una caña de hisopo, se la acercaron a la boca. Jesús, cuando tomó el vinagre, dijo:

+. «Está cumplido».

C. E, inclinando la cabeza, entregó el espíritu.

Todos se arrodillan y se hace una pausa

Y al punto salió sangre y agua.

Los judíos, entonces, como era el día de la Preparación, para que no se quedaran los cuerpos en la cruz el sábado, porque aquel sábado era un día solemne, pidieron a Pilato que les quebraran las piernas y que los quitaran. Fueron los soldados, le quebraron las piernas al primero y luego al otro que habían crucificado con él; pero al llegar a Jesús, viendo que ya había muerto, no le quebraron las piernas, sino que uno de los soldados, con la lanza, le traspasó el costado, y al punto salió sangre y agua. El que lo vio da testimonio, y su testimonio es verdadero, y él sabe que dice verdad, para que también vosotros creáis. Esto ocurrió para que se cumpliera la Escritura: «No le quebrarán un hueso»; y en otro lugar la Escritura dice: «Mirarán al que atravesaron».

Después de esto, José de Arimatea, que era discípulo clandestino de Jesús por miedo a los judíos, pidió a Pilato que le dejara llevarse el cuerpo de Jesús. Y Pilato lo autorizó. Él fue entonces y se llevó el cuerpo. Llegó también Nicodemo, el que había ido a verlo de noche, y trajo unas cien libras de una mixtura de mirra y áloe.

Tomaron el cuerpo de Jesús y lo vendaron todo, con los aromas, según se acostumbra a enterrar entre los judíos. Había un huerto en el sitio donde lo crucificaron, y en el huerto un sepulcro nuevo donde nadie había sido enterrado todavía. Y como para los judíos era el día de la Preparación, y el sepulcro estaba cerca, pusieron allí a Jesús.

Viernes Santo. El día del amor y el dolor. La tragedia humana es la ausencia de Dios en el corazón de la humanidad. Cuando falta Dios, desaparece el amor. Sin Dios y sin amor, la iniquidad campa por doquier. La tragedia humana es llevar a Jesús a la muerte. El mal quiere arrancar a Dios del corazón de la humanidad. La cruz es el signo del horror, el hombre mata al hombre. Tras la pasión de Jesús está la traición, la dureza de corazón, la increencia, el desconcierto. Pilato sabe que condena a un inocente, pero es incapaz de hacer justicia. Las autoridades religiosas piensan que liberan al pueblo de un maldito. Jesús, en la cruz, asume la gran soledad y abandono de aquellos a los que ama, y sufre el silencio estremecedor de Dios. Al pie de la cruz, la fidelidad de las mujeres. Solo ellas han permanecido a su lado. En el Gólgota todo enmudece, la tierra se oscurece. Contemplamos la muerte. Esperar en silencio y confianza que Dios actúe como Dios. Silencio orante, expectante, vigilante

ABRIL

 19

Sábado Santo
Vigilia Pascual en la Noche Santa

Primera lectura: Génesis 1,1-2,2: Vio Dios todo lo que había hecho, y era muy bueno.

Salmo 103 o 33: Envía tu espíritu, Señor, y repuebla la faz de la tierra.

Segunda lectura: Génesis 22,1-18: El sacrificio de Abrahán, nuestro padre en la fe.

Salmo 15: Protégeme, Dios mío, que me refugio en ti.

Tercera lectura: Éxodo 14,15-15,1: Los israelitas entran en medio del mar a pie enjuto.

Salmo: Éxodo 15,1-6.17-18: Cantaré al Señor, sublime es su victoria.

Cuarta lectura: Isaías 54,5-14: Con misericordia eterna te quiere el Señor, tu redentor.

Salmo 29: Te ensalzaré, Señor, porque me has librado.

Quinta lectura: Isaías 55,1-11: Venid a mí y viviréis, sellaré con vosotros alianza perpetua.

Salmo: Isaías 12,2-6: Sacaréis aguas con gozo de las fuentes de la salvación.

Sexta lectura: Baruc 3,9-15.32; 4,4: Caminad a la claridad del resplandor del Señor.

Salmo 18: Señor, tú tienes palabras de vida eterna.

Séptima lectura: Ezequiel 36,16-28: Derramaré sobre vosotros un agua pura y os daré un corazón nuevo.

Salmo 41 o 50: Como busca la cierva corrientes de agua, así mi alma te busca a ti, Dios mío.

Epístola: Romanos 6,3-11: Cristo, una vez resucitado de entre los muertos, ya no muere más.

Salmo 117: Aleluya, aleluya, aleluya.

Evangelio: Lucas 24,1-12

El primer día de la semana, de madrugada, las mujeres fueron al sepulcro llevando los aromas que habían preparado. Encontraron corrida la piedra del sepulcro. Y, entrando, no encontraron el cuerpo del Señor Jesús. Mientras estaban desconcertadas por esto se les presentaron dos hombres con vestidos refulgentes. Ellas, despavoridas, miraban al suelo, y ellos les dijeron: «¿Por qué buscáis entre los muertos al que vive? No está aquí. Ha resucitado. Acordaos de lo que os dijo estando todavía en Galilea: "El Hijo del hombre tiene que ser entregado en manos de pecadores, ser crucificado y al tercer día resucitar"».

Recordaron sus palabras, volvieron del sepulcro y anunciaron todo esto a los Once y a los demás. María Magdalena, Juana y María, la de Santiago, y sus compañeras contaban esto a los apóstoles. Ellos lo tomaron por un delirio y no las creyeron. Pedro se levantó y fue corriendo al sepulcro. Asomándose, vio solo las vendas por el suelo. Y se volvió admirándose de lo sucedido.

En la gran Vigilia Pascual el corazón vela. Celebramos el mayor misterio de nuestra fe. Jesús ha muerto. La iniquidad que pulula en nuestro entorno, y hasta dentro de nosotros, lo ha matado. Jesús yace yerto en el sepulcro. ¿Qué esperamos velando en esta noche negra y misteriosa? Estalla el grito supremo del misterio pascual: «Verdaderamente ha resucitado el Señor. ¡Aleluya!». No podemos dar razón histórica y constatable de cómo sucedió. Damos razón de nuestra fe, que lo sigue experimentando vivo en medio de la humanidad por toda la eternidad. Jesús ha resucitado, vive y nos vive. Somos testigos de su resurrección, porque tenemos certeza de que hemos resucitado con él. Y lo sabemos por las veces que morimos y volvemos a la vida. Fundamentalmente, lo sabemos por la fe, que, siendo oscura, el Redentor la ilumina, y hoy, en esta vigilia, «la noche es clara como el día». La luz del Resucitado alegra a la humanidad y la proyecta hacia el Padre, hogar del amor y la paz. Hogar de la dicha en la Trinidad bendita. «¡Oh! Noche santa más brillante que el sol».

COMIENZA EL TIEMPO PASCUAL

ABRIL

20

Domingo
Pascua de la resurreción del Señor

Primera lectura: Hechos de los Apóstoles 10,34a.37-43

Salmo 17: Este es el día en que actuó el Señor: sea nuestra alegría y nuestro gozo

Segunda lectura: Colosenses 3,1-4 o 1 Corintios 5,6-8

Evangelio: Juan 20,1-9

El primer día de la semana, María Magdalena fue al sepulcro al amanecer, cuando aún estaba oscuro, y vio la losa quitada del sepulcro. Echó a correr y fue donde estaba Simón Pedro y el otro discípulo, a quien tanto quería Jesús, y les dijo: «Se han llevado del sepulcro al Señor y no sabemos dónde lo han puesto».

Salieron Pedro y el otro discípulo camino del sepulcro. Los dos corrían juntos, pero el otro discípulo corría más que Pedro; se adelantó y llegó primero al sepulcro; y, asomándose, vio las vendas en el suelo; pero no entró. Llegó también Simón Pedro detrás de él y entró en el sepulcro: vio las vendas en el suelo y el sudario con que le habían cubierto la cabeza, no por el suelo con las vendas, sino enrollado en un sitio aparte. Entonces entró también el otro discípulo, el que había llegado primero al sepulcro; vio y creyó. Pues hasta entonces no habían entendido la Escritura: que él había de resucitar de entre los muertos.

Las primeras testigos de la resurrección fueron las mujeres. Se crea el desconcierto, los discípulos corren al sepulcro. La losa está quitada, miran dentro y está vacío. Todos nos apoyamos en los testimonios de la fe en el Resucitado. Pero no solo en los testimonios. Porque los creyentes tenemos nuestra seguridad de que el Resucitado nos vive, lo hemos visto con los ojos de la fe y lo hemos palpado en el misterio de una presencia inefable, transfiguradora, que solo se explica por nuestra propia resurrección interior. El Resucitado nos ha tocado, tenemos experiencia personal. La fe hace más verdaderas las realidades misteriosas que no vemos que la pura materialidad de lo histórico, tocable, palpable y constatable. Si creemos, es porque Jesús se ha acercado a nosotros y se nos ha mostrado vivo y vivificador. «Soy yo, no temáis». Una vida de fe no se sostiene en alucinaciones inconsistentes. Nos sostenemos en las experiencias resucitadoras que transforman la vida y nos hacen exclamar: «Verdaderamente ha resucitado el Señor». Hoy podemos cantar con gozo: «Este es el día en que actuó el Señor, sea nuestra alegría y nuestro gozo». Ha comenzado la fiesta del corazón que no tiene fin.

ABRIL

21

Lunes de la octava de Pascua
San Anselmo

Primera lectura: Hechos de los Apóstoles 2,14.22-32

Salmo 15: Protégeme, Dios mío, que me refugio en ti

Evangelio: Mateo 28,8-15

En aquel tiempo, las mujeres se marcharon a toda prisa del sepulcro; impresionadas y llenas de alegría corrieron a anunciarlo a los discípulos. De pronto Jesús les salió al encuentro y les dijo: «Alegraos». Ellas se acercaron, se postraron ante él y le abrazaron los pies. Jesús les dijo: «No tengáis miedo: id a comunicar a mis hermanos que vayan a Galilea; allí me verán».

Mientras las mujeres iban de camino, algunos de la guardia fueron a la ciudad y comunicaron a los sumos sacerdotes todo lo ocurrido. Ellos, reunidos con los ancianos, llegaron a un acuerdo y dieron a los soldados una fuerte suma, encargándoles: «Decid que sus discípulos fueron de noche y robaron el cuerpo mientras vosotros dormíais. Y si esto llega a oídos del gobernador, nosotros nos lo ganaremos y os sacaremos de apuros». Ellos tomaron el dinero y obraron conforme a las instrucciones. Y esta historia se ha ido difundiendo entre los judíos hasta hoy.

Sigue la alegría. El Resucitado sale al encuentro de las mujeres con una palabra: «Alegraos». Se conmueven, se turban, se acercan, se postran, le abrazan los pies, y Jesús les infunde confianza: «No tengáis miedo». Y las envía. Han sido tocadas por la vida nueva del Resucitado. Ya no podrán callar el anuncio de la resurrección. Es más, este acontecimiento que llena de vida nueva a los seguidores de Jesús –hombres y mujeres– les da coraje para lanzarse al comienzo de una nueva manera de situarnos en la vida. Ahora todo será repensado, iluminado, comprendido. Ya nadie puede apagar el fuego del Espíritu del Resucitado, que sale al encuentro de la humanidad. Jesús se quiere reunir con la comunidad e infundirnos un corazón nuevo para amar, para sanar, para seguir la misión que él había comenzado. Y seguimos caminando con el fuego del anuncio en nuestros corazones y en nuestros labios.

ABRIL

22

Martes de la octava de Pascua

Primera lectura: Hechos de los Apóstoles 2,36-41

Salmo 32: La misericordia del Señor llena la tierra

Evangelio: Juan 20,11-18

En aquel tiempo, fuera, junto al sepulcro, estaba María, llorando. Mientras lloraba se asomó al sepulcro y vio dos ángeles vestidos de blanco, sentados uno a la cabecera y otro a los pies, donde había estado el cuerpo de Jesús. Ellos le preguntan: «Mujer, ¿por qué lloras?». Ella les contesta: «Porque se han llevado a mi Señor y no sé dónde lo han puesto». Dicho esto, da media vuelta y ve a Jesús, de pie, pero no sabía que era Jesús. Jesús le dice: «Mujer, ¿por qué lloras?, ¿a quién buscas?». Ella, tomándolo por el hortelano, le contesta: «Señor, si tú te lo has llevado, dime dónde lo has puesto y yo lo recogeré». Jesús le dice: «¡María!». Ella se vuelve y le dice: «¡*Rabboni!*», que significa: «¡Maestro!». Jesús le dice: «Suéltame, que todavía no he subido al Padre. Anda, ve a mis hermanos y diles: "Subo al Padre mío y Padre vuestro, al

Dios mío y Dios vuestro"». María Magdalena fue y anunció a los discípulos: «He visto al Señor y ha dicho esto».

María, cuando se siente llamada por su nombre, reconoce a Jesús. Lo quiere atrapar; Jesús le dice: «Suéltame». Jesús vive la nueva dimensión de resucitado, y no lo podemos atrapar ni retener. Ha trascendido este mundo; está en él, pero también más allá de lo material y finito. Cuando experimentamos el gozo de su presencia, todos queremos retenerlo, quedarnos en el toque delicado y amoroso que nos suaviza por dentro. Pero Jesús sigue subiendo al Padre, y nosotros tenemos que vivir aquí, ahora y cada día, bregando y viviendo la presencia en fe oscura y cierta. Nos toca vivir una vida para el Evangelio a ejemplo suyo, como cuando vivía entre nosotros. Jesús nos ha dejado su palabra y su ejemplo. Él está y permanece, pero también asciende y somos llevados con él al Padre. Toda la Iglesia vive imbuida en ese misterio humano, celestial y divino.

ABRIL

23

| **Miércoles de la octava de Pascua**
San Jorge o San Adalberto

Primera lectura: Hechos de los Apóstoles 3,1-10

Salmo 104: Que se alegren los que buscan al Señor

Evangelio: Lucas 24,13-35

Dos discípulos de Jesús iban andando aquel mismo día, el primero de la semana, a una aldea llamada Emaús, distante unas dos leguas de Jerusalén; iban comentando todo lo que había sucedido. Mientras conversaban y discutían, Jesús en persona se acercó y se puso a caminar con ellos. Pero sus ojos no eran capaces de reconocerlo. Él les dijo: «¿Qué conversación es esa que traéis mientras vais de camino?». Ellos se detuvieron preocupados. Y uno de ellos, que se llamaba Cleofás, le replicó: «¿Eres tú el único forastero en Jerusalén que no sabes lo que ha pasado allí estos días?». Él les preguntó: «¿Qué?». Ellos le contestaron: «Lo de Jesús el Nazareno, que fue un profeta poderoso en obras y palabras ante Dios y ante todo el pueblo; cómo lo entregaron los sumos sacerdotes y nuestros jefes para que lo condenaran a muerte, y lo crucificaron. Nosotros esperábamos que él fuera el futuro liberador de Israel. Y ya ves: hace ya dos días que sucedió esto. Es verdad que algunas mujeres de nuestro grupo nos han sobresaltado, pues fueron muy de mañana al sepulcro, no encontraron su cuerpo, e incluso vinieron diciendo que habían visto una aparición de ángeles, que les habían dicho que estaba vivo. Algunos de los nuestros fueron también al sepulcro y lo encontraron como habían dicho las mujeres; pero a él no lo vieron». Entonces Jesús les dijo: «¡Qué necios y torpes sois para creer lo que anunciaron los profetas! ¿No era necesario que el Mesías padeciera esto para entrar en su gloria?» Y, comenzando por Moisés y siguiendo por los profetas, les explicó lo que se refería a él en toda la Escritura.

Ya cerca de la aldea donde iban, él hizo ademán de seguir adelante; pero ellos le apremiaron, diciendo: «Quédate con nosotros, porque atardece y el día va de caída». Y entró para quedarse con ellos. Sentado a la mesa con ellos tomó el pan, pronunció la bendición, lo partió y se lo dio. A ellos se les abrieron los ojos y lo reconocieron. Pero él desapareció. Ellos comentaron: «¿No ardía nuestro corazón mientras nos hablaba por el camino y nos explicaba las Escrituras?». Y, levantándose al momento, se volvieron a Jerusalén, donde encontraron reunidos a los Once con sus compañeros, que estaban diciendo: «Era verdad, ha resucitado el Señor y se ha aparecido a Simón» Y ellos contaron lo que les había pasado por el camino y cómo lo habían reconocido al partir el pan.

Somos peregrinos de la vida, vamos de camino. Jesús se nos acerca para hacer el camino a nuestro lado, alegrándolo con su presencia, pero no siempre le reconocemos. Necesito una mirada más profunda para ver y reconocer. ¿Sé verle presente en el hermano que se me acerca? Creemos en Jesús, sí, de todo corazón, pero somos cortos y torpes de mira para verlo en el que nos acompaña y se nos hace el encontradizo. Al sentarnos a la mesa y al partir el pan puedo descubrir que el otro, el que va de camino conmigo, es el Señor. Cuando partimos y repartimos con generosidad el pan que somos, creamos la comunión, se nos abren los ojos y podemos decir: «Era verdad, ha resucitado el Señor y se ha aparecido a Simón». Se me ha aparecido a mí.

ABRIL

24 | Jueves de la octava de Pascua
San Fidel de Sigmaringa

Primera lectura: Hechos de los Apóstoles 3,11-2

Salmo 8: Señor, dueño nuestro, ¡qué admirable es tu nombre en toda la tierra!

Evangelio: Lucas 24,35-48

En aquel tiempo contaban los discípulos lo que les había pasado por el camino y cómo habían reconocido a Jesús al partir el pan. Estaban hablando de estas cosas cuando se presenta Jesús en medio de ellos y les dice: «Paz a vosotros». Llenos de miedo por la sorpresa creían ver un fantasma. Él les dijo: «¿Por qué os alarmáis?, ¿por qué surgen dudas en vuestro interior? Mirad mis manos y mis pies: soy yo en persona. Palpadme y daos cuenta de que un fantasma no tiene carne y huesos, como veis que yo tengo». Dicho esto, les mostró las manos y los pies. Y como no acababan de creer por la alegría, y seguían atónitos, les dijo: «¿Tenéis ahí algo que comer?». Ellos le ofrecieron un trozo de pez asado. Él lo tomó y comió delante de ellos. Y les dijo: «Esto es lo que os decía mientras estaba con vosotros; que todo lo escrito en la Ley de Moisés y en los profetas y salmos acerca de mí tenía que cumplirse». Entonces les abrió el entendimiento para comprender las Escrituras. Y añadió: «Así estaba escrito: el Mesías padecerá, resucitará de entre los muertos al tercer día y en su nombre se predicará la conversión y el perdón de los pecados a todos los pueblos, comenzando por Jerusalén. Vosotros sois testigos de esto».

«La paz con vosotros». Qué saludo tan amable y deseado para toda la humanidad: la paz. La paz que viene de la plenitud de Dios. El asombro, la duda y el temor que experimentan es por estar ante lo sagrado. Jesús ve el temblor del desconcierto y les dice: «¿Por qué os alarmáis?». Ante Jesús no debe haber temor, sino alegría y absoluta confianza. Con su presencia, Jesús les quiere dar a entender que la vida continúa igual, que él, desde Dios, sigue presente en medio de nosotros, animando la paz, la buena convivencia, el servicio que hemos de ofrecernos unos a otros, la comprensión, el respeto mutuo. Jesús sigue comiendo con ellos, como signo de las relaciones humanas en el amor y la paz. Cuidar los detalles de la vida que la dignifican y nos unen. Y ser, decididamente, testigos del Resucitado.

ABRIL

25

Viernes de la octava de Pascua
San Marcos, evangelista

Primera lectura: Hechos de los Apóstoles 4,1-12

Salmo 117: La piedra que desecharon los arquitectos es ahora la piedra angular

Evangelio: Juan 21,1-14

En aquel tiempo, Jesús se apareció otra vez a los discípulos junto al lago de Tiberíades. Y se apareció de esta manera: estaban juntos Simón Pedro, Tomás –apodado el Mellizo–, Natanael –el de Caná de Galilea–, los Zebedeos y otros dos discípulos suyos. Simón Pedro les dice: «Me voy a pescar». Ellos contestan: «Vamos también nosotros contigo». Salieron y se embarcaron; y aquella noche no cogieron nada. Estaba ya amaneciendo cuando Jesús se presentó en la orilla; pero los discípulos no sabían que era Jesús. Jesús les dice: «Muchachos, ¿tenéis pescado?» Ellos contestaron: «No». Él les dice: «Echad la red a la derecha de la barca y encontraréis». La echaron, y no tenían fuerzas para sacarla, por la multitud de peces. Y aquel discípulo al que Jesús tanto quería le dice a Pedro: «Es el Señor». Al oír que era el Señor, Simón Pedro, que estaba desnudo, se ató la túnica y se echó al agua. Los demás discípulos se acercaron en la barca, porque no distaban de tierra más que unos cien metros, remolcando la red con los peces. Al saltar a tierra ven unas brasas con un pescado puesto encima y pan. Jesús les dice: «Traed de los peces que acabáis de coger».

Simón Pedro subió a la barca y arrastró hasta la orilla la red repleta de peces grandes: ciento cincuenta y tres. Y, aunque eran tantos, no se rompió la red. Jesús les dice: «Vamos, almorzad». Ninguno de los discípulos se atrevía a preguntarle quién era, porque sabían bien que era el Señor. Jesús se acerca, toma el pan y se lo da, y lo mismo el pescado.

Esta fue la tercera vez que Jesús se apareció a los discípulos después de resucitar de entre los muertos.

Los apóstoles han vuelto a su profesión. Todo es desencanto, han perdido al Maestro, y la pesca también es escasa. Viven en estado de desaliento, como quien lo ha perdido todo. Sin embargo, Jesús no los ha abandonado. De nuevo se hace presente en su realidad cotidiana, metiéndose en su quehacer diario, y les pide de comer. No tienen nada. Sin Jesús se han quedado vacíos, a la intemperie. Se produce un nuevo signo; al mandato de Jesús, y obedientemente por parte de ellos, echan las redes. Comienzan a tener certeza de que aquel desconocido es Jesús. Y se origina la abundancia de peces. Una vez más reconocen que es el Maestro. Él los ha convocado de nuevo con su aparición inesperada. Reviven la vida vivida con él. Tras cada una de las apariciones, los discípulos aprenden a verle en la realidad de la vida.

ABRIL

26

Sábado de la octava de Pascua
San Isidoro

Primera lectura: Hechos de los Apóstoles 4,13-21

....

Salmo 117: Te doy gracias, Señor, porque me escuchaste

....

Evangelio: Marcos 16,9-15

Jesús, resucitado al amanecer del primer día de la semana, se apareció primero a María Magdalena, de la que había echado siete demonios. Ella fue a anunciárselo a sus compañeros, que estaban de duelo y llorando. Ellos, al oírle decir que estaba vivo y que lo había visto, no la creyeron. Después se apareció en figura de otro a dos de ellos que iban caminando a una finca. También ellos fueron a anunciarlo a los demás, pero no los creyeron. Por último, se apareció Jesús a los Once, cuando estaban a la mesa, y les echó en cara su incredulidad y dureza de corazón, porque no habían creído a los que lo habían visto resucitado. Y les dijo: «Id al mundo entero y proclamad el Evangelio a toda la creación».

María Magdalena es la gran protagonista del encuentro con el Resucitado. Jesús mostró hacia ella una predilección afectiva entrañable. Fue liberada de siete demonios, signo claro de que Jesús se ocupa y preocupa de liberarnos a todos de las fuerzas del mal que nos atan. Él esclarece en nosotros la imagen y semejanza con que fuimos creados. Su amor liberador culmina en la resurrección. Ahora sabemos que esta humanidad nuestra está redimida, liberada de los «demonios», es decir, de las fuerzas del mal. La incredulidad todavía nos impide el gozo pleno de esta verdad del cielo que ya podemos gozar en este suelo. Los apóstoles son tercos para creer. Nosotros no lo somos menos que ellos. A fuerza de fe vamos experimentando la vida del Resucitado en nuestra propia vida. Todo vive por el Viviente

ABRIL

27

Domingo
II Pascua

Primera lectura: Hechos de los Apóstoles 5,12-16

Salmo 117: Dad gracias al Señor porque es bueno, porque es eterna su misericordia

Segunda lectura: Apocalipsis 1,9-13.17-19

Evangelio: Juan 20,19-31

Al anochecer de aquel día, el primero de la semana, estaban los discípulos en una casa con las puertas cerradas por miedo a los judíos. Y en esto entró Jesús, se puso en medio y les dijo: «Paz a vosotros». Y, diciendo esto, les enseñó las manos y el costado. Y los discípulos se llenaron de alegría al ver al Señor. Jesús repitió: «Paz a vosotros. Como el Padre me ha enviado, así también os envío yo». Y, dicho esto, exhaló su aliento sobre ellos y les dijo: «Recibid el Espíritu Santo; a quienes les perdonéis los pecados les quedan perdonados; a quienes se los retengáis les quedan retenidos».

Tomás, uno de los Doce, llamado el Mellizo, no estaba con ellos cuando vino Jesús. Y los otros discípulos le decían: «Hemos visto al Señor». Pero él les contestó: «Si no veo en sus manos la señal de los clavos, si no meto el dedo en el agujero de los clavos y no meto la mano en su costado, no lo creo».

A los ocho días estaban otra vez dentro los discípulos y Tomás con ellos. Llegó Jesús, estando cerradas las puertas, se puso en medio y dijo: «Paz a vosotros». Luego dijo a Tomás: «Trae tu dedo, aquí tienes mis manos; trae tu mano y métela en mi costado; y no seas incrédulo, sino creyente». Contestó Tomás: «¡Señor mío y Dios mío!». Jesús le dijo: «¿Porque me has visto has creído? Dichosos los que crean sin haber visto».

Muchos otros signos, que no están escritos en este libro, hizo Jesús a la vista de los discípulos. Estos se han escrito para que creáis que Jesús es el Mesías, el Hijo de Dios, y para que, creyendo, tengáis vida en su nombre.

Noche, encierro y miedo. Jesús entra y se sitúa en medio de nuestras oscuridades, cobardías, temores, y nos dice: «Paz a vosotros». Solo el Resucitado puede infundirnos la paz de Dios. Su hálito vivificador es impulso rompedor de las ataduras que produce la incredulidad, para hacer brotar la alegría que asoma fresca en el corazón de la comunidad, en un gesto adorador y confirmador de fe: «Señor mío y Dios mío». Creyendo en Cristo Jesús, la vida se contagia y engendra más vida. La dicha de creer es fe oscura y segura que nos lleva a acoger el misterio de Dios, más allá de nuestros miedos y dudas, que el Espíritu del Resucitado va rompiendo y confirmándonos en la luz y la paz de su gloria santa. Nos lanzamos al anuncio de la Pascua de Jesús con valentía nueva, confirmados por la vida del Resucitado.

ABRIL

28

Lunes
San Pedro Chanel, San Luis María Grignion de Monfort

Primera lectura: Hechos de los Apóstoles 4,23-31

Salmo 2: Dichosos los que se refugian en ti, Señor

Evangelio: Juan 3,1-8

Había un fariseo llamado Nicodemo, jefe judío. Este fue a ver a Jesús de noche y le dijo: «Rabí, sabemos que has venido de parte de Dios como maestro; porque nadie puede hacer los signos que tú haces si Dios no está con él». Jesús le contestó: «Te lo aseguro, el que no nazca de nuevo no puede ver el reino de Dios». Nicodemo le pregunta: «¿Cómo puede nacer un hombre siendo viejo? ¿Acaso puede por segunda vez entrar en el vientre de su madre y nacer?».

Jesús le contestó: «Te lo aseguro, el que no nazca de agua y de Espíritu no puede entrar en el reino de Dios. Lo que nace de la carne es carne, lo que nace del Espíritu es espíritu. No te extrañes de que te haya dicho: "Tenéis que nacer de nuevo"; el viento sopla donde quiere y oyes su ruido, pero no sabes de dónde viene ni a dónde va. Así es todo el que ha nacido del Espíritu».

«Nacer de nuevo». Cuántas veces, a lo largo de la vida, experimentamos que hemos nacido de nuevo. Se nace una vez para venir a este mundo. Pero, a lo largo de la existencia, todo ser humano experimenta muerte y vida. El recorrido de la historia es así: amor y dolor, alegrías y penas, gozos y esperanzas, muerte y vida. A la tardecer de la vida, Nicodemo pregunta: «¿Cómo puede nacer un hombre siendo viejo?». Cuando las cosas se van acabando y hasta el cuerpo experimenta la cercanía de su finitud, albergamos una esperanza: «Nacer de nuevo». Es decir, que nuestra finitud corporal no sea lo último. Que nacer «del agua y del Espíritu» sea la serena certeza de la vida de Dios en nosotros. Nacer de nuevo, Dios siempre nos está recreando.

ABRIL

29

Martes
SANTA CATALINA DE SIENA

Primera lectura: 1 Juan 1,5-2,2

Salmo 102: Bendice, alma mía, al Señor

Evangelio: Mateo 11,25-30

En aquel tiempo exclamó Jesús: «Te doy gracias, Padre, Señor de cielo y tierra, porque has escondido estas cosas a los sabios y entendidos y se las has revelado a la gente sencilla. Sí, Padre, así te ha parecido mejor. Todo me lo ha entregado mi Padre, y nadie conoce al Hijo más que el Padre, y nadie conoce al Padre sino el Hijo, y aquel a quien el Hijo se lo quiera revelar. Venid a mí todos los que estáis cansados y agobiados, y yo os aliviaré. Cargad con mi yugo y aprended de mí, que soy manso y humilde de corazón, y encontraréis vuestro descanso. Porque mi yugo es llevadero y mi carga, ligera».

Las cosas de Dios son pequeñas y humildes. Una sencilla oración de reconocimiento, porque la vida del Reino no es cuestión del saber humano, sino gracia regalada de un Dios bueno que, en lo simple y sencillo, nos hace descubrir su amor y bondad. Jesús nos quiere llevar al Padre. En su relación, vive polarizado por el Padre. Y el Padre, todo lo hace depender del Hijo. Padre e Hijo se proyectan hacia los hijos e hijas amados, con una intercomunicación de bienes que circulan en comunión profunda. Jesús conoce nuestra naturaleza, propensa a ser sobrecargada por quienes adoctrinan con normas pesadas hasta agobiarnos. Quiere que descarguemos en él lo que nos agobia y causa abatimiento, hallando descanso en su corazón manso y humilde. El verdadero Maestro es Jesús. Él sea nuestro guía y seguridad. En él andemos en amplia libertad.

ABRIL

30 | Miércoles
San Pío V

Primera lectura: Hechos de los Apóstoles 5,17-26

Salmo 33: Si el afligido invoca al Señor, él lo escucha

Evangelio: Juan 3,16-21

Tanto amó Dios al mundo que entregó a su Hijo único para que no perezca ninguno de los que creen en él, sino que tengan vida eterna. Porque Dios no mandó su Hijo al mundo para juzgar al mundo, sino para que el mundo se salve por él. El que cree en él no será juzgado; el que no cree ya está juzgado, porque no ha creído en el nombre del Hijo único de Dios. El juicio consiste en esto: que la luz vino al mundo y los hombres prefirieron la tiniebla a la luz, porque sus obras eran malas. Pues todo el que obra perversamente detesta la luz y no se acerca a la luz, para no verse acusado por sus obras. En cambio, el que realiza la verdad se acerca a la luz, para que se vea que sus obras están hechas según Dios.

El proyecto de Dios hacia la humanidad es de amor. Dios se da a sí mismo en Jesús para salvarlo todo. A Dios no se le pierde nada ni nadie. Lo perverso del mundo, aquello que nos quiere someter a lo malo, Jesús lo ha transformado. Entre la lucha del bien y el mal, Dios es el vencedor. El amor no se deja vencer, no entra en pelea con el mal. El amor es amor y nada lo deforma. Toda la fuerza malévola que quiere suplantar a Dios ya se ha disipado. La luz y el amor son las realidades más patentes de que Dios actúa en nosotros como Padre cariñoso, enamorado de sus hijos e hijas. «El que realiza la verdad se acerca a la luz»; es luz de Dios. Misterio de la fe, sí. Seguridad de nuestra fe, también. Dios ama y nos hace amadores. Somos luz de Dios.

MAYO

1 | **Jueves**
San José Obrero

Primera lectura: Génesis 1,26-2,3 o Colosenses 3,14-15.17.23-24

Salmo 89: Haz prósperas, Señor, las obras de nuestras manos

Evangelio: Mateo 13,54-58

En aquel tiempo fue Jesús a su ciudad y se puso a enseñar en la sinagoga. La gente decía admirada: «¿De dónde saca este esa sabiduría y esos milagros? ¿No es el hijo del carpintero? ¿No es su madre María y sus hermanos Santiago, José, Simón y Judas? ¿No viven aquí todas sus hermanas? Entonces, ¿de dónde saca todo eso? Y desconfiaban de él». Jesús les dijo: «Solo en su tierra y en su casa desprecian a un profeta». Y no hizo allí muchos milagros, porque les faltaba fe.

En su pueblo y entre los suyos, Jesús es un aldeano más y todos conocen a su familia. No habían visto nada extraordinario en él mientras vivía con ellos en Nazaret, pues era un simple carpintero. La actitud y el gesto hacia Jesús son del todo despectivos. Jesús aprendió, en silencio humilde y orante, a identificarse con Dios Padre, que obraba gracia y plenitud en él. Las cosas de Dios se realizan en oculto y profundo silencio, quedan veladas a los que miran y no ven, oyen y no entienden. A Dios solo se le ve y se le reconoce con los ojos del corazón. Una vez más, se produce el desprecio del profeta y más que profeta. Donde no hay fe no se percibe la obra de Dios en nosotros. Es la desconfianza.

MAYO

2

Viernes
San Atanasio

Primera lectura: Hechos de los Apóstoles 5,34-42

Salmo 26: Una cosa pido al Señor: habitar en su casa

Evangelio: Juan 6,1-15

En aquel tiempo, Jesús se marchó a la otra parte del lago de Galilea –o de Tiberíades–. Lo seguía mucha gente, porque habían visto los signos que hacía con los enfermos. Subió Jesús entonces a la montaña y se sentó allí con sus discípulos. Estaba cerca la Pascua, la fiesta de los judíos. Jesús entonces levantó los ojos y, al ver que acudía mucha gente, dice a Felipe: «¿Con qué compraremos panes para que coman estos?». Lo decía para tantearlo, pues bien sabía él lo que iba a hacer. Felipe le contestó: «Doscientos denarios de pan no bastan para que a cada uno le toque un pedazo».

Uno de sus discípulos, Andrés, el hermano de Simón Pedro, le dice: «Aquí hay un muchacho que tiene cinco panes de cebada y un par de peces; pero ¿qué es eso para tantos?». Jesús dijo:

«Decid a la gente que se siente en el suelo». Había mucha hierba en aquel sitio. Se sentaron; solo los hombres eran unos cinco mil. Jesús tomó los panes, dijo la acción de gracias y los repartió a los que estaban sentados, y lo mismo todo lo que quisieron del pescado. Cuando se saciaron dice a sus discípulos: «Recoged los pedazos que han sobrado; que nada se desperdicie». Los recogieron y llenaron doce canastas con los pedazos de los cinco panes de cebada que sobraron a los que habían comido. La gente entonces, al ver el signo que había hecho, decía: «Este sí que es el Profeta que tenía que venir al mundo». Jesús, sabiendo que iban a llevárselo para proclamarlo rey, se retiró otra vez a la montaña él solo.

La Pascua nos recuerda que el banquete de la fiesta está siempre dispuesto, y que todos estamos invitados a comer y saciarnos. La gente busca a Jesús, porque hallan en él consuelo y alegría, que aliviaba la pesadez y el cansancio de sus vidas. Al ver a la multitud, Jesús se preocupa de que todos puedan comer. Para él, cubrir la necesidad es lo primero. ¿Cómo hacerlo cuando los medios escasean? El milagro se realiza cuando cada uno es capaz de poner a disposición de todos lo poco o mucho que posee. Compartir es hacer visible la fiesta de la Pascua. ¿Qué doy yo de mí mismo para que, en la mesa común y gratuita, todos hallen lo necesario para cubrir la necesidad y vivir con dignidad? Es Pascua, regalemos acogida, amistad y comunión fraterna con todos. En esto consiste la fiesta del banquete.

3

Sábado
San Felipe y Santiago, apóstoles

Primera lectura: 1 Corintios 15,1-8

Salmo 18: A toda la tierra alcanza su pregón

Evangelio: Juan 14,6-14

En aquel tiempo, dijo Jesús a Tomás: «Yo soy el camino, y la verdad, y la vida. Nadie va al Padre, sino por mí. Si me conocéis a mí, conoceréis también a mi Padre. Ahora ya lo conocéis y lo habéis visto». Felipe le dice: «Señor, muéstranos al Padre y nos basta». Jesús le replica: «Hace tanto que estoy con vosotros, ¿y no me conoces, Felipe? Quien me ha visto a mí ha visto al Padre. ¿Cómo dices tú: "Muéstranos al Padre"? ¿No crees que yo estoy en el Padre y el Padre en mí? Lo que yo os digo no lo hablo por cuenta propia. El Padre, que permanece en mí, hace sus obras. Creedme: yo estoy en el Padre y el Padre en mí. Si no, creed a las obras. Os lo aseguro: el que cree en mí también él hará las obras que yo hago, y aun mayores. Porque yo me voy al Padre; y lo que pidáis en mi nombre yo lo haré, para que el Padre sea glorificado en el Hijo. Si me pedís algo en mi nombre, yo lo haré».

Sí, tú eres el camino, la verdad y la vida. Es a ti a quien hemos de mirar, a ti hemos de creer, a ti hemos de seguir. Tú eres todo lo que necesitamos saber y conocer, tú eres el camino que recorrer y la meta a la que llegar. Tú te nos das, tú nos tomas y nos llevas al Padre, plenitud de la vida. Tú nos das tu propia identidad para que realicemos tus obras, y aun mayores. Creer en ti ha de llevarnos a confiar en ti. Tú pones en nuestras manos la misión de dilatar la vida del Reino que has inaugurado con tu Pascua. Tú nos haces responsables de seguir realizando el amor y la paz. Tú llenas nuestra vida de ti, nos lanzas a crear, aquí y ahora, vida de cielo en este suelo. Por nuestro testimonio, que el mundo conozca que tú eres camino, verdad y vida.

MAYO

4

Domingo
III Pascua

Primera lectura: Hechos de los Apóstoles 5,27-32.40-41

Salmo 29: Te ensalzaré, Señor, porque me has librado

Segunda lectura: Apocalipsis 5,11-14

Evangelio: Juan 21,1-19

En aquel tiempo, Jesús se apareció otra vez a los discípulos junto al lago de Tiberíades. Y se apareció de esta manera: estaban juntos Simón Pedro, Tomás, apodado el Mellizo, Natanael el de Caná de Galilea, los Zebedeos y otros dos discípulos suyos. Simón Pedro les dice: «Me voy a pescar». Ellos contestan: «Vamos también nosotros contigo».

Salieron y se embarcaron; y aquella noche no cogieron nada. Estaba ya amaneciendo, cuando Jesús se presentó en la orilla; pero los discípulos no sabían que era Jesús. Jesús les dice: «Muchachos, ¿tenéis pescado?». Ellos contestaron: «No». Él les dice: «Echad la red a la derecha de la barca y encontraréis». La echaron, y no tenían fuerzas para sacarla, por la multitud de peces. Y aquel discípulo que Jesús tanto quería le dice a Pedro: «Es el Señor».

Al oír que era el Señor, Simón Pedro, que estaba desnudo, se ató la túnica y se echó al agua. Los demás discípulos se acercaron en la barca, porque no distaban de tierra más que unos cien metros, remolcando la red con los peces. Al saltar a tierra ven unas brasas con un pescado puesto encima y pan. Jesús les dice: «Traed de los peces que acabáis de coger».

Simón Pedro subió a la barca y arrastró hasta la orilla la red repleta de peces grandes: ciento cincuenta y tres. Y aunque eran tantos no se rompió la red. Jesús les dice: «Vamos, almorzad». Ninguno de los discípulos se atrevía a preguntarle quién era, porque sabían bien que era el Señor. Jesús se acerca, toma el pan y se lo da, y lo mismo el pescado. Esta fue la tercera vez que Jesús se apareció a los discípulos después de resucitar de entre los muertos.

Después de comer dice Jesús a Simón Pedro: «Simón, hijo de Juan, ¿me amas más que estos?». Él le contestó: «Sí, Señor, tú sabes que te quiero». Jesús le dice: «Apacienta mis corderos». Por segunda vez le pregunta: «Simón, hijo de Juan, ¿me amas?». Él le contesta: «Sí, Señor, tú sabes que te quiero». Él le dice: «Pastorea mis ovejas». Por tercera vez le pregunta: «Simón, hijo de Juan, ¿me quieres?». Se entristeció Pedro de que le preguntara por tercera vez si lo quería y le contestó: «Señor, tú conoces todo, tú sabes que te quiero». Jesús le dice: «Apacienta mis ovejas. Te lo aseguro: cuando eras joven, tú mismo te ceñías e ibas adonde querías; pero, cuando seas viejo, extenderás las manos, otro te ceñirá y te llevará adonde no quieras». Esto dijo aludiendo a la muerte con que iba a dar gloria a Dios. Dicho esto, añadió: «Sígueme».

La última parte de este evangelio es fundante para la Iglesia y el seguimiento de Jesús. Pedro ha negado a Jesús por tres veces. Ahora Jesús lo cuestiona, necesita confirmarlo en el amor y la fidelidad, a él y a su proyecto. Le pregunta si lo ama. Pedro afirma su amor al Amigo y Maestro. A la tercera vez, Pedro se derrumba, sintiéndose tocado en su debilidad y herida, por haberle negado. Y hace la gran confesión, salida del corazón: «Señor, tú conoces todo, tú sabes que te quiero». Jesús ve afirmado el amor y la fidelidad de Pedro, y, con él, el amor de toda la Iglesia que la hace fiel a su Señor. Llevamos en nosotros el peligro de poder negar a Jesús: «No le conozco». Pero también la robustez de una fe purificada, que vuelca nuestros afectos y voluntad al amor incondicional a Jesús y al Padre. Aquí radica la posibilidad del camino eclesial, ¡avanzar!, más allá de nuestros pecados e infidelidades al Amigo y Amado, y permanecer al servicio ofrecido a todos. Solo el amor nos hace fieles y fiables.

MAYO

5 | Lunes

Primera lectura: Hechos de los Apóstoles 6,8-15

Salmo 118: Dichoso el que camina en la voluntad del Señor

Evangelio: Juan 6,22-29

Después de que Jesús hubo saciado a cinco mil hombres, sus discípulos lo vieron caminando sobre el lago. Al día siguiente, la gente que se había quedado al otro lado del lago notó que allí no había habido más que una lancha y que Jesús no había embarcado con sus discípulos, sino que sus discípulos se habían marchado solos. Entre tanto, unas lanchas de Tiberíades llegaron cerca del sitio donde habían comido el pan sobre el que el Señor pronunció la acción de gracias.

Cuando la gente vio que ni Jesús ni sus discípulos estaban allí, se embarcaron y fueron a Cafarnaún en busca de Jesús. Al encontrarlo en la otra orilla del lago le preguntaron: «Maestro, ¿cuándo has venido aquí?». Jesús les contestó: «Os lo aseguro, me buscáis no porque habéis visto signos, sino porque comisteis pan hasta saciaros. Trabajad no por el alimento que perece, sino por el alimento que perdura para la vida eterna, el que os dará el Hijo del hombre; pues a este lo ha sellado el Padre, Dios». Ellos le preguntaron: «¿Y qué obras tenemos que hacer para trabajar en lo que Dios quiere?». Respondió Jesús: «La obra que Dios quiere es esta: que creáis en el que él ha enviado».

Dar pan para quitar el hambre de un día no resuelve la vida ni el hambre. La existencia humana trae en sí misma unas exigencias básicas que nosotros mismos hemos de cubrir con nuestro trabajo y organización, para vivir con dignidad como personas. Jesús quiere que aprendamos a saborear el pan que no perece, es decir, la vida de Dios que está dentro de nosotros. Creer es ya comenzar una siembra que producirá el pan de la comunión y la solidaridad. No solo tenemos necesidad del pan material para alimentar el cuerpo. La vida interior, aquella realidad profunda que percibe la vida de Dios en nosotros, tiene que ser alimentada por el pan de la relación con Dios. Crear la comunión con él y la relación con los demás. Crear y realizar la eucaristía, darnos mutuamente el pan de Dios que somos por gracia. Saciar la vida en el amor.

MAYO

6 | **Martes**

Primera lectura: Hechos de los Apóstoles 7,51-8,1

Salmo 30: A tus manos, Señor, encomiendo mi espíritu

Evangelio: Juan 6,30-35

En aquel tiempo dijo la gente a Jesús: «¿Y qué signo vemos que haces tú para que creamos en ti? ¿Cuál es tu obra? Nuestros padres comieron el maná en el desierto, como está escrito: "Les dio a comer pan del cielo"». Jesús les replicó: «Os aseguro que no fue Moisés quien os dio pan del cielo, sino que es mi Padre el que os da el verdadero pan del cielo. Porque el pan de Dios es el que baja del cielo y da vida al mundo». Entonces le dijeron: «Señor, danos siempre de este pan». Jesús les contestó: «Yo soy el pan de la vida. El que viene a mí no pasará hambre, y el que cree en mí nunca pasará sed».

Jesús viene como alimento de Dios: «Yo soy el pan de la vida». Sin Jesús estamos abocados a la hambruna que no permite la plenitud. Solo Dios sacia el corazón humano y lo plenifica. Jesús ha venido a hacerse pan. Él es el pan. Y, por la vida de Jesús en nuestro interior, también somos pan de Dios, él nos hace lo que es en sí mismo: pan. Ser eucaristía y vivir una vida para el Evangelio es crear comunión fraterna, vida del reino de Dios. Más allá de templos, normas y ritos, ser eucaristía, ser pan de Dios, es lo que nos da identidad cristiana y hace verdadero el seguimiento de Jesús. Seguirle es hacernos pan para que el mundo viva la plenitud de Dios. Identificados con Jesús, integrada su palabra y vivida, todo va conforme a Dios le agrada.

MAYO

7 | Miércoles

Primera lectura: Hechos de los Apóstoles 8,1-8
Salmo 65: Aclamad al Señor, tierra entera

Evangelio: Juan 6,35-40

En aquel tiempo dijo Jesús a la gente: «Yo soy el pan de la vida. El que viene a mí no pasará hambre, y el que cree en mí nunca pasará sed; pero, como os he dicho, me habéis visto y no creéis. Todo lo que me da el Padre vendrá a mí, y al que venga a mí no lo echaré afuera, porque he bajado del cielo no para hacer mi voluntad, sino la voluntad del que me ha enviado. Esta es la voluntad del que me ha enviado: que no pierda nada de lo que me dio, sino que lo resucite en el último día. Esta es la voluntad de mi Padre: que todo el que ve al Hijo y cree en él tenga vida eterna, y yo lo resucitaré en el último día».

Jesús ha venido a realizar la plenitud de Dios en toda la creación: «Que no pierda nada de lo que me dio, sino que lo resucite en el último día». Creer en Jesús es tener la seguridad de que todo está cumplido. Creer en el Hijo es haber entrado en la fiesta de la Pascua, que ya está siendo realidad en nuestras vidas y en toda la creación. Estamos en el día de Dios, día cumplido por la muerte y la resurrección de Jesús. La historia es historia de salvación realizada. Aunque es de noche, por vivirlo en la fe. Ya no existe el hambre, porque estamos sentados a la mesa del banquete que sacia todas nuestras hambres, toda nuestra sed. Creer en Jesús. Nuestro reto, proclamarle; nuestra fiesta, vivirle dentro. Somos los hijos e hijas de la fiesta sin fin.

MAYO

8 | Jueves

Primera lectura: Hechos de los Apóstoles 8,26-40
....
Salmo 65: Aclamad al Señor, tierra entera
....

Evangelio: Juan 6,44-51

En aquel tiempo dijo Jesús a la gente: «Nadie puede venir a mí si no lo atrae el Padre, que me ha enviado. Y yo lo resucitaré el último día. Está escrito en los profetas: "Serán todos discípulos de Dios". Todo el que escucha lo que dice el Padre y aprende viene a mí. No es que nadie haya visto al Padre, a no ser el que procede de Dios: ese ha visto al Padre. Os lo aseguro: el que cree tiene vida eterna. Yo soy el pan de la vida. Vuestros padres comieron en el desierto el maná y murieron: este es el pan que baja del cielo, para que el hombre coma de él y no muera. Yo soy el pan vivo que ha bajado del cielo; el que coma de este pan vivirá para siempre. Y el pan que yo daré es mi carne para la vida del mundo».

Atraídos por el Padre, Jesús nos ha tomado e incorporado en sí mismo. Jesús nos resucita con él. Nos hace discípulos suyos. Escucharle a él es escuchar a Dios, aprender qué quiere Dios de nosotros. Creer es abrirnos a la vida definitiva en Dios, es celebrar la Pascua de Jesús. Comerle a él es iniciar la vida eterna que no conoce muerte. Jesús es el pan de vida, y nos hace pan de Dios, carne y sangre suya somos. Todo nos es dado para que nuestro discipulado sea vida de Dios en medio de la humanidad. Tener vida eterna es iniciar el hogar de Dios en nuestro entorno. Es Dios quien nos atrae, nos llama, nos ama y somos llevados hacia la vida eterna guiados por Jesús. Todo sucede en fe. Creer es vivir la dicha de la vida y el cielo.

MAYO

9 | Viernes

Primera lectura: Hechos de los Apóstoles 9,1-20

Salmo 116: Id al mundo entero y proclamad el Evangelio

Evangelio: Juan 6,52-59

En aquel tiempo disputaban los judíos entre sí: «¿Cómo puede este darnos a comer su carne?». Entonces Jesús les dijo: «Os aseguro que, si no coméis la carne del Hijo del hombre y no bebéis su sangre, no tenéis vida en vosotros. El que come mi carne y bebe mi sangre tiene vida eterna, y yo lo resucitaré en el último día. Mi carne es verdadera comida y mi sangre es verdadera bebida. El que come mi carne y bebe mi sangre habita en mí y yo en él. El Padre, que vive, me ha enviado, y yo vivo por el Padre; del mismo modo, el que me come vivirá por mí. Este es el pan que ha bajado del cielo: no como el de vuestros padres, que lo comieron y murieron; el que come este pan vivirá para siempre». Esto lo dijo Jesús en la sinagoga, cuando enseñaba en Cafarnaún.

Decididamente, Jesús se da para ser comido. Lo que nos da vida es comerle a él. Vivir el seguimiento de Jesús es identificación con él. Quien se da para ser comido nos da vida para que, a la vez, seamos vida para los demás. Darnos para ser comidos como Jesús es vivir de pura eucaristía. Somos pan de Dios para que el mundo viva. Todo va de ser comidos. Dios se hace alimento para darnos vida. Nosotros somos alimento para los demás, ellos lo son para nosotros. Comunión y comunicación; fraternidad y felicidad. Vida, vida para siempre. Somos don de Dios mutuo; Cristo Jesús lo realiza en nosotros, si creemos en él. Creer y comerle es tener vida. Creer que somos pan de Dios es ser eucaristía.

MAYO

10
Sábado
San Juan de Ávila

Primera lectura: Hechos de los Apóstoles 9,31-42

Salmo 115: ¿Cómo pagaré al Señor todo bien que me ha hecho?

Evangelio: Juan 6,60-69

En aquel tiempo, muchos discípulos de Jesús, al oírlo, dijeron: «Este modo de hablar es duro, ¿quién puede hacerle caso?».

Adivinando Jesús que sus discípulos lo criticaban, les dijo: «¿Esto os hace vacilar?, ¿y si vierais al Hijo del hombre subir a donde estaba antes? El Espíritu es quien da vida; la carne no sirve de nada. Las palabras que os he dicho son espíritu y vida. Y, con todo, algunos de vosotros no creen». Pues Jesús sabía desde el principio quiénes no creían y quién lo iba a entregar. Y dijo: «Por eso os he dicho que nadie puede venir a mí si el Padre no se lo concede».

Desde entonces, muchos discípulos suyos se echaron atrás y no volvieron a ir con él. Entonces Jesús les dijo a los Doce: «¿También vosotros queréis marcharos?». Simón Pedro le contestó: «Señor, ¿a quién vamos a acudir? Tú tienes palabras de vida eterna; nosotros creemos y sabemos que tú eres el Santo consagrado por Dios».

Entrar en el estilo de vida que nos propone Jesús causa temor, y, ante ello, algunos lo abandonan. ¿De qué lado estoy?, ¿de la decidida fidelidad al seguimiento?, ¿o me retraigo ante la exigencia de una vida para el Evangelio, y lo dejo? Nuestra carne es débil, pero el Espíritu nos fortalece. Decidirse por Jesús y su Evangelio es una gracia especial que, como Pedro, nos hace decir desde dentro: «¿A quién vamos a acudir? Tú tienes palabras de vida eterna; nosotros creemos y sabemos que tú eres el Santo consagrado por Dios». No apartarnos de Jesús es don y gracia que solo podremos llevar adelante impulsados por el Espíritu Santo, que alienta en nosotros la radical opción por ser fieles a Dios. Jesús, el consagrado de Dios, nos consagra con él. Permanecemos en ti por pura gracia del Espíritu, no por mérito nuestro.

11 | Domingo
IV Pascua

Primera lectura: Hechos de los Apóstoles 13,14.43-52

Salmo 99: Somos su pueblo y ovejas de su rebaño

Segunda lectura: Apocalipsis 7,9.14-17

Evangelio: Juan 10,27-30

En aquel tiempo dijo Jesús: «Mis ovejas escuchan mi voz, y yo las conozco, y ellas me siguen, y yo les doy la vida eterna; no perecerán para siempre, y nadie las arrebatará de mi mano. Mi Padre, que me las ha dado, supera a todos, y nadie puede arrebatarlas de la mano del Padre. Yo y el Padre somos uno».

La voz y la palabra es Jesús: nuestro seguimiento es atención a su palabra. Su voz penetra en nuestro corazón y reconocemos que su mensaje es vida eterna para nosotros. Tener esta seguridad en Jesús es vivir la alegría del corazón. Es vivir orientados en el camino sin perdernos. Su voz nos dice: «Sígueme». Seguirle es no tener otro maestro fuera de él. Seguirle es escuchar siempre su voz. Seguirle es hacerse uno con él y confiarlo todo en sus manos. En Jesús, nadie se pierde. En las noches, tú alumbras un tenue amanecer. Tú no permites que perezcamos. Tú eres quien nos da vida eterna. Tú nos llevas de tu mano. Somos uno contigo, como tú lo eres con el Padre. Tú nos presentas a todos al Padre. Nada ni nadie nos puede arrebatar de ti ni del Padre.

12

Lunes
San Nereo y San Aquiles, San Pancracio

Primera lectura: Hechos de los Apóstoles 11,1-18

Salmo 41: Mi alma tiene sed de ti, Dios vivo

Evangelio: Juan 10,1-10

En aquel tiempo dijo Jesús: «Os aseguro que el que no entra por la puerta en el aprisco de las ovejas, sino que salta por otra parte, ese es ladrón y bandido; pero el que entra por la puerta es pastor de las ovejas. A este le abre el guarda y las ovejas atienden a su voz, y él va llamando por el nombre a sus ovejas y las saca fuera. Cuando ha sacado todas las suyas, camina delante de ellas, y las ovejas lo siguen, porque conocen su voz; a un extraño no lo seguirán, sino que huirán de él, porque no conocen la voz de los extraños». Jesús les puso esta comparación, pero ellos no entendieron de qué les hablaba. Por eso añadió Jesús: «Os aseguro que yo soy la puerta de las ovejas. Todos los que han venido antes de mí son ladrones y bandidos; pero las ovejas no los escucharon. Yo soy la puerta: quien entre por mí se salvará y podrá entrar y salir, y encontrará pastos. El ladrón no entra sino para robar y matar y hacer estrago; yo he venido para que tengan vida, y la tengan abundante».

Jesús se define como la puerta de entrada y de salida. En la Iglesia no hay más que una puerta: Jesús. El que vive adherido a Jesús conoce su voz y su presencia, no se deja engañar por falsas propuestas u otros pastores. La puerta es él y la entrada es en él. Él es la Iglesia en la que quedamos congregados en la unidad de su presencia como pastor. Ser Iglesia es escuchar la voz del pastor. El mensaje que nos ofrece es vida de Dios: «Yo he venido para que tengan vida, y la tengan abundante». A

Jesús le importa mucho que permanezcamos a su lado, porque en él está la libertad ansiada de nuestro corazón. Ningún falso pastor nos someta a su voluntad y parecer. La puerta-Jesús nos adentra en la vida de Dios, en el amor y la unidad. No temamos nada entrando por la puerta-Jesús.

MAYO

13

Martes
Bienaventurada Virgen de Fátima

Primera lectura: Hechos de los Apóstoles 11,19-26
Salmo 86: Alabad al Señor, todas las naciones

Evangelio: Juan 10,22-30

Se celebraba en Jerusalén la fiesta de la Dedicación del templo. Era invierno y Jesús se paseaba en el templo por el pórtico de Salomón. Los judíos, rodeándolo, le preguntaban: «¿Hasta cuándo nos vas a tener en suspenso? Si tú eres el Mesías, dínoslo francamente». Jesús les respondió: «Os lo he dicho y no creéis; las obras que yo hago en nombre de mi Padre, esas dan testimonio de mí. Pero vosotros no creéis, porque no sois ovejas mías. Mis ovejas escuchan mi voz, y yo las conozco, y ellas me siguen, y yo les doy la vida eterna; no perecerán para siempre, y nadie las arrebatará de mi mano. Mi Padre, que me las ha dado, supera a todos, y nadie puede arrebatarlas de la mano del Padre. Yo y el Padre somos uno».

El gran problema personal y de toda la humanidad es nuestra resistencia a creer en Jesús, el enviado de Dios. Conocerle es seguirle y fiarse de él. Por eso, la gran responsabilidad nuestra es hacernos mensajeros de su vida y obra, para que nadie se quede fuera de esta gracia de Dios que Jesús nos ofrece. Las obras hechas con amor son las que dan testimonio de que somos de Dios. Vivir en él es tener seguridad de no ser arrebatados del amor y la libertad de hijos e hijas de Dios. Somos suyos y estamos en sus manos. Creer es fiarse, es entregarse, es tener seguridad de estar en sus manos. Somos uno en Jesús, y el Padre, nuestro Padre.

MAYO

14

Miércoles
San Matías, apóstol

Primera lectura: Hechos de los Apóstoles 1,15-17.20-26

Salmo 112: El Señor lo sentó con los príncipes de su pueblo

Evangelio: Juan 15,9-17

En aquel tiempo dijo Jesús a sus discípulos: «Como el Padre me ha amado, así os he amado yo; permaneced en mi amor. Si guardáis mis mandamientos permaneceréis en mi amor; lo mismo que yo he guardado los mandamientos de mi Padre y permanezco en su amor. Os he hablado de esto para que mi alegría esté en vosotros, y vuestra alegría llegue a plenitud. Este es mi mandamiento: que os améis unos a otros como yo os he amado. Nadie tiene amor más grande que el que da la vida por sus amigos. Vosotros sois mis amigos si hacéis lo que yo os mando. Ya no os llamo siervos, porque el siervo no sabe lo que hace su señor: a vosotros os llamo amigos, porque todo lo que he oído a mi Padre os lo he dado a conocer. No sois vosotros los que me habéis elegido, soy yo quien os he elegido y os he destinado para que vayáis y deis fruto, y vuestro fruto dure. De modo que lo que pidáis al Padre en mi nombre os lo dé. Esto os mando: que os améis unos a otros».

Amar. La vida en Dios es esto: amar. Y Jesús se ha humanizado para ser modelo del amor de Dios. Él es toda la humanidad. Como él y el Padre se aman, así somos amados en ellos. Y así amamos como ellos si permanecemos en su amor. El fruto del amor es la alegría. De hecho, somos los festeros que alegran la fiesta de la humanidad. El amor es la fiesta que no tiene fin. Y el amor pasa por la cruz. Amar es dar la vida por todos. Como Jesús da la vida por todos, así también nosotros. La amistad con Jesús nos hace señores de la vida, no esclavos de nadie. En el amor, solo puede existir fraternidad, amistad, servicio en la comunión y comunicación. En el amor de unos con otros no puede existir la exclusión. El amor nos hace libres y liberadores.

MAYO

15

Jueves
San Isidro

Primera lectura: Hechos de los Apóstoles 13,13-25

Salmo 88: Cantaré eternamente tus misericordias, Señor

Evangelio: Juan 13,16-20

Cuando Jesús acabó de lavar los pies a sus discípulos les dijo: «Os aseguro, el criado no es más que su amo ni el enviado es más que el que lo envía. Puesto que sabéis esto, dichosos vosotros si lo ponéis en práctica. No lo digo por todos vosotros; yo sé bien a quiénes he elegido, pero tiene que cumplirse la Escritura: "El que compartía mi pan me ha traicionado". Os lo digo ahora, antes de que suceda, para que cuando suceda creáis que yo soy. Os lo aseguro: el que recibe a mi enviado me recibe a mí; y el que a mí me recibe, recibe al que me ha enviado».

Jesús ha venido a situarse entre nosotros como el que sirve. Así, a los pies de la humanidad, nunca por encima de nadie, se hace simple servidor. Lavador de pies, lo que hacían los pobres esclavos. Jesús se abajó para decirnos que la humildad es modo de actuar de Dios con nosotros. Nadie por encima de nadie. Lavarnos los pies unos a otros. Si Dios se hace servidor, nosotros también. Si Dios, en Jesús, se hace amigo y hermano nuestro, ¿por qué los encumbramientos en la Iglesia y pretensiones de poder entre nosotros? Somos simples servidores, nuestro modelo es Dios mismo, abajado a nuestros pies. Dichosos nosotros si lo ponemos en práctica.

MAYO

16 | **Viernes**

Primera lectura: Hechos de los Apóstoles 13,26-33

Salmo 2: Tú eres mi Hijo: yo te he engendrado hoy

Evangelio: Juan 14,1-6

En aquel tiempo dijo Jesús a sus discípulos: «Que no tiemble vuestro corazón; creed en Dios y creed también en mí. En la casa de mi Padre hay muchas estancias; si no fuera así, ¿os habría dicho que voy a prepararos sitio? Cuando vaya y os prepare sitio, volveré y os llevaré conmigo, para que donde estoy yo estéis también vosotros. Y adonde yo voy, ya sabéis el camino». Tomás le dice: «Señor, no sabemos adónde vas, ¿cómo podemos saber el camino?». Jesús le responde: «Yo soy el camino, y la verdad, y la vida. Nadie va al Padre sino por mí».

«Que no tiemble vuestro corazón; creed en Dios y creed también en mí». Qué ternura tan grande, qué seguridad tan profunda, qué descanso tan inmenso tener tan gran Dios con nosotros. No tiemble nuestro corazón con tan seguro amparo. Jesús ha ido a prepararnos sitio, una morada para cada uno de sus amigos y amigas, para la humanidad entera. Y, en su resurrección y ascensión, nos ha subido con él a la morada santa. Todo se ha cumplido. Pero aquí y ahora todavía lo celebramos en fe y en noche. Aunque ya es plena luz y la noche es clara como el día. Aquí vamos seguros si Jesús es el camino, la verdad y la vida. Y vamos seguros.

MAYO

17

Sábado
San Pascual Bailón

Primera lectura: Hechos de los Apóstoles 13,44-52

Salmo 97: Los confines de la tierra han contemplado la victoria de nuestro Dios

Evangelio: Juan 14,7-14

En aquel tiempo dijo Jesús a Tomás: «Si me conocéis a mí, conoceréis también a mi Padre. Ahora ya lo conocéis y lo habéis visto». Felipe le dice: «Señor, muéstranos al Padre y nos basta». Jesús le replica: «Hace tanto que estoy con vosotros, ¿y no me conoces, Felipe? Quien me ha visto a mí ha visto al Padre. ¿Cómo dices tú: "Muéstranos al Padre"? ¿No crees que yo estoy en el Padre y el Padre en mí? Lo que yo os digo no lo hablo por cuenta propia. El Padre, que permanece en mí, hace sus obras. Creedme: yo estoy en el Padre y el Padre en mí. Si no, creed a las obras. Os lo aseguro: el que cree en mí también él hará las obras que yo hago, y aun mayores. Porque yo me voy al Padre; y lo que pidáis en mi nombre, yo lo haré, para que el Padre sea glorificado en el Hijo. Si me pedís algo en mi nombre, yo lo haré».

El camino para conocer a Jesús es la vida orante, entrar en «relación de amistad con quien sabemos nos ama» (santa Teresa). El deseo de Jesús es estarse comunicando con nosotros, se nos da a conocer, también nosotros decimos: «Muéstranos al Padre». Basta con mirar a Jesús y verle, porque el Padre está en él y se deja ver también por la encarnación de Jesús y sus obras. Ver a Jesús es ver y saborear a Dios. Decimos conocer a Jesús, ¿y todavía no conocemos al Padre? ¿A qué esperamos para entrar en la relación amorosa con ellos? Somos privilegiados por poder entrar en una comunión tan profunda y rica, que nos da una luz tan diferente y una relación tan única. Estemos abiertos a esta comunión y comunicación de amor. Creamos que Jesús nos da y conduce al Padre.

MAYO

18

Domingo
V PASCUA
San Juan I

Primera lectura: Hechos de los Apóstoles 14,21b-27

Salmo 144: Bendeciré tu nombre por siempre jamás, Dios mío, mi rey

Segunda lectura: Apocalipsis 21,1-5a

Evangelio: Juan 13,31-33a.34-35

En aquel tiempo, Jesús propuso esta otra parábola a la gente: «El reino de los cielos se parece a un grano de mostaza que uno siembra en su huerta; aunque es la más pequeña de las semillas, cuando crece es más alta que las hortalizas; se hace un arbusto más alto que las hortalizas y vienen los pájaros a anidar en sus ramas». Les dijo otra parábola: «El reino de los cielos se parece a la levadura; una mujer la amasa con tres medidas de harina, y basta para que todo fermente».

Jesús expuso todo esto a la gente en parábolas, y sin parábolas no les exponía nada. Así se cumplió el oráculo del profeta: «Abriré mi boca diciendo parábolas, anunciaré lo secreto desde la fundación del mundo».

Jesús, cuando quiere hacernos comprender las realidades del reino de Dios, lo hace con ejemplos muy sencillos. Se adapta a nuestra mente limitada y torpe para entender lo que nos sobrepasa. Lo grande de Dios, Jesús lo abaja, lo hace asequible; y lo pequeño de nosotros lo levanta y lo agranda. Jesús quiere hacernos capaces de Dios, engrandecernos por dentro, para que comprendamos las gracias que se nos van dando. Jesús busca y rebusca cómo hacer para adentrarnos en la realidad del Reino que él ha inaugurado con su venida. Lo secreto de Dios nos va siendo revelado. Abrámonos al reino de Dios y hagámonos receptivos de su don.

MAYO

19 | Lunes

Primera lectura: Hechos de los Apóstoles 14,5-18

Salmo 114: No a nosotros, Señor, no a nosotros, sino a tu nombre da la gloria

Evangelio: Juan 14,21-26

En aquel tiempo dijo Jesús a sus discípulos: «El que acepta mis mandamientos y los guarda, ese me ama; al que me ama lo amará mi Padre, y yo también lo amaré y me revelaré a él». Le dijo Judas, no el Iscariote: «Señor, ¿qué ha sucedido para que te reveles a nosotros y no al mundo?». Respondió Jesús y le dijo: «El que me ama guardará mi palabra, y mi Padre lo amará, y vendremos a él y haremos morada en él. El que no me ama no guardará mis palabras. Y la palabra que estáis oyendo no es mía, sino del Padre, que me envió. Os he hablado de esto ahora que estoy a vuestro lado, pero el Defensor, el Espíritu Santo, que enviará el Padre en mi nombre, será quien os lo enseñe todo y os vaya recordando todo lo que os he dicho».

Tenemos un modelo de vida y de guarda del corazón para recibir y guardar los mandamientos de Dios, modelo de amor y disposición receptiva: María. la madre de Jesús. La Iglesia la tiene como modelo que seguir y actitud que imitar. La guarda del corazón que ama y alaba, que obedece y se fía. En María mora Dios. Y Dios quiere morar en nosotros como en ella. La escucha interior es esencial para recibir, aceptar y comprender la Palabra que se nos revela. Amar es la actitud para que Dios viva agradado en nosotros. Todo sucede en el corazón amante. Dios se hace una morada en nosotros, y su Espíritu nos lo va enseñando todo. El Espíritu Santo es nuestra memoria de Dios, siempre y en todo.

MAYO

20 | **Martes**
San Bernardino de Siena

Primera lectura: Hechos de los Apóstoles 14,19-28

Salmo 144: Que tus fieles, Señor, proclamen la gloria de tu reinado

Evangelio: Juan 14,27-31

En aquel tiempo dijo Jesús a sus discípulos: «La paz os dejo, mi paz os doy; no os la doy yo como la da el mundo. Que no tiemble vuestro corazón ni se acobarde. Me habéis oído decir: "Me voy y vuelvo a vuestro lado". Si me amarais, os alegraríais de que vaya al Padre, porque el Padre es más que yo. Os lo he dicho ahora, antes de que suceda, para que, cuando suceda, sigáis creyendo. Ya no hablaré mucho con vosotros, pues se acerca el Príncipe de este mundo; no es que él tenga poder sobre mí, pero es necesario que el mundo comprenda que yo amo al Padre, y que lo que el Padre me manda yo lo hago».

«La paz os dejo, mi paz os doy». Hoy necesitamos ser profundamente conscientes de la importancia de la paz que Jesús nos ha traído con su venida al mundo, venciendo al mal. La paz de Dios será eficaz si la establecemos en nuestro corazón. No basta con estar y vivir tranquilos. La paz es verdadera y profunda si no tiembla ante los embates de la vida. Para establecer la paz en el mundo, entre las naciones y religiones, no hay otro camino que el del amor, la amistad y la comunión. La paz de Dios no son acuerdos humanos o políticos. Es cuestión de conversión de los corazones y la voluntad de respetar los derechos humanos como hijos e hijas de Dios. La paz será fruto de la fraternidad, de la amistad, de trabajar y realizar el proyecto de amor de Dios entre toda la humanidad.

MAYO

21 | Miércoles
San Cristóbal Magallanes y comps. márts.

Primera lectura: Hechos de los Apóstoles 15,1-6

Salmo 121: Vamos alegres a la casa del Señor

Evangelio: Juan 15,1-8

En aquel tiempo dijo Jesús a sus discípulos: «Yo soy la verdadera vid, y mi Padre es el labrador. A todo sarmiento mío que no da fruto lo arranca, y a todo el que da fruto lo poda para que dé más fruto. Vosotros ya estáis limpios por las palabras que os he hablado; permaneced en mí y yo en vosotros. Como el sarmiento no puede dar fruto por sí si no permanece en la vid, así tampoco vosotros si no permanecéis en mí. Yo soy la vid, vosotros, los sarmientos; el que permanece en mí y yo en él, ese da fruto abundante; porque sin mí no podéis hacer nada. Al que no permanece en mí lo tiran fuera, como al sarmiento, y se seca; luego los recogen y los echan al fuego, y arden. Si permanecéis en mí y mis palabras permanecen en vosotros, pediréis lo que deseéis y se realizará. Con esto recibe gloria mi Padre, con que deis fruto abundante; así seréis discípulos míos».

«Permaneced en mí y yo en vosotros». Ser conscientes de la presencia de Dios en nuestro corazón es fundamental para devenir limpios y bien dispuestos para lo que Dios quiera de nosotros. Ante Dios, cada uno debe aprender a verse a sí mismo. Espejarnos en Dios. Dejar que él saque de nosotros nuestro mejor modelo de persona, de hijos suyos. Dios nos limpia y purifica para ser sanos y buenos. Permanecer en él es adquirir identidad con su ser y hacer. Nada podemos sin Dios. Permanecer unidos, como los sarmientos a la vid, es estar unidos y firmes en el Señor. Los frutos que hemos de dar son de paz, justicia, compasión, alegría, fraternidad y amistad. Esta es la gloria que el Padre quiere que le demos.

22

| Jueves
Santa Joaquina Vedruna o Santa Rita de Casia

Primera lectura: Hechos de los Apóstoles 15,7-21

Salmo 95: Contad las maravillas del Señor a todas las naciones

Evangelio: Juan 15,9-11

En aquel tiempo dijo Jesús a sus discípulos: «Como el Padre me ha amado, así os he amado yo; permaneced en mi amor. Si guardáis mis mandamientos permaneceréis en mi amor; lo mismo que yo he guardado los mandamientos de mi Padre y permanezco en su amor. Os he hablado de esto para que mi alegría esté en vosotros, y vuestra alegría llegue a plenitud».

La alegría que queremos vivir, la felicidad que deseamos hacer estable en nosotros, no proviene de nuestros éxitos, proyectos, ni de lo que poseemos. Viene de una vida centrada en Jesús y su Evangelio. El amor de Dios es lo que da la verdadera libertad y felicidad. «Permaneced en mi amor». Jesús pregona esta verdad con el deseo de que nuestra alegría llegue a plenitud. El amor a Dios y a los demás es la felicidad que no tiene fin, aquí en la tierra y en el cielo. La fidelidad a Dios es el amor de unos con otros. El amor dice nuestra verdad; la alegría, nuestra salud.

Primera lectura: Hechos de los Apóstoles 15,22-31

Salmo 56: Te daré gracias ante los pueblos, Señor

Evangelio: Juan 15,12-17

En aquel tiempo dijo Jesús a sus discípulos: «Este es mi manda-miento: que os améis unos a otros como yo os he amado. Nadie tiene amor más grande que el que da la vida por sus amigos. Vosotros sois mis amigos si hacéis lo que yo os mando. Ya no os llamo siervos, porque el siervo no sabe lo que hace su señor: a vosotros os llamo amigos, porque todo lo que he oído a mi Padre os lo he dado a conocer. No sois vosotros los que me habéis elegido, soy yo quien os he elegido y os he destinado para que vayáis y deis fruto, y vuestro fruto dure. De modo que lo que pidáis al Padre en mi nombre os lo dé. Esto os mando: que os améis unos a otros».

El fundamento central y la predicación permanente de Jesús a lo largo de su ministerio es el amor. La vida cristiana hace del amor su manera de ser y hacer, su identidad principal. Amar será por siempre lo que agrada a Dios y lo que hace felices a los seres humanos. El amor es lo que hace sólida nuestra fe y nuestra manera de ser humanos. No se trata de sentir simpatía, se trata del total respeto al prójimo y nuestra absoluta dispo-nibilidad para tender una mano al que necesita de mí. Amar es dar seguridad, fiabilidad, actuar con misericordia y crear relaciones de comunión. Lo que define nuestro ser cristiano es vivir en verdad lo que Jesús nos manda: «Que os améis unos a otros». El amor es lo más universal, lo que la humanidad ansía y necesita para alcanzar la felicidad.

24 | Sábado

Primera lectura: Hechos de los Apóstoles 16,1-10

Salmo 99: Aclama al Señor, tierra entera

Evangelio: Juan 15,18-21

En aquel tiempo dijo Jesús a sus discípulos: «Si el mundo os odia, sabed que me ha odiado a mí antes que a vosotros. Si fuerais del mundo, el mundo os amaría como cosa suya, pero como no sois del mundo, sino que yo os he escogido sacándoos del mundo, por eso el mundo os odia. Recordad lo que os dije: "No es el siervo más que su amo. Si a mí me han perseguido, también a vosotros os perseguirán; si han guardado mi palabra, también guardarán la vuestra". Y todo eso lo harán con vosotros a causa de mi nombre, porque no conocen al que me envió».

La lucha que vamos a afrontar a lo largo de la vida no es contra el mundo que Dios ha creado, y que hizo bueno y bello. La lucha es contra el mal, un mundo oscuro y opuesto al amor, que nos quiere arrancar de Dios mismo. También nosotros experimentamos que, en nuestro interior, llevamos una realidad que se opone al deseo de bien y nos crea violencia para realizar el amor que deseamos. El seguimiento de Jesús nos hace ser radicales con la bondad del Reino, con la justicia y la paz. Esto incomoda a los intereses del mundo, crea oposición y rechazo, de ahí el odio y la persecución. Mantenernos fieles a Jesús nos ayudará a pasar las pruebas contra el mal. Guardar la Palabra, asumir la persecución y el odio es seguir los pasos de Jesús.

Domingo
IV PASCUA
San Beda el Venerable, San Gregorio VII,
Santa María Magdalena de Pazzi

Primera lectura: Hechos de los Apóstoles 15,1-2.22-29

Salmo 66: Oh Dios, que te alaben los pueblos, que todos los pueblos
te alaben

Segunda lectura: Apocalipsis 21,10-14.22-23

Evangelio: Juan 14,23-29

En aquel tiempo dijo Jesús a sus discípulos: «El que me ama
guardará mi palabra, y mi Padre lo amará, y vendremos a él y
haremos morada en él. El que no me ama no guardará mis
palabras. Y la palabra que estáis oyendo no es mía, sino del Padre,
que me envió. Os he hablado de esto ahora que estoy a vuestro
lado, pero el Defensor, el Espíritu Santo, que enviará el Padre en
mi nombre, será quien os lo enseñe todo y os vaya recordando
todo lo que os he dicho. La paz os dejo, mi paz os doy; no os la
doy yo como la da el mundo. Que no tiemble vuestro corazón
ni se acobarde. Me habéis oído decir: "Me voy y vuelvo a vuestro
lado". Si me amarais os alegraríais de que vaya al Padre, porque
el Padre es más que yo. Os lo he dicho ahora, antes de que suceda,
para que, cuando suceda, sigáis creyendo».

Jesús es la Palabra de Dios; él ha vivido para enseñarnos el deseo
del Padre para la humanidad. La Palabra de Dios es vida para
todos. Amar y guardar la Palabra, llevarla a la vida y abrirle
camino con nuestro modo de proceder. El Evangelio ha de ser
la fuerza que nos mueva a permanecer firmes en el amor. En
nuestro interior mora Dios y nuestra conducta ha de ser según
Dios. La fuerza de Dios nos viene desde dentro y es capaz de
lanzarnos a obrar siempre tal y como Jesús nos enseñó. El

Espíritu Santo actúa en nosotros fortaleciéndonos en las pruebas, para ser presencia de amor y paz en el mundo. No actuamos solos, el Espíritu nos infunde el valor para mantener la alegría, la esperanza y la confianza en la dura prueba del sufrimiento. Fiarnos de Dios y seguir creyendo en él es obra y gracia del Espíritu, que habita en nosotros. De él recibimos todo, y la paz es el fruto de su fuerza santificadora en nuestro corazón.

MAYO

26 | Lunes
San Felipe Neri

Primera lectura: Hechos de los Apóstoles 16,11-15

Salmo 149: El Señor ama a su pueblo

Evangelio: Juan 15,26-16,4

En aquel tiempo dijo Jesús a sus discípulos: «Cuando venga el Defensor, que os enviaré desde el Padre, el Espíritu de la verdad, que procede del Padre, él dará testimonio de mí; y también vosotros daréis testimonio, porque desde el principio estáis conmigo. Os he hablado de esto para que no tambaleéis. Os excomulgarán de la sinagoga; más aún, llegará incluso una hora cuando el que os dé muerte pensará que da culto a Dios. Y esto lo harán porque no han conocido ni al Padre ni a mí. Os he hablado de esto para que, cuando llegue la hora, os acordéis de que yo os lo había dicho».

Todo procede del Padre. Jesús, el Padre y el Espíritu son la unidad, una y única, que todo lo armoniza para dar testimonio de la verdad. Jesús es la verdad, Palabra que procede del Padre. Y el Espíritu actúa hoy y siempre en nosotros para que demos testimonio de lo que Jesús ha sembrado en nuestro corazón.

Jesús es toda la verdad que creemos y la paz que reconcilia al mundo, lo sana y salva del mal. Dios quiere llevar todo a plenitud, valiéndose de nuestro testimonio consagrado a la Palabra, y quiere que el amor brille en la oscuridad del mundo. La esperanza y la confianza expulsan todo temor y temblor que nos hace vacilar. Todo nos ha sido dicho.

MAYO

27 | **Martes**
San Agustín de Cantorbery

Primera lectura: Hechos de los Apóstoles 16,22-34
Salmo 137: Señor, tu derecha me salva

Evangelio: Juan 16,5-11

En aquel tiempo dijo Jesús a sus discípulos: «Ahora me voy al que me envió y ninguno de vosotros me pregunta: "¿Adónde vas?" Sino que, por haberos dicho esto, la tristeza os ha llenado el corazón. Sin embargo, lo que os digo es la verdad: os conviene que yo me vaya; porque, si no me voy, no vendrá a vosotros el Defensor. En cambio, si me voy, os lo enviaré. Y, cuando venga, dejará convicto al mundo con la prueba de un pecado, de una justicia, de una condena. De un pecado, porque no creen en mí; de una justicia, porque me voy al Padre y no me veréis; de una condena, porque el Príncipe de este mundo está condenado».

La tristeza nos afecta a lo largo de la vida por muchas razones. El sufrimiento produce tristeza; la pérdida de los seres queridos, también. Jesús anuncia a sus discípulos que él se va, y se entristecen. Se apoyan en Jesús y se sienten huérfanos sin él. Desconcertados, la tristeza los agobia en su corazón. Ahora toda la obra que nos ha sido enseñada por Jesús se debe seguir realizando por nuestro medio, por la fe y la fuerza del Espíritu Santo, que viene en ayuda de nuestra debilidad. Jesús deja claro que quien vence al mundo es él, porque «el Príncipe de este mundo está condenado». También deja claro que el mal que nos afecta no es definitivo. Dios es quien tiene la última palabra, y la acción salvadora es suya, y es definitiva.

MAYO

28 | Miércoles

Primera lectura: Hechos de los Apóstoles 17,15.22-18,1

Salmo 148: Llenos están el cielo y la tierra de tu gloria

Evangelio: Juan 16,12-15

En aquel tiempo dijo Jesús a sus discípulos: «Muchas cosas me quedan por deciros, pero no podéis cargar con ellas por ahora; cuando venga él, el Espíritu de la verdad, os guiará hasta la verdad plena. Pues lo que hable no será suyo: hablará de lo que oye y os comunicará lo que está por venir. Él me glorificará, porque recibirá de mí lo que os irá comunicando. Todo lo que tiene el Padre es mío. Por eso os he dicho que toma de lo mío y os lo anunciará».

El misterio de la Trinidad recorre el evangelio de Juan. Jesús, el Padre, el Espíritu. Todo se realiza por medio de la unidad trinitaria, fusión de amor que envuelve todas las cosas y lleva todo a plenitud. No estamos solos. El Espíritu es quien va iluminando la vida y el camino. Él es quien nos inspira la comprensión del mensaje que Jesús nos quiso transmitir con su predicación. El Espíritu es quien nos lleva a la verdad plena, nos abre el entendimiento para discernir en cada momento qué quiere Dios de nosotros. La oración es la atención al soplo del Espíritu. Nos infunde confianza, fortalece la esperanza, nos abre al amor sin límites y al perdón que fraterniza las relaciones de unos con otros estableciendo la paz en los corazones.

MAYO

29 | **Jueves**
San Pablo VI

Primera lectura: Hechos de los Apóstoles 18,1-8

Salmo 97: El Señor revela a las naciones su victoria

Evangelio: Juan 16,16-20

En aquel tiempo dijo Jesús a sus discípulos: «Dentro de poco ya no me veréis, pero un poco más tarde me volveréis a ver». Comentaron entonces algunos discípulos: «¿Qué significa eso de "dentro de poco ya no me veréis, pero un poco más tarde me volveréis a ver", y eso de "me voy con el Padre"?». Y se preguntaban: «¿Qué significa ese "poco"? No entendemos lo que dice». Comprendió Jesús que querían preguntarle y les dijo: «¿Estáis discutiendo de eso que os he dicho: "Dentro de poco ya no me veréis, pero un poco más tarde me volveréis a ver"? Pues sí, os aseguro que lloraréis y os lamentaréis vosotros, mientras el mundo estará alegre; vosotros estaréis tristes, pero vuestra tristeza se convertirá en alegría».

Tener dudas es humano. Jesús no les ponía las cosas fáciles a los discípulos, y ellos a veces se quedaban mudos porque no entendían su lenguaje. «No me veréis; me volveréis a ver; me voy al Padre». No entendían nada. El desconcierto los envuelve: «Lloraréis; os lamentaréis; el mundo, alegre; vosotros, tristes». Pero les comunica también la esperanza de que la alegría llenará sus corazones. La realidad de nuestra fe –creer en Jesús y querer vivir su mensaje– también nos desconcierta y pasamos muchas crisis que nos abocan a la noche oscura. No vemos, no comprendemos, nos entristecemos, lloramos. Las dudas nos atormentan. Pero esperamos, confiamos, nos preguntamos «qué significa esto». Y el Espíritu Santo no tarda en llegar para alegrar nuestro corazón. La peregrinación de la fe pasa por el desconcierto y las dudas, como les sucedía a los primeros discípulos.

MAYO

30 | **Viernes**
San Fernando

Primera lectura: Hechos de los Apóstoles 18,9-18

Salmo 46: Dios es el rey del mundo

Evangelio: Juan 16,20-23a

En aquel tiempo dijo Jesús a sus discípulos: «Os aseguro que lloraréis y os lamentaréis vosotros, mientras el mundo estará alegre; vosotros estaréis tristes, pero vuestra tristeza se convertirá en alegría. La mujer, cuando va a dar a luz, siente tristeza porque ha llegado su hora; pero en cuanto da a luz al niño ni se acuerda del apuro por la alegría de que al mundo le ha nacido un hombre. También vosotros ahora sentís tristeza; pero volveré a veros y se alegrará vuestro corazón, y nadie os quitará vuestra alegría. Ese día no me preguntaréis nada».

El llanto y el lamento aparecen otra vez. Hay un contraste entre el mundo, que se alegra, y la tristeza de los discípulos. Pero, de nuevo, la alegría asomará en nuestro rostro y cesará el llanto y el lamento. Jesús asegura que volverá nuevamente, y su vuelta devolverá la alegría a nuestro corazón, para no perderla jamás. La presencia de Jesús es en fe, sí, pero tan segura que la gracia nos hace fieles seguidores, aun en el llanto y el lamento, en la hostilidad del mundo, del mal que nos acosa y nos causa tribulación y lucha. La alegría volverá, porque el Espíritu nos ayuda a atravesar las duras pruebas, nos libera, y surge el gozo del corazón cada vez más hondo y estable. Entonces, en silencio orante ante Jesús, permanecemos calladamente, sin preguntar nada. Es la serena aceptación y paz del corazón.

MAYO

31

Sábado
VISITACIÓN DE LA VIRGEN MARÍA

Primera lectura: Sofonías 3,14-18 o Romanos 12,9-16b

Salmo Isaías 12,2-6: Qué grande es en medio de ti el Santo de Israel

Evangelio: Lucas 1,39-56

En aquellos días, María se puso en camino y fue aprisa a la montaña, a un pueblo de Judá; entró en casa de Zacarías y saludó a Isabel. En cuanto Isabel oyó el saludo de María saltó la criatura en su vientre. Se llenó Isabel del Espíritu Santo y dijo a voz en grito: «¡Bendita tú entre las mujeres y bendito el fruto de tu vientre! ¿Quién soy yo para que me visite la madre de mi Señor? En cuanto tu saludo llegó a mis oídos, la criatura saltó de alegría en mi vientre. Dichosa tú, que has creído, porque lo que te ha dicho el Señor se cumplirá».

María dijo: «Proclama mi alma la grandeza del Señor, se alegra mi espíritu en Dios, mi salvador; porque ha mirado la humillación de su esclava. Desde ahora me felicitarán todas las generaciones, porque el Poderoso ha hecho obras grandes por mí: su nombre es santo y su misericordia llega a sus fieles de generación en generación. Él hace proezas con su brazo: dispersa a los soberbios de corazón, derriba del trono a los poderosos y enaltece a los humildes, a los hambrientos los colma de bienes y a los ricos los despide vacíos. Auxilia a Israel, su siervo, acordándose de la misericordia –como lo había prometido a nuestros padres– en favor de Abrahán y su descendencia por siempre».

María se quedó con Isabel unos tres meses y después volvió a su casa.

María se pone en camino, va deprisa; por una parte, necesita comunicar su asombro y alegría por el anuncio del ángel, y, por otra, la disponibilidad por ayudar a su prima, que también está embarazada. La montaña es testigo de un encuentro de gracia entre dos mujeres llenas de Dios. La alegría es protagonista del encuentro. Se aman, se abrazan, se reconocen ellas y las dos criaturas que llevan en su seno. Juan salta de alegría ante el que está por venir. Isabel elogia el don de Dios en María, nombrándola dichosa, porque ha creído. Y María canta la grandeza del Señor, porque la ha elegido y ha hecho en ella la mayor obra de gracia, que lo será para toda la humanidad. Jesús nacerá como uno más entre los seres humanos. Aquí comienza la plenitud de la salvación humana de la historia de todos los tiempos. El pasado, el presente y el futuro quedan acogidos en el seno de María.

| **Domingo**
Ascensión del Señor
San Justino

Primera lectura: Hechos de los Apóstoles 1,1-11

Salmo 46: El Señor reina, altísimo sobre toda la tierra

Segunda lectura: Efesios 1,17-23

Evangelio: Lucas 24,46-53

En aquel tiempo dijo Jesús a sus discípulos: «Así estaba escrito: el Mesías padecerá, resucitará de entre los muertos al tercer día y en su nombre se predicará la conversión y el perdón de los pecados a todos los pueblos, comenzando por Jerusalén. Vosotros sois testigos de esto. Yo os enviaré lo que mi Padre ha prometido; vosotros quedaos en la ciudad hasta que os revistáis de la fuerza de lo alto». Después los sacó hacia Betania y, levantando las manos, los bendijo. Y mientras los bendecía se separó de ellos, subiendo hacia el cielo. Ellos se postraron ante él y se volvieron a Jerusalén con gran alegría; y estaban siempre en el templo bendiciendo a Dios.

Vivir una vida de conversión es vivir adheridos a Jesús y su mensaje del Reino. La conversión es entrar en la línea del amor y el perdón. El amor que se comunica lleva al perdón que nos fraterniza. Los discípulos, testigos de la resurrección y la ascensión, reciben el envío de predicar a todas las naciones esa realidad de conversión y perdón de los pecados. La alegría ha entrado en sus corazones; reciben la fuerza de la bendición para propagar el mensaje salvador a todas las gentes hambrientas de Dios y de la fiesta del Reino. Jesús asciende al cielo. Ahora es el tiempo de la responsabilidad misionera, tiempo del ofrecimiento del mensaje nuevo, humanizador y liberador que Jesús ha transmitido a todos sus seguidores, hombres y mujeres. El amor y el perdón serán por siempre el modo de vivir de la nueva comunidad que nace a partir del Resucitado ascendido al cielo, y del Espíritu, impulsor e iluminador de la nueva comunidad.

JUNIO

2 | **Lunes**
San Marcelino y San Pedro

Primera lectura: Hechos de los Apóstoles 19,1-8

Salmo 67: Reyes de la tierra, cantad a Dios

Evangelio: Juan 16,29-33

En aquel tiempo dijeron los discípulos a Jesús: «Ahora sí que hablas claro y no usas comparaciones. Ahora vemos que lo sabes todo y no necesitas que te pregunten; por ello creemos que saliste de Dios». Les contestó Jesús: «¿Ahora creéis? Pues mirad: está para llegar la hora, mejor, ya ha llegado, en que os disperséis cada cual por su lado y a mí me dejéis solo. Pero no estoy solo, porque está conmigo el Padre. Os he hablado de esto, para que encontréis la paz en mí. En el mundo tendréis luchas; pero tened valor: yo he vencido al mundo».

Los discípulos, mientras tienen a Jesús con ellos, sienten amparo y seguridad. Le escuchan y, poco a poco, van asimilando cuanto les dice y hace. Pero la prueba última que vive Jesús los derrumbará, espantará y llenará de temor y miedo, hasta dejarlo solo. Es el estremecedor momento de la experiencia dolorosa de Jesús. La verdad última de su vida terrena es el abandono de los suyos. Solo las mujeres lo seguirán hasta el final. Ellos se esconden y dispersan. Jesús nos deja la verdad profunda de quien lo sostiene: el Padre. Así, pase lo que pase, nunca estamos solos, porque Jesús siempre permanecerá a nuestro lado, y aun dentro de nosotros, para siempre. Ante las adversidades del mundo no estamos solos. Jesús ha vencido al mundo.

JUNIO

3

Martes
San Carlos Luanga y comps. márts.

Primera lectura: Hechos de los Apóstoles 20,17-27

Salmo 67: Reyes de la tierra, cantad a Dios

Evangelio: Juan 17,1-11a

En aquel tiempo, Jesús, levantando los ojos al cielo, dijo: «Padre, ha llegado la hora, glorifica a tu Hijo, para que tu Hijo te glorifique y, por el poder que tú le has dado sobre toda carne, dé la vida eterna a los que le confiaste. Esta es la vida eterna: que te conozcan a ti, único Dios verdadero, y a tu enviado, Jesucristo. Yo te he glorificado sobre la tierra, he coronado la obra que me encomendaste. Y ahora, Padre, glorifícame cerca de ti con la gloria que yo tenía cerca de ti, antes que el mundo existiese. He manifestado tu nombre a los hombres que me diste de en medio del mundo. Tuyos eran y tú me los diste, y ellos han guardado tu palabra. Ahora han conocido que todo lo que me diste procede de ti, porque yo les he comunicado las palabras que tú me diste, y ellos las han recibido, y han conocido verdaderamente que yo salí de ti, y han creído que tú me has enviado. Te ruego por ellos; no ruego por el mundo, sino por estos que tú me diste y son tuyos. Sí, todo lo mío es tuyo, y lo tuyo, mío; y en ellos he sido glorificado. Ya no voy a estar en el mundo, pero ellos están en el mundo mientras yo voy a ti».

Jesús y el Padre están íntimamente compenetrados. El Padre es la fuente de comunicación para Jesús. Todo lo refiere a él, nada hace sin el Padre, ni el Padre sin el Hijo. Todo se ha cumplido. Conocer al Hijo es conocer al Padre. Nuestra vida queda incorporada a la de Jesús. Su oración al Padre es también la nuestra. El Orante nos ora con él, y nuestra existencia humana se sigue realizando en él, hasta nuestro momento de estar con él y con el Padre. Todo se ha cumplido, y todo lo ha puesto en nuestras manos para gozar la plenitud cumplida. El seguimiento de Jesús nos marca con su nombre en la frente, somos de Dios. Todo ha sido dispuesto para nuestro bien y plenitud. En la humanidad del Hijo, la humanidad entera queda unificada en el plan salvador cumplido por Jesús.

JUNIO

4 | Miércoles

Primera lectura: Hechos de los Apóstoles 20,28-38

Salmo 67: Reyes de la tierra, cantad a Dios

Evangelio: Juan 17,11b-19

En aquel tiempo, Jesús, levantando los ojos al cielo, oró, diciendo: «Padre santo, guárdalos en tu nombre, a los que me has dado, para que sean uno, como nosotros. Cuando estaba con ellos, yo guardaba en tu nombre a los que me diste, y los custodiaba, y ninguno se perdió, sino el hijo de la perdición, para que se cumpliera la Escritura. Ahora voy a ti, y digo esto en el mundo para que ellos mismos tengan mi alegría cumplida. Yo les he dado tu palabra, y el mundo los ha odiado, porque no son del mundo, como tampoco yo soy del mundo. No ruego que los retires del mundo, sino que los guardes del mal. No son del mundo, como tampoco yo soy del mundo. Conságralos en la verdad; tu palabra es verdad. Como tú me enviaste al mundo, así los envío yo también al mundo. Y por ellos me consagro yo, para que también se consagren ellos en la verdad».

Nuestra vida de creyentes no se realiza en el temor, sino en la alegría de la confianza. Estamos guardados en Dios y unidos por el amor; amar es estar unidos en comunión de hijos e hijas de Dios. Guardados en la tierra por Jesús en medio de nosotros, guardados en el cielo por el Padre. Jesús ha puesto a toda la humanidad en manos del Padre. Su misión en la tierra era esta: «Yo guardaba en tu nombre a los que me diste, y los custodiaba». Nada se pierde de lo que pertenece a Dios; criaturas y creación están en su plan salvador, cumplido en plenitud. Somos los consagrados en la verdad. Dios es verdad, Jesús es verdad, la Palabra es verdad. La humanidad es la verdad amada de Dios. Consagrados estamos en la verdad de Dios amor. Lo ha hecho Jesús. Lo disfrutamos con el Padre.

JUNIO

5

Jueves
San Bonifacio

Primera lectura: Hechos de los Apóstoles 22,30; 23,6-11

Salmo 15: Protégeme, Dios mío, que me refugio en ti

Evangelio: Juan 17,20-26

En aquel tiempo, Jesús, levantando los ojos al cielo, oró diciendo: «Padre santo, no solo por ellos ruego, sino también por los que crean en mí por la palabra de ellos, para que todos sean uno, como tú, Padre, en mí y yo en ti, que ellos también lo sean en nosotros, para que el mundo crea que tú me has enviado. También les di a ellos la gloria que me diste, para que sean uno como nosotros somos uno; yo en ellos y tú en mí, para que sean completamente uno, de modo que el mundo sepa que tú me has enviado y los has amado como me has amado a mí. Padre, este es mi deseo: que los que me confiaste estén conmigo donde yo estoy y contemplen mi gloria, la que me diste, porque me amabas, antes de la fundación del mundo. Padre justo, si el mundo no te ha conocido, yo te he conocido, y estos han conocido que tú me enviaste. Les he dado a conocer y les daré a conocer tu nombre, para que el amor que me tenías esté con ellos, como también yo estoy con ellos».

Jesús hace un casamiento amoroso con toda la humanidad. Jesús ruega al Padre por todos. Nos da su palabra para que la proclamemos. Su amor por nosotros nos hace unidad con el misterio de Dios. Ser uno entre nosotros con ellos. Nosotros, Jesús, el Padre. Uno en el Espíritu de amor. Amados por Dios y amados en el Amado de Dios. Jesús nos hace místicos en la unión con Dios, para que podamos contemplar su gloria, la que el Padre le ha dado desde siempre. Jesús se nos revela y nos revela al Padre, nos da su nombre: Padre. Jesús ya no está solo con el Padre y el Espíritu. Es súplica al Padre, para ser en él con nosotros. El amor de Jesús nos sitúa en la unidad de la Trinidad. Jesús está junto al Padre con toda la humanidad hecha carne de su carne, divinizados en él.

Primera lectura: Hechos de los Apóstoles 25,13-21

Salmo 102: El Señor puso en el cielo su trono

Evangelio: Juan 21,15-19

Habiéndose aparecido Jesús a sus discípulos, después de comer, dice Jesús a Simón Pedro: «Simón, hijo de Juan, ¿me amas más que estos?». Él le contestó: «Sí, Señor, tú sabes que te quiero». Jesús le dice: «Apacienta mis corderos». Por segunda vez le pregunta: «Simón, hijo de Juan, ¿me amas?». Él le contesta: «Sí, Señor, tú sabes que te quiero». Él le dice: «Pastorea mis ovejas». Por tercera vez le pregunta: «Simón, hijo de Juan, ¿me quieres?». Se entristeció Pedro de que le preguntara por tercera vez si lo quería y le contestó: «Señor, tú conoces todo, tú sabes que te quiero». Jesús le dice: «Apacienta mis ovejas. Te lo aseguro: cuando eras joven tú mismo te ceñías e ibas adonde querías; pero cuando seas viejo extenderás las manos, otro te ceñirá y te llevará adonde no quieras». Esto dijo aludiendo a la muerte con que iba a dar gloria a Dios. Dicho esto, añadió: «Sígueme».

Jesús encarnado es el amor de Dios en la tierra. Ama con amor humano, siente con corazón humano, se relaciona con humanidad, siente los afectos de la amistad, necesita la correspondencia amorosa. Y reclama a Pedro no solo la amistad, sino el amor. Lo sacude fuerte por tres veces, y Pedro cae rendido ante tanto reclamo amoroso. Pedro, que lo ha negado por tres veces, por tres veces dice sí al amor, afirmando así la indisolubilidad propia del amor. Pedro pasa a la historia con toda la debilidad humana y con toda la grandeza de alma de quien se rinde ante el amigo amado, que lo busca y rebusca para afirmar los lazos del amor. Pedro ha trabajado en favor del reino de Dios. Pedro se ha abandonado en las manos de Dios y ha asumido la misma muerte que su amigo amado. Seamos de la casta de Pedro.

JUNIO
7 | **Sábado**

Primera lectura: Hechos de los Apóstoles 28,16-20.30-31

Salmo 10: Los buenos verán tu rostro, Señor

Evangelio: Juan 21,20-25

En aquel tiempo, Pedro, volviéndose, vio que los seguía el discípulo a quien Jesús tanto amaba, el mismo que en la cena se había apoyado en su pecho y le había preguntado: «Señor, ¿quién es el que te va a entregar?». Al verlo, Pedro dice a Jesús: «Señor, y este, ¿qué?». Jesús le contesta: «Si quiero que se quede hasta que yo venga, ¿a ti qué? Tú sígueme». Entonces se empezó a correr entre los hermanos el rumor de que ese discípulo no moriría. Pero no le dijo Jesús que no moriría, sino: «Si quiero que se quede hasta que yo venga, a ti, ¿qué?».

Este es el discípulo que da testimonio de todo esto y lo ha escrito; y nosotros sabemos que su testimonio es verdadero. Muchas otras cosas hizo Jesús. Si se escribieran una por una, pienso que los libros no cabrían ni en todo el mundo.

En el seguimiento de Jesús, cada uno de nosotros tenemos nuestro propio lugar. Cada uno con el compromiso de llevar adelante la misión del reino de Dios. No debemos inquietarnos por los planes de Dios en los demás, por lo que hacen. «¿A ti qué? Tú sígueme». Seguir a Jesús supone una proyección y polarización hacia él que no permite distracción con nada ni con nadie. «¿A ti qué?». Tú, yo, nosotros, seguir a Cristo Jesús; los ojos en él; los pasos en sus huellas; la ocupación, el mensaje; las relaciones fraternas, el perdón, la sanación, la atención, la oración. «Tú sígueme». Seguirle ocupa la vida entera; lo que Jesús haga con los demás, «¿a ti qué?». Tú, yo, nosotros, alegrémonos con la suerte de nuestros hermanos y hermanas. Nosotros, nosotras, sigámosle.

JUNIO

Domingo
Pentecostés

Primera lectura: Hechos de los Apóstoles 2,1-11
....
Salmo 103: Envía tu espíritu, Señor, y repuebla la faz de la tierra
....
Segunda lectura: 1 Corintios 12,3-7.12-13
....

Evangelio: Juan 20,19-23

Al anochecer de aquel día, el primero de la semana, estaban los discípulos en una casa con las puertas cerradas por miedo a los judíos. Y en esto entró Jesús, se puso en medio y les dijo: «Paz a vosotros». Y, diciendo esto, les enseñó las manos y el costado. Y los discípulos se llenaron de alegría al ver al Señor. Jesús repitió: «Paz a vosotros. Como el Padre me ha enviado, así también os envío yo». Y, dicho esto, exhaló su aliento sobre ellos y les dijo: «Recibid el Espíritu Santo; a quienes les perdonéis los pecados les quedan perdonados; a quienes se los retengáis les quedan retenidos».

Los humanos tendemos a vivir con las puertas cerradas. Hay un miedo innato en nosotros que nos lleva a guardarnos de los demás y hasta de Dios. Jesús entra de repente e inesperadamente, irrumpiendo en medio de ellos y les da su paz: «Paz a vosotros». Jesús, cada día, se nos muestra, se deja ver y tocar. Sucede así cuando somos capaces de hallarle en los demás, en sus sufrimientos y necesidades; Jesús se nos muestra en ellos. Vemos su rostro cuando aprendemos a mirar y ver con sus ojos. Verle y palparle es mirar y amar. La alegría de los discípulos es ver al Señor, ver a Jesús en todos. Ser enviados es la gran responsabilidad del discipulado. Perdonar es bendecir la vida de toda la humanidad. Perdonarnos unos a otros como Dios nos perdona es gracia del Espíritu Santo. Jesús nos lo enseñó en el Padrenuestro. Así hemos de vivirlo. Sea la vida amor, perdón y paz.

SE REANUDA EL TIEMPO ORDINARIO

JUNIO
9

Lunes
Virgen María, Madre de la Iglesia
San Efrén

Primera lectura: Génesis 3,9-15.20 o Hechos de los Apóstoles 1,12-14

Salmo 86: Alabad al Señor, todas las naciones

Evangelio: Juan 19,25-34

Junto a la cruz de Jesús estaban su madre, la hermana de su madre, María, la de Cleofás, y María, la Magdalena. Jesús, al ver a su madre y junto a ella al discípulo al que amaba, dijo a su madre: «Mujer, ahí tienes a tu hijo». Luego, dijo al discípulo: «Ahí tienes a tu madre». Y desde aquella hora, el discípulo la recibió como algo propio.

Después de esto, sabiendo Jesús que ya todo estaba cumplido, para que se cumpliera la Escritura, dijo: «Tengo sed». Había allí un jarro lleno de vinagre. Y, sujetando una esponja empapada en vinagre a una caña de hisopo, se la acercaron a la boca. Jesús, cuando tomó el vinagre, dijo: «Está cumplido». E, inclinando la cabeza, entregó el espíritu.

Los judíos, entonces, como era el día de la Preparación, para que no se quedaran los cuerpos en la cruz el sábado, porque aquel sábado era un día grande, pidieron a Pilato que les quebraran las piernas y que los quitaran. Fueron los soldados, le quebraron las piernas al primero y luego al otro que habían crucificado con él; pero, al llegar a Jesús, viendo que ya había muerto, no le quebraron las piernas, sino que uno de los soldados, con la lanza, le traspasó el costado, y al punto salió sangre y agua.

María, la mujer presente, la mujer que da un paso adelante para acoger a Dios, para acompañar al Hijo y para cobijar a cada hijo. María está siempre junto a Jesús y siempre con la Iglesia, acompañando a todos. El sí de María a Dios se prolonga a lo largo de toda su vida y ahora se renueva bajo el signo de la cruz. Jesús, al realizar su entrega hasta el fin, nos entrega también a su Madre y la convierte en Madre de todos los creyentes, en Madre de la Iglesia. El evangelista Juan une a María con la vida, pues del costado de Jesús brota la vida, nace la familia de los que escuchan la Palabra de Dios, de los que viven la voluntad del Padre. Al entregar su espíritu, Jesús nos introduce, con María, en el tiempo definitivo del Espíritu.

JUNIO

10 | **Martes**

Primera lectura: 2 Corintios 1,18-22

Salmo 118: Haz brillar, Señor, tu rostro sobre tu siervo

Evangelio: Mateo 5,13-16

En aquel tiempo dijo Jesús a sus discípulos: «Vosotros sois la sal de la tierra. Pero si la sal se vuelve sosa, ¿con qué la salarán? No sirve más que para tirarla fuera y que la pise la gente. Vosotros sois la luz del mundo. No se puede ocultar una ciudad puesta en lo alto de un monte. Tampoco se enciende una lámpara para meterla debajo del celemín, sino para ponerla en el candelero y que alumbre a todos los de casa. Alumbre así vuestra luz a los hombres, para que vean vuestras buenas obras y den gloria a vuestro Padre, que está en el cielo».

Las palabras de Jesús tocan la vida real. La sal y la luz son necesarias para la vida. La sal da sabor, conserva y sirve de abono. Llevar el gusto de Dios al mundo, cuidar lo que de verdad es bueno y ser parte de que la tierra dé fruto es la invitación que hace Jesús. Y hay aquí una doble llamada: una personal y una comunitaria. También con la imagen de la luz. No se trata únicamente de transparentar la bondad y la verdad de Jesús en nuestras obras, sino también de ser como él, que se llamó a sí mismo «luz del mundo», que iluminó las tinieblas. Jesús nos convoca, tenemos una cita con la vida: ser sal, hacer sentir a Dios; y ser luz, transparentar su presencia, prolongar su humanidad.

JUNIO

11 | **Miércoles**
San Bernabé

Primera lectura: Hechos de los Apóstoles 11,21b-26; 13,1-3

Salmo 97: El Señor revela a las naciones su justicia

Evangelio: Mateo 10,7-13

En aquel tiempo dijo Jesús a sus apóstoles: «Id y proclamad que el reino de los cielos está cerca. Curad enfermos, resucitad muertos, limpiad leprosos, echad demonios. Lo que habéis recibido gratis, dadlo gratis. No llevéis en la faja oro, plata ni calderilla; ni tampoco alforja para el camino, ni túnica de repuesto, ni sandalias, ni bastón; bien merece el obrero su sustento. Cuando entréis en un pueblo o aldea, averiguad quién hay allí de confianza y quedaos en su casa hasta que os vayáis. Al entrar en una casa, saludad; si la casa se lo merece, la paz que le deseáis vendrá a ella. Si no se lo merece, la paz volverá a vosotros».

Jesús es la Buena Noticia y pide a sus discípulos que abran las compuertas, los envía para que den paso al Reino: curad, resucitad, limpiad, ahuyentad el mal. Dar lo recibido es ponerse en camino sin pretensiones, sin seguridades y desprendidos de sí mismos. El distintivo del discipulado es la gratuidad; la libertad, su marca, y la sencillez, su fuerza. De aquí nace la autoridad que Jesús confiere a sus discípulos para obrar, para hacer realidad la presencia del Reino. La mayor riqueza solo puede darse en verdad desde una profunda pobreza. La llamada a proclamar el Reino sigue viva, y la Buena Noticia ha de seguir recorriendo el mundo con su mensaje de salud y paz, de vida y de entrega. Jesús sigue enviando.

JUNIO

12

Jueves
JESUCRISTO, SUMO Y ETERNO SACERDOTE

Primera lectura: Isaías 6,1-4.8 o Hebreos 2,10-18

Salmo 109: «Tú eres sacerdote eterno, según el rito de Melquisedec»

Evangelio: Juan 17,1-2.9.14-26

En aquel tiempo, Jesús, levantando los ojos al cielo, dijo: «Padre, ha llegado la hora, glorifica a tu Hijo, para que tu Hijo te glorifique y, por el poder que tú le has dado sobre toda carne, dé la vida eterna a los que le confiaste. Te ruego por ellos; no ruego por el mundo, sino por estos que tú me diste y son tuyos. Yo les he dado tu palabra, y el mundo los ha odiado porque no son del mundo, como tampoco yo soy del mundo. No ruego que los retires del mundo, sino que los guardes del mal. No son del mundo, como tampoco yo soy del mundo. Conságralos en la verdad; tu palabra es verdad. Como tú me enviaste al mundo, así los envío yo también al mundo. Y por ellos me consagro yo, para que también se consagren ellos en la verdad.

No solo por ellos ruego, sino también por los que crean en mí por la palabra de ellos, para que todos sean un que el mundo crea que tú me has enviado. También les di a ellos la gloria que me diste, para que sean uno como nosotros somos uno; yo en ellos y tú en mí, para que sean completamente uno, de modo que el mundo sepa que tú me has enviado y los has amado como me has amado a mí. Padre, este es mi deseo: que los que me confiaste estén conmigo donde yo estoy y contemplen mi gloria, la que me diste, porque me amabas, antes de la fundación del mundo. Padre justo, si el mundo no te ha conocido, yo te he conocido, y estos han conocido que tú me enviaste. Les he dado a conocer y les daré a conocer tu nombre, para que el amor que me tenías esté con ellos, como también yo estoy con ellos».

Las palabras de Jesús acercan al misterio de gloria que encierra su vida, su peregrinación y servicio en la tierra y su exaltación posterior. También nos introducen en el misterio de la glorificación y de la vida eterna que él quiere dar a todos. Jesús, único sacerdote, con el ofrecimiento total de su vida, consagra la humanidad entera en el amor del Padre y ora por todos. La oración de Jesús alcanza a los discípulos de todos los tiempos y a la misión que él pone en sus manos: dar a conocer al Padre. El deseo más profundo de Jesús muestra el camino de la misión: «Que sean uno como nosotros somos uno; yo en ellos y tú en mí, para que sean completamente uno». La *inhabitación* de la que habla Jesús es el vínculo del amor mutuo, del servicio recíproco, de la obediencia de amor.

JUNIO

13

Viernes
San Antonio de Padua

Primera lectura: 2 Corintios 4,7-15

Salmo 115: Te ofreceré, Señor, un sacrificio de alabanza

Evangelio: Mateo 5,27-32

En aquel tiempo dijo Jesús a sus discípulos: «Habéis oído el mandamiento "No cometerás adulterio". Pues yo os digo: el que mira a una mujer casada deseándola ya ha sido adúltero con ella en su interior. Si tu ojo derecho te hace caer, sácatelo y tíralo. Más te vale perder un miembro que ser echado entero en el infierno. Si tu mano derecha te hace caer, córtatela y tírala, porque más te vale perder un miembro que ir a parar entero al infierno. Está mandado: "El que se divorcie de su mujer que le dé acta de repudio". Pues yo os digo: el que se divorcie de su mujer, excepto en caso de impureza, la induce al adulterio, y el que se case con la divorciada comete adulterio».

La enseñanza de Jesús desplaza los acentos. Más allá de ideas sobre la pureza y la ascesis, Jesús plantea el camino de no hacer daño a los demás, de cuidar las relaciones, de un corazón que no defrauda a los demás. Del interior nace lo bueno y lo malo, las intenciones, la mirada que se apropia o la que atiende al otro. El tono exagerado que a veces toma Jesús habla de la seriedad del tema, de lo importante que es lo que hacemos en la relación con el prójimo. Él no pone paños calientes, sino que busca despertar. Conoce el corazón humano, sabe que es frágil como una vasija de barro, pero que contiene un tesoro precioso y una gran posibilidad. El Espíritu es quien da una nueva fuerza para seguir el camino del bien.

JUNIO

14 | Sábado

Primera lectura: 2 Corintios 5,14-21

Salmo 102: El Señor es compasivo y misericordioso

Evangelio: Mateo 5,33-37

En aquel tiempo dijo Jesús a sus discípulos: «Habéis oído que se dijo a los antiguos: "No jurarás en falso" y "Cumplirás tus votos al Señor". Pues yo os digo que no juréis en absoluto: ni por el cielo, que es el trono de Dios; ni por la tierra, que es estrado de sus pies; ni por Jerusalén, que es la ciudad del Gran Rey. Ni jures por tu cabeza, pues no puedes volver blanco o negro un solo pelo. A vosotros os basta decir "sí" o "no". Lo que pasa de ahí viene del Maligno».

Jesús da un paso adelante en la ley, no la rechaza, sino que la rebasa. En este pasaje advierte a los discípulos sobre la importancia de ser veraces, de no tener doblez y de la fuerza de la propia palabra, cuando es auténtica. Detrás de la exigencia de Jesús de no jurar por Dios hay algo tan serio como el cuidado de no utilizar el nombre de Dios en vano, de no pretender servirse de Dios y de no intentar manipular su presencia. Y hay algo tan profundo como reconocer en la fragilidad humana, incapaz de cambiar el color de un cabello, la huella de la trascendencia, pues basta con un sí o un no para separarse del Maligno, de la mentira, y estar con aquel que es la Verdad.

JUNIO

Domingo
15

SANTÍSIMA TRINIDAD
Santa María Micaela del Santísimo Sacramento

Primera lectura: Proverbios 8,22-31

Salmo 8: Señor, dueño nuestro, ¡qué admirable es tu nombre en toda la tierra!

Segunda lectura: Romanos 5,1-5

Evangelio: Juan 16,12-15

En aquel tiempo dijo Jesús a sus discípulos: «Muchas cosas me quedan por deciros, pero no podéis cargar con ellas por ahora; cuando venga él, el Espíritu de la verdad, os guiará hasta la verdad plena. Pues lo que hable no será suyo: hablará de lo que oye y os comunicará lo que está por venir. Él me glorificará, porque recibirá de mí lo que os irá comunicando. Todo lo que tiene el Padre es mío. Por eso os he dicho que toma de lo mío y os lo anunciará».

En el día que la Iglesia celebra la Santísima Trinidad, las palabras de Jesús llenan de consuelo y alegría. Es lo que hace su Palabra, no solo cuando cura, reanima o bendice. También aquí, Jesús provoca una confianza sin límites al decir que tenemos un guía que nos conduce y nos lleva a la verdad plena, a la plenitud. Jesús no guarda su secreto para sí solo, sino que nos adentra en el misterio más profundo, en la comunidad que forman el Padre, el Espíritu y él, en la Trinidad. Jesús entrega el Espíritu, que es transparencia de Dios, que lo desvela y nos toma de la mano para sumergirnos en una nueva vida, la vida que los tres son para el mundo; hasta ahí quiere conducirnos el Espíritu. Una familia nueva en la que todo es compartido, en la que se vive en igualdad de amistad y de amor, como dice Juan de la Cruz, porque el amor transforma todo y así «cada uno vive en el otro, y el uno es el otro, y entrambos son uno por transformación de amor». Así, los tres entre ellos y en cada ser humano que se deja conducir por el Espíritu.

JUNIO

16 | Lunes

Primera lectura: 2 Corintios 6,1-10

Salmo 97: El Señor da a conocer su victoria

Evangelio: Mateo 5,38-42

En aquel tiempo dijo Jesús a sus discípulos: «Habéis oído que se dijo: "Ojo por ojo, diente por diente". Yo, en cambio, os digo: no hagáis frente al que os agravia. Al contrario, si uno te abofetea en la mejilla derecha, preséntale la otra; al que quiera ponerte pleito para quitarte la túnica, dale también la capa; a quien te requiera para caminar una milla, acompáñale dos; a quien te pide, dale, y al que te pide prestado, no lo rehúyas».

Insólito. ¿Qué pensar de Jesús? Que es insólito. Que su nivel de creatividad no tiene límite cuando se trata de romper el círculo vicioso del mal. Jesús desarma, y lo hace con una energía sorprendente, proponiendo lo impensable de un modo que el corazón tocado por él comprende que es, sencillamente, lo lógico. No se trata de justicia, tampoco de orden y ley. Ni siquiera parece razonable este «yo os digo». Jesús cambia el plano de las respuestas, está en la órbita de la gratuidad; no del buenismo, sino de la resistencia activa y positiva, en la cual se encuentra el perdón –la respuesta más transgresora–, la generosidad –el cálculo más impensable– y la presencia: no rehuir, no esquivar. La vida de Jesús fue un «aquí estoy» llevado hasta el extremo por amor.

JUNIO
17 | **Martes**

Primera lectura: 2 Corintios 8,1-9

Salmo 145: Alaba, alma mía, al Señor

Evangelio: Mateo 5,43-48

En aquel tiempo dijo Jesús a sus discípulos: «Habéis oído que se dijo: "Amarás a tu prójimo" y aborrecerás a tu enemigo. Yo, en cambio, os digo: amad a vuestros enemigos y rezad por los que os persiguen. Así seréis hijos de vuestro Padre, que está en el cielo, que hace salir su sol sobre malos y buenos, y manda la lluvia a justos e injustos. Porque, si amáis a los que os aman, ¿qué premio tendréis? ¿No hacen lo mismo también los publicanos? Y si saludáis solo a vuestros hermanos, ¿qué hacéis de extraordinario? ¿No hacen lo mismo también los gentiles? Por tanto, sed perfectos como vuestro Padre celestial es perfecto».

En el principio todo era bueno, perfecto, como el Padre; después se hizo la división. Jesús la deshace y borra el registro que determina quién es digno de recibir afecto, perdón o la sencilla amabilidad. Existe la maldad y existe la bondad, y nada es indiferente, pero Jesús deja a Dios la última palabra y el juicio. Aquí, en el corazón del Sermón del monte, se encuentra el corazón del cristianismo: el amor. No cualquier amor, el amor de Dios revelado en Jesús. Se abre una puerta a un camino universal y concreto, el de un amor mayor que nace del encuentro con la infinita bondad y desde ella mira todo. Los oponentes, los extraños, los rivales, los de fuera… ¿quién nos apartará del amor de Cristo? ¿Qué nos puede impedir acogerles, orar por ellos y buscar su bien? Nada nos apartará del amor de Dios si permanecemos en él.

JUNIO

18 | Miércoles

Primera lectura: 2 Corintios 9,6-11

Salmo 111: Dichoso quien teme al Señor

Evangelio: Mateo 6,1-6.16-18

En aquel tiempo dijo Jesús a sus discípulos: «Cuidad de no practicar vuestra justicia delante de los hombres para ser vistos por ellos; de lo contrario no tendréis recompensa de vuestro Padre celestial. Por tanto, cuando hagas limosna, no vayas tocando la trompeta por delante, como hacen los hipócritas en las sinagogas y por las calles, con el fin de ser honrados por los hombres; os aseguro que ya han recibido su paga. Tú, en cambio, cuando hagas limosna, que no sepa tu mano izquierda lo que hace tu derecha; así tu limosna quedará en secreto, y tu Padre, que ve en lo secreto, te lo pagará.

Cuando recéis, no seáis como los hipócritas, a quienes les gusta rezar de pie en las sinagogas y en las esquinas de las plazas, para que los vea la gente. Os aseguro que ya han recibido su paga. Tú, cuando vayas a rezar, entra en tu aposento, cierra la puerta y reza a tu Padre, que está en lo escondido, y tu Padre, que ve en lo escondido, te lo pagará.

Cuando ayunéis, no andéis cabizbajos, como los hipócritas, que desfiguran su cara para hacer ver a la gente que ayunan. Os aseguro que ya han recibido su paga. Tú, en cambio, cuando ayunes, perfúmate la cabeza y lávate la cara, para que tu ayuno lo note no la gente, sino tu Padre, que está en lo escondido; y tu Padre, que ve en lo escondido, te recompensará».

Dos llamadas fascinantes aparecen al leer este pasaje. Entre el siglo I d. C. y nuestro siglo XXI hay una distancia muy grande y, sin embargo, las palabras del evangelista hablan a nuestra vida con una actualidad impresionante: dejar de hacer cosas para ser vistos –para publicarlas y tener seguidores–. Resulta casi disparatada la invitación a salir del club de la apariencia. Sin embargo, la segunda llamada revela la razón para entrar en otro lugar, donde se halla una alegría inesperada y una recompensa no imaginada. Entrar «en lo escondido», dentro de uno mismo, y encontrar a quien vive allí, al Padre. Entrar y descubrir que él ve la verdad que hay en nosotros y la ama, que recoge cada palabra y cada gesto y los atesora para nosotros. Ser bondadosos y generosos, ser solidarios y orar y sentir que él, en lo secreto, ve y cuida lo que realmente somos.

JUNIO

19 | **Jueves**
San Romualdo

Primera lectura: 2 Corintios 11,1-11

Salmo 110: Justicia y verdad son las obras de tus manos, Señor

Evangelio: Mateo 6,7-15

En aquel tiempo dijo Jesús a sus discípulos: «Cuando recéis, no uséis muchas palabras, como los gentiles, que se imaginan que por hablar mucho les harán caso. No seáis como ellos, pues vuestro Padre sabe lo que os hace falta antes de que lo pidáis. Vosotros rezad así: "Padre nuestro del cielo, santificado sea tu nombre, venga tu reino, hágase tu voluntad en la tierra como en el cielo, danos hoy el pan nuestro de cada día, perdónanos nuestras ofensas, pues nosotros hemos perdonado a los que nos han ofendido, no nos dejes caer en la tentación, sino líbranos del Maligno". Porque si perdonáis a los demás sus culpas, también vuestro Padre del cielo os perdonará a vosotros. Pero si no perdonáis a los demás, tampoco vuestro Padre perdonará vuestras culpas».

Teresa de Jesús, una enamorada del modo de orar de Jesús, decía que es buena la soledad para orar, para dar espacio a Dios y dejarle obrar. Que, muchas veces, decir una palabra de rato en rato o un solo Padrenuestro lleva a lo más profundo, porque la abundancia ruidosa de rezos es nada. Orar es un gesto de fe, de reconocimiento y, sobre todo, de encuentro y confianza. Entender que es Dios, el Padre, quien nos escucha y a quien hablamos, nos permite poner en sus manos la verdadera necesidad de nuestro corazón y del mundo. Jesús nos enseña que no hay nada mágico en la oración, sino la realidad de un «hágase»; que la cercanía de Dios no borra su misterio, su nombre y que el pan, el perdón y la libertad son dones que nos comprometen para hacer presente su Reino en esta tierra.

Primera lectura: 2 Corintios 11,18.21-30

Salmo 33: El Señor libra a los justos de todas sus angustias

Evangelio: Mateo 6,19-23

En aquel tiempo dijo Jesús a sus discípulos: «No amontonéis tesoros en la tierra, donde la polilla y la carcoma los roen, donde los ladrones abren boquetes y los roban. Amontonad tesoros en el cielo, donde no hay polilla ni carcoma que se los coman, ni ladrones que abran boquetes y roben. Porque donde está tu tesoro, allí está tu corazón. La lámpara del cuerpo es el ojo. Si tu ojo está sano, tu cuerpo entero tendrá luz; si tu ojo está enfermo, tu cuerpo entero estará a oscuras. Y si la única luz que tienes está oscura, ¡cuánta será la oscuridad!».

Con su enseñanza, Jesús prepara un camino que lleva desde la comprensión humana de las cosas hasta la apertura a lo trascendente. Esta apertura es volver la mirada a Dios, que hace nuevo el modo de mirar todo. Con frecuencia, Jesús remueve el orden de las preferencias humanas para abrir el camino del cielo. Hay un principio de sabiduría: la provisionalidad de todo –todo pasa–, y hay un principio social: acaparar despierta violencia. Atesorar en el cielo es crear una red de compartir en la tierra, y esta red no conoce la caducidad ni genera desigualdad. Hay aquí una propuesta de vida: vivir en la luz. Apostar por luz, por unos ojos limpios –el ojo sano–, por una mirada que se deja iluminar por Dios. Dios es el tesoro. Cuando él llena el corazón, la vida se enciende y los cristianos nos convertimos en lámparas que irradian la bondad.

Primera lectura: 2 Corintios 12,1-10

Salmo 33: Gustad y ved qué bueno es el Señor

Evangelio: Mateo 6,24-34

En aquel tiempo dijo Jesús a sus discípulos: «Nadie puede estar al servicio de dos amos. Porque despreciará a uno y querrá al otro; o al contrario, se dedicará al primero y no hará caso del segundo. No podéis servir a Dios y al dinero. Por eso os digo: no estéis agobiados por la vida, pensando qué vais a comer o beber, ni por el cuerpo, pensando con qué os vais a vestir. ¿No vale más la vida que el alimento y el cuerpo que el vestido? Mirad a los pájaros: ni siembran, ni siegan, ni almacenan, y sin embargo vuestro Padre celestial los alimenta. ¿No valéis vosotros más que ellos? ¿Quién de vosotros, a fuerza de agobiarse, podrá añadir una hora al tiempo de su vida? ¿Por qué os agobiáis por el vestido? Fijaos cómo crecen los lirios del campo: ni trabajan ni hilan. Y os digo que ni Salomón, en todo su fasto, estaba vestido como uno de ellos. Pues, si a la hierba, que hoy está en el campo y mañana se quema en el horno, Dios la viste así, ¿no hará mucho más por vosotros, gente de poca fe? No andéis agobiados pensando qué vais a comer, o qué vais a beber, o con qué os vais a vestir. Los gentiles se afanan por esas cosas. Ya sabe vuestro Padre del cielo que tenéis necesidad de todo eso. Sobre todo, buscad el reino de Dios y su justicia; lo demás se os dará por añadidura. Por tanto, no os agobiéis por el mañana, porque el mañana traerá su propio agobio. A cada día le bastan sus disgustos».

En el centro del Sermón de la montaña, Jesús habla con fuerza y claridad. Solo tenemos un corazón y tomamos una sola dirección: la de la libertad o la de la dependencia, caracterizada por el dinero. Partiendo de ahí, Jesús invita a habitar y ocuparse del presente, porque estar en el aquí y ahora sitúa en el plano de la confianza, confianza en un Dios bueno y en la bondad de la vida recibida. No porque no exista el riesgo de que todo se eche a perder y no porque no haya dificultades, sino porque al poner la seguridad en Dios, en su presencia en este mundo, crece el sentido de la gracia en nosotros, la certeza de que Dios nos cuida y nos convierte en cuidadores. Dios nos guarda y nos enseña a velar por los demás, eso es buscar el Reino y su justicia.

JUNIO

22

Domingo
CORPUS CHRISTI
San Paulino de Nola, San Juan Fisher y Santo Tomás Moro

Primera lectura: Génesis 14,18-20

Salmo 109: «Tú eres sacerdote eterno, según el rito de Melquisedec»

Segunda lectura: 1 Corintios 11,23-26

Evangelio: Lucas 9,11b-17

En aquel tiempo, Jesús se puso a hablar al gentío del reino de Dios y curó a los que lo necesitaban. Caía la tarde, y los Doce se le acercaron a decirle: «Despide a la gente; que vayan a las aldeas y cortijos de alrededor a buscar alojamiento y comida, porque aquí estamos en descampado». Él les contestó: «Dadles vosotros de comer». Ellos replicaron: «No tenemos más que cinco panes y dos peces; a no ser que vayamos a comprar de comer para todo este gentío». Porque eran unos cinco mil hombres. Jesús dijo a sus discípulos: «Decidles que se echen en grupos de unos cincuenta». Lo hicieron así, y todos se echaron. Él, tomando los cinco panes y los dos peces, alzó la mirada al cielo, pronunció la bendición sobre ellos, los partió y se los dio a los discípulos para que se los sirvieran a la gente. Comieron todos y se saciaron, y cogieron las sobras: doce cestos.

Jesús, el hombre que anduvo por esta tierra sembrando palabras que hacían revivir y gestos que devolvían la salud, el hombre que se conmovía con la debilidad y la necesidad de las gentes, el hombre que sorprendía continuamente, moviendo lo imposible y abriendo lo inaccesible, ese mismo se hizo bendición y comida para todos. Se hizo pan para los hambrientos, pan partido y repartido. La ofrenda de su vida es el misterio que nos une a él y nos hace hermanos, cuidadores unos de otros. Jesús alzó la mirada al cielo porque vivía sumergido en la abundancia del Padre, y de ese exceso quiere que participen todos. De ahí nace su vida entregada y la entrega que pide a sus discípulos: id y dad, servid a todos, no dejéis que nada se pierda. Jesús es desmesura que se derrama, alimento que sostiene; es entrega que hace vivir y presencia que no se agota; es nudo de amor que reúne en torno a su mesa. «Haced memoria de mí», continuad hablando palabras de vida, seguid tocando para curar y compartiendo los caminos; permaneced junto a mí, sed eucaristía, «amaos unos a otros como yo os he amado».

Primera lectura: Génesis 12,1-9

Salmo 32: Dichoso el pueblo que el Señor se escogió como heredad

Evangelio: Mateo 7,1-5

En aquel tiempo dijo Jesús a sus discípulos: «No juzguéis y no os juzgarán; porque os van a juzgar como juzguéis vosotros, y la medida que uséis la usarán con vosotros. ¿Por qué te fijas en la mota que tiene tu hermano en el ojo y no reparas en la viga que llevas en el tuyo? ¿Cómo puedes decirle a tu hermano: "Déjame que te saque la mota del ojo", teniendo una viga en el tuyo? Hipócrita, sácate primero la viga del ojo; entonces verás claro y podrás sacar la mota del ojo de tu hermano».

El evangelio pone delante retos, continuamente. En realidad, son aspiraciones profundas que iluminan el camino cristiano, que enseñan a vivir como seguidores de Jesús. Sucede así en este fragmento de Mateo, en el que hay una orientación ética y una advertencia de justicia humana que habla de reciprocidad. Pero detrás de este «no juzguéis» hay también una llamada a descubrir el modo de mirar de Dios y a entrar en su justicia, que tiene una hondura sorprendente. La justicia divina conduce siempre a la gratuidad y está ligada al amor. Es una justicia que rompe la dominación que produce el juicio y deshace el engaño de creerse dueños del bien y del mal. Ese engaño conduce a la hipocresía, a la trampa de la mentira, lleva a la división. Entrar en la medida de Dios, en su modo de ser, es lo que otorga la luz para ver en verdad.

Primera lectura: Isaías 49,1-6

Salmo 138: Te doy gracias, porque me has escogido portentosamente

Segunda lectura: Hechos de los Apóstoles 13,22-26

Evangelio: Lucas 1,57-66.80

A Isabel se le cumplió el tiempo del parto y dio a luz un hijo. Se enteraron sus vecinos y parientes de que el Señor le había hecho una gran misericordia, y la felicitaban. A los ocho días fueron a circuncidar al niño, y lo llamaban Zacarías, como a su padre. La madre intervino diciendo: «¡No! Se va a llamar Juan». Le replicaron: «Ninguno de tus parientes se llama así». Entonces preguntaban por señas al padre cómo quería que se llamase. Él pidió una tablilla y escribió: «Juan es su nombre». Todos se quedaron extrañados. Inmediatamente se le soltó la boca y la lengua, y empezó a hablar bendiciendo a Dios. Los vecinos quedaron sobrecogidos, y corrió la noticia por toda la montaña de Judea. Y todos los que lo oían reflexionaban, diciendo: «¿Qué va a ser este niño?». Porque la mano del Señor estaba con él. El niño iba creciendo y su carácter se afianzaba; vivió en el desierto hasta que se presentó a Israel.

El nacimiento de Juan está lleno de mensajes, de sorpresas y, sobre todo, de alegría. Aparece la misericordia, que lo recorre todo; la gran bondad de Dios, que miró a Zacarías e Isabel y se fijó en su necesidad: siempre la misericordia de Dios está cerca y ve a quien sufre. Encontramos a una mujer que habla, que responde con voz propia, que conoce por sí misma: siempre el paso de Dios hace visibles a los que el mundo convierte en anónimos. Para Dios, todos tenemos voz. Hay un hombre que recupera el habla, que despierta su alma agarrotada para bendecir y reconocer la obra de Dios: siempre Dios desata lo encogido y devuelve la confianza. Y están todos los demás, extrañados, asombrados y pensativos. Eso es lo que provoca la mano del Señor, la cercanía de Dios, y es lo que este nacimiento comunica: algo nuevo, grande y profundo está llegando. Juan es el precursor de Jesús, el rostro de la misericordia.

JUNIO

25 | Miércoles

Primera lectura: Génesis 15,1-12.17-18

Salmo 104: El Señor se acuerda de su alianza eternamente

Evangelio: Mateo 7,15-20

En aquel tiempo dijo Jesús a sus discípulos: «Cuidado con los falsos profetas; se acercan con piel de oveja, pero por dentro son lobos rapaces. Por sus frutos los conoceréis. A ver, ¿acaso se cosechan uvas de las zarzas o higos de los cardos? Los árboles sanos dan frutos buenos; los árboles dañados dan frutos malos. Un árbol sano no puede dar frutos malos ni un árbol dañado dar frutos buenos. El árbol que no da fruto bueno se tala y se echa al fuego. Es decir, que por sus frutos los conoceréis».

Jesús cuida de sus discípulos, les aconseja y previene. ¿Quiénes son los falsos profetas? Quienes crean división y se aprovechan de ella, quienes encandilan con ilusiones vacías y confunden. Hay lobos disfrazados que enfrentan, pero hay frutos que los desvelan. En el mundo siempre hay luchas. El evangelista está en un entorno de disputas y da voz a Jesús, que guía. Aquí invita al discernimiento, a la madurez cristiana, que es capaz de distinguir lo verdadero.

No hay un recetario, pero sí existe un sentido cristiano y criterios para reconocer lo auténtico. No son las teorías, ni las ideas elevadas, ni los ensueños, son los frutos de Evangelio y de seguimiento, de comunión y perseverancia, los que distinguen a los profetas auténticos. En la vida real se reconoce el fruto bueno.

JUNIO

26

Jueves
San Pelayo

Primera lectura: Génesis 16,1-12.15-16

Salmo 105: Dad gracias al Señor, porque es bueno

Evangelio: Mateo 7,21-29

En aquel tiempo dijo Jesús a sus discípulos: «No todo el que me dice: "Señor, Señor", entrará en el reino de los cielos, sino el que cumple la voluntad de mi Padre, que está en el cielo. Aquel día muchos dirán: "Señor, Señor, ¿no hemos profetizado en tu nombre, y en tu nombre echado demonios, y no hemos hecho en tu nombre muchos milagros?" Yo entonces les declararé: "Nunca os he conocido. Alejaos de mí, malvados". El que escucha estas palabras mías y las pone en práctica se parece a aquel hombre prudente que edificó su casa sobre roca. Cayó la lluvia, se salieron los ríos, soplaron los vientos y descargaron contra la casa; pero no se hundió, porque estaba cimentada sobre roca. El que escucha estas palabras mías y no las pone en práctica se parece a aquel hombre necio que edificó su casa sobre arena. Cayó la lluvia, se salieron los ríos, soplaron los vientos y rompieron contra la casa, y se hundió totalmente».

Al terminar Jesús este discurso, la gente estaba admirada de su enseñanza, porque les enseñaba con autoridad y no como los letrados.

En el fondo de este fragmento del evangelio resuena el himno de Pablo: aunque haga de profeta y realice cosas extraordinarias, aunque invoque al Señor y tenga conocimientos elevados…, si me falta el amor, no soy nada. Jesús nos ha revelado aquello por lo que conocerán que somos sus discípulos y cuál es la voluntad del Padre: el amor entre nosotros y la unidad de todos con el Padre, el Hijo y el Espíritu. Quien obra en esa dirección levanta su vida sobre roca firme y su fe es auténtica. Crear comunión y pasar por la vida haciendo el bien es escuchar la voz de Dios y poner en práctica sus palabras. Separar la fe de la vida y de la relación con los demás nos impide encontrar la puerta del Reino, la puerta del cielo en la tierra. Pero Jesús siempre nos enseña el camino con su Palabra.

JUNIO
27

Viernes
SAGRADO CORAZÓN DE JESÚS
San Cirilo de Alejandría

Primera lectura: Ezequiel 34,11-16

Salmo 22: El Señor es mi pastor, nada me falta

Segunda lectura: Romanos 5,5-11

Evangelio: Lucas 15,3-7

En aquel tiempo dijo Jesús a los fariseos y escribas esta parábola: «Si uno de vosotros tiene cien ovejas y se le pierde una, ¿no deja las noventa y nueve en el campo y va tras la descarriada, hasta que la encuentra? Y, cuando la encuentra, se la carga sobre los hombros, muy contento; y, al llegar a casa, reúne a los amigos y a los vecinos para decirles: "¡Felicitadme!, he encontrado la oveja que se me había perdido".

Os digo que así también habrá más alegría en el cielo por un solo pecador que se convierta que por noventa y nueve justos que no necesitan convertirse».

La parábola de la oveja perdida habla de una alegría exagerada, de la alegría del corazón de Dios. Desde aquí se teje toda la parábola. La historia no empieza bien, alguien se ha perdido, se ha separado y aislado y, además, rescatar no es algo sencillo, no es un escenario ideal. Sin embargo, un Dios conmovido aparece en escena y nada le detiene. Ni el escollo de no poder ocuparse inmediatamente de noventa y nueve ovejas, ni el peso que supondrá llevar sobre sí al extraviado, ni saber que alguien perdido, asustado y agotado no será fácil de reconducir. Nada detiene al pastor y nada iguala la alegría que provoca el encuentro. Esta felicidad y la necesidad de compartirla cierran las puertas de las críticas y censuras. Esto es lo que quiere Jesús que todos sepan, que un solo reencuentro lo vale todo, y así acalla toda murmuración en pro de lo que es la verdadera alegría: la de una relación recuperada. Juan de la Cruz decía que la contemplación pura consiste en recibir. Esta parábola revela qué unida está la misericordia a la contemplación, todo se resume en recibir y dejarse encontrar por el Dios que nos busca.

JUNIO

28

Sábado
Inmaculado Corazón de María
San Ireneo

Primera lectura: 1 Reyes 18,41-46

Salmo 102: El Señor es compasivo y misericordioso

Evangelio: Lucas 2,41-51

Los padres de Jesús solían ir cada año a Jerusalén por las fiestas de Pascua. Cuando Jesús cumplió doce años, subieron a la fiesta según la costumbre y, cuando terminó, se volvieron; pero el niño Jesús se quedó en Jerusalén, sin que lo supieran sus padres.

Estos, creyendo que estaba en la caravana, hicieron una jornada y se pusieron a buscarlo entre los parientes y conocidos; al no encontrarlo se volvieron a Jerusalén en su busca.

A los tres días lo encontraron en el templo, sentado en medio de los maestros, escuchándolos y haciéndoles preguntas; todos los que le oían quedaban asombrados de su talento y de las respuestas que daba. Al verlo se quedaron atónitos, y le dijo su madre: «Hijo, ¿por qué nos has tratado así? Mira que tu padre y yo te buscábamos angustiados». Él les contestó: «¿Por qué me buscabais? ¿No sabíais que yo debía estar en la casa de mi Padre?». Pero ellos no comprendieron lo que quería decir. Él bajó con ellos a Nazaret y siguió bajo su autoridad. Su madre conservaba todo esto en su corazón.

Ante el misterio de la encarnación surge la admiración y la perplejidad. Un asombro entre el temor y la confianza. El misterio sobrepasa cualquier cálculo y perspectiva humana. Algo de todo esto experimentaron, a ciegas, los maestros, y algo de esto sintieron, en una penumbra confiada, María y José. Para ellos no eran las primeras angustias e incertidumbres, pero tampoco era la primera vez que inclinaban el corazón ante Dios. María, con José, recorre el camino que le corresponde en el mundo y, al mismo tiempo, recoge en lo profundo todo lo que vive y va sucediendo. El desconcierto no le impide seguir acompañando a Jesús. Conservar todo en el corazón es un trabajo de fe, y María tiene una llave para abrir el Evangelio y un corazón que enseña a creer, porque guarda la verdad de su Hijo: su vida entera es estar con el Padre.

Domingo
San Pedro y San Pablo, apóstoles
XIII Tiempo Ordinario

Primera lectura: Hechos de los Apóstoles 12,1-11

Salmo 33: El Señor me libró de todas mis ansias

Segunda lectura: 2 Timoteo 4,6-8.17-18

Evangelio: Mateo 16,13-19

En aquel tiempo, al llegar a la región de Cesarea de Filipo, Jesús preguntó a sus discípulos: «¿Quién dice la gente que es el Hijo del hombre?». Ellos contestaron: «Unos que Juan Bautista, otros que Elías, otros que Jeremías o uno de los profetas». Él les preguntó: «Y vosotros, ¿quién decís que soy yo?». Simón Pedro tomó la palabra y dijo: «Tú eres el Mesías, el Hijo de Dios vivo». Jesús le respondió: «¡Dichoso tú, Simón, hijo de Jonás!, porque eso no te lo ha revelado nadie de carne y hueso, sino mi Padre, que está en el cielo. Ahora te digo yo: tú eres Pedro, y sobre esta piedra edificaré mi Iglesia, y el poder del infierno no la derrotará. Te daré las llaves del reino de los cielos; lo que ates en la tierra quedará atado en el cielo, y lo que desates en la tierra quedará desatado en el cielo».

Hay una bienaventuranza ligada a la fe, una dicha que nadie puede robar. Pedro y Pablo vivieron esta alegría, la de poder decir «para mí la vida es Cristo». Pedro reconoce a Jesús como Hijo de Dios, a pesar de no ser evidente, porque Jesús no es un Mesías al uso, revestido de grandiosidad. Pero el Dios que se muestra a los pequeños revela a Pedro la verdad y él se convierte en el primero entre muchos, primero en seguir a Jesús, primero entre los pequeños del Reino. Con su testimonio, Pedro se hace roca, vínculo profundo entre los seguidores que forman la nueva comunidad que nace de Jesús. La Iglesia de Jesús se funda sobre esta confesión: Jesús es el Hijo de Dios. La fe de cada creyente tiene ahí su raíz. Por eso, el mal no tiene la última palabra, porque Jesús está presente hasta el final del tiempo. La Iglesia permanece porque el Espíritu sostiene esta confesión en cada creyente. Jesús sigue preguntando a toda la comunidad eclesial y a cada uno de sus amigos: «¿Quién decís que soy yo?». ¿Quién dices que soy yo?

JUNIO

30

Lunes
Santos protomártires de la santa Iglesia romana

Primera lectura: Génesis 18,16-33

Salmo 102: El Señor es compasivo y misericordioso

Evangelio: Mateo 8,18-22

En aquel tiempo, viendo Jesús que lo rodeaba mucha gente, dio orden de atravesar a la otra orilla. Se le acercó un escriba y le dijo: «Maestro, te seguiré adonde vayas». Jesús le respondió: «Las zorras tienen madrigueras y los pájaros nidos, pero el Hijo del hombre no tiene donde reclinar la cabeza». Otro, que era discípulo, le dijo: «Señor, déjame ir primero a enterrar a mi padre». Jesús le replicó: «Tú, sígueme. Deja que los muertos entierren a sus muertos».

La gente va conociendo a Jesús y se interesa por él, ven que algo está sucediendo. Así aparecen estos dos aspirantes a discípulos que quieren seguir a Jesús, pero que empiezan poniendo condiciones. El escriba quiere seguridad y mantener de alguna manera su estatus. De ahí la respuesta de Jesús, que no habla solo de una posible inseguridad material, sino de un desprendimiento de otro orden, una «no seguridad», la de andar sin privilegios ni ventajas y no aprovecharse, en ningún sentido, del discipulado. Sin duda, Jesús, como buen judío, sabía que es importante ocuparse de los padres. Al discípulo que quiere ir a enterrar a su padre pretende abrirle los ojos al verdadero camino, que es unirse a la familia del Reino. Y al Reino se entra haciendo un camino de cambio profundo y de opciones nuevas, desligándose de un viejo orden y lanzándose al camino del servicio.

JULIO

1 | Martes

Primera lectura: Génesis 19,15-29

Salmo 25: Tengo ante mis ojos, Señor, tu bondad

Evangelio: Mateo 8,23-27

En aquel tiempo subió Jesús a la barca, y sus discípulos lo siguieron. De pronto se levantó un temporal tan fuerte que la barca desaparecía entre las olas; él dormía. Se acercaron los discípulos y lo despertaron, gritándole: «¡Señor, sálvanos, que nos hundimos!». Él les dijo: «¡Cobardes!

¡Qué poca fe!». Se puso en pie, increpó a los vientos y al lago, y vino una gran calma.

Ellos se preguntaban admirados: «¿Quién es este? ¡Hasta el viento y el agua le obedecen!».

El primer tripulante de este relato, lleno de simbolismo, es Jesús. Una barca –la vida misma, la Iglesia– en medio de una gran tempestad y un hombre que con su palabra devuelve la paz y la seguridad. Es un momento pascual el que viven aquí los discípulos: Jesús duerme, como durmió en la muerte del sepulcro, pero despierta, resucita. Hay una llamada poderosa a creer, a renovar la fe en el Viviente, en el enviado de Dios, y surge el asombro, una admiración creyente, porque apaciguar el mar era cosa de dioses. Aunque sea con palabras fuertes, Jesús se vuelve a sus discípulos, deben saber que nunca va a faltarles su palabra y su mirada. La tempestad forma parte de la vida, hay una fragilidad que no se puede domesticar, pero Jesús no invita a bajar de la barca y buscar tierra firme, sino a ir mar adentro.

JULIO

2

Miércoles

Primera lectura: Génesis 21,5.8-20

Salmo 33: Si el afligido invoca al Señor, él lo escucha

Evangelio: Mateo 8,28-34

En aquel tiempo llegó Jesús a la otra orilla, a la región de los gerasenos. Desde el cementerio, dos endemoniados salieron a su encuentro; eran tan furiosos que nadie se atrevía a transitar por aquel camino. Y le dijeron a gritos: «¿Qué quieres de nosotros, Hijo de Dios? ¿Has venido a atormentarnos antes de tiempo?». Una gran piara de cerdos a distancia estaba hozando. Los demonios le rogaron: «Si nos echas, mándanos a la piara». Jesús les dijo: «Id». Salieron y se metieron en los cerdos. Y la piara entera se abalanzó acantilado abajo y se ahogó en el agua. Los porquerizos huyeron al pueblo y lo contaron todo, incluyendo lo de los endemoniados. Entonces el pueblo entero salió a donde estaba Jesús y, al verlo, le rogaron que se marchara de su país.

Jesús aparece solo en esta escena y deja ver su autoridad, siempre inclinada al bien. No se trata de un solo endemoniado, son dos, y así Mateo puede reflejar un conjunto, la comunidad de «paganos», los de fuera, los que no están en la línea del Espíritu, pero a quienes también la salud de la salvación quiere alcanzar. Los endemoniados reflejan la violencia, siembran el miedo y están como muertos, viven entre sepulcros. Es Jesús quien ha ido a la otra orilla a encontrarse con ellos, adelantándose a los tiempos y rompiendo lo previsto para traer la luz y para devolver a todos a la vida de hijos de Dios. Sin embargo, la desconfianza y la cerrazón impide a la gente acogerle. Jesús se ha adelantado, cuesta abrir los ojos y dejarse salvar, pero él no deja de ir a la otra orilla, al encuentro de todos.

JULIO

3

Jueves
SANTO TOMÁS, APÓSTOL

Primera lectura: Efesios 2,19-22

Salmo 116: Id al mundo entero y proclamad el Evangelio

Evangelio: Juan 20,24-29

Tomás, uno de los Doce, llamado el Mellizo, no estaba con ellos cuando vino Jesús. Y los otros discípulos le decían: «Hemos visto al Señor». Pero él les contestó: «Si no veo en sus manos la señal de los clavos, si no meto el dedo en el agujero de los clavos y no meto la mano en su costado, no lo creo».

A los ocho días estaban otra vez dentro los discípulos y Tomás con ellos. Llegó Jesús, estando cerradas las puertas, se puso en medio y dijo: «Paz a vosotros». Luego dijo a Tomás: «Trae tu dedo, aquí tienes mis manos; trae tu mano y métela en mi costado; y no seas incrédulo, sino creyente». Contestó Tomás: «¡Señor mío y Dios mío!». Jesús le dijo: «¿Porque me has visto has creído? Dichosos los que crean sin haber visto».

El apóstol Tomás ha abierto para todos una puerta. La historia lo recuerda como el que no estuvo donde debía estar y como el obstinado escéptico que no creyó. Es cierto. Y también lo es que parece fiarse solo de sí mismo. Todo esto no habla bien de él y se convierte en llamada de atención, pero Tomás arroja mucha luz en el camino creyente. Él recuerda que hemos de confiar en el testimonio de los demás, pero que hay una llamada a hacer experiencia propia, a buscar con toda la fuerza la presencia real del Señor, a ir al brocal del pozo a encontrarse con el Señor del agua viva, hasta poder decir con Job: «Antes te conocía de oídas, pero ahora te he visto». El Resucitado concede a Tomás lo que necesita, Cristo siempre sale al paso, para que podamos reconocerle; lo decía Teresa de Jesús, que, «como es Señor, consigo trae la libertad, y como nos ama, hácese a nuestra medida». Con la bienaventuranza de la fe, Jesús nos une a los creyentes de todos los tiempos, que podemos seguir confesando: «¡Señor mío y Dios mío!».

JULIO

4 | Viernes
Santa Isabel de Portugal

Primera lectura: Génesis 23,1-4.19; 24,1-8.62-67

Salmo 105: Dad gracias al Señor, porque es bueno

Evangelio: Mateo 9,9-13

En aquel tiempo vio Jesús al pasar a un hombre llamado Mateo, sentado al mostrador de los impuestos, y le dijo: «Sígueme». Él se levantó y lo siguió. Y, estando en la mesa en casa de Mateo, muchos publicanos y pecadores, que habían acudido, se sentaron con Jesús y sus discípulos. Los fariseos, al verlo, preguntaron a los discípulos: «¿Cómo es que vuestro maestro come con publicanos y pecadores?». Jesús lo oyó y dijo: «No tienen necesidad de médico los sanos, sino los enfermos. Andad, aprended lo que significa "misericordia quiero y no sacrificios": que no he venido a llamar a los justos, sino a los pecadores».

Acercarse a lo despreciable resulta meritorio; no evitar al mezquino ni al ruin es ejemplar, pero mezclarse, implicarse y complicarse con los no dignos resulta impropio del buen orden establecido y de las buenas personas que lo mantienen. Es inevitable que Jesús altere con su manera de ser y de actuar, porque interrumpe lo que parece que está funcionando. «Simplemente» porque quiere que esté con él uno de esos y porque pasa con él de la mesa de la vergüenza a la de la fraternidad. «Sígueme» –dice–, y en la mesa compartida, que es salud y es para todos, repartiremos misericordia. Unas palabras del hermano Roger de Taizé iluminan esta palabra, para cada Mateo, para cada seguidor: «Tú, que, sin mirar hacia atrás, quieres seguir a Cristo, prepárate, mediante una vida bien simple, a luchar con un corazón reconciliado… Si pierdes la misericordia, lo has perdido todo».

JULIO

5

Sábado
San Antonio María Zaccaría

Primera lectura: Génesis 27,1-5.15-29

Salmo 134: Alabad al Señor, porque es bueno

Evangelio: Mateo 9,14-17

En aquel tiempo se acercaron los discípulos de Juan a Jesús, preguntándole: «¿Por qué nosotros y los fariseos ayunamos a menudo y, en cambio, tus discípulos no ayunan?».

Jesús les dijo: «¿Es que pueden guardar luto los invitados a la boda mientras el novio está con ellos? Llegará un día en que se lleven al novio, y entonces ayunarán. Nadie echa un remiendo de paño sin remojar a un manto pasado; porque la pieza tira del manto y deja un roto peor. Tampoco se echa vino nuevo en odres viejos, porque revientan los odres, se derrama el vino y los odres se estropean; el vino nuevo se echa en odres nuevos, y así las dos cosas se conservan».

Jesús suscita preguntas, y el modo de vivir que ha infundido en sus discípulos despierta interés. Los discípulos no son un grupo de ascetas, la Iglesia que está naciendo no es un conjunto de cumplidores, sino que la comunidad que sigue a Jesús nace de la experiencia de salvación que viven con él. Por eso, a esta comunidad la distingue la alegría, y su norma fundamental es el amor, porque el Reino es una boda: Dios se une a la humanidad y Jesús es el novio. Su ausencia, solo producida porque la muerte lo arrebate, evoca los sufrientes de este mundo, y por eso el ayuno está ligado a la solidaridad y a la compasión en el seguimiento de Jesús. Este es el vino nuevo, una nueva fe que es confianza sin límites en un Dios que prepara un banquete para todos y una nueva fraternidad en torno a Jesús.

JULIO

6

Domingo
XIV Tiempo Ordinario
Santa María Goretti

Primera lectura: Isaías 66,10-14

Salmo 65: Aclamad al Señor, tierra entera

Segunda lectura: Gálatas 6,14-18

Evangelio: Lucas 10,1-12.17-20

En aquel tiempo designó el Señor otros setenta y dos y los mandó por delante, de dos en dos, a todos los pueblos y lugares adonde pensaba ir él. Y les decía: «La mies es abundante y los obreros, pocos; rogad, pues, al dueño de la mies que mande obreros a su mies. ¡Poneos en camino! Mirad que os mando como corderos en medio de lobos. No llevéis talega, ni alforja, ni sandalias; y no os detengáis a saludar a nadie por el camino. Cuando entréis en una casa, decid primero: "Paz a esta casa". Y, si allí hay gente de paz, descansará sobre ellos vuestra paz; si no, volverá a vosotros. Quedaos en la misma casa, comed y bebed de lo que tengan, porque el obrero merece su salario. No andéis cambiando de casa. Si entráis en un pueblo y os reciben bien, comed lo que os pongan, curad a los enfermos que haya y decid: "Está cerca de vosotros el reino de Dios". Cuando entréis en un pueblo y no os reciban, salid a la plaza y decid: "Hasta el polvo de vuestro pueblo, que se nos ha pegado a los pies, nos lo sacudimos sobre vosotros. De todos modos, sabed que está cerca el reino de Dios". Os digo que aquel día será más llevadero para Sodoma que para ese pueblo».

Los setenta y dos volvieron muy contentos y le dijeron: «Señor, hasta los demonios se nos someten en tu nombre». Él les contestó: «Veía a Satanás caer del cielo como un rayo. Mirad: os he dado potestad para pisotear serpientes y escorpiones y todo el ejército del enemigo. Y no os hará daño alguno. Sin embargo, no estéis alegres porque se os someten los espíritus; estad alegres porque vuestros nombres están inscritos en el cielo».

¡Poneos en camino! La palabra de Jesús resuena con fuerza y un aliento de confianza recorre este envío de los discípulos, que se convierte en modelo para la Iglesia de todos los tiempos. Es el Señor el que llama y destina y él prepara para la misión. Reconocerse enviados infunde una decisión que permite moverse entre los lobos y sortear cada dificultad. También hace andar ligeros de equipaje, con medios limitados y poniendo la seguridad en quien ha puesto en marcha lo único que importa: el reino de Dios. Ahí reside el empuje y la pasión de los discípulos. Orar, llevar la paz en las manos, infundir salud y aplacar el mal, esa es la tarea. Y todo esto sin imponer ni forzar nada, sin amenazas, viviendo entre la gente sencillamente. Como siempre que el Reino anda por medio, la alegría lo traspasa todo. La elección, el envío, los logros y la vida que se comunica llenan de contento, pero lo que regala una alegría indestructible es la certeza del amor de Dios, que nos conoce y guarda en su memoria la vida de todos, para que no tenga fin.

JULIO

7 | Lunes

Primera lectura: Génesis 28,10-22

Salmo 90: Dios mío, confío en ti

Evangelio: Mateo 9,18-26

En aquel tiempo, mientras Jesús hablaba, se acercó un personaje que se arrodilló ante él y le dijo: «Mi hija acaba de morir. Pero ven tú, ponle la mano en la cabeza y vivirá». Jesús lo siguió con sus discípulos.

Entretanto, una mujer que sufría flujos de sangre desde hacía doce años se le acercó por detrás y le tocó el borde del manto, pensando que con solo tocarle el manto se curaría. Jesús se volvió y, al verla, le dijo: «¡Ánimo, hija! Tu fe te ha curado». Y en aquel momento quedó curada la mujer.

Jesús llegó a casa del personaje y, al ver a los flautistas y el alboroto de la gente, dijo: «¡Fuera! La niña no está muerta, está dormida». Se reían de él. Cuando echaron a la gente entró él, cogió a la niña de la mano y ella se puso en pie. La noticia se divulgó por toda aquella comarca.

Dos mujeres ante Jesús y él rasgando la tradición, como se rasga un manto cuando algo nuevo tiene que surgir. Una mujer impura y una niña, símbolos de lo que no es, de lo incompleto, de lo ilegítimo. Y Jesús da la vuelta a todo, acoge a la persona distinguida y a la irrelevante, mira la necesidad y aprecia la fe. Jesús reconoce a las mujeres como personas enteras y les devuelve lo que la sinrazón les ha usurpado. No polemiza, actúa –y de un modo inaudito, con cariño–: toca y se deja tocar. Una familiaridad, una proximidad no vista. Si detrás de una mujer a la que se le apaga la vida y de una niña inerte hemos de ver al pueblo que dio a luz a Jesús, a Israel, caminando a tientas, también vemos aquí al hombre que devuelve el ánimo y levanta, que cura y reaviva.

JULIO

8 | Martes

Primera lectura: Génesis 32,23-33

Salmo 16: Con mi apelación, Señor, vengo a tu presencia

Evangelio: Mateo 9,32-38

En aquel tiempo presentaron a Jesús un endemoniado mudo. Echó al demonio, y el mudo habló. La gente decía admirada: «Nunca se ha visto en Israel cosa igual». En cambio, los fariseos decían: «Este echa los demonios con el poder del jefe de los demonios». Jesús recorría todas las ciudades y aldeas, enseñando en sus sinagogas, anunciando el evangelio del reino y curando todas las enfermedades y todas las dolencias. Al ver a las gentes se compadecía de ellas, porque estaban extenuadas y abandonadas, como ovejas que no tienen pastor. Entonces dijo a sus discípulos: «La mies es abundante, pero los trabajadores son pocos: rogad, pues, al señor de la mies que mande trabajadores a su mies».

Jesús no deja indiferente. Quienes no tienen prejuicios ni recelan del bien intuyen su novedad; quienes miran con desconfianza, en todo encuentran motivo para sospechar. Pero Jesús no se detiene, recorre su camino enseñando, es el Maestro bueno que inculca la verdad de Dios, y esa es la Buena Noticia que anuncia: el Reino es la revelación de un Dios diferente, ajeno a ordenanzas, próximo a todo lo humano y creador de comunión. Por eso el Reino que llega desata lo encadenado y oprimido y devuelve la voz en la persona de Jesús, que es el rostro de la misericordia y que hace de la compasión principio de su misión en la tierra. Jesús, estremecido ante el dolor y la desorientación de la gente, vuelve todo hacia el Padre, en un gesto de oración que busca suscitar «trabajadores», amigos de Dios para esparcir la Buena Nueva.

JULIO

9

Miércoles
San Agustín Zhao Rong y comps. márts.

Primera lectura: Génesis 41,55-57; 42,5-7.17-24

Salmo 32: Que tu misericordia, Señor, venga sobre nosotros, como lo esperamos de ti

Evangelio: Mateo 10,1-7

En aquel tiempo, Jesús, llamando a sus doce discípulos, les dio autoridad para expulsar espíritus inmundos y curar toda enfermedad y dolencia. Estos son los nombres de los doce apóstoles: el primero, Simón, llamado Pedro, y su hermano Andrés; Santiago el Zebedeo y su hermano Juan; Felipe y Bartolomé, Tomás y Mateo, el publicano; Santiago el de Alfeo y Tadeo; Simón el Celote y Judas Iscariote, el que lo entregó. A estos doce los envió Jesús con estas instrucciones: «No vayáis a tierra de gentiles ni entréis en las ciudades de Samaría, sino id a las ovejas descarriadas de Israel. Id y proclamad que el reino de los cielos está cerca».

Desde el comienzo, Jesús crea comunidad. No solo porque llama a un grupo de seguidores en torno a él, sino también porque comparte con ellos todo lo que tiene. Lo que ha recibido del Padre, Jesús lo comunica a sus discípulos: una autoridad de vida que es servicio absoluto y dedicación al cuidado de los demás. La llamada a los discípulos está precedida por una gran actividad por parte de Jesús, y eso forma parte de la pedagogía profunda de la llamada. Jesús infunde a sus discípulos su pasión, la urgencia del Reino: ¡id! La indiferencia es lo opuesto al envío, un envío de liberación que consagra y una dedicación que se irá desplegando para hacerse universal y crear lazos de fraternidad. Jesús nos llama por nuestro nombre, como a cada uno de los Doce, para proclamar, iluminar y libertar siguiéndole.

JULIO

10 | Jueves

Primera lectura: Génesis 44,18-21.23b-29; 45,1-5

Salmo 104: Recordad las maravillas que hizo el Señor

Evangelio: Mateo 10,7-15

En aquel tiempo dijo Jesús a sus apóstoles: «Id y proclamad que el reino de los cielos está cerca. Curad enfermos, resucitad muertos, limpiad leprosos, echad demonios. Lo que habéis recibido gratis, dadlo gratis. No llevéis en la faja oro, plata ni calderilla; ni tampoco alforja para el camino, ni túnica de repuesto, ni sandalias, ni bastón; bien merece el obrero su sustento. Cuando entréis en un pueblo o aldea, averiguad quién hay allí de confianza y quedaos en su casa hasta que os vayáis. Al entrar en una casa, saludad; si la casa se lo merece, la paz que le deseáis vendrá a ella. Si no se lo merece, la paz volverá a vosotros. Si alguno no os recibe o no os escucha, al salir de su casa o del pueblo sacudid el polvo de los pies. Os aseguro que el día del juicio les será más llevadero a Sodoma y Gomorra que a aquel pueblo».

El camino de Jesús pone todo en movimiento: lo de dentro y lo de fuera. El Reino es circular, en todos los sentidos: su corriente no se detiene, lo que se recibe es para darlo y lo que se crea es un círculo nuevo. Hay que ir siempre adelante para realizar las obras de la luz. «Si no conocemos que recibimos, no despertamos a amar», decía Teresa de Jesús; de ahí nace la gratuidad en el seguimiento. Las obras de amor que definen el trabajo del Reino han de renovar vidas, por eso Jesús pide a sus discípulos que provoquen encuentros y confianza allá donde vayan. Y que lleven la paz. Una paz que toque la vida social, no solo la intimidad y el corazón; han de llevarla sin armaduras y han de aceptar que será muchas veces una paz derrotada, porque el poder del Reino es un poder desarmado.

JULIO

11 | **Viernes**
San Benito, patrono de Europa

Primera lectura: Proverbios 2,1-9

Salmo 33: Bendigo al Señor en todo momento

Evangelio: Mateo 19,27-29

En aquel tiempo dijo Pedro a Jesús: «Nosotros lo hemos dejado todo y te hemos seguido; ¿qué nos va a tocar?». Jesús les dijo: «Os aseguro: cuando llegue la renovación y el Hijo del hombre se siente en el trono de su gloria, también vosotros, los que me habéis seguido, os sentaréis en doce tronos para regir a las doce tribus de Israel. El que por mí deja casa, hermanos o hermanas, padre o madre, mujer, hijos o tierras, recibirá cien veces más y heredará la vida eterna».

La pregunta de Pedro resulta extraña e incluso interesada, pero encuentra su sentido en la respuesta de Jesús y en sus palabras sobre la vida eterna. No es una pregunta ligera, habla un hombre que ha dejado atrás lo que tenía y también lo que era. Se ha fiado, pero todavía no acaba de ver ni de entender. A pesar de eso confía y sigue a Jesús. Pedro revela una sabiduría en camino, la de quien ya ha experimentado el valor de haber ligado la vida a Jesús y busca una respuesta para comprender el viaje de la nueva vida iniciada con él. Entiende en la respuesta de Jesús el modo de seguir adelante. Una nueva familia que amplía el horizonte, un cambio en el orden que había aprendido y que ahora le regala la abundancia de una fraternidad ilimitada y una confirmación: la gloria está ligada al desprendimiento.

JULIO

12 | Sábado

Primera lectura: Génesis 49,29-33; 50,15-24

Salmo 104: Humildes, buscad al Señor, y vivirá vuestro corazón

Evangelio: Mateo 10,24-33

En aquel tiempo dijo Jesús a sus apóstoles: «Un discípulo no es más que su maestro ni un esclavo más que su amo; ya le basta al discípulo con ser como su maestro y al esclavo como su amo.

Si al dueño de la casa lo han llamado Belcebú, ¡cuánto más a los criados! No les tengáis miedo, porque nada hay cubierto que no llegue a descubrirse; nada hay escondido que no llegue a saberse. Lo que os digo de noche decidlo en pleno día, y lo que escuchéis al oído pregonadlo desde la azotea. No tengáis miedo a los que matan el cuerpo, pero no pueden matar el alma. No, temed al que puede destruir con el fuego alma y cuerpo. ¿No se venden un par de gorriones por unos cuartos? Y, sin embargo, ni uno solo cae al suelo sin que lo disponga vuestro Padre. Pues vosotros, hasta los cabellos de la cabeza tenéis contados. Por eso, no tengáis miedo; no hay comparación entre vosotros y los gorriones. Si uno se pone de mi parte ante los hombres, yo también me pondré de su parte ante mi Padre del cielo. Y si uno me niega ante los hombres, yo también lo negaré ante mi Padre del cielo».

El Maestro marca el camino y prepara para las dificultades. En el seguimiento habrá contradicción y oposición, pero Jesús va delante y su palabra consolida todo en la confianza: «No tengáis miedo». La luz es el hábitat del discipulado, y eso desarma a los contrarios, que solo pueden tocar la superficie, no alcanzan lo profundo de la persona ni pueden destruirla. El Padre cuida de todos, está consagrado a velar y proteger a sus hijos y nada puede romper ese lazo desde fuera. Jesús es la razón y la raíz del seguimiento, no hay otro motivo, y comprometerse con él implica aceptar las dificultades que pueden venir por confesar su nombre y mantenerse en su camino. Permanecer en el discipulado y ser amigo de Jesús hasta el fin es hacer realidad la norma de san Benito: «No anteponer nada al amor de Cristo».

Domingo
XV Tiempo Ordinario
San Enrique

Primera lectura: Deuteronomio 30,10-14

Salmo 68: Humildes, buscad al Señor, y revivirá vuestro corazón

Segunda lectura: Colosenses 1,15-20

Evangelio: Lucas 10,25-37

En aquel tiempo se presentó un maestro de la Ley y le preguntó a Jesús para ponerlo a prueba: «Maestro, ¿qué tengo que hacer para heredar la vida eterna?». Él le dijo: «¿Qué está escrito en la Ley? ¿Qué lees en ella?». Él contestó: «Amarás al Señor, tu Dios, con todo tu corazón y con toda tu alma y con todas tus fuerzas y con todo tu ser. Y al prójimo como a ti mismo». Él le dijo: «Bien dicho. Haz esto y tendrás la vida». Pero el maestro de la Ley, queriendo justificarse, preguntó a Jesús: «¿Y quién es mi prójimo?». Jesús dijo: «Un hombre bajaba de Jerusalén a Jericó, cayó en manos de unos bandidos, que lo desnudaron, lo molieron a palos y se marcharon, dejándolo medio muerto. Por casualidad, un sacerdote bajaba por aquel camino y, al verlo, dio un rodeo y pasó de largo. Y lo mismo hizo un levita que llegó a aquel sitio: al verlo dio un rodeo y pasó de largo.

Pero un samaritano que iba de viaje llegó a donde estaba él y, al verlo, le dio lástima, se le acercó, le vendó las heridas, echándoles aceite y vino, y, montándolo en su propia cabalgadura, lo llevó a una posada y lo cuidó. Al día siguiente sacó dos denarios y, dándoselos al posadero, le dijo: "Cuida de él, y lo que gastes de más yo te lo pagaré a la vuelta". ¿Cuál de estos tres te parece que se portó como prójimo del que cayó en manos de los bandidos?». Él contestó: «El que practicó la misericordia con él». Díjole Jesús: «Anda, haz tú lo mismo».

Verbos, preguntas y respuestas pueblan esta parábola entrañable e impactante. Hacer: ¿qué tengo que hacer?... haz esto; y ser: ¿quién es mi prójimo?... sé prójimo. Los opuestos hablan: el cumplidor quebranta y el oficial falta, de modo que los puros se manchan por su indiferencia mientras que el despreciable se dignifica por su misericordia. Todo está ligado por algo común: la compasión, una compasión activa. La Ley ofrece un impermeable protector que lleva a cerrar los ojos, a olvidar la caridad y a salir del presente, lugar de encuentro con el prójimo. El cumplimiento levanta muros que impiden sentir con los demás y llegar a afectarse: hay una observancia que adormece el corazón. Sin embargo, no hay oficio, cargo o ministerio que esté por encima del amor y justifique la tibieza. Hacerse prójimo es hacer propios los rasgos de Jesús. Ver, conmoverse, acercarse, tocar, curar, cargar, albergar, gastar de lo propio... Todos son verbos cristológicos y, a su vez, tienen pleno sentido ético. No hay prójimos remotos ni abstractos, todos somos prójimos de todos, y andar como tales es tener vida, la vida que ofrece Jesús.

JULIO

14

Lunes
San Camilo de Lelis

Primera lectura: Éxodo 1,8-14.22

Salmo 123: Nuestro auxilio es el nombre del Señor

Evangelio: Mateo 10,34-11,1

En aquel tiempo dijo Jesús a sus apóstoles: «No penséis que he venido a la tierra a sembrar paz; no he venido a sembrar paz, sino espadas. He venido a enemistar al hombre con su padre, a la hija con su madre, a la nuera con su suegra; los enemigos de cada uno serán los de su propia casa. El que quiere a su padre o a su madre más que a mí no es digno de mí; el que quiere a su hijo o a su hija más que a mí no es digno de mí; y el que no coge su cruz y me sigue no es digno de mí. El que encuentre su vida la perderá, y el que pierda su vida por mí la encontrará. El que os recibe a vosotros me recibe a mí, y el que me recibe, recibe al que me ha enviado; el que recibe a un profeta porque es profeta tendrá paga de profeta; y el que recibe a un justo porque es justo tendrá paga de justo. El que dé a beber, aunque no sea más que un vaso de agua fresca, a uno de estos pobrecillos solo porque es mi discípulo, no perderá su paga, os lo aseguro». Cuando Jesús acabó de dar instrucciones a sus doce discípulos partió de allí para enseñar y predicar en sus ciudades.

Jesús es la paz y la espada. Puede ser difícil de entender, porque Jesús ha anunciado y traído en su persona una paz indestructible. Sin embargo, cuando se entra en el seguimiento y se descubre el significado de la llamada, se entiende que el camino de Jesús rompe con cualquier mundo de relaciones que no esté arraigado en la justicia. La espada abre un mundo cerrado sobre sí mismo, y «querer más» a alguien que a Jesús significa dar preferencia a un estilo donde hay dominación y un nudo de repetición que perpetúa lo injusto. Por eso, ligar la existencia a Jesús cambia todo, se encuentra una nueva vida de apertura y no solo para cada discípulo, porque el mensaje de Jesús alcanza también lo comunitario y la sociedad. El mensaje del Reino no se limita a lo individual, la Iglesia existe para entregar a todos la Buena Noticia.

Primera lectura: Éxodo 2,1-15

Salmo 68: Humildes, buscad al Señor, y vivirá vuestro corazón

Evangelio: Mateo 11,20-24

En aquel tiempo se puso Jesús a recriminar a las ciudades donde había hecho casi todos sus milagros, porque no se habían convertido: «¡Ay de ti, Corozaín; ay de ti, Betsaida! Si en Tiro y en Sidón se hubieran hecho los milagros que en vosotras, hace tiempo que se habrían convertido, cubiertas de sayal y ceniza. Os digo que el día del juicio les será más llevadero a Tiro y a Sidón que a vosotras. Y tú, Cafarnaún, ¿piensas escalar el cielo? Bajarás al infierno. Porque si en Sodoma se hubieran hecho los milagros que en ti, habría durado hasta hoy. Os digo que el día del juicio le será más llevadero a Sodoma que a ti».

El Evangelio es don y libertad. La Buena Noticia se ofrece, jamás se impone, sería su propia desintegración. Jesús no obliga ni intimida, aunque amonesta; se brinda e invita, pero soporta el rechazo sin echarse atrás. No es el desconocimiento lo que ciega, sino la dureza de corazón y una suficiencia que impide ver incluso lo que está revelándose ante los propios ojos, que lleva a negar la luz que se hace presente y elegir la tiniebla. Hay una sordera voluntaria que resiste al cambio, que levanta muros que acaban siendo precipicios. Resuenan aquí las palabras del evangelio de Juan, que avisan, invitan y revelan: «Vino a los suyos y los suyos no le recibieron, pero a quienes le recibieron les dio poder para ser hijos de Dios».

Miércoles
Nuestra Señora del Carmen

Primera lectura: Éxodo 3,1-6.9-12

Salmo 102: El Señor es compasivo y misericordioso

Evangelio: Mateo 11,25-27

En aquel tiempo exclamó Jesús: «Te doy gracias, Padre, Señor de cielo y tierra, porque has escondido estas cosas a los sabios y entendidos y se las has revelado a la gente sencilla. Sí, Padre, así te ha parecido mejor. Todo me lo ha entregado mi Padre, y nadie conoce al Hijo más que el Padre, y nadie conoce al Padre sino el Hijo y aquel a quien el Hijo se lo quiera revelar».

Escuchar a Jesús es el mejor modo de conocerle y seguirle. Siempre que habla de Dios desvela algo de él, algo determinante para la fe de cada creyente. Las palabras de Jesús hablan de un Dios que elige a los sencillos para mostrarse. Entre sus oyentes había mujeres, galileos, campesinos pobres... todos menores en su entorno; sin embargo, el Padre los ha preferido para darse a conocer y manifestar así el camino de su Sabiduría, porque ella avanza desde abajo. A este Padre, Dios de los cristianos, solo podemos conocerlo en Jesús, y él nos regala su experiencia, nos hermana en ella. Al dar gracias al Padre, Jesús nos enseña algo muy importante: dar gracias forma parte del anuncio del Reino. El agradecimiento es señal de la presencia del Espíritu, y él es el revelador de la asombrosa relación entre el Padre y el Hijo, a la que somos llamados.

Primera lectura: Éxodo 3,11-20

Salmo 104: El Señor se acuerda de su alianza eternamente

Evangelio: Mateo 11,28-30

En aquel tiempo exclamó Jesús: «Venid a mí todos los que estáis cansados y agobiados, y yo os aliviaré. Cargad con mi yugo y aprended de mí, que soy manso y humilde de corazón, y encontraréis vuestro descanso. Porque mi yugo es llevadero y mi carga, ligera».

Hay lazos que liberan y vínculos que alivian; hay palabras tan humanas que solo pueden venir de Dios. El Cristo dulce que llama a unirse a él no solo pretende mover a imitación, sino que está revelando quién es y por qué seguirle. Está abriendo una puerta para tomar su yugo, que compromete la vida, pero sin abrumar, llevándola al nuevo servicio que es atarse a él: una nueva justicia de misericordia y un deber de alegría que comunica la salvación que trae. La humildad y la bondad de Jesús nos hacen descubrir al Crucificado detrás del consuelo de sus palabras. Aprender de él es comprender que el camino de las bienaventuranzas no es una carrera para adquirir virtudes, sino una pista para encontrar la puerta al don. Los agotados y vencidos pueden descansar en Jesús, y sus seguidores, unidos a él, deben sostener a los dolientes del mundo.

18 | Viernes

Primera lectura: Éxodo 11,10-12,14

Salmo 115: Alzaré el cáliz de la salvación, invocando el nombre del Señor

Evangelio: Mateo 12,1-8

Un sábado de aquellos, Jesús atravesaba un sembrado; los discípulos, que tenían hambre, empezaron a arrancar espigas y a comérselas. Los fariseos, al verlo, le dijeron: «Mira, tus discípulos están haciendo una cosa que no está permitida en sábado». Les replicó: «¿No habéis leído lo que hizo David cuando él y sus hombres sintieron hambre? Entró en la casa de Dios y comieron de los panes presentados, cosa que no les estaba permitida ni a él ni a sus compañeros, sino solo a los sacerdotes. ¿Y no habéis leído en la Ley que los sacerdotes pueden violar el sábado en el templo sin incurrir en culpa? Pues os digo que aquí hay uno que es más que el templo. Si comprendierais lo que significa "quiero misericordia y no sacrificio", no condenaríais a los que no tienen culpa. Porque el Hijo del hombre es señor del sábado».

Jesús hace temblar un poco el suelo firme en el que se apoya la religión que ha recibido de sus padres. Él es un fiel judío, pero su experiencia con el Padre remueve un modo de vivir la Ley que no solo olvida al ser humano, sino que termina por olvidar al mismo Dios. Así es como los buenos fariseos terminan por vivir al acecho, celosos del formalismo, mientras los discípulos de Jesús van contagiándose del aire que ha traído su Buena Noticia. La controversia es inevitable, Jesús da un paso adelante y se sitúa en el mismo plano que Dios, es más que el Templo y es señor del sábado, porque es, ante todo, misericordia, y la misericordia es la fuente de la libertad. El sábado y toda la Ley no pueden anular lo humano, porque Dios lo ha elegido para revelar su bondad.

JULIO

19 | Sábado

Primera lectura: Éxodo 12,37-42

Salmo 135: Porque es eterna su misericordia

Evangelio: Mateo 12,14-21

En aquel tiempo, los fariseos planearon el modo de acabar con Jesús. Pero Jesús se enteró, se marchó de allí, y muchos le siguieron. Él los curó a todos, mandándoles que no lo descubrieran. Así se cumplió lo que dijo el profeta Isaías: «Mirad a mi siervo, mi elegido, mi amado, mi predilecto. Sobre él he puesto mi espíritu para que anuncie el derecho a las naciones. No porfiará, no gritará, no voceará por las calles. La caña cascada no la quebrará, el pábilo vacilante no lo apagará, hasta implantar el derecho; en su nombre esperarán las naciones».

Mi siervo y mi amado, dos caras de la elección, el siervo sufriente y el resucitado. Jesús es el hombre incomprendido y deseado, rechazado y aplaudido. Cuando se entera de que quieren eliminarlo, decide marcharse, pero para hacer salvación, para curar. Es perseguido, pero elige anunciar el derecho, devolver la justicia de Dios a los hombres; una justicia no violenta, que reconcilia y reúne a todos. Hay un conflicto de autoridades y mucho miedo soterrado que se volverá violento contra Jesús. Pero su elección es definitiva, no se impondrá con gritos, no avasallará, tomará lo frágil para sostenerlo. Implantar el derecho es un servicio de misericordia. Su meta es encaminar al

mundo hacia Dios y devolver la esperanza que llamea débil-
mente, por eso no destruye, sino que sostiene. El triunfo y el
hundimiento de Jesús están unidos, y la humildad del más
grande es la clave de la salvación.

JULIO

20

DOMINGO
XVI TIEMPO ORDINARIO
San Apolinar

Primera lectura: Génesis 18,1-10

Salmo 14: Señor, ¿quién puede hospedarse en tu tienda?

Segunda lectura: Colosenses 1,24-28

Evangelio: Lucas 10,38-42

En aquel tiempo entró Jesús en una aldea, y una mujer llamada
Marta lo recibió en su casa. Esta tenía una hermana llamada María,
que, sentada a los pies del Señor, escuchaba su palabra. Y Marta
se multiplicaba para dar abasto con el servicio; hasta que se paró
y dijo: «Señor, ¿no te importa que mi hermana me haya dejado
sola con el servicio? Dile que me eche una mano». Pero el Señor
le contestó: «Marta, Marta, andas inquieta y nerviosa con tantas
cosas; solo una es necesaria. María ha escogido la parte mejor,
y no se la quitarán».

Los evangelios son un arco iris para los oídos despiertos, reflejan infinidad de sentidos. Jesús no opone Marta a María, sino
que con ellas ilumina acentos. El silencio de María reclama
nuestra presencia atenta y amorosa junto al Maestro, y las
palabras de Marta preguntan por el enfoque de la vida, por el
lugar donde habitamos. Marta ha salido del presente y Jesús
se ocupa de retornarla al lugar en el que debe reposar toda
inquietud: las manos de Dios. Jesús quiere devolver a Marta al

gozo, a la alegría de la fe y por eso habla de la posibilidad de escoger, le abre una puerta de libertad y esperanza. María revela la única actitud del discipulado: mirar y escuchar al Maestro. Si alguien entendió esta escena fue Teresa de Jesús, que decía: «Marta y María han de andar juntas para hospedar al Señor y tenerle siempre consigo»; comprendía que no había contradicción entre ellas. Ambas evocan un servicio, el del cuidado y la palabra, el de la caridad y la enseñanza. Porque, ¿qué haría María después de escuchar al Maestro? ¿Quedar quieta y callada o multiplicarse para comunicar la mejor parte que nadie le puede quitar?

JULIO

21

Lunes
San Lorenzo de Brindis

Primera lectura: Éxodo 14,5-18

Salmo 105: Cantemos al Señor: sublime es su victoria

Evangelio: Mateo 12,38-42

En aquel tiempo, algunos de los escribas y fariseos dijeron a Jesús: «Maestro, queremos ver un signo tuyo». Él les contestó: «Esta generación perversa y adúltera exige un signo; pero no se le dará más signo que el del profeta Jonás. Tres días y tres noches estuvo Jonás en el vientre del cetáceo; pues tres días y tres noches estará el Hijo del hombre en el seno de la tierra. Cuando juzguen a esta generación, los hombres de Nínive se alzarán y harán que la condenen, porque ellos se convirtieron con la predicación de Jonás, y aquí hay uno que es más que Jonás. Cuando juzguen a esta generación, la reina del Sur se levantará y hará que la condenen, porque ella vino desde los confines de la tierra para escuchar la sabiduría de Salomón, y aquí hay uno que es más que Salomón».

Jesús conocía bien la historia de Jonás. Ante escribas y fariseos quería recordar que las gentes de Nínive habían sido capaces de reaccionar y dar un giro a su vida, habían dejado que la palabra de un profeta les tocara. Aquí está Jesús, más que un profeta, y no le escuchan. La desconfianza de quienes representaban la sabiduría de la religión le hizo hablar de la reina del Sur, que, sin corazas ni recelos, reconoció la sabiduría de Salomón. Aquí está Jesús, más que Salomón, y no lo ven. Piden signos, pero no reconocen el Signo; están empecinados en una gloria que no es la del Reino. Jesús sigue proponiendo su luz, no puede demostrar nada a quienes dan la espalda al resplandor de Dios. Tres días y tres noches en el seno de la tierra serán el signo definitivo del Dios que Jesús revela, el dador de la Vida.

JULIO

22

Martes
SANTA MARÍA MAGDALENA

Primera lectura: Cantar de los Cantares 3,1-4a

Salmo 62: Mi alma está sedienta de ti, mi Dios

Segunda lectura: 2 Corintios 5,14-17

Evangelio: Juan 20,1.11-18

El primer día de la semana, María Magdalena fue al sepulcro al amanecer, cuando aún estaba oscuro, y vio la losa quitada del sepulcro. María estaba llorando. Mientras lloraba se asomó al sepulcro y vio dos ángeles vestidos de blanco, sentados uno a la cabecera y otro a los pies, donde había estado el cuerpo de Jesús. Ellos le preguntan: «Mujer, ¿por qué lloras?». Ella les contesta: «Porque se han llevado a mi Señor y no sé dónde lo han puesto». Dicho esto, da media vuelta y ve a Jesús, de pie, pero no sabía que era Jesús. Jesús le dice: «Mujer, ¿por qué lloras?, ¿a quién buscas?».

Ella, tomándolo por el hortelano, le contesta: «Señor, si tú te lo has llevado, dime dónde lo has puesto y yo lo recogeré». Jesús le dice: «¡María!». Ella se vuelve y le dice: «*¡Rabboni!*», que significa: «¡Maestro!». Jesús le dice: «Suéltame, que todavía no he subido al Padre. Anda, ve a mis hermanos y diles: "Subo al Padre mío y Padre vuestro, al Dios mío y Dios vuestro"». María Magdalena fue y anunció a los discípulos: «He visto al Señor y ha dicho esto».

Hay prisa en María Magdalena, es el primer día de la semana y empieza a amanecer. Hay prisa en Jesús, que tiene que ir al Padre. La urgencia preside este momento: María quiere ir enseguida a recoger el cuerpo de su Señor, y el Maestro vivo la envía inmediatamente. Todo rezuma una intensidad que solo concede el amor. La pasión que busca abre el oído, y María reconoce a Jesús. Sentirse nombrada y enderezada de nuevo devuelve a María la visión. Se ha atrevido a ponerse en camino cuando aún estaba oscuro; no la paraliza saber que encontrará una losa superior a sus fuerzas ni comprobar lo que parece una ausencia definitiva. El Resucitado sigue enderezando a su Iglesia en la noche, aunque las losas parezcan excesivas. Su voz desvela su presencia, consuela y renueva el envío para comunicar el triunfo de la vida: ve a mis hermanos.

Primera lectura: Gálatas 2,19-20

Salmo 33: Bendigo al Señor en todo momento

Evangelio: Juan 15,1-8

En aquel tiempo dijo Jesús a sus discípulos: «Yo soy la verdadera vid, y mi Padre es el labrador. A todo sarmiento mío que no da fruto lo arranca, y a todo el que da fruto lo poda para que dé más fruto. Vosotros ya estáis limpios por las palabras que os he hablado; permaneced en mí y yo en vosotros. Como el sarmiento no puede dar fruto por sí si no permanece en la vid, así tampoco vosotros si no permanecéis en mí. Yo soy la vid, vosotros, los sarmientos; el que permanece en mí y yo en él, ese da fruto abundante; porque sin mí no podéis hacer nada. Al que no permanece en mí lo tiran fuera, como al sarmiento, y se seca; luego los recogen y los echan al fuego, y arden. Si permanecéis en mí y mis palabras permanecen en vosotros, pediréis lo que deseéis y se realizará. Con esto recibe gloria mi Padre, con que deis fruto abundante; así seréis discípulos míos».

En un discurso vibrante, Jesús da a los discípulos la clave de la vida de fe: permanecer unidos a él. Ser cristiano es ir descubriendo esta pertenencia: él en nosotros y nosotros en él, de modo inseparable. Jesús, como vid, nos recuerda que el Padre cuida de todos, que una misma savia nos une y hace dar fruto, y que fuera de esta raíz perenne la vida se seca. La palabra de Jesús es penetrante y pone delante la verdad honda del seguimiento: él es la razón de todo y sin él no podemos nada. El fruto de nuestra vida lo guarda el Padre, que cuida, poda, reaviva. Así nos hacemos discípulos dejándonos hacer, y así llevamos la presencia del Resucitado al mundo. Este trabajo de fe es el que conmueve y complace al Padre, que siempre escucha cuando permanecemos en su Hijo.

JULIO

24

Jueves
San Sarbelio Makhluf

Primera lectura: Éxodo 19,1-2.9-11.16-20b

Salmo Daniel 3,52-56: Bendito eres, Señor, Dios de nuestros padres

Evangelio: Mateo 13,10-17

En aquel tiempo se acercaron a Jesús los discípulos y le preguntaron: «¿Por qué les hablas en parábolas?». Él les contestó: «A vosotros se os ha concedido conocer los secretos del reino de los cielos y a ellos no. Porque al que tiene se le dará y tendrá de sobra, y al que no tiene se le quitará hasta lo que tiene. Por eso les hablo en parábolas, porque miran sin ver y escuchan sin oír ni entender. Así se cumplirá en ellos la profecía de Isaías:

"Oiréis con los oídos sin entender; miraréis con los ojos sin ver; porque está embotado el corazón de este pueblo, son duros de oído, han cerrado los ojos; para no ver con los ojos, ni oír con los oídos, ni entender con el corazón, ni convertirse para que yo les cure".

¡Dichosos vuestros ojos, porque ven, y vuestros oídos, porque oyen! Os aseguro que muchos profetas y justos desearon ver lo que veis vosotros y no lo vieron, y oír lo que oís y no lo oyeron».

En torno a Jesús se va consolidando un grupo de seguidores. Poco a poco se forma una verdadera comunidad de creyentes que acoge las palabras del Maestro y pone su vida a disposición de un proyecto impresionante y misterioso. La palabra de

Jesús es para todos, pero su poder requiere acogida, porque la dominación rompería el curso del Reino. Por eso, los sencillos van entendiendo y la luz se multiplica en ellos, mientras que la ceguera crece en la cerrazón del orgullo. La negación termina por revelar de modo luminoso lo más positivo: la inagotable decisión de Dios de revelarse, de dar a conocer su amor, de no detener su misericordia. Dichosos los que ven y oyen, los que se abren a la apasionante novedad de Jesús y se deciden a seguirle y a llevar los secretos del Reino a todas partes.

JULIO

25 | Viernes
Santiago, apóstol, patrono de España

Primera lectura: Hechos de los Apóstoles 4,33; 5,12.27-33; 12,2

Salmo 66: Oh Dios, que te alaben los pueblos, que todos los pueblos te alaben

Segunda lectura: 2 Cor 4,7-15

Evangelio: Mateo 20,20-28

En aquel tiempo se acercó a Jesús la madre de los Zebedeos con sus hijos y se postró para hacerle una petición. Él le preguntó: «¿Qué deseas?». Ella contestó: «Ordena que estos dos hijos míos se sienten en tu reino, uno a tu derecha y el otro a tu izquierda». Pero Jesús replicó: «No sabéis lo que pedís. ¿Sois capaces de beber el cáliz que yo he de beber?». Contestaron: «Lo somos». Él les dijo: «Mi cáliz lo beberéis; pero el puesto a mi derecha o a mi izquierda no me toca a mí concederlo, es para aquellos a quienes lo tiene reservado mi Padre». Los otros diez, que lo habían oído, se indignaron contra los dos hermanos. Pero Jesús, reuniéndolos, les dijo: «Sabéis que los jefes de los pueblos los tiranizan y que los grandes los oprimen. No será así entre vosotros: el que quiera ser más grande entre vosotros que sea vuestro servidor, y el que quiera ser primero entre vosotros que sea vuestro esclavo. Igual que el Hijo del hombre no ha venido para que le sirvan, sino para dar su vida en rescate por muchos».

Todo está en manos del Padre: él marca el camino y Jesús quiere que sus discípulos lo entiendan. La misericordia entrañable del Padre es la que define todo y, desde ahí, Jesús puede decir que ha venido para servir hasta dar la vida. Esta es la hebra que hila todo. A los Zebedeos se les había escapado el hilo de las manos; al resto de discípulos, también. Jesús los recoge a todos. No se irrita ni les recrimina la torpeza, la corta mirada con que se enfrentan a la realidad. Sabe que entender el servicio no es sencillo, porque es dar la vuelta a la vida. Entonces, como ahora, servir no era interesante ni dignificante. Abajarse, uno de los verbos más divinos, no es algo que se comprende y asimila con facilidad. Bajar de cualquier estrado no es encogerse ni infravalorar la propia capacidad, es usarla solo para beneficio de todos. Eso hizo Jesús, invertir el sentido del poder; elije no someter ni forzar, pero ofrece su vida. Por eso reúne a sus discípulos y habla con ellos sin coaccionar. Jesús da a beber su cáliz y podemos beberlo, podemos servir, porque él lo ha hecho primero.

26

Sábado
San Joaquín y Santa Ana

Primera lectura: Eclesiástico 44,1.10-15

Salmo 131: El Señor Dios le ha dado el trono de David, su padre

Evangelio: Mateo 13,16-17

En aquel tiempo dijo Jesús a sus discípulos: «Bienaventurados vuestros ojos porque ven y vuestros oídos porque oyen. En verdad os digo que muchos profetas y justos desearon ver lo que veis y no lo vieron, y oír lo que oís y no lo oyeron».

La revelación de Jesús está ligada a la alegría. No se trata solo de la alegría de la superación de calamidades o de la ausencia del mal, en cualquier forma que se presente. Tampoco se trata de un conocimiento sublime o una inteligencia superior. La bienaventuranza de la que habla Jesús tiene que ver con la mirada abierta y limpia, que es capaz de percibir una verdad que cambia la vida: la presencia real de Jesús en el mundo y su significado. La sencillez de corazón y la ausencia de doblez abren los ojos y la capacidad de recibir el don. La gracia de descubrir en Jesús el cumplimiento de todo lo esperado por sus contemporáneos, que aguardaban al Mesías, y por nosotros, que anhelamos la vida plena que él nos ha prometido, es, realmente, empezar a vivir en la alegría de Dios.

JULIO

27

Domingo
XVII Tiempo Ordinario

Primera lectura: Génesis 18,20-32

Salmo 137: Cuando te invoqué, Señor, me escuchaste

Segunda lectura: Colosenses 2,12-14

Evangelio: Lucas 11,1-13

Una vez que estaba Jesús orando en cierto lugar, cuando terminó, uno de sus discípulos le dijo: «Señor, enséñanos a orar, como Juan enseñó a sus discípulos». Él les dijo: «Cuando oréis, decid: ""Padre, santificado sea tu nombre, venga tu reino, danos cada día nuestro pan del mañana, perdónanos nuestros pecados, porque también nosotros perdonamos a todo el que nos debe algo, y no nos dejes caer en la tentación"». Y les dijo: «Si alguno de vosotros tiene un amigo, y viene durante la medianoche para decirle: "Amigo, préstame tres panes, pues uno de mis amigos ha venido de viaje y no tengo nada que ofrecerle". Y, desde dentro, el otro le responde: "No me molestes; la puerta está cerrada; mis niños y yo estamos acostados; no puedo levantarme para dártelos". Si el otro insiste llamando, yo os digo que, si no se levanta y se los da por ser amigo suyo, al menos por la importunidad se levantará y le dará cuanto necesite.

Pues así os digo a vosotros: pedid y se os dará, buscad y hallaréis, llamad y se os abrirá; porque quien pide recibe, quien busca halla y al que llama se le abre.

¿Qué padre entre vosotros, cuando el hijo le pide pan, le dará una piedra? ¿O si le pide un pez le dará una serpiente? ¿O si le pide un huevo le dará un escorpión?

Si vosotros, pues, que sois malos, sabéis dar cosas buenas a vuestros hijos, ¿cuánto más vuestro Padre celestial dará el Espíritu Santo a los que se lo piden?».

Cuando Jesús habla del Padre y cuando enseña a orar, se ponen en movimiento muchas cosas. Se enciende la luz de su propia experiencia de oración, su comunicación con el Abbá, el Dios cariñoso y atento a sus hijos queridos, el Dios que siempre escucha las voces que nacen del corazón. La oración de Jesús, la pequeña parábola, la comparación de un padre con el Padre, todo conduce al mismo lugar, al de la confianza inquebrantable, al de la seguridad profunda. Todo lleva al corazón de la fe, a la «particular amistad» de la que hablaba santa Teresa, con Dios, «Vida de todas las vidas». Porque este es Dios, el dador y cuidador, la buena compañía y el refugio, el eterno oyente. Orar es pronunciar el nombre del Padre y bendecirlo, sentirse parte del Reino y entrar en la dinámica de providencia y perdón que trae Jesús. Él enseña con sus palabras y con su misma vida. El Maestro siempre va delante, abriendo puertas. Si pedimos el Espíritu Santo, el Padre lo entrega, y es este Espíritu el que ora en nosotros, el que nos hace íntimos de Dios, amigos verdaderos de Jesús. Orar es vivir en esta amistad.

JULIO

28 | Lunes

Primera lectura: Éxodo 32,15-24.30-34

Salmo 105: Dad gracias al Señor porque es bueno

Evangelio: Mateo 13,31-35

En aquel tiempo, Jesús propuso esta otra parábola a la gente: «El reino de los cielos se parece a un grano de mostaza que uno siembra en su huerta; aunque es la más pequeña de las semillas, cuando crece es más alta que las hortalizas; se hace un arbusto más alto que las hortalizas y vienen los pájaros a anidar en sus ramas». Les dijo otra parábola: «El reino de los cielos se parece a la levadura; una mujer la amasa con tres medidas de harina, y basta para que todo fermente».

Jesús expuso todo esto a la gente en parábolas, y sin parábolas no les exponía nada. Así se cumplió el oráculo del profeta: «Abriré mi boca diciendo parábolas, anunciaré lo secreto desde la fundación del mundo».

El Evangelio aparece como un camino de sabiduría. El Reino que trae es una corriente que no se puede detener, un torrente de vida, y muchas veces se presenta en acción: un hombre que siembra, una mujer que amasa. El Reino se recibe y se realiza, no detiene la vida. Estas pequeñas parábolas dejan un interrogante grande para cada creyente que escucha: ¿dónde buscamos el Reino, cómo lo esperamos, en qué lo descubrimos? El Reino asociado a lo pequeño es algo extraño, no es poderoso. El Reino unido a una mujer, es algo inquietante, la mujer no es pura, es inferior, no es. El Reino unido a la levadura es algo ambiguo, pues solo los panes ázimos se presentan en la ofrenda a Dios. ¡Qué inversión! De la insignificancia a la fecundidad, de la impureza a la encarnación. Así se revela Dios a través de Jesús y ahí nos convoca.

JULIO

29

Martes
Santos Marta, María y Lázaro

Primera lectura: 1 Juan 4,7-16

Salmo 33: Bendigamos al Señor a todas horas

Evangelio: Juan 11,19-27 (o Lucas 10,38-42)

En aquel tiempo, muchos judíos habían ido a ver a Marta y a María para darle el pésame por su hermano. Cuando Marta se enteró de que llegaba Jesús salió a su encuentro, mientras María se quedaba en casa. Y dijo Marta a Jesús: «Señor, si hubieras estado aquí no habría muerto mi hermano. Pero aún sé que todo lo que pidas a Dios, Dios te lo concederá». Jesús le dijo: «Tu hermano resucitará». Marta respondió: «Sé que resucitará en la resurrección del último día». Jesús le dice: «Yo soy la resurrección y la vida: el que cree en mí, aunque haya muerto, vivirá; y el que está vivo y cree en mí no morirá para siempre. ¿Crees esto?». Ella le contestó: «Sí, Señor: yo creo que tú eres el Mesías, el Hijo de Dios, el que tenía que venir al mundo».

Incluso una fe como la de Marta, que resulta impresionante, es rudimentaria ante el misterio de vida que Dios ha dispuesto para todos los hombres y mujeres de la tierra. El exceso de luz que es Dios hace que la mayor confesión de fe sea apenas un balbuceo creyente –«sí, Señor, yo creo»–. Creo que eres el rostro vivo de Dios y la misma vida. Jesús es la confirmación de que la vida jamás será destruida; en él, la vida verdadera no tiene fin. Él trae el consuelo, pero ese consuelo, el alivio y el bien al que se refiere no está solo en el futuro, es aquí y es ahora, y la fe lo vislumbra. Una fe que llega a tocar con el corazón la verdad descubre que estamos abocados a la Vida, porque ella nos ha elegido para vivir.

JULIO

30

Miércoles
San Pedro Crisólogo

Primera lectura: Éxodo 34,29-35

Salmo 98: Santo eres, Señor, Dios nuestro

Evangelio: Mateo 13,44-46

En aquel tiempo dijo Jesús a la gente: «El reino de los cielos se parece a un tesoro escondido en el campo: el que lo encuentra lo vuelve a esconder y, lleno de alegría, va a vender todo lo que tiene y compra el campo. El reino de los cielos se parece también a un comerciante en perlas finas que, al encontrar una de gran valor, se va a vender todo lo que tiene y la compra».

En el asunto del Reino no hay programa previo, no hay una plantilla, todo es posible: lo encuentra alguien fortuitamente, pero también lo halla alguien que va detrás de encontrarlo. El Reino se deja encontrar. Sin embargo, hay pistas que coinciden en todas las rutas. Una gran decisión define el descubrimiento y siempre concurren la gratuidad, el riesgo y la alegría. El tema no es el hallazgo, aunque, si no hay encuentro, no sucede nada. El punto es lo que le pasa a quien vive este encuentro: todo salta por los aires, y la respuesta es «vender todo», un giro imponente en la propia vida. El Reino vale la pena y la vida, lo es todo cuando aparece y, si no, nada vale de nada –ni dinero, ni vida piadosa, ni méritos, ni entregas, ni buenas obras–, porque con el Reino no se negocia.

Primera lectura: Éxodo 40,16-21.34-38

Salmo 83: ¡Qué deseables son tus moradas, Señor de los ejércitos!

Evangelio: Mateo 13,47-53

En aquel tiempo dijo Jesús a la gente: «El reino de los cielos se parece también a la red que echan en el mar y recoge toda clase de peces: cuando está llena, la arrastran a la orilla, se sientan y reúnen los buenos en cestos y los malos los tiran.

Lo mismo sucederá al final del tiempo: saldrán los ángeles, separarán a los malos de los buenos y los echarán al horno encendido. Allí será el llanto y el rechinar de dientes. ¿Entendéis bien todo esto?». Ellos le contestaron: «Sí». Él les dijo: «Ya veis, un escriba que entiende del reino de los cielos es como un padre de familia que va sacando del arca lo bueno y lo antiguo».

Cuando Jesús acabó estas parábolas partió de allí.

Jesús sigue enseñando, contando el Reino. Hace levantar la mirada hacia el final del tiempo, para comprender la seriedad de lo que propone. Él ha proclamado la verdad de Dios, ha desvelado la novedad del Reino, que ha sido creado para todos, sin distinción de ningún tipo ni clases, un Reino que hace a todos hermanos, hijos del mismo Padre. Ha entusiasmado a unos y ha sido rechazado por otros, pero todos, recogidos en una misma red, han de responder por sí mismos y elegir la luz o la oscuridad, la comunión o la exclusión. Jesús reúne en sí lo antiguo y lo nuevo, y sus discípulos, quienes permanecen junto a él, tienen que seguir su misión, compartir lo recibido, enseñar e introducir a otros en el misterio, para que el pueblo de Dios que nace del seguimiento crezca.

1

Viernes
San Alfonso María de Ligorio

Primera lectura: Levítico 23,1.4-11.15-16.27.34-37

Salmo 80: Aclamad a Dios, nuestra fuerza

Evangelio: Mateo 13,54-58

En aquel tiempo fue Jesús a su ciudad y se puso a enseñar en la sinagoga. La gente decía admirada: «¿De dónde saca este esa sabiduría y esos milagros? ¿No es el hijo del carpintero? ¿No es su madre María y sus hermanos Santiago, José, Simón y Judas? ¿No viven aquí todas sus hermanas? Entonces, ¿de dónde saca todo eso? Y desconfiaban de él». Jesús les dijo: «Solo en su tierra y en su casa desprecian a un profeta». Y no hizo allí muchos milagros, porque les faltaba fe.

La admiración que despierta Jesús se convierte, en ocasiones, en perplejidad y desconcierto, porque remueve la vida cotidiana. Lo desconocido atrae, pero asusta, y verse ante la posibilidad de tener que hacer un cambio, levanta recelos, a modo de defensa propia. Al final, seguir a este Maestro —cada vez más sospechoso— es un riesgo y hay que hacer una elección. Se hace con el temor y el temblor de quien da un paso en fe, de quien pone su confianza, a ciegas, en su palabra. Jesús podría ser admirable, pero su ser y su procedencia vulgar lo invalidan; se va a convertir en piedra de tropiezo. Choca con el judaísmo ortodoxo, toca la estructura de la religión establecida –entonces y ahora– no para destruirla, sino para volver a conmover los corazones con una fe auténtica, que mueve la vida, que une en el destino y que lleva al servicio total.

2

Sábado
San Eusebio de Vercelli, San Julián Eymard

Primera lectura: Levítico 25,1.8-17

Salmo 66: Oh Dios, que te alaben los pueblos, que todos los pueblos te alaben

Evangelio: Mateo 14,1-12

En aquel tiempo oyó el virrey Herodes lo que se contaba de Jesús y dijo a sus ayudantes: «Ese es Juan Bautista, que ha resucitado de entre los muertos, y por eso los poderes actúan en él». Es que Herodes había mandado prender a Juan y lo había metido en la cárcel encadenado, por motivo de Herodías, mujer de su hermano Filipo; porque Juan le decía que no le estaba permitido vivir con ella. Quería mandarlo matar, pero tuvo miedo de la gente, que lo tenía por profeta.

El día del cumpleaños de Herodes, la hija de Herodías danzó delante de todos, y le gustó tanto a Herodes que juró darle lo que pidiera. Ella, instigada por su madre, le dijo: «Dame ahora mismo en una bandeja la cabeza de Juan Bautista». El rey lo sintió; pero, por el juramento y los invitados, ordenó que se la dieran; y mandó decapitar a Juan en la cárcel. Trajeron la cabeza en una bandeja, se la entregaron a la joven, y ella se la llevó a su madre. Sus discípulos recogieron el cadáver, lo enterraron y fueron a contárselo a Jesús.

La muerte y la vida se citan en este pasaje de Mateo. El miedo que mata y la verdad que hace vivir. Luchan dos fuerzas, la de la luz y la de la oscuridad, la de la fidelidad y la de la injusticia. Juan siempre está vinculado a Jesús; le precede. Su vida y su muerte anuncian el camino que ya se abre en Jesús. Juan es testigo de la luz. Ante los dos aparece el miedo, porque son capaces de desestabilizar con su sola palabra, sin usar la fuerza y sin amenazar. Juan ha socavado la ficticia seguridad del que usa el poder para conseguir lo que quiere. Y, sin embargo, la absurda idea de Herodes de una imaginada reviviscencia de Juan anuncia el triunfo de la vida sobre el mal y la muerte, anuncia la resurrección de Jesús.

AGOSTO

Domingo
XVIII Tiempo Ordinario

Primera lectura: Eclesiastés 1,2; 2,21-23

Salmo 89: Señor, tú has sido nuestro refugio de generación en generación

Segunda lectura: Colosenses 3,1-5.9-11

Evangelio: Lucas 12,13-21

En aquel tiempo dijo uno del público a Jesús: «Maestro, dile a mi hermano que reparta conmigo la herencia». Él le contestó: «Hombre, ¿quién me ha nombrado juez o árbitro entre vosotros?».

Y dijo a la gente: «Mirad: guardaos de toda clase de codicia. Pues, aunque uno ande sobrado, su vida no depende de sus bienes».

Y les propuso una parábola: «Un hombre rico tuvo una gran cosecha. Y empezó a echar cálculos: "¿Qué haré? No tengo donde almacenar la cosecha". Y se dijo: "Haré lo siguiente: derribaré los graneros y construiré otros más grandes, y almacenaré allí todo el grano y el resto de mi cosecha. Y entonces me diré a mí mismo: 'hombre, tienes bienes acumulados para muchos años; túmbate, come, bebe y date buena vida'". Pero Dios le dijo: "Necio, esta noche te van a exigir la vida. Lo que has acumulado, ¿de quién será?" Así será el que amasa riquezas para sí y no es rico ante Dios».

«Un hombre rico tuvo una gran cosecha». Con frecuencia tengo frutos abundantes de lo sembrado. Eso, en principio, no es malo, es más bien algo bueno y de lo que alegrarme. Pero esta es la pregunta: «Lo que has acumulado, ¿de quién será?». Puedo pensar en guardarlo, en esconderlo, en reservármelo, como hizo el egoísta miedoso de esa otra parábola de los talentos. Pero lo que tengo, lo que cosecho, tanto material como espiritual, es un don, un regalo de Dios. Encerrarlo «en un granero» no es la respuesta correcta. Compartirlo, repartirlo, regalarlo a mi vez a los demás, es la opción adecuada. «Guardaos de toda clase de codicia», codicia de «mi» tiempo, «mi» talento, «mi» dinero, «mi» familia... todo lo que tengo no es para enriquecerme yo, sino para enriquecer a los demás. Y esta es la verdadera riqueza, la verdadera «lotería» que estamos invitados a disfrutar. En realidad, esto es seguir a Jesús, que no se guardó nada para sí: ni siquiera a sí mismo. Si alguien tiene «una gran cosecha» de bienes, es él; si alguien es rico, es él. Sin embargo, vivió para los demás: sanando, predicando, orando...

AGOSTO

4

Lunes
San Juan María Vianney

Primera lectura: Números 11,4-15

Salmo 80: Aclamad a Dios, nuestra fuerza

Evangelio: Mateo 14,13-21

En aquel tiempo, al enterarse Jesús se marchó de allí en barca, a solas, a un lugar desierto. Cuando la gente lo supo, lo siguió por tierra desde los poblados. Al desembarcar vio Jesús una multitud, se compadeció de ella y curó a los enfermos. Como se hizo tarde, se acercaron los discípulos a decirle: «Estamos en despoblado y es muy tarde, despide a la multitud para que vayan a las aldeas y se compren comida». Jesús les replicó: «No hace falta que vayan, dadles vosotros de comer». Ellos le replicaron: «Si aquí no tenemos más que cinco panes y dos peces». Les dijo: «Traédmelos».

Mandó a la gente que se recostara en la hierba y tomando los cinco panes y los dos peces, alzando la mirada al cielo, pronunció la bendición, partió los panes y se los dio a los discípulos; los discípulos se los dieron a la gente. Comieron todos y se saciaron y recogieron doce cestos llenos de sobras. Comieron unos cinco mil hombres, sin contar mujeres y niños.

Jesús se retira «a un lugar desierto». Busca la soledad, el silencio, la paz... pero «una multitud» le sigue. Al verlos, Jesús no piensa en sí mismo, no los rechaza, no los rehúye, sino que se compadece y los sana. Los discípulos no han comprendido el modo de ser del Maestro: «Despide a la multitud». La respuesta de Jesús es categórica: «Dadles vosotros de comer». De nuevo, una invitación a compadecerse, a ponerse en el lugar del otro, a ponerse al servicio de los demás. Dar de comer no es solo dar pan, sino darse, como Dios se nos da: incondicionalmente, de corazón, para siempre. Solo cuando compartimos nuestros bienes –dinero, sí, pero también el tiempo, los dones, la vida–, se puede producir el milagro.

AGOSTO

5

Martes
Dedicación de la basílica de Santa María

Primera lectura: Números 12,1-13

Salmo 50: Misericordia, Señor: hemos pecado

Evangelio: Mateo 14,22-36

Después de que la gente se hubo saciado, Jesús apremió a sus discípulos a que subieran a la barca y se le adelantaran a la otra orilla, mientras él despedía a la gente. Y, después de despedir a la gente, subió al monte a solas para orar. Llegada la noche, estaba allí solo. Mientras tanto, la barca iba ya muy lejos de tierra, sacudida por las olas, porque el viento era contrario.

De madrugada se les acercó Jesús, andando sobre el agua. Los discípulos, viéndole andar sobre el agua, se asustaron y gritaron de miedo, pensando que era un fantasma. Jesús les dijo enseguida: «¡Ánimo, soy yo, no tengáis miedo!». Pedro le contestó: «Señor, si eres tú, mándame ir hacia ti andando sobre el agua». Él le dijo: «Ven». Pedro bajó de la barca y echó a andar sobre el agua, acercándose a Jesús; pero, al sentir la fuerza del viento, le entró miedo, empezó a hundirse y gritó: «Señor, sálvame». Enseguida Jesús extendió la mano, lo agarró y le dijo: «¡Qué poca fe! ¿Por qué has dudado?». En cuanto subieron a la barca amainó el viento. Los de la barca se postraron ante él, diciendo: «Realmente eres Hijo de Dios».

Terminada la travesía llegaron a tierra en Genesaret. Y los hombres de aquel lugar, apenas lo reconocieron, pregonaron la noticia por toda aquella comarca y trajeron donde él a todos los enfermos. Le pedían tocar siquiera la orla de su manto, y cuantos la tocaron quedaron curados.

Jesús, de nuevo, busca la soledad para orar, para relacionarse con el Padre, para escuchar al Espíritu. Pero, de madrugada, «se les acercó» y ellos «se asustaron y gritaron de miedo». Todavía hay gente que tiene miedo de Jesús, de Dios. Cuando Dios se les acerca, se asustan, le temen. Jesús nos invita a no tener miedo y seguirle: «Ven». Es una llamada a mirarle, a ir tras sus pasos, a habitar con él. Pero, ante las dificultades de la vida, ante la fuerza de los vientos adversos, no es extraño olvidar ese primer encuentro con Jesús, ese primer empuje, y dejarse vencer de nuevo por el miedo. Jesús recrimina amorosamente esa falta de fe, ese dejarse ganar por el temor, y nos agarra de la mano. Reconocer a Jesús como Hijo de Dios nos ayuda a perder el miedo a Dios y a la vida.

AGOSTO

6 | Miércoles
TRANSFIGURACIÓN DEL SEÑOR

Primera lectura: Daniel 7,9-10.13-14

Salmo 96: El Señor reina, altísimo sobre toda la tierra g

Evangelio: Lucas 9,28b-36

En aquel tiempo, Jesús cogió a Pedro, a Juan y a Santiago y subió a lo alto de la montaña, para orar. Y, mientras oraba, el aspecto de su rostro cambió, sus vestidos brillaban de blancos. De repente dos hombres conversaban con él: eran Moisés y Elías, que, apareciendo con gloria, hablaban de su muerte, que iba a consumar en Jerusalén. Pedro y sus compañeros se caían de sueño; y, espabilándose, vieron su gloria y a los dos hombres que estaban con él. Mientras estos se alejaban dijo Pedro a Jesús: «Maestro, qué bien se está aquí. Haremos tres tiendas: una para ti, otra para Moisés y otra para Elías». No sabía lo que decía. Todavía estaba hablando cuando llegó una nube que los cubrió. Se asustaron al entrar en la nube. Una voz desde la nube decía: «Este es mi Hijo, el escogido, escuchadle». Cuando sonó la voz se encontró Jesús solo. Ellos guardaron silencio y, por el momento, no contaron a nadie nada de lo que habían visto.

De nuevo se nos presenta a Jesús orando. Moisés es representante de la Ley, y Elías, de los Profetas. Quienes primero se dejaron vencer por el sueño se llenan ahora de entusiasmo. La Ley y los Profetas hablan de que Jesús va a morir en Jerusalén. Pero, para ellos, solo hay un pensamiento dominante: «¡Qué bien se está aquí!». No han escuchado, no han reflexionado, no saben lo que dicen. Quieren instalarse en ese momento, en ese instante de gozo, con Jesús, al que, sin embargo, no han escuchado. Dice Juan de la Cruz que Jesús es la Palabra que Dios ha pronunciado, y que no hay otra. Guardar silencio es esencial para escucharle, conocerle, y así saber qué me puede decir hoy.

AGOSTO

7

Jueves
San Sixto II, San Cayetano

Primera lectura: Números 20,1-13
....
Salmo 94: Ojalá escuchéis hoy la voz del Señor: «No endurezcáis vuestro corazón»
....

Evangelio: Mateo 16,13-23

En aquel tiempo, al llegar a la región de Cesarea de Filipo, Jesús preguntó a sus discípulos: «¿Quién dice la gente que es el Hijo del hombre?». Ellos contestaron: «Unos que Juan Bautista, otros que Elías, otros que Jeremías o uno de los profetas». Él les preguntó: «Y vosotros, ¿quién decís que soy yo?». Simón Pedro tomó la palabra y dijo: «Tú eres el Mesías, el Hijo de Dios vivo». Jesús le respondió: «¡Dichoso tú, Simón, hijo de Jonás!, porque eso no te lo ha revelado nadie de carne y hueso, sino mi Padre, que está en el cielo. Ahora te digo yo: tú eres Pedro, y sobre esta piedra edificaré mi Iglesia, y el poder del infierno no la derrotará. Te daré las llaves del reino de los cielos; lo que ates en la tierra quedará atado en el cielo, y lo que desates en la tierra quedará desatado en el cielo». Y les mandó a los discípulos que no dijesen a nadie que él era el Mesías. Desde entonces empezó Jesús a explicar a sus discípulos que tenía que ir a Jerusalén y padecer allí mucho por parte de los ancianos, sumos sacerdotes y escribas, y que tenía que ser ejecutado y resucitar al tercer día. Pedro se lo llevó aparte y se puso a increparlo: «¡No lo permita Dios, Señor! Eso no puede pasarte». Jesús se volvió y dijo a Pedro: «Quítate de mi vista, Satanás, que me haces tropezar; tú piensas como los hombres, no como Dios».

Jesús nos sigue preguntando hoy quién dice la gente que es él y qué digo yo personalmente. Las respuestas de la gente son variadas, pero la respuesta importante es la mía. Nadie puede responder por mí. Las respuestas ajenas pueden ser clarificadoras, pero no sirven. Y esta pregunta de Jesús puede cambiar mi vida: «¿Quién soy yo?». Sin embargo, no basta con responder correctamente quién es Jesús. No basta con reconocerle como nuestro Mesías, el Hijo de Dios. Ante el escándalo de la cruz, Pedro le increpa. La traducción más exacta de ese «quítate de mi vista», en realidad es «ponte detrás de mí». Ese es nuestro lugar: detrás de Jesús, siguiendo sus huellas, sin escandalizarnos y, sobre todo, escuchándole. Pedro no escuchó a Jesús, al menos no hasta el final, cuando Jesús le habla de la resurrección. La cruz sin resurrección no tiene sentido.

8 | **Viernes**
Santo Domingo de Guzmán

Primera lectura: Deuteronomio 4,32-40

Salmo 76: Recuerdo las proezas del Señor

Evangelio: Mateo 16,24-28

En aquel tiempo dijo Jesús a sus discípulos: «El que quiera venirse conmigo, que se niegue a sí mismo, que cargue con su cruz y me siga. Si uno quiere salvar su vida la perderá; pero el que la pierda por mí la encontrará. ¿De qué le sirve a un hombre ganar el mundo entero si arruina su vida? ¿O qué podrá dar para recobrarla? Porque el Hijo del hombre vendrá entre sus ángeles, con la gloria de su Padre, y entonces pagará a cada uno según su conducta. Os aseguro que algunos de los aquí presentes no morirán sin antes haber visto llegar al Hijo del hombre con majestad».

Jesús no se anda con rodeos. Dice claramente a sus discípulos en qué consiste su seguimiento. Hoy, lo de «cargar con la cruz» puede sonar incluso «bonito». Pero hay que volver al siglo I, un tiempo en el que la cruz era una ignominia, un instrumento de tortura y de muerte temido por todos. Todas las personas tenemos «cruces» en nuestra vida. Cada cual ha de cargar con la suya y seguir a Jesús. Esta es la parte importante del mensaje: seguirle. Perder la vida por él, que es ganarla. Y perder la vida por Jesús significa perderla por cada hermano que encontremos por el camino. En ellos veremos llegar al Hijo del hombre con majestad. Negarse a sí mismo es ganarse para los demás, pensar antes en la otra persona. Seguirle –no lo olvidemos– es pasar haciendo el bien, como hizo él.

Sábado
SANTA TERESA BENEDICTA DE LA CRUZ,
PATRONA DE EUROPA

Primera lectura: Oseas 2,16b-17b.21-22

Salmo 44: Escucha, hija, mira: inclina el oído

Evangelio: Mateo 25,1-13

En aquel tiempo dijo Jesús a sus discípulos esta parábola: «Se parecerá el reino de los cielos a diez doncellas que tomaron sus lámparas y salieron a esperar al esposo. Cinco de ellas eran necias y cinco eran sensatas. Las necias, al tomar las lámparas, se dejaron el aceite; en cambio, las sensatas se llevaron alcuzas de aceite con las lámparas. El esposo tardaba, les entró sueño a todas y se durmieron. A medianoche se oyó una voz: "¡Que llega el esposo, salid a recibirlo!" Entonces se despertaron todas aquellas doncellas y se pusieron a preparar sus lámparas. Y las necias dijeron a las sensatas: "Dadnos un poco de vuestro aceite, que se nos apagan las lámparas". Pero las sensatas contestaron: "Por si acaso no hay bastante para vosotras y nosotras, mejor es que vayáis a la tienda y os lo compréis". Mientras iban a comprarlo llegó el esposo, y las que estaban preparadas entraron con él al banquete de bodas, y se cerró la puerta. Más tarde llegaron también las otras doncellas, diciendo: "Señor, señor, ábrenos". Pero él respondió: "Os lo aseguro: no os conozco". Por tanto, velad, porque no sabéis el día ni la hora».

Este pasaje evangélico suele llamar la atención hoy en día por la actitud egoísta de las doncellas sensatas frente a las cinco doncellas necias. Parecería que lo correcto sería que las doncellas sensatas compartieran su aceite con las otras. Pero no es esta la clave de lectura, sino que es una llamada a ser doncellas que están preparadas para entrar con Jesús al banquete de bodas. Las doncellas necias no eran malas. Además, tanto las necias como las sensatas, todas, se duermen. Esas lámparas son personales e intransferibles. No se pueden pasar a nadie más. No podemos pedir que nos las rellenen a última hora. Velar, por tanto, no significa no cansarme, no dormirme, sino no dejar apagar mis lámparas de la fe y el amor, como hizo Edith Stein, la santa judía, filósofa y carmelita descalza, mártir en Auschwitz, que hoy celebramos.

AGOSTO

10

Domingo
XIX Tiempo Ordinario
San Lorenzo

Primera lectura: Sabiduría 18,6-9

Salmo 32: Dichoso el pueblo que el Señor se escogió como heredad

Segunda lectura: Hebreos 11,1-2.8-19

Evangelio: Lucas 12,32-48

En aquel tiempo dijo Jesús a sus discípulos: «No temáis, pequeño rebaño, porque vuestro Padre ha tenido a bien daros el reino. Vended vuestros bienes y dad limosna; haceos talegas que no se echen a perder y un tesoro inagotable en el cielo, adonde no se acercan los ladrones ni roe la polilla. Porque donde está vuestro tesoro allí estará también vuestro corazón. Tened ceñida la cintura y encendidas las lámparas. Vosotros estad como los que aguardan a que su señor vuelva de la boda, para abrirle apenas venga y llame. Dichosos los criados a quienes el señor, al llegar, los encuentre en vela; os aseguro que se ceñirá, los hará sentar a la mesa y los irá sirviendo. Y, si llega entrada la noche o de madrugada y los encuentra así, dichosos ellos. Comprended que, si supiera el dueño de casa a qué hora viene el ladrón, no le dejaría abrir un boquete. Lo mismo vosotros, estad preparados, porque a la hora que menos penséis viene el Hijo del hombre».

Pedro le preguntó: «Señor, ¿has dicho esa parábola por nosotros o por todos?». El Señor le respondió: «¿Quién es el administrador fiel y solícito a quien el amo ha puesto al frente de su servidumbre para que les reparta la ración a sus horas? Dichoso el criado a quien su amo, al llegar, lo encuentre portándose así. Os aseguro que lo pondrá al frente de todos sus bienes. Pero si el empleado piensa: "Mi amo tarda en llegar", y empieza a pegarles a los mozos y a las muchachas, a comer y beber y emborracharse, llegará el amo de ese criado el día y a la hora que menos lo espera y lo despedirá, condenándolo a la pena de los que no son fieles. El criado que sabe lo que su amo quiere y no está dispuesto a ponerlo por obra recibirá muchos azotes; el que no lo sabe, pero hace algo digno de castigo, recibirá pocos. Al que mucho se le dio, mucho se le exigirá; al que mucho se le confió, más se le exigirá».

Este pasaje del evangelio comienza con una invitación a no tener miedo y, a la vez, a ser coherentes y responsables con el don que se nos ha regalado. Somos como los criados que aguardan al Señor, pero no debemos bajar la guardia y comenzar a abusar de nosotros mismos y de los demás. Jesús nos pone un ejemplo que no deja de sorprender aun hoy en día. Nos dice que los criados a los que el Señor encuentre en vela tendrán la recompensa de que su amo los servirá, como si fuese lo natural. Pero, si lo pensamos bien, eso nunca sucede en nuestro mundo: los pudientes, que son servidos, jamás recompensan ciñéndose, sentando a la mesa y sirviendo a sus criados. Nadie obra así, salvo Jesús. Jesús sí se ciñe y sirve a sus discípulos, y nos invita a hacer lo mismo con los demás. El servicio a los demás es obrar como Dios obra, comportarse como Dios se comporta con cada persona, sea quien sea. Jesús vino a servir y no a ser servido.

El amor tiene que hacerse concreto con nuestros semejantes, como hizo Jesús: sirviendo.

AGOSTO

11

Lunes
Santa Clara

Primera lectura: Deuteronomio 10,12-22
Salmo 147: Glorifica al Señor, Jerusalén

Evangelio: Mateo 17,22-27

En aquel tiempo, mientras Jesús y los discípulos recorrían juntos Galilea, les dijo: «Al Hijo del hombre lo van a entregar en manos de los hombres; lo matarán, pero resucitará al tercer día». Ellos se pusieron muy tristes.

Cuando llegaron a Cafarnaún, los que cobraban el impuesto de las dos dracmas se acercaron a Pedro y le preguntaron: «¿Vuestro Maestro no paga las dos dracmas?». Contestó: «Sí». Cuando llegó a casa, Jesús se adelantó a preguntarle: «¿Qué te parece, Simón? Los reyes del mundo, ¿a quién le cobran impuestos y tasas, a sus hijos o a los extraños?». Contestó: «A los extraños». Jesús les dijo: «Entonces los hijos están exentos. Sin embargo, para no darles mal ejemplo, ve al lago, echa el anzuelo, coge el primer pez que pique, ábrele la boca y encontrarás una moneda de plata. Cógela y págales por mí y por ti».

Los gobernantes del mundo siguen cargando impuestos a la gente. Desgraciadamente, esto no ha cambiado y los ricos cada vez son más ricos, mientras los pobres cada vez son más pobres. Pero Dios no es como ellos. Dios no va llevando una cuenta de «haber» y «debe». No está tomando nota de lo que tenemos para llevar la cuenta. Para Dios, todos somos sus hijos e hijas.

Para Dios, no somos extraños. Su relación con cada uno es profunda y personal. Jesús es el Hijo por excelencia, sin embargo, su vida no está exenta de sufrimiento, muerte, pero también –no lo olvidemos– de resurrección. Ser hijo no me libra del sufrimiento y del dolor. Pero saber que para Dios soy importante, que está acompañándome en mi vida, me puede llenar de fortaleza y de consuelo.

AGOSTO

12 | Martes

Primera lectura: Deuteronomio 31,1-8

Salmo Deuteronomio 32,3-4.7-9.12: La porción del Señor fue su pueblo

Evangelio: Mateo 18,1-5.10.12-14

En aquel tiempo se acercaron los discípulos a Jesús y le preguntaron: «¿Quién es el más importante en el reino de los cielos?». Él llamó a un niño, lo puso en medio y dijo: «Os aseguro que, si no volvéis a ser como niños, no entraréis en el reino de los cielos. Por tanto, el que se haga pequeño como este niño, ese es el más grande en el reino de los cielos. El que acoge a un niño como este en mi nombre me acoge a mí. Cuidado con despreciar a uno de estos pequeños, porque os digo que sus ángeles están viendo siempre en el cielo el rostro de mi Padre celestial.

¿Qué os parece? Suponed que un hombre tiene cien ovejas: si una se le pierde, ¿no deja las noventa y nueve en el monte y va en busca de la perdida? Y, si la encuentra, os aseguro que se alegra más por ella que por las noventa y nueve que no se habían extraviado. Lo mismo vuestro Padre del cielo: no quiere que se pierda ni uno de estos pequeños».

De nuevo, Jesús sorprende poniendo un ejemplo imposible. ¿Qué pastor abandona a noventa y nueve ovejas en el monte para ir a buscar tan solo una que se ha perdido? Solamente obraría de este modo si la oveja en cuestión fuese una oveja especial, de mayor valor que las otras. Pero nuestros parámetros de lo que tiene más o menos valor no son los de Dios. Recordemos que, en tiempos de Jesús, los niños no contaban nada, no valían nada. Cuando se contaba la gente que había en un lugar, las mujeres y los niños no entraban en esa contabilidad. Sin embargo, para Dios, los más despreciados son los más importantes. ¿Son así los demás para mí? ¿Valoro a los demás por su riqueza material? Este evangelio nos ayuda a reflexionar y a tratar de ser humildes, pequeños… de aquellos que Dios no quiere que se pierda ni uno.

AGOSTO

13

Miércoles
San Ponciano y San Hipólito

Primera lectura: Deuteronomio 34,1-12

....

Salmo 65: Bendito sea Dios, que nos ha devuelto la vida

....

Evangelio: Mateo 18,15-20

En aquel tiempo dijo Jesús a sus discípulos: «Si tu hermano peca contra ti, repréndelo estando los dos a solas. Si te hace caso, has salvado a tu hermano. Si no te hace caso, llama a otro o a otros dos, para que todo el asunto quede confirmado por boca de dos o tres testigos. Si no les hace caso, díselo a la comunidad, y si no hace caso ni siquiera a la comunidad, considéralo como un pagano o un publicano. En verdad os digo que todo lo que atéis en la tierra quedará atado en los cielos, y todo lo que desatéis en la tierra quedará desatado en los cielos. Os digo, además, que, si dos de vosotros se ponen de acuerdo en la tierra para pedir algo, se lo dará mi Padre que está en los cielos. Porque donde dos o tres están reunidos en mi nombre, allí estoy yo en medio de ellos».

Hay dos mensajes importantes en esta Palabra. La primera es una llamada a la corrección fraterna, pero con caridad, con discreción. Normalmente, comenzamos corrigiendo en público, y delante de cuantas más personas, mejor. Pero Dios no obra así. Y tampoco yo he de obrar así. Nuestro modo de obrar hoy aquí y ahora tiene repercusiones en el futuro. He de cuidar las relaciones interpersonales. Está bien ayudar, salvar al hermano. Pero no a costa de dejarlo en evidencia, de causar mayor daño que bien. La segunda cuestión es no menos importante. Jesús está presente en medio de nosotros. Basta con que dos nos pongamos de acuerdo. Basta con que nos reunamos en nombre de Jesús para que, en medio, esté él. Esta es una experiencia de los primeros discípulos con el Resucitado que no deja nunca de ser actual.

AGOSTO

14

Jueves
San Maximiliano Kolbe

Primera lectura: Josué 3,7-10a.11.13-17

Salmo 113: Aleluya

Evangelio: Mateo 18,21-19,1

En aquel tiempo se adelantó Pedro y preguntó a Jesús: «Señor, si mi hermano me ofende, ¿cuántas veces le tengo que perdonar? ¿Hasta siete veces?». Jesús le contesta: «No te digo hasta siete veces, sino hasta setenta veces siete. Y a propósito de esto, el reino de los cielos se parece a un rey que quiso ajustar las cuentas con sus empleados. Al empezar a ajustarlas le presentaron uno que debía diez mil talentos. Como no tenía con qué pagar, el señor mandó que lo vendieran a él con su mujer y sus hijos y todas sus posesiones, y que pagara así. El empleado, arrojándose a sus pies, le suplicaba, diciendo: "Ten paciencia conmigo y te lo pagaré todo". El señor tuvo lástima de aquel empleado y lo dejó marchar, perdonándole la deuda. Pero, al salir, el empleado aquel encontró a uno de sus compañeros que le debía cien denarios y, agarrándolo, lo estrangulaba diciendo: "Págame lo que me debes". El compañero, arrojándose a sus pies, le rogaba, diciendo: "Ten paciencia conmigo y te lo pagaré". Pero él se negó y fue y lo metió en la cárcel hasta que pagara lo que debía. Sus compañeros, al ver lo ocurrido, quedaron consternados y fueron a contarle a su señor todo lo sucedido. Entonces el señor lo llamó y le dijo: "¡Siervo malvado! Toda aquella deuda te la perdoné porque me lo pediste. ¿No debías tú también tener compasión de tu compañero como yo tuve compasión de ti?" Y el señor, indignado, lo entregó a los verdugos hasta que pagara toda la deuda. Lo mismo hará con vosotros mi Padre del cielo si cada cual no perdona de corazón a su hermano». Cuando acabó Jesús estas palabras partió de Galilea y vino a la región de Judea, al otro lado del Jordán.

Todavía hoy nos preguntamos en cuántas ocasiones tenemos que perdonar a quien nos ofende. El número siete se podría traducir como «muchas veces». Pedro es generoso, pone un número alto de veces: siete. La respuesta de Jesús es categórica: he de perdonar siempre (pues eso significa setenta veces siete). No llevar cuenta de las veces que perdono a alguien ni de si esa persona cumple las «condiciones» para ser perdonada. Cuando el empleado promete al señor que le pagará lo que le debe, eso es imposible, pues le debe una cantidad desorbitada de talentos. Pero el señor tiene compasión de su siervo. Y no le pide que le pague la deuda, sino que practique la misericordia con su compañero. Así decimos en el Padrenuestro: «Perdónanos como perdonamos». Santa Teresa decía que bien poco pedía a cambio Dios, pues mi deuda es siempre mayor que la que cualquiera pueda contraer conmigo.

AGOSTO

15 Viernes
Asunción de la Virgen María

Primera lectura: Apocalipsis 11,19a;12,1.3-6a.10ab

Salmo 44: Levántate, Señor, ven a tu mansión, ven con el arca de tu poder

Segunda lectura: 1 Corintios 15,20-27a

Evangelio: Lucas 1,39-56

En aquellos días, María se puso en camino y fue aprisa a la montaña, a un pueblo de Judá; entró en casa de Zacarías y saludó a Isabel. En cuanto Isabel oyó el saludo de María saltó la criatura en su vientre. Se llenó Isabel del Espíritu Santo y dijo a voz en grito: «¡Bendita tú entre las mujeres y bendito el fruto de tu vientre! ¿Quién soy yo para que me visite la madre de mi Señor? En cuanto tu saludo llegó a mis oídos, la criatura saltó de alegría en mi vientre. Dichosa tú, que has creído, porque lo que te ha dicho el Señor se cumplirá».

María dijo: «Proclama mi alma la grandeza del Señor, se alegra mi espíritu en Dios, mi salvador; porque ha mirado la humillación de su esclava. Desde ahora me felicitarán todas las generaciones, porque el Poderoso ha hecho obras grandes por mí: su nombre es santo y su misericordia llega a sus fieles de generación en generación. Él hace proezas con su brazo: dispersa a los soberbios de corazón, derriba del trono a los poderosos y enaltece a los humildes, a los hambrientos los colma de bienes y a los ricos los despide vacíos. Auxilia a Israel, su siervo, acordándose de la misericordia –como lo había prometido a nuestros padres– en favor de Abrahán y su descendencia por siempre». María se quedó con Isabel unos tres meses y después volvió a su casa.

Dos mujeres encintas: una anciana y otra joven. Ambas llenas del Espíritu Santo. El grito de Isabel resalta la mayor grandeza de María: «Dichosa tú, que has creído». María es madre por su fe. Ella responde a lo que Dios ha obrado en ella con un cántico, reflejo del cántico de otra mujer del Antiguo Testamento: Ana, la madre de Samuel. María es una mujer que medita la Palabra de Dios en su corazón. Pero no calla, habla a su vez con gran fuerza. Proclama la grandeza de Dios con ella y con el pueblo de Israel a lo largo de la historia. No duda en exclamar que los grandes y soberbios están vacíos, mientras los pobres y hambrientos están llenos. También yo, mirando a estas dos mujeres, puedo aprender a dejarme llenar del Espíritu, del gozo. Y ser profeta, anunciando la bondad de Dios y denunciando el mal.

AGOSTO

16
Sábado
San Esteban de Hungría

Primera lectura: Josué 24,14-29

Salmo 15: Tú eres, Señor, mi heredad

Evangelio: Mateo 19,13-15

En aquel tiempo le acercaron unos niños a Jesús para que les impusiera las manos y rezara por ellos, pero los discípulos los regañaban. Jesús dijo: «Dejadlos, no impidáis a los niños acercarse a mí; de los que son como ellos es el reino de los cielos». Les impuso las manos y se marchó de allí.

Los niños, en la época de Jesús, no contaban nada, no valían nada. Y los discípulos, una vez más, no se han enterado de cuál es la escala de valores de Dios, de Jesús, que nos invita a ser como ellos. Esto hoy suena más bonito de lo que sonaba hace veintiún siglos. Nadie quería ser un niño, sino un adulto respetable. Los discípulos quieren impedir que lleguen a Jesús, que ocupen el lugar preferente quienes no son productivos para la sociedad y no son ricos ni poderosos. Tal vez hoy tengamos la misma tentación de no mirar con los ojos de Dios a nuestro prójimo. En las grandes fiestas nacionales siguen ocupando los primeros puestos los alcaldes, los pudientes... no los niños o los desfavorecidos. ¿Y en mi vida? ¿Obro como Jesús? ¿A quién dejo acercarse a mí con preferencia?

AGOSTO

17

Domingo
XX Tiempo Ordinario

Primera lectura: Jeremías 38,4-6.8-10
Salmo 39: Señor, date prisa en socorrerme
Segunda lectura: Hebreos 12,1-4

Evangelio: Lucas 12,49-53

En aquel tiempo dijo Jesús a sus discípulos: «He venido a prender fuego en el mundo, ¡y ojalá estuviera ya ardiendo! Tengo que pasar por un bautismo, ¡y qué angustia hasta que se cumpla! ¿Pensáis que he venido a traer al mundo paz? No, sino división. En adelante, una familia de cinco estará dividida: tres contra dos y dos contra tres; estarán divididos el padre contra el hijo y el hijo contra el padre, la madre contra la hija y la hija contra la madre, la suegra contra la nuera y la nuera contra la suegra».

Nos encontramos con una disyuntiva. Sabemos que Jesús es el Rey de la paz, y como tal lo anunciaron los profetas. Sin embargo, en esta lectura nos encontramos con un Jesús que es fuego y que nos dice que no ha venido a traer paz, sino división. ¿En qué quedamos? Jesús va a pasar por un bautismo de sangre y muerte. A pesar de ser manso y humilde de corazón, su forma de vivir y de actuar creó controversia y le condujo a la cruz. No esperemos una respuesta distinta a la que Jesús tuvo si vivimos con radicalidad nuestro seguimiento. Y no esperemos que la división sea entre extraños. Precisamente, quienes menos nos pueden llegar a comprender son las personas más queridas: familiares y amistades. Vivir con radicalidad el amor a Dios y al prójimo, el perdón y la misericordia, puede no ser comprendido o incluso ser malinterpretado, como le sucedió a Jesús. Vivir el Evangelio no supone caminar entre reconocimientos y alabanzas. No debemos desanimarnos, el amor incondicional es un fuego que ha de prender en el mundo, pero no será fácil.

Primera lectura: Jueces 2,11-19

Salmo 105: Acuérdate de mí, Señor, por amor a tu pueblo

Evangelio: Mateo 19,16-22

En aquel tiempo se acercó uno a Jesús y le preguntó: «Maestro, ¿qué tengo que hacer de bueno para obtener la vida eterna?». Jesús le contestó: «¿Por qué me preguntas qué es bueno? Uno solo es bueno. Mira, si quieres entrar en la vida, guarda los mandamientos». Él le preguntó: «¿Cuáles?». Jesús le contestó: «No matarás, no cometerás adulterio, no robarás, no darás falso testimonio, honra a tu padre y a tu madre, y ama a tu prójimo como a ti mismo». El muchacho le dijo: «Todo eso lo he cumplido. ¿Qué me falta?». Jesús le contestó: «Si quieres llegar hasta el final, vende lo que tienes, da el dinero a los pobres –así tendrás un tesoro en el cielo– y luego vente conmigo». Al oír esto, el joven se fue triste, porque era rico.

Seguir a Jesús no consiste en seguir una serie de mandamientos y normas. El joven de este evangelio es un muchacho ejemplar: ni mata, ni roba, ni engaña, ni miente; honra a sus padres y ama al prójimo... Ya nos gustaría que todo el mundo fuese así. ¿Puede faltarle algo? Por si todo esto fuese poco, no está conforme, sabe que aún puede mejorar y por eso se acerca a Jesús y pregunta qué tiene que hacer de bueno... Jesús le pide una radicalidad todavía mayor: venderlo todo, darlo a los pobres y seguirle. Es justo a lo que él no puede renunciar: a su riqueza. Y se va. No sigue a Jesús, que, «siendo rico, se hizo pobre para enriquecernos a todos». Seguir a Jesús es compartir lo que soy y lo que tengo con quien más lo necesita, no reservarme nada, ni mi propia persona. Darme.

Primera lectura: Jueces 6,11-24

Salmo 84: El Señor anuncia la paz a su pueblo

Evangelio: Mateo 19,23-30

En aquel tiempo dijo Jesús a sus discípulos: «Os aseguro que difícilmente entrará un rico en el reino de los cielos. Lo repito: más fácil le es a un camello pasar por el ojo de una aguja que a un rico entrar en el reino de Dios». Al oírlo, los discípulos dijeron espantados: «Entonces, ¿quién puede salvarse?». Jesús se les quedó mirando y les dijo: «Para los hombres es imposible; pero Dios lo puede todo». Entonces le dijo Pedro: «Pues nosotros lo hemos dejado todo y te hemos seguido; ¿qué nos va a tocar?». Jesús les dijo: «Os aseguro: cuando llegue la renovación y el Hijo del hombre se siente en el trono de su gloria, también vosotros, los que me habéis seguido, os sentaréis en doce tronos para regir a las doce tribus de Israel. El que por mí deja casa, hermanos o hermanas, padre o madre, mujer, hijos o tierras, recibirá cien veces más y heredará la vida eterna. Muchos primeros serán últimos, y muchos últimos serán primeros».

En tiempos de Jesús se creía que los ricos habían sido bendecidos por Dios. Por ello se suponía que serían los primeros en salvarse. Y Jesús, rompiendo esquemas, dice que un rico entra con dificultad en el reino de los cielos. Los discípulos, de nuevo, se sorprenden. Si los ricos no pueden salvarse, ¿quién se salva? Al ser humano le es imposible alcanzar la salvación por méritos propios, pero Dios lo puede todo. Es Dios quien nos salva gratuita e incondicionalmente, su escala de valores no es la nuestra. Pedro, no obstante, no se ha enterado y quiere saber qué le va «a tocar» por seguir a Jesús, sin saber que ya tiene el premio en el hecho mismo de seguirle. Se recibe cien veces más y se tiene la posibilidad de vivir ya «en el cielo»: en plena comunión con Dios y con el prójimo.

Primera lectura: Jueces 9,6-15

Salmo 20: Señor, el rey se alegra por tu fuerza

Evangelio: Mateo 20,1-16

En aquel tiempo dijo Jesús a sus discípulos esta parábola: «El reino de los cielos se parece a un propietario que al amanecer salió a contratar jornaleros para su viña. Después de ajustarse con ellos en un denario por jornada los mandó a la viña. Salió otra vez a media mañana, vio a otros que estaban en la plaza sin trabajo y les dijo: "Id también vosotros a mi viña y os pagaré lo debido". Ellos fueron. Salió de nuevo hacia mediodía y a media tarde e hizo lo mismo. Salió al caer la tarde y encontró a otros, parados, y les dijo: "¿Cómo es que estáis aquí el día entero sin trabajar?" Le respondieron: "Nadie nos ha contratado". Él les dijo: "Id también vosotros a mi viña". Cuando oscureció, el dueño de la viña dijo al capataz: "Llama a los jornaleros y págales el jornal, empezando por los últimos y acabando por los primeros". Vinieron los del atardecer y recibieron un denario cada uno. Cuando llegaron los primeros pensaban que recibirían más, pero ellos también recibieron un denario cada uno. Entonces se pusieron a protestar contra el amo: "Estos últimos han trabajado solo una hora y los has tratado igual que a nosotros, que hemos aguantado el peso del día y el bochorno". Él replicó a uno de ellos: "Amigo, no te hago ninguna injusticia. ¿No nos ajustamos en un denario? Toma lo tuyo y vete. Quiero darle a este último igual que a ti. ¿Es que no tengo libertad para hacer lo que quiera en mis asuntos? ¿O vas a tener tú envidia porque yo soy bueno?" Así los últimos serán los primeros, y los primeros, los últimos».

Para entender esta parábola hay que situarse en el Israel de hace veintiún siglos. Al amanecer, los hombres se colocaban en la plaza del pueblo, y allí iba el capataz a contratar la mano de obra para el campo. Se escogía entre los más jóvenes y fuertes y se dejaba a los tullidos o considerados poco productivos. Eso suponía, para los que no eran escogidos, pasar hambre y penurias. Un denario era el sueldo imprescindible de un trabajador. El propietario de la parábola es original, contrata siempre y a toda hora. Al amanecer están todos: jóvenes y viejos, sanos y enfermos, pero según pasan las horas los que quedan para ser contratados son lo que nadie quería. En el Reino no se siguen los parámetros humanos. Al final del día están los que nadie ha querido contratar. Todos son escogidos y todos reciben su sueldo para poder vivir, porque Dios «es bueno». Seamos como Dios.

AGOSTO

21 | **Jueves**
San Pío X

Primera lectura: Jueces 11,29-39

Salmo 39: Aquí estoy, Señor, para hacer tu voluntad

Evangelio: Mateo 22,1-14

En aquel tiempo, de nuevo tomó Jesús la palabra y habló en parábolas a los sumos sacerdotes y a los ancianos del pueblo:

«El reino de los cielos se parece a un rey que celebraba la boda de su hijo. Mandó criados para que avisaran a los convidados a la boda, pero no quisieron ir. Volvió a mandar criados, encargándoles que les dijeran: "Tengo preparado el banquete, he matado terneros y reses cebadas, y todo está a punto. Venid a la boda". Los convidados no hicieron caso; uno se marchó a sus tierras, otro a sus negocios; los demás les echaron mano a los criados y los maltrataron hasta matarlos. El rey montó en cólera, envió sus tropas, que acabaron con aquellos asesinos y prendieron fuego a la ciudad. Luego dijo a sus criados: "La boda está preparada, pero los convidados no se la merecían. Id ahora a los cruces de los caminos y a todos los que encontréis convidadlos a la boda". Los criados salieron a los caminos y reunieron a todos los que encontraron, malos y buenos. La sala del banquete se llenó de comensales.

Es importante fijarse en aquellos a quienes se dirige Jesús en los evangelios. Esta parábola va dirigida a los sacerdotes y ancianos del pueblo. A personas respetables e intachables religiosamente hablando. El Reino es una boda. Todos tenían claro que los primeros convidados a esa boda tenían que ser ellos: los perfectos, los buenos. Pero todos tienen excusas y responden ignorando al mensajero o incluso matándolo. Sin embargo, la boda está preparada. ¿A quién invitar? Sorprendentemente, se invita a todos los que pasen por los caminos, malos y buenos. Dios no pertenece a una élite social, Dios nos invita a cada persona sin mirar nuestro pasado, nuestras faltas o carencias. Dios es un regalo y, como tal, es gratuito y no es fruto de un merecimiento por buenas obras. Y la sala del banquete se llena de comensales.

22

Viernes
Santa María Reina

Primera lectura: Rut 1,1.3-6.14-16.22

Salmo 145: Alaba, alma mía, al Señor

Evangelio: Mateo 22,34-40

En aquel tiempo, los fariseos, al oír que Jesús había hecho callar a los saduceos, formaron grupo, y uno de ellos, que era experto en la Ley, le preguntó para ponerlo a prueba: «Maestro, ¿cuál es el mandamiento principal de la Ley?». Él le dijo: «"Amarás al Señor, tu Dios, con todo tu corazón, con toda tu alma, con todo tu ser". Este mandamiento es el principal y primero. El segundo es semejante a él: "Amarás a tu prójimo como a ti mismo". Estos dos mandamientos sostienen la Ley entera y los Profetas».

Los fariseos son expertos en el cumplimiento de la Ley de Dios. Quieren poner a prueba a Jesús y le hacen una pregunta crucial: «¿Cuál es el mandamiento principal de la Ley?». No debió de sorprender el comienzo, recuerdo de la oración que recitaba todo buen judío: «Escucha, Israel, el Señor es nuestro Dios [...] amarás al Señor, tu Dios, con todo tu corazón [...]». Lo revolucionario, aún hoy en día, es que Jesús no parase ahí, sino que continuase con el mandamiento del amor al prójimo como a uno mismo. El amor a Dios y al prójimo son inseparables, no podemos decir que amamos a Dios y no hablarnos con nuestro prójimo, o desearle mal, o no hacerle el bien... A Dios no se sabe si lo amamos o no, pero al prójimo sí lo sabemos. Y esa es nuestra medida del amor a Dios: si amamos a nuestro semejante.

Primera lectura: Rut 2,1-3.8-11; 4,13-17

Salmo 127: Esta es la bendición del hombre que teme al Señor

Evangelio: Mateo 23,1-12

En aquel tiempo, Jesús habló a la gente y a sus discípulos, diciendo: «En la cátedra de Moisés se han sentado los escribas y los fariseos: haced y cumplid lo que os digan; pero no hagáis lo que ellos hacen, porque ellos no hacen lo que dicen. Ellos lían fardos pesados e insoportables y se los cargan a la gente en los hombros, pero ellos no están dispuestos a mover un dedo para empujar. Todo lo que hacen es para que los vea la gente: alargan las filacterias y ensanchan las franjas del manto; les gustan los primeros puestos en los banquetes y los asientos de honor en las sinagogas; que les hagan reverencias por la calle y que la gente los llame "maestros".

Vosotros, en cambio, no os dejéis llamar "maestro", porque uno solo es vuestro maestro, y todos vosotros sois hermanos. Y no llaméis "padre" vuestro a nadie en la tierra, porque uno solo es vuestro Padre, el del cielo. No os dejéis llamar "consejeros", porque uno solo es vuestro consejero, Cristo. El primero entre vosotros será vuestro servidor. El que se enaltece será humillado, y el que se humilla será enaltecido».

Jesús hace una contraposición entre los escribas y fariseos y cómo han de ser sus discípulos. Los primeros agobian con normas a los demás y buscan los primeros puestos y los asientos de honor. Sin embargo, quienes seguimos a Jesús debemos tener un solo maestro: el mismo Jesús. Y debemos comportarnos como hermanos entre nosotros. Todavía hoy es difícil de creer que el primero es quien sirve. Sin embargo, Jesús no pide a la gente que haga lo que él no ha hecho. Él ha vivido en medio de nosotros como el que sirve y, siendo Dios, toma la condición de un esclavo. Jesús no viene con fasto y prepotencia. Es el primero en ser enaltecido por ser el primero en ser humillado. Jesús no es como otros maestros: se implica, predica con el ejemplo. Sigámosle.

AGOSTO

24

Domingo
XXI Tiempo Ordinario
San Bartolomé, apóstol

Primera lectura: Isaías 66,18-21

Salmo 116: Id al mundo entero y proclamad el Evangelio

Segunda lectura: Hebreos 12,5-7.11-13

Evangelio: Lucas 13,22-30

En aquel tiempo, Jesús, de camino hacia Jerusalén, recorría ciudades y aldeas enseñando. Uno le preguntó: «Señor, ¿serán pocos los que se salven?». Jesús les dijo: «Esforzaos en entrar por la puerta estrecha. Os digo que muchos intentarán entrar y no podrán. Cuando el amo de la casa se levante y cierre la puerta, os quedaréis fuera y llamaréis a la puerta, diciendo: "Señor, ábrenos"; y él os replicará: "No sé quiénes sois". Entonces comenzaréis a decir: "Hemos comido y bebido contigo, y tú has enseñado en nuestras plazas". Pero él os replicará: "No sé quiénes sois. Alejaos de mí, malvados". Entonces será el llanto y el rechinar de dientes, cuando veáis a Abrahán, Isaac y Jacob y a todos los profetas en el reino de Dios, y vosotros os veáis echados fuera. Y vendrán de oriente y occidente, del norte y del sur, y se sentarán a la mesa en el reino de Dios. Mirad: hay últimos que serán primeros y primeros que serán últimos».

Jesús está hablando al pueblo de Israel, que se considera salvado por seguir al único y verdadero Dios. Pero él nos invita no a preguntarnos quién se salva y quién no, sino a vivir con radicalidad cada día: «Esforzaos en entrar por la puerta estrecha». Lo lógico sería pensar que ese entrar por esa puerta angosta consiste en cumplir las leyes judías con la mayor fidelidad o en haber comido y bebido con el amo. Pero ni lo uno ni lo otro valen. Para sorpresa de todos, Jesús dice que vendrán de oriente y occidente, del norte y del sur, y se sentarán a la mesa en el reino de Dios. Es decir, personas de toda creencia, de todo modo de vida impuro, que no habrán comido ni bebido con Dios, ni habrán cumplido las estrictas leyes judías, serán los primeros. Creerse salvado frente a los otros, que están «condenados», es el primer error. Dios salva e invita al banquete, a la fiesta del Reino, a toda la humanidad. Dios mira por los últimos, por quienes no cuentan a los ojos de los primeros. Dios es el primero que se hace último en Jesús, que es nuestro modelo.

AGOSTO

25 | **Lunes**
San Luis o San José de Calasanz

Primera lectura: 1 Tesalonicenses 1,1-5.8b-10

Salmo 149: El Señor ama a su pueblo

Evangelio: Mateo 23,13-22

En aquel tiempo habló Jesús diciendo: «¡Ay de vosotros, escribas y fariseos hipócritas, que cerráis a los hombres el reino de los cielos! Ni entráis vosotros ni dejáis entrar a los que quieren. ¡Ay de vosotros, escribas y fariseos hipócritas, que viajáis por tierra y mar para ganar un prosélito y, cuando lo conseguís, lo hacéis digno del fuego el doble que vosotros! ¡Ay de vosotros, guías ciegos, que decís: "Jurar por el templo no obliga, jurar por el oro del templo sí obliga"! ¡Necios y ciegos! ¿Qué es más, el oro o el templo que consagra el oro? O también: "Jurar por el altar no obliga, jurar por la ofrenda que está en el altar sí obliga". ¡Ciegos! ¿Qué es más, la ofrenda o el altar que consagra la ofrenda? Quien jura por el altar jura también por todo lo que está sobre él; quien jura por el templo jura también por el que habita en él; y quien jura por el cielo jura por el trono de Dios y también por el que está sentado en él».

Los escribas y fariseos eran personas cumplidoras de la Ley y profundamente religiosas. En ese tiempo se creía que, si alguien se salvaba, eran ellos. A veces, el fariseo que todos tenemos dentro nos hace mirar las leyes y las normas como si fuesen una carrera de obstáculos para nosotros mismos y para los demás. Jesús se indigna ante esas actitudes de superioridad y de legalismo. En ocasiones, se pierde el tiempo en disquisiciones o cuestiones teológicas, sin aterrizar en lo fundamental: el amor a Dios y al prójimo. Es fácil perderse entre leyes y normas y ponerse a discutir sobre el «sexo de los ángeles» mientras cerramos la puerta del Reino a los demás, en lugar de tratar de ser como Dios: bondad y misericordia, sobre todo con quien está más necesitado de ello.

26

Martes
Santa Teresa de Jesús Jornet e Ibars

Primera lectura: 1 Tesalonicenses 2,1-8

Salmo 138: Señor, tú me sondeas y me conoces

Evangelio: Mateo 23,23-26

En aquel tiempo habló Jesús, diciendo: «¡Ay de vosotros, escribas y fariseos hipócritas, que pagáis el décimo de la menta, del anís y del comino, y descuidáis lo más grave de la ley: el derecho, la compasión y la sinceridad! Esto es lo que habría que practicar, aunque sin descuidar aquello. ¡Guías ciegos, que filtráis el mosquito y os tragáis el camello!

¡Ay de vosotros, escribas y fariseos hipócritas, que limpiáis por fuera la copa y el plato, mientras por dentro estáis rebosando de robo y desenfreno! ¡Fariseo ciego!, limpia primero la copa por dentro y así quedará limpia también por fuera».

Jesús, de nuevo, critica el legalismo de los fariseos poniendo un ejemplo irrisorio: pagar el diezmo de «la menta, el anís y el comino». El diezmo era una norma importante que cumplir, pero aquellos que la cumplen hasta la exageración, en lugar de producir admiración, a Jesús le llevan al lamento. Él señala qué es lo más importante de la Ley: el derecho, la compasión y la sinceridad. El derecho es tratar de vivir en la justicia. Ser justos ante los demás. Y la clave de esta justicia es la segunda indicación: la misericordia. La misericordia, el amor incondicional y preferencial por quien más lo necesita es indispensable para seguir a Dios. Y, por último, está la sinceridad, el andar en la verdad, la coherencia. Esto es más exigente y al tiempo más accesible que el pago de ningún diezmo.

27

Miércoles
Santa Mónica

Primera lectura: 1 Tesalonicenses 2,9-13

Salmo 138: Señor, tú me sondeas y me conoces

Evangelio: Mateo 23,27-32

En aquel tiempo dijo Jesús: «¡Ay de vosotros, escribas y fariseos hipócritas, que os parecéis a los sepulcros blanqueados! Por fuera tienen buena apariencia, pero por dentro están llenos de huesos de muertos y de podredumbre; lo mismo vosotros: por fuera parecéis justos, pero por dentro estáis repletos de hipocresía y crueldad. ¡Ay de vosotros, escribas y fariseos hipócritas, que edificáis sepulcros a los profetas y ornamentáis los mausoleos de los justos, diciendo: "Si hubiéramos vivido en tiempo de nuestros padres, no habríamos sido cómplices suyos en el asesinato de los profetas"! Con esto atestiguáis en vuestra contra, que sois hijos de los que asesinaron a los profetas. ¡Colmad también vosotros la medida de vuestros padres!».

Jesús sigue indignado con los escribas y fariseos de su tiempo. Les llama hipócritas y les afea estar «repletos de hipocresía y crueldad». Llega incluso a compararlos con los sepulcros. Esto es lo que más le apena a Dios: la falta de verdad y de misericordia. Seguir a Jesús no es seguir una serie de normas. Las normas están bien, pero siempre y cuando no se deje de lado una actitud de sinceridad y de piedad para con los demás. Los fariseos cumplían muy bien las leyes, pero habían olvidado esto último, que es la esencia de Dios. La hipocresía y la crueldad son condenadas por Jesús, aunque se tenga buena apariencia. Lo importante está en el corazón, en la intención. Los fariseos querían ser fieles a Dios, pero no habían comprendido qué es lo verdaderamente importante.

AGOSTO

28 | Jueves
San Agustín

Primera lectura: 1 Tesalonicenses 3,7-13

Salmo 89: Sácianos de tu misericordia, Señor, y estaremos alegres

Evangelio: Mateo 24,42-51

En aquel tiempo dijo Jesús a sus discípulos: «Estad en vela, porque no sabéis qué día vendrá vuestro Señor. Comprended que si supiera el dueño de casa a qué hora de la noche viene el ladrón, estaría en vela y no dejaría abrir un boquete en su casa. Por eso, estad también vosotros preparados, porque a la hora que menos penséis viene el Hijo del hombre. ¿Dónde hay un criado fiel y cuidadoso a quien el amo encarga de dar a la servidumbre la comida a sus horas? Pues dichoso ese criado si el amo, al llegar, lo encuentra portándose así. Os aseguro que le confiará la administración de todos sus bienes. Pero si el criado es un canalla y, pensando que su amo tardará, empieza a pegar a sus compañeros y a comer y a beber con los borrachos, el día y la hora que menos se lo espera llegará el amo y lo hará pedazos, mandándolo a donde se manda a los hipócritas. Allí será el llanto y el rechinar de dientes».

Jesús invita de nuevo a estar en vela y a no ser un «canalla», pensando que el amo tarda. Dios puede tardar, pero eso no es excusa ni motivo para tratar mal al prójimo o comportarse de modo inadecuado. Al no saber el día fijado, el criado se porta mal, se deja ganar por el cansancio y la dejadez. El ladrón viene de noche, cuando menos se le espera. Jesús anima a tener una actitud vigilante sobre uno mismo, a no descorazonarse, a permanecer alerta. La noche de esta vida, en ausencia del amo, es dura, difícil. Pero es una noche que –como diría san Juan de la Cruz– es dichosa, pues permite el encuentro con el Amado. Basta con no dejar de esperar, pues llegará.

AGOSTO

29

Viernes
Martirio de San Juan Bautista

Primera lectura: Jeremías 1,17-19
Salmo 70: Mi boca contará tu auxilio

Evangelio: Marcos 6,17-29

En aquel tiempo, Herodes había mandado prender a Juan y lo había metido en la cárcel, encadenado. El motivo era que Herodes se había casado con Herodías, mujer de su hermano Filipo, y Juan le decía que no le era lícito tener la mujer de su hermano. Herodías aborrecía a Juan y quería quitarlo de en medio; no acababa de conseguirlo, porque Herodes respetaba a Juan, sabiendo que era un hombre honrado y santo, y lo defendía. Cuando lo escuchaba, quedaba desconcertado, y lo escuchaba con gusto.

La ocasión llegó cuando Herodes, por su cumpleaños, dio un banquete a sus magnates, a sus oficiales y a la gente principal de Galilea. La hija de Herodías entró y danzó, gustando mucho a Herodes y a los convidados. El rey le dijo a la joven: «Pídeme lo que quieras, que te lo doy». Y le juró: «Te daré lo que me pidas, aunque sea la mitad de mi reino». Ella salió a preguntarle a su madre: «¿Qué le pido?». La madre le contestó: «La cabeza de Juan, el Bautista».

Entró ella enseguida, a toda prisa, se acercó al rey y le pidió: «Quiero que ahora mismo me des en una bandeja la cabeza de Juan, el Bautista». El rey se puso muy triste; pero, por el juramento y los convidados, no quiso desairarla. Enseguida le mandó a un verdugo que trajese la cabeza de Juan. Fue, lo decapitó en la cárcel, trajo la cabeza en una bandeja y se la entregó a la joven; la joven se la entregó a su madre. Al enterarse sus discípulos fueron a recoger el cadáver y lo enterraron.

Juan el Bautista era un hombre admirado y respetado incluso por Herodes, a quien criticaba por haberse casado con la mujer de su hermano, algo prohibido por la Ley judía. Herodes lo escuchaba y lo defendía. Pero, llegada la ocasión, de nada valió todo esto. Juan había sido testigo de la verdad y un gran amante de la sinceridad y la coherencia. Como buen profeta, fue un testigo que anunció la llegada de Dios y denunció la extorsión y la mentira. Ser profeta supone persecución, y a veces cárcel y muerte. Pero callar es impensable. A veces, para tapar la verdad, se pide la «cabeza» de quien denuncia. Pero esto no tapa la verdad, sino que la hace todavía más evidente. Juan es un verdadero profeta y es considerado el primer mártir –«testigo»– de la verdad, antes incluso de la muerte y resurrección de Jesús.

AGOSTO

30 | Sábado

Primera lectura: 1 Tesalonicenses 4,9-12

Salmo 97: El Señor llega para regir los pueblos con rectitud

Evangelio: Mateo 25,14-30

En aquel tiempo dijo Jesús a sus discípulos esta parábola: «Un hombre, al irse de viaje, llamó a sus empleados y los dejó encargados de sus bienes: a uno le dejó cinco talentos de plata, a otro dos, a otro uno, a cada cual según su capacidad; luego se marchó.

El que recibió cinco talentos fue enseguida a negociar con ellos y ganó otros cinco. El que recibió dos hizo lo mismo y ganó otros dos. En cambio, el que recibió uno hizo un hoyo en la tierra y escondió el dinero de su señor.

Al cabo de mucho tiempo volvió el señor de aquellos empleados y se puso a ajustar las cuentas con ellos. Se acercó el que había recibido cinco talentos y le presentó otros cinco, diciendo: "Señor, cinco talentos me dejaste; mira, he ganado otros cinco". Su señor le dijo: "Muy bien. Eres un empleado fiel y cumplidor; como has sido fiel en lo poco te daré un cargo importante; pasa al banquete de tu señor". Se acercó luego el que había recibido dos talentos y dijo: "Señor, dos talentos me dejaste; mira, he ganado otros dos". Su señor le dijo: "Muy bien. Eres un empleado fiel y cumplidor; como has sido fiel en lo poco te daré un cargo importante; pasa al banquete de tu señor". Finalmente se acercó el que había recibido un talento y dijo: "Señor, sabía que eres exigente, que siegas donde no siembras y recoges donde no esparces, tuve miedo y fui a esconder tu talento bajo tierra. Aquí tienes lo tuyo". El señor respondió: "Eres un empleado negligente y holgazán. ¿Con que sabías que siego donde no siembro y recojo donde no esparzo? Pues debías haber puesto mi dinero en el banco, para que, al volver yo, pudiera recoger lo mío con los intereses. Quitadle el talento y dádselo al que tiene diez. Porque al que tiene se le dará y le sobrará, pero al que no tiene se le quitará hasta lo que tiene. Y a ese empleado inútil echadle fuera, a las tinieblas; allí será el llanto y rechinar de dientes"».

El Señor deja talentos a sus empleados según su capacidad. Los dos primeros los hacen fructificar, pero el último actúa por miedo y esconde el talento bajo tierra. El miedo suele ser paralizante, impide pensar y obrar adecuadamente. Jesús invita a sus discípulos constantemente a no tener miedo, a no dejarse paralizar por lo probable, sino a dejarse retar por lo posible. Es una combinación de vigilia y confianza. El tercer empleado desconfía de su amo, lo juzga y se equivoca en su juicio, y por eso mismo le teme. Los otros dos criados confían en su amo y en sus propias capacidades, no se comparan –a quién ha dado más y a quién menos–, sino que se ponen manos a la obra y por eso mismo producen el doble de lo recibido.

AGOSTO

 31

Domingo
XXII Tiempo Ordinario

Primera lectura: Eclesiástico 3,17-18.20.28-29

Salmo 67: Preparaste, oh Dios, casa para los pobres

Segunda lectura: Hebreos 12,18-19.22-24

Evangelio: Lucas 14,1.7-14

Un sábado entró Jesús en casa de uno de los principales fariseos para comer, y ellos le estaban espiando. Notando que los convidados escogían los primeros puestos les propuso esta parábola: «Cuando te conviden a una boda, no te sientes en el puesto principal, no sea que hayan convidado a otro de más categoría que tú; y vendrá el que os convidó a ti y al otro y te dirá: "Cédele el puesto a este". Entonces, avergonzado, irás a ocupar el último puesto. Al revés, cuando te conviden, vete a sentarte en el último puesto, para que, cuando venga el que te convidó, te diga: "Amigo, sube más arriba". Entonces quedarás muy bien ante todos los comensales. Porque todo el que se enaltece será humillado, y el que se humilla será enaltecido» Y dijo al que lo había invitado: «Cuando des una comida o una cena, no invites a tus amigos, ni a tus hermanos, ni a tus parientes, ni a los vecinos ricos; porque corresponderán invitándote, y quedarás pagado. Cuando des un banquete, invita a pobres, lisiados, cojos y ciegos; dichoso tú, porque no pueden pagarte; te pagarán cuando resuciten los justos».

Este evangelio sigue siendo tan actual como hace más de dos mil años. Quien está convidado a un banquete sigue escogiendo, o al menos deseando, los primeros puestos. Y nadie invita a pobres, lisiados, cojos y ciegos a una fiesta. Santa Teresa de Lisieux, reflexionando sobre este evangelio, exclamaba: «¿Y qué banquete puede ofrecer una carmelita a sus hermanas sino un banquete espiritual compuesto de caridad atenta y gozosa? Yo no conozco ningún otro...». Esta es la clave de lectura. No solo se nos está hablando de una opípara comida, sino principalmente de relación interpersonal, de a quién invitamos a entrar en la fiesta de nuestra vida. Ahí se tiende a excluir a las personas menos gratas o a quienes no pueden o no quieren corresponder adecuadamente. Jesús es el primero que no excluye a nadie ni busca los puestos de honor. Jesús se da a sí mismo gratuita e incondicionalmente a cada ser humano. Y nos invita a obrar como él obró. Experimentó en su vida la humillación hasta la muerte de cruz, pero es enaltecido en su resurrección. Dios sigue siendo el mismo, sigue invitando al banquete del Reino sin discriminación, sin esperar recompensa. Que nadie se sienta excluido. Nadie.

1 | Lunes

Primera lectura: 1 Tesalonicenses 4,13-18

Salmo 95: El Señor llega a regir la tierra

Evangelio: Lucas 4,16-30

En aquel tiempo fue Jesús a Nazaret, donde se había criado, entró en la sinagoga, como era su costumbre los sábados, y se puso en pie para hacer la lectura. Le entregaron el libro del profeta Isaías y, desenrollándolo, encontró el pasaje donde estaba escrito: «El Espíritu del Señor sobre mí, porque él me ha ungido. Me ha enviado para anunciar el evangelio a los pobres, para anunciar a los cautivos la libertad y a los ciegos la vista; para dar libertad a los oprimidos, para anunciar el año de gracia del Señor». Y, enrollando el libro, lo devolvió al que le ayudaba y se sentó. Toda la sinagoga tenía los ojos fijos en él. Y él se puso a decirles: «Hoy se cumple esta Escritura que acabáis de oír». Y todos le expresaban su aprobación y se admiraban de las palabras de gracia que salían de sus labios. Y decían: «¿No es este el hijo de José?». Y Jesús les dijo: «Sin duda me recitaréis aquel refrán: "Médico, cúrate a ti mismo"; haz también aquí, en tu tierra, lo que hemos oído que has hecho en Cafarnaún». Y añadió: «Os aseguro que ningún profeta es bien mirado en su tierra. Os garantizo que en Israel había muchas viudas en tiempos de Elías, cuando estuvo cerrado el cielo tres años y seis meses, y hubo una gran hambre en todo el país; sin embargo, a ninguna de ellas fue enviado Elías más que a una viuda de Sarepta, en el territorio de Sidón. Y muchos leprosos había en Israel en tiempo del profeta Eliseo; sin embargo, ninguno de ellos fue curado más que Naamán, el sirio». Al oír esto, todos en la sinagoga se pusieron furiosos y, levantándose, lo empujaron fuera del pueblo hasta un barranco del monte en donde se alzaba su pueblo, con intención de despeñarlo. Pero Jesús se abrió paso entre ellos y se alejaba.

En el pueblo de Jesús pasan de la aprobación y admiración por sus palabras a querer despeñarlo por un barranco. ¿Por qué? Les ha leído un texto del profeta Isaías saltándose los fragmentos que hablan del castigo. Después les ha puesto dos ejemplos bíblicos: la viuda de Sarepta, auxiliada por Elías en tiempos de hambre, y el leproso Naamán, sanado en tiempos del profeta Eliseo. Con esto Jesús da a entender que quienes en teoría están lejos de la verdadera fe y no pertenecen al pueblo «escogido» también son elegidos por Dios. Más aún, son escogidos preferencialmente. Dios no es un Dios de castigo y condena, sino de misericordia y compasión, y no solamente para el pueblo de Israel, que se consideraba salvado y seguro. No todos están dispuestos a aceptar este modo de ser de Dios. Antes prefieren considerar a Jesús un hereje que admitirlo.

SEPTIEMBRE

2 | **Martes**

Primera lectura: 1 Tesalonicenses 5,1-6.9-11

Salmo 26: Espero gozar de la dicha del Señor en el país de la vida

Evangelio: Lucas 4,31-37

En aquel tiempo, Jesús bajó a Cafarnaún, ciudad de Galilea, y los sábados enseñaba a la gente. Se quedaban asombrados de su doctrina, porque hablaba con autoridad. Había en la sinagoga un hombre que tenía un demonio inmundo, y se puso a gritar a voces: «¿Qué quieres de nosotros, Jesús Nazareno? ¿Has venido a acabar con nosotros? Sé quién eres: el Santo de Dios». Jesús le intimó: «¡Cierra la boca y sal!». El demonio tiró al hombre por tierra en medio de la gente, pero salió sin hacerle daño. Todos comentaban estupefactos: «¿Qué tiene su palabra? Da órdenes con autoridad y poder a los espíritus inmundos, y salen». Noticias de él iban llegando a todos los lugares de la comarca.

La multitud está asombrada de la doctrina de Jesús. Y se pregunta: «¿Qué tiene su palabra?». Las palabras de Jesús siguen siendo sorprendentes y actuales. Llaman a la conversión del corazón, a la misericordia y la compasión, al amor hasta entregar la vida. Es una palabra radical y siempre nueva. Escuchar su palabra, orarla, hacerla vida, transforma. Pero, es más, no solo la palabra de Jesús transforma. Jesús mismo transforma. Jesús en persona es la Palabra hecha carne. Jesús es la Palabra de Dios que, en silencio, ha de ser escuchada, como diría san Juan de la Cruz. Por eso, su hablar actúa contra las fuerzas del mal y hace el bien. Junto a Jesús, el mal no puede hacer daño. Jesús hablaba a la gente, y sigue hablándonos hoy. La duda es si se le escucha. Escuchémosle.

SEPTIEMBRE

3 | Miércoles
San Gregorio Magno

Primera lectura: Colosenses 1,1-8

Salmo 51: Confío en tu misericordia, Señor, por siempre jamás

Evangelio: Lucas 4,38-44

En aquel tiempo, al salir Jesús de la sinagoga, entró en casa de Simón. La suegra de Simón estaba con fiebre muy alta y le pidieron que hiciera algo por ella. Él, de pie a su lado, increpó a la fiebre, y se le pasó; ella, levantándose enseguida, se puso a servirles. Al ponerse el sol, los que tenían enfermos con el mal que fuera se los llevaban; y él, poniendo las manos sobre cada uno, los iba curando. De muchos de ellos salían también demonios, que gritaban: «Tú eres el Hijo de Dios». Los increpaba y no les dejaba hablar, porque sabían que él era el Mesías. Al hacerse de día salió a un lugar solitario. La gente lo andaba buscando; dieron con él e intentaban retenerlo para que no se les fuese. Pero él les dijo: «También a los otros pueblos tengo que anunciarles el reino de Dios, para eso me han enviado». Y predicaba en las sinagogas de Judea.

Jesús no rechaza la sinagoga, acude a ella con asiduidad y hasta predica y sana en ella. Un día, saliendo de una sinagoga, sana a la suegra de Pedro, y esta se levantó y se puso a servirles: la sanación no fue solo de la fiebre, sino que pasa a tener una actitud de servicio. Ha entendido la esencia de Jesús. También Jesús ha venido a servir, a sanar, día y noche, sin descanso y sin querer ser honrado ni condecorado por ello. Ni siquiera permite que le reconozcan como Hijo de Dios o como Mesías. Busca lugares solitarios y no deja que lo retengan. Es libre. Obra sin esperar recompensas. Su recompensa es anunciar el reino de Dios a los otros pueblos, quienes todavía no han oído hablar de este modo de actuar de la divinidad que transforma vidas.

4 | Jueves

Primera lectura: Colosenses 1,9-14

Salmo 97: El Señor da a conocer su victoria

Evangelio: Lucas 5,1-11

En aquel tiempo, la gente se agolpaba alrededor de Jesús para oír la palabra de Dios, estando él a orillas del lago de Genesaret. Vio dos barcas que estaban junto a la orilla; los pescadores habían desembarcado y estaban lavando las redes. Subió a una de las barcas, la de Simón, y le pidió que la apartara un poco de tierra. Desde la barca, sentado, enseñaba a la gente. Cuando acabó de hablar dijo a Simón: «Rema mar adentro, y echad las redes para pescar». Simón contestó: «Maestro, nos hemos pasado la noche bregando y no hemos cogido nada; pero, por tu palabra, echaré las redes».

Y, puestos a la obra, hicieron una redada de peces tan grande que reventaba la red. Hicieron señas a los socios de la otra barca para que vinieran a echarles una mano. Se acercaron ellos y llenaron las dos barcas, que casi se hundían. Al ver esto, Simón Pedro se arrojó a los pies de Jesús diciendo: «Apártate de mí, Señor, que soy un pecador». Y es que el asombro se había apoderado de él y de los que estaban con él al ver la redada de peces que habían cogido; y lo mismo les pasaba a Santiago y Juan, hijos de Zebedeo, que eran compañeros de Simón. Jesús dijo a Simón: «No temas; desde ahora serás pescador de hombres». Ellos sacaron las barcas a tierra y, dejándolo todo, lo siguieron.

Pedro se ha pasado la noche bregando y no ha cogido nada. Para un pescador, eso es agotador y frustrante. Pero ha escuchado la palabra de Jesús, la palabra de Dios: «Por tu palabra echaré las redes». Cuando se realiza una pesca incomprensiblemente abundante incluso para unos veteranos pescadores, le pide a Jesús que se aparte de él: «Soy un pecador». Pero no es este el actuar de Jesús. Él se acerca reiteradamente a pecadores públicos: publicanos, prostitutas. No se niega a nadie. Acercarse a ellos, tratar con ellos, significaba comulgar de algún modo con su modo de actuar y de obrar. Era impensable en un verdadero maestro. Pero Jesús es el verdadero Maestro, por eso no teme acercarse a ellos, por eso no les rechaza. Nunca. Sea cual sea su pasado y su presente, Jesús siempre está dispuesto a crear un futuro con quien, «dejándolo todo», le sigue.

SEPTIEMBRE

5 | Viernes

Primera lectura: Colosenses 1,15-20

Salmo 99: Entrad en la presencia del Señor con vítores

Evangelio: Lucas 5,33-39

En aquel tiempo dijeron a Jesús los fariseos y los escribas: «Los discípulos de Juan ayunan a menudo y oran, y los de los fariseos también; en cambio, los tuyos, a comer y a beber». Jesús les contestó: «¿Queréis que ayunen los amigos del novio mientras el novio está con ellos? Llegará el día en que se lo lleven, y entonces ayunarán». Y añadió esta parábola: «Nadie recorta una pieza de un manto nuevo para ponérsela a un manto viejo; porque se estropea el nuevo, y la pieza no le pega al viejo. Nadie echa vino nuevo en odres viejos; porque el vino nuevo revienta los odres, se derrama, y los odres se estropean. A vino nuevo, odres nuevos. Nadie que cate vino añejo quiere del nuevo, pues dirá: "Está bueno el añejo"».

Jesús no es un asceta. Él es llamado en alguna ocasión «comilón y borracho», y sus discípulos tampoco ayunan, como era costumbre. Para los fariseos y los escribas, eso es un escándalo incomprensible. Pero Jesús es el Novio de la boda de la vida. Los creyentes en Cristo han de estar siempre de fiesta. Jesús habla del Reino constantemente, comparándolo con un gran banquete. Jesús es la pieza nueva de ropa, no hay que hacer remiendos con ella. Es también el odre nuevo donde reposar el nuevo vino y, a la vez, es el vino añejo del cual, cuando se cata, no se quiere probar otro. Los ejemplos que pone Jesús son ejemplos de luz, de vida, de celebración… a veces los creyentes parecen más unos aguafiestas que otra cosa. Y no es el estilo de Jesús, que ha venido a traer vida y alegría.

SEPTIEMBRE

6 | Sábado

Primera lectura: Colosenses 1,21-23

Salmo 53: Ved que Dios es mi auxilio

Evangelio: Lucas 6,1-5

Un sábado, Jesús atravesaba un sembrado; sus discípulos arrancaban espigas y, frotándolas con las manos, se comían el grano. Unos fariseos les preguntaron: «¿Por qué hacéis en sábado lo que no está permitido?». Jesús les replicó: «¿No habéis leído lo que hizo David cuando él y sus hombres sintieron hambre? Entró en la casa de Dios, tomó los panes presentados, que solo pueden comer los sacerdotes, comió él y les dio a sus compañeros». Y añadió: «El Hijo del hombre es señor del sábado».

Estaba prohibido trabajar en sábado. Pero los discípulos de Jesús tienen hambre y no dudan en arrancar espigas y comer el grano. Es conocida la frase de Jesús: «El sábado es para el hombre, no el hombre para el sábado». Los discípulos tienen hambre y, al tiempo, la posibilidad de alimentarse. Eso es más importante que cualquier ley o norma. No es una novedad: ya en tiempos de David se saltaron la Ley para saciar su necesidad. Sí, el Hijo del hombre es señor del sábado. Y también sus discípulos. Ser señor del sábado es serlo de la Ley. Jesús no desprecia las normas, sino que las relativiza. No es que crea que son innecesarias unas pautas en la vida, pero piensa que hay que establecer prioridades. Y lo primero es la persona, la misericordia, la compasión. No la Ley.

SEPTIEMBRE

7

Domingo
XXIII Tiempo Ordinario

Primera lectura: Sabiduría 9,13-18

Salmo 89: Señor, tú has sido nuestro refugio de generación en generación

Segunda lectura: Filemón 9-10.12-17

Evangelio: Lucas 14,25-33

En aquel tiempo, mucha gente acompañaba a Jesús; él se volvió y les dijo: «Si alguno se viene conmigo y no pospone a su padre y a su madre, y a su mujer y a sus hijos, y a sus hermanos y a sus hermanas, e incluso a sí mismo, no puede ser discípulo mío. Quien no lleve su cruz detrás de mí no puede ser discípulo mío. Así, ¿quién de vosotros, si quiere construir una torre, no se sienta primero a calcular los gastos, a ver si tiene para terminarla? No sea que, si echa los cimientos y no puede acabarla, se pongan a burlarse de él los que miran, diciendo: "Este hombre empezó a construir y no ha sido capaz de acabar". ¿O qué rey, si va a dar la batalla a otro rey, no se sienta primero a deliberar si con diez mil hombres podrá salir al paso del que le ataca con veinte mil? Y si no, cuando el otro está todavía lejos, envía legados para pedir condiciones de paz. Lo mismo vosotros: el que no renuncia a todos sus bienes no puede ser discípulo mío».

Mucha gente acompañaba a Jesús. Pero Jesús les pide una radicalidad insólita: renunciar a la propia familia e incluso a sí mismo. Llevar la cruz, renunciar a todos sus bienes. La familia lo era todo en la sociedad judía: seguridad, sustento, amor... Jesús, de nuevo, pide al discípulo seguirle en todo. Le pide ser como Jesús fue: libre frente a todo y todos, incluso frente a sí mismo. Jesús también renunció a todos sus bienes, pues, siendo la fuente misma de la bondad y del bien, de la paz y la felicidad, renuncia a todo ello para hacerse uno de los nuestros. «Llevar la cruz» es una expresión cuya fuerza hay que recuperar: está hablando de llevar un instrumento de tortura y muerte. Los ajusticiados llevaban el travesaño horizontal hasta el lugar del suplicio, como hizo Jesús. Era algo indigno e infamante. No se puede seguir a Jesús irreflexivamente. Seguirle no es cumplir una serie de normas, es una actitud en la vida que exige renuncias. Hay que pensarlo bien, pues no basta con acompañarlo, hay que ser como él.

8 | **Lunes**
Natividad de la Santísima Virgen María

Primera lectura: Miqueas 5,1-4a

Salmo 12: Desbordo de gozo con el Señor

Evangelio: Mateo 1,1-16.18-23

Genealogía de Jesucristo, hijo de David, hijo de Abrahán. Abrahán engendró a Isaac; Isaac a Jacob; Jacob a Judá y a sus hermanos. Judá engendró, de Tamar, a Farés y a Zará; Farés a Esrón; Esrón a Aram; Aram a Aminadab; Aminadab a Naasón; Naasón a Salmón; Salmón engendró, de Rahab, a Booz; Booz engendró, de Rut, a Obed; Obed a Jesé; Jesé engendró a David, el rey. David, de la mujer de Urías, engendró a Salomón; Salomón a Roboán; Roboán a Abías; Abías a Asaf; Asaf a Josafat; Josafat a Jorán; Jorán a Ozías; Ozías a Joatán; Joatán a Acaz; Acaz a Ezequías; Ezequías engendró a Manasés; Manasés a Amós; Amós a Josías; Josías engendró a Jeconías y a sus hermanos cuando el destierro de Babilonia. Después del destierro de Babilonia, Jeconías engendró a Salatiel; Salatiel a Zorobabel; Zorobabel a Abiud; Abiud a Eliaquín; Eliaquín a Azor; Azor a Sadoc; Sadoc a Aquim; Aquim a Eliud; Eliud a Eleazar; Eleazar a Matán; Matán a Jacob; y Jacob engendró a José, el esposo de María, de la cual nació Jesús, llamado Cristo.

El nacimiento de Jesucristo fue de esta manera: María, su madre, estaba desposada con José y, antes de vivir juntos, resultó que ella esperaba un hijo por obra del Espíritu Santo. José, su esposo, que era justo y no quería denunciarla, decidió repudiarla en secreto. Pero, apenas había tomado esta resolución, se le apareció en sueños un ángel del Señor, que le dijo: «José, hijo de David, no tengas reparo en llevarte a María, tu mujer, porque la criatura que hay en ella viene del Espíritu Santo. Dará a luz un hijo y tú le pondrás por nombre Jesús, porque él salvará a su pueblo de los pecados». Todo esto sucedió para que se cumpliese lo que había dicho el Señor por el profeta: «Mirad: la virgen concebirá y dará a luz un hijo y le pondrá por nombre Emmanuel, que significa "Dios con nosotros"».

En las genealogías antiguas no se contaba con las mujeres. Mateo nos da la genealogía de Jesús desde Abrahán, señalando con ello que pertenece al pueblo escogido: al pueblo de Israel. Pero, según se avanza en la genealogía, vienen las sorpresas. Menciona a cinco mujeres: Tamar, Rahab, Rut, «la mujer de Urías» (Betsabé) y María. Esos nombres quizá no dicen nada a la gente de hoy, pero en tiempos de Jesús se comprendía el mensaje: son mujeres extranjeras, como Rut, o que ejercen la prostitución, como Tamar, o las dos cosas unidas, como Rahab. ¿Qué necesidad había de decir que David engendró «de la mujer de Urías»? Es que Jesús viene de una historia de pecado, de misericordia y redención. Dios actúa también en las mujeres, y a través de ellas viene la liberación. De hecho, la última mujer mencionada es la más importante: María, madre de Jesús.

SEPTIEMBRE

9

Martes
San Pedro Claver

Primera lectura: Colosenses 2,6-15

Salmo 144: El Señor es bueno con todos

Evangelio: Lucas 6,12-19

En aquel tiempo subió Jesús a la montaña a orar y pasó la noche orando a Dios. Cuando se hizo de día llamó a sus discípulos, escogió a doce de ellos y los nombró apóstoles: Simón, al que puso de nombre Pedro, y Andrés, su hermano, Santiago, Juan, Felipe, Bartolomé, Mateo, Tomás, Santiago Alfeo, Simón, apodado el Celotes, Judas el de Santiago y Judas Iscariote, que fue el traidor.

Bajó del monte con ellos y se paró en un llano, con un grupo grande de discípulos y de pueblo procedente de toda Judea, de Jerusalén y de la costa de Tiro y de Sidón. Venían a oírlo y a que los curara de sus enfermedades; los atormentados por espíritus inmundos quedaban curados, y la gente trataba de tocarlo, porque salía de él una fuerza que los curaba a todos.

Jesús también oraba, se relacionaba con su Padre Dios. Para ello, buscaba la soledad, muchas veces en la naturaleza, en el monte. Antes de tomar decisiones importantes, Jesús ora. Y, en este caso, tras orar elige a sus doce discípulos. De algunos solo se nos dice el nombre, de otros, además, el apodo, como «el Celotes». Lo asombroso es que eligiese también a «Judas Iscariote, que fue el traidor». ¿Se equivocó Jesús al llamar a Judas Iscariote? Jesús elige a dos «Judas», uno será recordado como apóstol y el otro como traidor. A ambos, Jesús les tiende la mano, los trata como amigos hasta el final. Uno de ellos supo responder plenamente, el otro no. Todos son «enviados» –eso significa «apóstol»–, con sus defectos y sus virtudes. Aunque ha escogido a doce para enviarlos, tiene también un «grupo grande de discípulos y de pueblo» que le busca. Todos eran acogidos.

Primera lectura: Colosenses 3,1-11

Salmo 144: El Señor es bueno con todos

Evangelio: Lucas 6,20-26

En aquel tiempo, Jesús, levantando los ojos hacia sus discípulos, les dijo: «Dichosos los pobres, porque vuestro es el reino de Dios. Dichosos los que ahora tenéis hambre, porque quedaréis saciados. Dichosos los que ahora lloráis, porque reiréis. Dichosos vosotros cuando os odien los hombres, y os excluyan, y os insulten, y proscriban vuestro nombre como infame por causa del Hijo del hombre. Alegraos ese día y saltad de gozo, porque vuestra recompensa será grande en el cielo. Eso es lo que hacían vuestros padres con los profetas. Pero, ¡ay de vosotros, los ricos!, porque ya tenéis vuestro consuelo. ¡Ay de vosotros, los que ahora estáis saciados!, porque tendréis hambre. ¡Ay de los que ahora reís!, porque haréis duelo y lloraréis. ¡Ay si todo el mundo habla bien de vosotros! Eso es lo que hacían vuestros padres con los falsos profetas».

En el evangelio de Lucas, las bienaventuranzas vienen seguidas de un grupo de lamentaciones. Jesús comienza llamando dichosos a los pobres, a quienes tienen hambre, lloran o son odiados por su causa. Después, se lamenta por los ricos, saciados, quienes se ríen o reciben alabanzas. Y compara con los verdaderos profetas a los primeros y con los falsos a los segundos. Ser profeta, seguir a Jesús, no conlleva una promesa de risa, saciedad o agasajos. «Vuestra recompensa será grande en el cielo». La recompensa es vivir el Reino ya, aun con persecución. Jesús es el primero que, siendo rico, se hizo pobre, el primer «dichoso», aunque fue odiado y atormentado. Pero era libre frente a los «dichosos» de su época, que se suponían bendecidos por Dios. Jesús da la vuelta a los valores humanos. Los verdaderos dichosos son los que se consideraban malditos por su sociedad y, tal vez, por la nuestra.

SEPTIEMBRE

11 | Jueves

Primera lectura: Colosenses 3,12-17

Salmo 150: Todo ser que alienta alabe al Señor

Evangelio: Lucas 6,27-38

En aquel tiempo dijo Jesús a sus discípulos: «A los que me escucháis os digo: amad a vuestros enemigos, haced el bien a los que os odian, bendecid a los que os maldicen, orad por los que os injurian. Al que te pegue en una mejilla preséntale la otra; al que te quite la capa déjale también la túnica. A quien te pide dale; al que se lleve lo tuyo no se lo reclames. Tratad a los demás como queréis que ellos os traten. Pues, si amáis solo a los que os aman, ¿qué mérito tenéis? También los pecadores aman a los que los aman. Y si hacéis bien solo a los que os hacen bien, ¿qué mérito tenéis? También los pecadores lo hacen. Y si prestáis solo cuando esperáis cobrar, ¿qué mérito tenéis? También los pecadores prestan a otros pecadores, con intención de cobrárselo. ¡No! Amad a vuestros enemigos, haced el bien y prestad sin esperar nada; tendréis un gran premio y seréis hijos del Altísimo, que es bueno con los malvados y desagradecidos. Sed compasivos como vuestro Padre es compasivo; no juzguéis, y no seréis juzgados; no condenéis, y no seréis condenados; perdonad, y seréis perdonados; dad, y se os dará: os verterán una medida generosa, colmada, remecida, rebosante. La medida que uséis la usarán con vosotros».

Jesús nos habla de una nueva manera de relacionarse: amar incondicionalmente, siempre, a todo prójimo, incluyendo al enemigo y a quien no nos hace bien. En efecto: todo el mundo corresponde haciendo el bien a quien se lo ha hecho primero. Esto es lo normal, y lo hace incluso la gente no creyente. Hoy en día, hay una corriente que habla de evitar o ignorar a las personas negativas –llamadas también personas «tóxicas»– para preservar la propia salud. No es esto lo que nos propone Jesús. Él nos propone ni más ni menos que ser como Dios. Un Dios compasivo, que no juzga, que perdona, que da, que se da, que vierte medidas generosas, rebosantes... Dios es bueno con los malvados y desagradecidos. Dios no cambia su esencia por nuestro comportamiento. Y Jesús nos propone no hacer depender nuestra actitud del comportamiento ajeno, sino del comportamiento de Dios.

SEPTIEMBRE

12

Viernes
Dulce Nombre de María

Primera lectura: 1 Timoteo 1,1-2.12-14

Salmo 15: Tú eres, Señor, mi heredad

Evangelio: Lucas 6,39-42

En aquel tiempo dijo Jesús a los discípulos una parábola: «¿Acaso puede un ciego guiar a otro ciego? ¿No caerán los dos en el hoyo? Un discípulo no es más que su maestro, si bien, cuando termine su aprendizaje, será como su maestro. ¿Por qué te fijas en la mota que tiene tu hermano en el ojo y no reparas en la viga que llevas en el tuyo? ¿Cómo puedes decirle a tu hermano: "Hermano, déjame que te saque la mota del ojo", sin fijarte en la viga que llevas en el tuyo? ¡Hipócrita! Sácate primero la viga de tu ojo y entonces verás claro para sacar la mota del ojo de tu hermano».

De nuevo, Jesús incide en lo que son las relaciones interpersonales. Esta vez nos habla del hecho de que nos solemos fijar en los fallos ajenos antes que en los propios. Jesús es claro: el fallo personal es una viga en el propio ojo, y el fallo de los otros es una mota que está en el ojo ajeno. A veces se desea corregir al vecino sus errores con recta y santa intención. Pero somos como ciegos que quieren guiar a otros ciegos. El único que ve es el Maestro. Jesús nos invita a ser como él es. Él es manso y humilde de corazón y tan solo es duro con los religiosos de su tiempo, que apretaban a la gente con normas y leyes incumplibles. Nunca es duro con el pecador o el impuro. Él anima a los discípulos a ser como el Maestro: a terminar el aprendizaje, a seguirle.

SEPTIEMBRE

13 | Sábado
San Juan Crisóstomo

Primera lectura: 1 Timoteo 1,15-17

Salmo 112: Bendito sea el nombre del Señor por siempre

Evangelio: Lucas 6,43-49

En aquel tiempo decía Jesús a sus discípulos: «No hay árbol sano que dé fruto dañado ni árbol dañado que dé fruto sano. Cada árbol se conoce por su fruto; porque no se cosechan higos de las zarzas ni se vendimian racimos de los espinos. El que es bueno, de la bondad que atesora en su corazón saca el bien, y el que es malo, de la maldad saca el mal; porque lo que rebosa del corazón lo habla la boca. ¿Por qué me llamáis "Señor, Señor", y no hacéis lo que digo? El que se acerca a mí, escucha mis palabras y las pone por obra, os voy a decir a quién se parece: se parece a uno que edificaba una casa: cavó, ahondó y puso los cimientos sobre roca; vino una crecida, arremetió el río contra aquella casa y no pudo tambalearla, porque estaba sólidamente construida. El que escucha y no pone por obra se parece a uno que edificó una casa sobre tierra, sin cimiento; arremetió contra ella el río y enseguida se derrumbó, y quedó hecha una gran ruina».

No basta con llamar a Jesús «Señor», hay que hacer lo que él dice, lo que él hace. Hay que intentar atesorar en el corazón bondad, que dará frutos sanos en lugar de maldad, que da frutos dañados. Nuestras obras son fruto de nuestras reflexiones, del cimiento que pongamos en la vida. Un cimiento que no es solo escuchar, sino escuchar y poner por obra. Jesús nos habla de dos casas, las dos reciben la embestida de la crecida, ambas sufren la misma dificultad, las dos están cimentadas en la escucha de la palabra de Jesús, pero una de ellas ponía por obra lo escuchado y la otra no. Seguir a Jesús es una forma de vida que se cimienta en la bondad del corazón en medio de los embates.

14

Domingo
Exaltación de la Santa Cruz
XXIV Tiempo Ordinario

Primera lectura: Números 21,4b-9
....
Salmo 77: No olvidéis las acciones del Señor
....
Segunda lectura: Filipenses 2,6-11
....

Evangelio: Juan 3,13-17

En aquel tiempo dijo Jesús a Nicodemo: «Nadie ha subido al cielo sino el que bajó del cielo, el Hijo del hombre. Lo mismo que Moisés elevó la serpiente en el desierto, así tiene que ser elevado el Hijo del hombre, para que todo el que cree en él tenga vida eterna. Tanto amó Dios al mundo que entregó a su Hijo único para que no perezca ninguno de los que creen en él, sino que tengan vida eterna. Porque Dios no mandó su Hijo al mundo para condenar al mundo, sino para que el mundo se salve por él».

Moisés hizo esculpir una serpiente de bronce y ponerla como blasón en el campamento israelita. Eso era algo incomprensible. El pueblo de Israel había renunciado a tener ningún tipo de imagen que se pudiera confundir con la divinidad, pero esta serpiente sanaba a los mordidos por serpientes venenosas con solo mirarla. Así Jesús muere en una cruz –recordemos que la Ley decía que era «maldito el que cuelga de un madero»– y, sin embargo, es también una contradicción. Eso que debiera ser signo de maldición es signo de bendición. Lo que, en teoría, sería para condenar es para salvar. Dios no quiere que muera quien cree en él, sino que tenga «vida eterna». Ya, ahora. No hay que esperar a morir para tener vida eterna. Si somos mordidos por serpientes venenosas, mirar nuestro estandarte –Jesús– nos da la vida de nuevo. Dios es amor, Dios nos ama y no busca castigar a sus criaturas, sino dar vida eterna. Parece que Jesús sospechase lo que sucedería a lo largo de los siglos: la identificación de Dios con un juez justiciero. No es este el Dios que nos muestra el Evangelio. Por eso solo se puede confiar y amar a este Dios.

15 | Lunes
Nuestra Señora, la Virgen de los Dolores

Primera lectura: 1 Timoteo 2,1-8

Salmo 27: Bendito el Señor, que escuchó mi voz suplicante

Evangelio: Juan 19, 25-27

Junto a la cruz de Jesús, estaba su madre y la hermana de su madre, María, mujer de Cleofás, y María Magdalena. Al ver a la madre y cerca de ella al discípulo a quien él amaba, Jesús le dijo: «Mujer, aquí tienes a tu hijo.» Luego dijo al discípulo: «Aquí tienes a tu madre.» Y desde aquel momento, el discípulo la recibió en su casa.

En la hora de la cruz solo están los verdaderos discípulos de Jesús: las mujeres, Juan y la madre de Jesús. Los demás han huido. Jesús no se lamenta por los que no están, sino que vuelve a llamar a su madre «mujer», como lo hiciera en Caná, cuando el primer milagro que adelantó su hora. Y a Juan le entrega a María como madre y a María a Juan como hijo. Todo buen discípulo sabe que María, la llena de gracia, es la discípula por excelencia. Podríamos decir que es la primera cristiana. Engendra a Jesús y lo acompaña hasta su muerte. Es la mujer que escucha y medita la palabra de Dios y que sigue fielmente a su hijo aun cuando no lo termine de comprender. Mujer fuerte y valiente. Invitando a hacer lo mismo, el evangelista nos dice: «Y desde aquel momento el discípulo la recibió en su casa...».

TIEMPO ORDINARIO **339**

16

Martes
San Cornelio y San Cipriano

Primera lectura: 1 Timoteo 3,1-13

Salmo 100: Andaré con rectitud de corazón

Evangelio: Lucas 7,11-17

En aquel tiempo iba Jesús camino de una ciudad llamada Naín, e iban con él sus discípulos y mucho gentío. Cuando se acercaba a la entrada de la ciudad resultó que sacaban a enterrar a un muerto, hijo único de su madre, que era viuda; y un gentío considerable de la ciudad la acompañaba. Al verla el Señor le dio lástima y le dijo: «No llores». Se acercó al ataúd, lo tocó (los que lo llevaban se pararon) y dijo: «¡Muchacho, a ti te lo digo, levántate!». El muerto se incorporó y empezó a hablar, y Jesús se lo entregó a su madre.

Todos, sobrecogidos, daban gloria a Dios, diciendo: «Un gran profeta ha surgido entre nosotros. Dios ha visitado a su pueblo». La noticia del hecho se divulgó por toda la comarca y por Judea entera.

Jesús de nuevo va «de camino», de «paso» a una ciudad. Una mujer viuda, sin hijos varones, quedaba desamparada en la sociedad judía de aquella época. Al morir su hijo único, esa mujer quedaba a merced de la caridad ajena. Al lógico dolor por la muerte de su hijo, a la mujer se le sumaba el dolor de caer en el mayor desamparo. Muchas mujeres en su situación se veían abocadas a vivir de la mendicidad o la prostitución. Pero Jesús se compadece y, saltándose todas las leyes y normas, se acerca al ataúd, lo toca y devuelve la vida al joven. Jesús debiera haber quedado impuro, pero en lugar de eso vuelve puro –hace retornar a la vida– al muchacho. Jesús tiene el poder de dar vida. Jesús mismo es la Vida. Realmente, «Dios ha visitado a su pueblo» y es un Dios de sanación y compasión, no de leyes y preceptos.

SEPTIEMBRE

17 | **Miércoles**
San Roberto Belarmino,
Santa Hildegarda de Bingen

Primera lectura: 1 Timoteo 3,14-16

Salmo 110: Grandes son las obras del Señor

Evangelio: Lucas 7,31-35

En aquel tiempo dijo el Señor: «¿A quién se parecen los hombres de esta generación? ¿A quién los compararemos? Se parecen a unos niños sentados en la plaza, que gritan a otros: "Tocamos la flauta y no bailáis, cantamos lamentaciones y no lloráis". Vino Juan el Bautista, que ni comía ni bebía, y dijisteis que tenía un demonio; viene el Hijo del hombre, que come y bebe, y decís: "Mirad qué comilón y qué borracho, amigo de publicanos y pecadores". Sin embargo, los discípulos de la sabiduría le han dado la razón».

Juan el Bautista era un asceta que vivía sobriamente en el desierto. Jesús dice que no hay nacido de mujer mayor que él. Sin embargo, él propone un modo de vida diferente. Le llaman «comilón y borracho», pero a lo que da prioridad es a la relación con los demás. Es, ciertamente, amigo de publicanos y pecadores. No le da tanta importancia a las normas y leyes restrictivas como a la compasión y el amor. Con seguridad, sus oponentes buscaban insultarlo al llamarle así, pero es una de las definiciones de Jesús más afortunada de los evangelios. Jesús revela a un Dios amigo. Amigo de todos. No especialmente de los buenos, de los «santos». Busca especialmente a quienes más necesitan su amistad: las personas más heridas por la vida y por la sociedad. No le importa mezclarse, hacerse uno con ellos. Es su amigo.

SEPTIEMBRE

18 | Jueves

Primera lectura: 1 Timoteo 4,12-16

Salmo 110: Grandes son las obras del Señor

Evangelio: Lucas 7,36-50

En aquel tiempo, un fariseo rogaba a Jesús que fuera a comer con él. Jesús, entrando en casa del fariseo, se recostó a la mesa. Y una mujer de la ciudad, una pecadora, al enterarse de que estaba comiendo en casa del fariseo, vino con un frasco de perfume y, colocándose detrás, junto a sus pies, llorando, se puso a regarle los pies con sus lágrimas, se los enjugaba con sus cabellos, los cubría de besos y se los ungía con el perfume. Al ver esto, el fariseo que lo había invitado se dijo: «Si este fuera profeta, sabría quién es esta mujer que lo está tocando y lo que es: una pecadora».

Jesús tomó la palabra y le dijo: «Simón, tengo algo que decirte». Él respondió: «Dímelo, maestro». Jesús le dijo: «Un prestamista tenía dos deudores; uno le debía quinientos denarios y el otro, cincuenta. Como no tenían con qué pagar, los perdonó a los dos. ¿Cuál de los dos lo amará más?». Simón contestó: «Supongo que aquel a quien le perdonó más». Jesús le dijo: «Has juzgado rectamente». Y, volviéndose a la mujer, dijo a Simón: «¿Ves a esta mujer? Cuando yo entré en tu casa, no me pusiste agua para los pies; ella, en cambio, me ha lavado los pies con sus lágrimas y me los ha enjugado con su pelo. Tú no me besaste; ella, en cambio, desde que entró no ha dejado de besarme los pies. Tú no me ungiste la cabeza con ungüento; ella, en cambio, me ha ungido los pies con perfume. Por eso te digo: sus muchos pecados están perdonados, porque tiene mucho amor; pero al que poco se le perdona, poco ama». Y a ella le dijo: «Tus pecados están perdonados». Los demás convidados empezaron a decir entre sí: «¿Quién es este que hasta perdona pecados?». Pero Jesús dijo a la mujer: «Tu fe te ha salvado, vete en paz».

Según la costumbre de la época, cuando llegaba un invitado a una casa, el anfitrión ponía agua para que el convidado se lavase los pies, se le besaba como modo de saludo y se le ungía la cabeza con ungüento. No hacerlo era una grosería. Un fariseo insiste a Jesús para que acuda a su casa, pero no le recibe como debiera. Sin embargo, una pecadora unge los pies a Jesús. El fariseo se escandaliza de que se deje tocar por ella. Jesús nunca rehúye a los considerados malos. Dios perdona siempre. Y lo que cuenta es el amor. Esa mujer era una pecadora, pero sabía amar. Jesús no la sana de ninguna dolencia física o mental, solo –¿solo?– le asegura que está salvada y la envía en paz. Perdona a los dos, pero solo la mujer vive en clave de agradecimiento. Ella sí que acoge a Jesús.

SEPTIEMBRE

19

Viernes
San Jenaro

Primera lectura: 1 Timoteo 6,2-12

Salmo 48: Dichosos los pobres en el espíritu, porque de ellos es el reino de los cielos

Evangelio: Lucas 8,1-3

Después de esto iba caminando de ciudad en ciudad y de pueblo en pueblo, predicando el Evangelio del reino de Dios; lo acompañaban los Doce y algunas mujeres que él había curado de malos espíritus y enfermedades: María la Magdalena, de la que habían salido siete demonios; Juana, mujer de Cusa, intendente de Herodes; Susana y otras muchas que le ayudaban con sus bienes.

Muchas veces, al pensar en los seguidores de Jesús, en parte debido a la iconografía, se piensa en discípulos varones. Pero el evangelio vuelve a sorprender mostrándonos una lista de mujeres que seguían a Jesús. Entre ellas está María Magdalena, primera entre los apóstoles, Juana, Susana y otras muchas. Era muy revolucionario que un rabino aceptase mujeres entre sus seguidores. Y debió de ser tan evidente que no lo pueden omitir los evangelistas. Mujeres sanadas que le ayudaban con sus bienes. Mujeres que –no lo olvidemos– le siguieron hasta la cruz y fueron testigos de la resurrección, en una época en la que no se consideraba válido el testimonio de la mujer. Jesús, de nuevo, rompe moldes y es incomprensible por su forma de actuar. Para Dios no hay diferencia entre varón y mujer, cuenta la persona, siempre llamada a su amistad y a su seguimiento, sin desigualdad ni discriminación.

20

Sábado
San Andrés Kim Taegón y San Pablo Chong

Primera lectura: 1 Timoteo 6,13-16

Salmo 99: Entrad en la presencia del Señor con vítores

Evangelio: Lucas 8,4-15

En aquel tiempo se le juntaba a Jesús mucha gente y, al pasar por los pueblos, otros se iban añadiendo. Entonces les dijo esta parábola: «Salió el sembrador a sembrar su semilla. Al sembrarla, algo cayó al borde del camino, lo pisaron y los pájaros se lo comieron. Otro poco cayó en terreno pedregoso y, al crecer, se secó por falta de humedad. Otro poco cayó entre zarzas, y las zarzas, creciendo al mismo tiempo, lo ahogaron. El resto cayó en tierra buena y, al crecer, dio fruto al ciento por uno». Dicho esto, exclamó: «El que tenga oídos para oír que oiga».

Entonces le preguntaron los discípulos: «¿Qué significa esa parábola?». Él les respondió: «A vosotros se os ha concedido conocer los secretos del reino de Dios; a los demás, solo en parábolas, para que viendo no vean y oyendo no entiendan. El sentido de la parábola es este: la semilla es la palabra de Dios. Los del borde del camino son los que escuchan, pero luego viene el diablo y se lleva la palabra de sus corazones, para que no crean y se salven. Los del terreno pedregoso son los que, al escucharla, reciben la palabra con alegría, pero no tienen raíz; son los que por algún tiempo creen, pero en el momento de la prueba fallan. Lo que cayó entre zarzas son los que escuchan, pero, con los afanes y riquezas y placeres de la vida, se van ahogando y no maduran. Los de la tierra buena son los que con un corazón noble y generoso escuchan la palabra, la guardan y dan fruto perseverando».

A Jesús le sigue «mucha gente», pero la Palabra de Dios no es recibida por igual. En realidad, la parábola es perfectamente explicada por Jesús. Todos escuchan la Palabra, pero el resultado no es el mismo. Unos, por dejadez, no la dejan arraigar; otros por diferentes motivos. Así que no basta con acoger la Palabra con alegría, hay que tener un corazón noble y generoso que da fruto. El sembrador es Jesús y también quienes le siguen. No hay que dejar nunca de sembrar, pues quien acepta la Palabra da un fruto prodigioso, imposible: el ciento por uno. Jesús y su Palabra tienen una fuerza transformadora que solo depende de la actitud del oyente. El discípulo ha de saber espantar los pájaros, quitar las piedras y las zarzas de su corazón. Solo así será tierra buena.

SEPTIEMBRE

21

Domingo
XXV Tiempo Ordinario
San Mateo, apóstol y evangelista

Primera lectura: Amós 8,4-7

Salmo 112: Alabad al Señor, que alza al pobre

Segunda lectura: 1 Timoteo 2,1-8

Evangelio: Lucas 16,1-13

En aquel tiempo dijo Jesús a sus discípulos: «Un hombre rico tenía un administrador y le llegó la denuncia de que derrochaba sus bienes. Entonces lo llamó y le dijo: "¿Qué es eso que me cuentan de ti? Entrégame el balance de tu gestión, porque quedas despedido". El administrador se puso a echar sus cálculos: "¿Qué voy a hacer ahora que mi amo me quita el empleo? Para cavar no tengo fuerzas; mendigar me da vergüenza. Ya sé lo que voy a hacer para que, cuando me echen de la administración, encuentre quien me reciba en su casa".

Fue llamando uno a uno a los deudores de su amo y dijo al primero: "¿Cuánto debes a mi amo?" Este respondió: "Cien barriles de aceite". Él le dijo: "Aquí está tu recibo; aprisa, siéntate y escribe cincuenta". Luego dijo a otro: "Y tú, ¿cuánto debes?" Él contestó: "Cien fanegas de trigo". Le dijo: "Aquí está tu recibo, escribe ochenta". Y el amo felicitó al administrador injusto por la astucia con que había procedido. Ciertamente, los hijos de este mundo son más astutos con su gente que los hijos de la luz.

Y yo os digo: ganaos amigos con el dinero injusto, para que, cuando os falte, os reciban en las moradas eternas. El que es de fiar en lo menudo también en lo importante es de fiar; el que no es honrado en lo menudo tampoco en lo importante es honrado. Si no fuisteis de fiar en el injusto dinero, ¿quién os confiará lo que vale de veras? Si no fuisteis de fiar en lo ajeno, lo vuestro, ¿quién os lo dará? Ningún siervo puede servir a dos amos, porque o bien aborrecerá a uno y amará al otro, o bien se dedicará al primero y no hará caso del segundo. No podéis servir a Dios y al dinero».

El administrador injusto cobraba de más a los clientes de su amo. Se corrige y cambia los recibos, no por arrepentimiento de su conducta, sino para labrarse un futuro. Por eso el amo le felicita. Jesús llama «injusto» al dinero. El bolsillo es una buena medida de hasta dónde llega la piedad si la fe nos ha tocado la vida. La frase «no podéis servir a Dios y al dinero» es tan clara, tan radical, tan revolucionaria, que ha llegado hasta nuestros días como un dicho popular. El dinero es necesario, Jesús también tiene que hacer uso de él a través de sus discípulos. Judas lleva la bolsa del grupo. Pedro, en una ocasión, paga el impuesto de la moneda hallada en un pez, y Jesús pide que le muestren una moneda cuando dice que hay que dar a Dios lo suyo y al César también. Lo importante es no hacer un dios del dinero, un dios de la fama, un dios del tener y acumular.

22 | Lunes

Primera lectura: Esdras 1,1-6
....
Salmo 125: El Señor ha estado grande con nosotros
....

Evangelio: Lucas 8,16-18

En aquel tiempo dijo Jesús a la gente: «Nadie enciende un candil y lo tapa con una vasija o lo mete debajo de la cama; lo pone en el candelero para que los que entran tengan luz. Nada hay oculto que no llegue a descubrirse, nada secreto que no llegue a saberse o a hacerse público. A ver si me escucháis bien: al que tiene se le dará, al que no tiene se le quitará hasta lo que cree tener».

Ser luz, ser fuego que alumbra y calienta. Imprescindible en una sociedad sin otra fuente de energía, ninguna otra posibilidad de ver en la oscuridad, de calentarse, de cocinar... Eso es seguir a Jesús: iluminar con la vida, no esconderse. Si se sigue a Jesús con radicalidad, solo se puede relucir. Se trata de que «los que entran tengan luz». No agobiar, no tapar esa luz con normas y leyes, sino presentar a Jesús y su Evangelio. La última frase de Jesús es una llamada a tener, a ser. Como diría Teresa de Jesús: «¿Qué tales habremos de ser?». Si seguimos a la fuente de la luz, de la vida, del amor, del perdón..., si seguimos a Jesús, se nos dará todavía más de lo que creemos o esperamos.

23

Martes
San Pío de Pietralcina

Primera lectura: Esdras 6,7-8.12.14-20

Salmo 121: Llenos de alegría vamos a la casa del Señor

Evangelio: Lucas 8,19-21

En aquel tiempo vinieron a ver a Jesús su madre y sus hermanos, pero con el gentío no lograban llegar hasta él. Entonces le avisaron: «Tu madre y tus hermanos están fuera y quieren verte». Él les contestó: «Mi madre y mis hermanos son estos: los que escuchan la palabra de Dios y la ponen por obra».

Van a ver a Jesús su madre y sus hermanos. Pero Jesús establece un nuevo tipo de relaciones, una nueva familia. Para Jesús, su madre y hermanos son quienes escuchan la palabra de Dios y la ponen por obra. Con eso no está excluyendo a su parentela, muy al contrario. Sabemos que, si alguien escuchaba la Palabra, la meditaba en su corazón y la ponía por obra, era su madre. María es la mujer oyente que no siempre comprende, pero que hace la Palabra vida suya. Su mérito radica no tanto en ser la madre biológica de Jesús como en haberle engendrado en la fe. Por ser la creyente por antonomasia. Y en esto, María es imitable. Podemos ser «madre y hermanos» de Jesús. Podemos formar parte de esta nueva familia.

24 | **Miércoles**
Bienaventurada Virgen de la Merced

Primera lectura: Esdras 9,5-9

Salmo Tobías 13,2-4.6-8:: Bendito sea Dios, que vive eternamente

Evangelio: Lucas 9,1-6

En aquel tiempo, Jesús reunió a los Doce y les dio poder y autoridad sobre toda clase de demonios y para curar enfermedades. Luego los envió a proclamar el reino de Dios y a curar a los enfermos, diciéndoles: «No llevéis nada para el camino: ni bastón ni alforja, ni pan ni dinero; tampoco llevéis túnica de repuesto. Quedaos en la casa donde entréis hasta que os vayáis de aquel sitio. Y si alguien no os recibe, al salir de aquel pueblo sacudíos el polvo de los pies, para probar su culpa». Ellos se pusieron en camino y fueron de aldea en aldea, anunciando el evangelio y curando en todas partes.

Jesús da poder y autoridad sobre toda clase de demonios y enfermedades. A cambio pide no llevar apoyo ni defensa, ni provisiones, ni dinero, ni siquiera una túnica de repuesto. Y en esto difiere de otros maestros de la época que también enviaban a sus discípulos. Jesús los envía a anunciar la Buena Noticia y a curar. Ser discípulo de Jesús es ir como él, que pasó por este mundo haciendo el bien. Ir sanando, con desprendimiento de lo superfluo e incluso de lo necesario. Ir sin bastón en aquella época era ir no solo sin un báculo en el que apoyarse, sino sin protección de los animales salvajes y de los ladrones. Es una actitud de confianza ilimitada en Dios y de servicio hacia el prójimo. Es la esencia de esa Buena Noticia que van a proclamar.

25 | Jueves

Primera lectura: Ageo 1,1-8

Salmo 149: El Señor ama a su pueblo

Evangelio: Lucas 9,7-9

En aquel tiempo, el virrey Herodes se enteró de lo que pasaba y no sabía a qué atenerse, porque unos decían que Juan había resucitado, otros que había aparecido Elías y otros que había vuelto a la vida uno de los antiguos profetas. Herodes se decía: «A Juan lo mandé decapitar yo. ¿Quién es este de quien oigo semejantes cosas?». Y tenía ganas de ver a Jesús.

«¿Quién es este de quien oigo semejantes cosas?». Es una pregunta vigente hasta nuestros tiempos. Es normal preguntarse quién es Jesús, que ha cambiado tantas vidas y ha transformado el modo de ver la vida. Hoy sabemos que quien se hacía esta pregunta existencial y que tenía ganas de ver a Jesús es el mismo que, cuando lo tuvo delante, tras hacerle muchas preguntas sin respuesta, lo despreció y se rio de él. No basta con hacerse preguntas sobre Jesús, no basta con un mero deseo de verlo por curiosidad, hay que desearlo con rectitud de corazón. Algunos decían de Jesús que era un profeta (Elías, o Juan, u otro). Ninguno llega a la verdad a pesar de haber oído grandes cosas sobre Jesús. Porque no se pone en el lugar del discípulo, no sigue a Jesús, no lo imita.

26

Viernes
San Cosme y San Damián

Primera lectura: Ageo 1,15-2,9

Salmo 42: Espera en Dios, que volverás a alabarlo: «Salud de mi rostro, Dios mío»

Evangelio: Lucas 9,18-22

Una vez que Jesús estaba orando solo, en presencia de sus discípulos, les preguntó: «¿Quién dice la gente que soy yo?». Ellos contestaron: «Unos que Juan el Bautista, otros que Elías, otros dicen que ha vuelto a la vida uno de los antiguos profetas». Él les preguntó: «Y vosotros, ¿quién decís que soy yo?». Pedro tomó la palabra y dijo: «El Mesías de Dios». Él les prohibió terminantemente decírselo a nadie. Y añadió: «El Hijo del hombre tiene que padecer mucho, ser desechado por los ancianos, sumos sacerdotes y escribas, ser ejecutado y resucitar al tercer día».

Jesús hace dos preguntas, que son vitales, a sus discípulos. «¿Quién dice la gente que soy yo?». Ellos responden con prontitud. Saben bien qué dicen los demás: Jesús es un profeta poderoso. Pero, cuando la pregunta se convierte en personal, solo Pedro responde: «El Mesías de Dios». Parece haber comprendido la verdad. Pero, en lugar de felicitarle, Jesús les prohíbe decirlo a nadie. Y para evitar equívocos explica en qué consiste su mesianismo. En ese tiempo se esperaba un líder guerrero que salvase de la opresión romana o un profeta de fuego que hiciese grandes prodigios y devolviese a Israel su antigua gloria. Pero Jesús habla de desprecios, persecución, ejecución y resurrección. Jesús no es un mesías victorioso y aclamado. No busca reconocimientos ajenos, sino hacer la voluntad de Dios. Sabe que su estilo de vida está exasperando a los poderosos. Pero es más que un profeta y más que un «mesías».

27

Sábado
San Vicente de Paúl

Primera lectura: Zacarías 2,5-9.14-15
Salmo Jeremías 31,10-13: El Señor nos guardará, como pastor a su rebaño

Evangelio: Lucas 9,43-45

En aquel tiempo, entre la admiración general por lo que hacía, Jesús dijo a sus discípulos: «Meteos bien esto en la cabeza: al Hijo del hombre lo van a entregar en manos de los hombres». Pero ellos no entendían este lenguaje; les resultaba tan oscuro que no cogían el sentido. Y les daba miedo preguntarle sobre el asunto.

Jesús, «entre la admiración general por lo que hacía», insiste en hablar a los discípulos de oprobios y sufrimiento. Seguir a Jesús no es ir por un camino de gloria, sino hacia un camino de gloria. El mismo Hijo del hombre que dice ser señor del sábado va a ser entregado al suplicio. Los discípulos no entienden nada. Y temen preguntar, no sea que se lo explique y comprendan... Solo tras la resurrección de Jesús se entienden estas palabras y se tiene fuerza para proclamarlas por todo el mundo, aunque cueste seguir al Maestro en esos mismos oprobios y sufrimientos que anunció para sí mismo y cuya sola idea asustaba a sus seguidores. Jesús no quiere ser admirado. Su mesianismo no es para vanagloriarse, sino para mostrarnos el camino: el amor hasta la propia entrega.

28

Primera lectura: Amós 6,1a.4-7

Salmo 145: Alaba, alma mía, al Señor

Segunda lectura: 1 Timoteo 6,11-16

Evangelio: Lucas 16,19-31

En aquel tiempo dijo Jesús a los fariseos: «Había un hombre rico que se vestía de púrpura y de lino y banqueteaba espléndidamente cada día. Y un mendigo llamado Lázaro estaba echado en su portal, cubierto de llagas, y con ganas de saciarse de lo que tiraban de la mesa del rico. Y hasta los perros se le acercaban a lamerle las llagas. Sucedió que se murió el mendigo, y los ángeles lo llevaron al seno de Abrahán. Se murió también el rico, y lo enterraron. Y, estando en el infierno, en medio de los tormentos, levantando los ojos, vio de lejos a Abrahán, y a Lázaro en su seno, y gritó: "Padre Abrahán, ten piedad de mí y manda a Lázaro que moje en agua la punta del dedo y me refresque la lengua, porque me torturan estas llamas". Pero Abrahán le contestó: "Hijo, recuerda que recibiste tus bienes en vida y Lázaro, a su vez, males: por eso encuentra aquí consuelo mientras que tú padeces. Y, además, entre nosotros y vosotros se abre un abismo inmenso, para que no puedan cruzar, aunque quieran, desde aquí hacia vosotros ni puedan pasar de ahí hasta nosotros". El rico insistió: "Te ruego, entonces, padre, que mandes a Lázaro a casa de mi padre, porque tengo cinco hermanos, para que, con su testimonio, evites que vengan también ellos a este lugar de tormento". Abrahán le dice: "Tienen a Moisés y a los profetas; que los escuchen". El rico contestó: "No, padre Abrahán. Pero si un muerto va a verlos se arrepentirán". Abrahán le dijo: "Si no escuchan a Moisés y a los profetas no harán caso ni aunque resucite un muerto"».

Jesús presenta su enseñanza de manera que todos puedan captarla, utilizando parábolas, narraciones que nos impresionan y nos permiten recordar el mensaje que encierran. La parábola de hoy es muy impactante, porque presenta a dos personajes contrapuestos. Uno es extremadamente pobre, cubierto de llagas, y el otro es un rico que se pasa la vida derrochando y disfrutando de sus bienes sin fijarse en el pobre que está tumbado en su puerta. El rico no tiene nombre. El pobre, en cambio, se llama Lázaro, que significa «Dios ayuda». Lo que la parábola condena no es la riqueza, sino la avaricia y la indiferencia, la falta de misericordia y la injusticia de quien derrocha cuando otros seres humanos no tienen lo básico para vivir con dignidad. Esa falta de compasión, según Jesús, tiene consecuencias eternas. Tener cerrado el corazón para el prójimo supone tenerlo cerrado para Dios. Por eso Dios no puede obrar misericordiosamente con él. Vivir ignorando a quienes sufren a nuestro alrededor impide que la Palabra de Dios cale en nuestro corazón.

SEPTIEMBRE

29 | Lunes
Santos Arcángeles Miguel, Gabriel y Rafael

Primera lectura: Daniel 7,9-10.13-14

Salmo 137: Delante de los ángeles tañeré para ti, Señor

Evangelio: Juan 1,47-51

En aquel tiempo vio Jesús que se acercaba Natanael y dijo de él: «Ahí tenéis a un israelita de verdad, en quien no hay engaño». Natanael le contesta: «¿De qué me conoces?». Jesús le responde: «Antes de que Felipe te llamara, cuando estabas debajo de la higuera, te vi». Natanael respondió: «Rabí, tú eres el Hijo de Dios, tú eres el Rey de Israel». Jesús le contestó: «¿Por haberte dicho que te vi debajo de la higuera crees? Has de ver cosas mayores». Y le añadió: «Yo os aseguro: veréis el cielo abierto y a los ángeles de Dios subir y bajar sobre el Hijo del hombre».

Natanael, que se identifica con el apóstol Bartolomé, se encuentra con Jesús, a quien aún no conoce, y se queda desarmado por las palabras de valoración que Jesús pronuncia sobre él. Esas palabras derriban todas sus barreras y prejuicios, y le llevan a confesarlo como Hijo de Dios. La visión de ángeles subiendo y bajando sobre el Hijo del hombre nos recuerda que, en Jesús, el cielo y la tierra están definitivamente comunicados. Hoy, fiesta de los Arcángeles, podemos hacer nuestra esta oración del papa Francisco: «Miguel, ayúdanos en la lucha; cada uno sabe qué lucha tiene en su propia vida hoy, cada uno de nosotros conoce la lucha principal, la que hace arriesgar la salvación. Ayúdanos, Gabriel, tráenos noticias, tráenos la Buena Nueva de la salvación, que Jesús está con nosotros, que Jesús nos ha salvado y danos esperanza. Rafael, tómanos de la mano y ayúdanos en el camino para no equivocarnos de rumbo, para no quedarnos parados: siempre caminar, pero ayudados por ti».

SEPTIEMBRE

30 | Martes
San Jerónimo

Primera lectura: Zacarías 8,20-23
....
Salmo 86: Dios está con nosotros
....

Evangelio: Lucas 9,51-56
Cuando se iba cumpliendo el tiempo de ser llevado al cielo, Jesús tomó la decisión de ir a Jerusalén. Y envió mensajeros

por delante. De camino entraron en una aldea de Samaría para prepararle alojamiento. Pero no lo recibieron, porque se dirigía a Jerusalén. Al ver esto, Santiago y Juan, discípulos suyos, le preguntaron: «Señor, ¿quieres que mandemos bajar fuego del cielo que acabe con ellos?». Él se volvió y les regañó. Y se marcharon a otra aldea.

Los samaritanos, enemigos de los judíos, no quieren recibir a Jesús, que va de camino. La reacción espontánea de los «hijos del trueno», Santiago y Juan, es la venganza: quieren invocar a Dios para que lleve a cabo un castigo ejemplar y desproporcionado, haciendo llover fuego y abrasando a quienes desprecian al Maestro. La actitud de Jesús es la opuesta. No ha venido para juzgar, sino para salvar, para dar siempre nuevas oportunidades de parte de Dios. Los discípulos no han captado aún que el perdón, la mansedumbre y la misericordia son los distintivos de Jesús. No se puede anunciar un Dios que es buena noticia amenazando con castigos y con la destrucción de quienes no piensan como nosotros.

OCTUBRE

1

Miércoles
Santa Teresa del Niño Jesús

Primera lectura: Nehemías 2,1-8

Salmo 136: Que se me pegue la lengua al paladar si no me acuerdo de ti

Evangelio: Lucas 9,57-62

En aquel tiempo, mientras iban de camino Jesús y sus discípulos, le dijo uno: «Te seguiré adonde vayas». Jesús le respondió: «Las zorras tienen madriguera y los pájaros nido, pero el Hijo del hombre no tiene donde reclinar la cabeza».

A otro le dijo: «Sígueme». Él respondió: «Déjame primero ir a enterrar a mi padre». Le contestó: «Deja que los muertos entierren a sus muertos; tú vete a anunciar el reino de Dios».

Otro le dijo: «Te seguiré, Señor. Pero déjame primero despedirme de mi familia». Jesús le contestó: «El que echa mano al arado y sigue mirando atrás no vale para el reino de Dios».

Cuando Jesús llama, solo cabe dejarlo todo y seguirle, sabiendo que no hay mejor manera de emplear la vida que en su servicio. Pero él no nos ofrece confort ni seguridad, ya que no tiene «donde reclinar la cabeza». Sin embargo, ¡qué gozo vivir a la intemperie en su compañía! Muchos son los que ponen excusas cuando se sienten llamados. Creen que hay tareas más urgentes. Pero nada puede urgir más que anunciar con la vida esta buena noticia: Jesús sigue contando con cada uno de nosotros para hacerse presente en medio del mundo. Hoy recordamos a santa Teresa del Niño Jesús, que, con tan solo 15 años, ingresó como carmelita descalza en el monasterio de Lisieux. Su vida fue un sí a Dios sin mirar atrás. Solo vivió 24 años, pero su enseñanza de cómo seguir a Jesús con una confianza radical le valió el título de doctora de la Iglesia.

OCTUBRE

2 | Jueves
Santos Ángeles custodios

Primera lectura: Nehemías 8,1-4a.5-6.7b-12

Salmo 18: Los mandatos del Señor son rectos y alegran el corazón

Evangelio: Lucas 10,1-12

En aquel tiempo designó el Señor otros setenta y dos y los mandó por delante, de dos en dos, a todos los pueblos y lugares adonde pensaba ir él. Y les decía: «La mies es abundante y los obreros, pocos; rogad, pues, al dueño de la mies que mande obreros a su mies. ¡Poneos en camino! Mirad que os mando como corderos en medio de lobos. No llevéis talega, ni alforja, ni sandalias; y no os detengáis a saludar a nadie por el camino. Cuando entréis en una casa decid primero: "Paz a esta casa". Y si allí hay gente de paz descansará sobre ellos vuestra paz; si no, volverá a vosotros. Quedaos en la misma casa, comed y bebed de lo que tengan, porque el obrero merece su salario. No andéis cambiando de casa. Si entráis en un pueblo y os reciben bien, comed lo que os pongan, curad a los enfermos que haya y decid: "Está cerca de vosotros el reino de Dios". Cuando entréis en un pueblo y no os reciban, salid a la plaza y decid: "Hasta el polvo de vuestro pueblo, que se nos ha pegado a los pies, nos lo sacudimos sobre vosotros. De todos modos, sabed que está cerca del reino de Dios". Os digo que aquel día será más llevadero para Sodoma que para ese pueblo».

Este pasaje nos narra el envío de un grupo grande de setenta y dos evangelizadores, que Jesús manda no en solitario, sino de dos en dos. La consigna de Jesús: «Poneos en camino», nos recuerda que la comunidad cristiana, la Iglesia, ha de estar permanentemente desinstalada, en salida, viviendo en camino, sin pensar que ya ha llegado a la meta. Además, para la misión, el discípulo ha de ir ligero de equipaje, con lo imprescindible, como testimonio de libertad. La misión de Jesús no se presenta como algo fácil, sino como una aventura en la que el discípulo arriesga la vida. Somos enviados a proclamar la increíble cercanía de Dios, a humanizar la vida, a contagiar salud y a llevar la paz que el mundo necesita y que hemos recibido como don del mismo Dios.

3

Viernes
San Francisco de Borja

Primera lectura: Baruc 1,15-22

Salmo 78: Por el honor de tu nombre, sálvanos, Señor

Evangelio: Lucas 10,13-16

En aquel tiempo dijo Jesús: «¡Ay de ti, Corozaín; ay de ti, Betsaida! Si en Tiro y en Sidón se hubieran hecho los milagros que en vosotras, hace tiempo que se habrían convertido, vestidos de sayal y sentados en la ceniza. Por eso el juicio les será más llevadero a Tiro y a Sidón que a vosotras. Y tú, Cafarnaún, ¿piensas escalar el cielo? Bajarás al abismo. Quien a vosotros os escucha a mí me escucha; quien a vosotros os rechaza a mí me rechaza; y quien me rechaza a mí rechaza al que me ha enviado».

Jesús experimentó también sentimientos de decepción y de tristeza, como cualquier persona. A él le entristecían la dureza de corazón y el rechazo a su mensaje, aunque este iba acompañado de milagros que lo acreditaban. En este pasaje compara dos ciudades galileas con las ciudades paganas Tiro y Sidón, afirmando que estas últimas habrían hecho penitencia si hubieran asistido a la llegada del Reino; se habrían convertido y creído en él. Jesús se identifica con sus discípulos hasta las últimas consecuencias. Sabe que su misión la van a continuar sus seguidores, y, después de su muerte, solo será posible escucharlo a él a través de sus discípulos. Por eso, rechazar el mensaje de los discípulos es rechazar a Jesús y al mismo Dios que lo ha enviado.

OCTUBRE

4

Sábado
San Francisco de Asís

Primera lectura: Baruc 4,5-12.27-29

Salmo 68: El Señor escucha a los pobres

Evangelio: Lucas 10,17-24

En aquel tiempo, los setenta y dos volvieron muy contentos y dijeron a Jesús: «Señor, hasta los demonios se nos someten en tu nombre». Él les contestó: «Veía a Satanás caer del cielo como un rayo. Mirad: os he dado potestad para pisotear serpientes y escorpiones y todo el ejército del enemigo. Y no os hará daño alguno. Sin embargo, no estéis alegres porque se os someten los espíritus; estad alegres porque vuestros nombres están inscritos en el cielo».

En aquel momento, lleno de la alegría del Espíritu Santo, exclamó: «Te doy gracias, Padre, Señor del cielo y de la tierra, porque has escondido estas cosas a los sabios y a los entendidos, y las has revelado a la gente sencilla. Sí, Padre, porque así te ha parecido bien. Todo me lo ha entregado mi Padre, y nadie conoce quién es el Hijo, sino el Padre; ni quién es el Padre, sino el Hijo y aquel a quien el Hijo se lo quiere revelar».

Y, volviéndose a sus discípulos, les dijo aparte: «¡Dichosos los ojos que ven lo que vosotros veis! Porque os digo que muchos profetas y reyes desearon ver lo que veis vosotros, y no lo vieron; y oír lo que oís, y no lo oyeron».

Este pasaje del evangelio está, desde el comienzo al final, transido por la alegría. Los discípulos regresan llenos de gozo de su misión. Jesús les invita a poner la alegría no tanto en la eficacia o el poder, sino en la relación con el Padre, que los ha elegido y tiene el nombre de cada uno tatuado en su mano.

Emociona ver cómo Jesús también se siente sobrecogido por la alegría al comprobar que el reino de Dios se abre paso entre los sencillos. No tendrán títulos académicos ni expedientes brillantes, pero tienen una sabiduría que procede de haber «saboreado» la bondad de Dios. Hoy podemos preguntarnos dónde encontramos nosotros la alegría y la satisfacción en nuestra vida. ¿Nos alegramos, con Jesús, de que Dios se revele a los pequeños?

OCTUBRE

Domingo
XXVII Tiempo Ordinario
Témporas de acción de gracias y de petición

Primera lectura: Habacuc 1,2-3; 2,2-4

Salmo 94: Ojalá escuchéis hoy la voz del Señor: «No endurezcáis vuestro corazón»

Segunda lectura: 2 Timoteo 1,6-8.13-14

Evangelio: Lucas 17,5-10

En aquel tiempo, los apóstoles le pidieron al Señor: «Auméntanos la fe». El Señor contestó: «Si tuvierais fe como un granito de mostaza diríais a esa morera: "Arráncate de raíz y plántate en el mar". Y os obedecería. Suponed que un criado vuestro trabaja como labrador o como pastor; cuando vuelve del campo, ¿quién de vosotros le dice: "Enseguida, ven y ponte a la mesa"? ¿No le diréis: "Prepárame de cenar, cíñete y sírveme mientras como y bebo, y después comerás y beberás tú"? ¿Tenéis que estar agradecidos al criado porque ha hecho lo mandado? Lo mismo vosotros: cuando hayáis hecho todo lo mandado, decid: "Somos unos pobres siervos, hemos hecho lo que teníamos que hacer"».

El lenguaje de Jesús, sus imágenes, nos desconciertan siempre. Creemos en él, pero sentimos a veces cierta incapacidad para aceptar una propuesta que pone nuestra vida del revés. Por eso le pedimos, como los discípulos, que aumente nuestra fe. Jesús parece decir que no es tanto cuestión de cantidad cuanto de calidad. Él propone una fe diminuta, como la de un grano de mostaza, pero con capacidad para transformarnos por dentro, revolucionando nuestros esquemas y nuestro sistema de valores. Sobre todo, este cambio se expresará en el servicio incondicional. Somos discípulos de un Dios que se complace en servir a sus hijos e hijas, y que encuentra su alegría no en recibir, sino en dar, en darse. Por eso nos debemos a los demás, y nuestra actitud ha de ser siempre la de la entrega sin exigir nada a cambio. Desbordados de dones, no podemos sino entregar la vida gratis. Y decir, con aquel precioso soneto: «Aunque lo que espero no esperara, lo mismo que te quiero te quisiera».

OCTUBRE

6 | **Lunes**
San Bruno

Primera lectura: Jonás 1,1-2,1.11

Salmo Jonás 2,2-5.8: Sacaste mi vida de la fosa, Señor

Evangelio: Lucas 10,25-37

En aquel tiempo se presentó un maestro de la Ley y le preguntó a Jesús para ponerlo a prueba: «Maestro, ¿qué tengo que hacer para heredar la vida eterna?». Él le dijo: «¿Qué está escrito en la Ley? ¿Qué lees en ella?». Él contestó: «Amarás al Señor, tu Dios, con todo tu corazón y con toda tu alma y con todas tus fuerzas y con todo tu ser. Y al prójimo como a ti mismo». Él le dijo: «Bien dicho. Haz esto y tendrás la vida». Pero el maestro de la Ley, queriendo justificarse, preguntó a Jesús: «¿Y quién es mi prójimo?». Jesús dijo: «Un hombre bajaba de Jerusalén a Jericó, cayó en manos de unos bandidos, que lo desnudaron, lo molieron a palos y se marcharon, dejándolo medio muerto. Por casualidad, un sacerdote bajaba por aquel camino y, al verlo, dio un rodeo y pasó de largo. Y lo mismo hizo un levita que llegó a aquel sitio: al verlo dio un rodeo y pasó de largo.

Pero un samaritano que iba de viaje llegó a donde estaba él y, al verlo, le dio lástima, se le acercó, le vendó las heridas, echándoles aceite y vino, y, montándolo en su propia cabalgadura, lo llevó a una posada y lo cuidó. Al día siguiente sacó dos denarios y, dándoselos al posadero, le dijo: "Cuida de él, y lo que gastes de más yo te lo pagaré a la vuelta". ¿Cuál de estos tres te parece que se portó como prójimo del que cayó en manos de los bandidos?». Él contestó: «El que practicó la misericordia con él». Díjole Jesús: «Anda, haz tú lo mismo».

Esta parábola Jesús la dirige a un «maestro de la Ley», un experto en la interpretación de la palabra divina, pero cuya intención al preguntar a Jesús no es recta, sino que busca la polémica, para tener de qué acusarlo. Jesús responde acertadamente, pero el maestro de la Ley insiste para justificarse quizá de no cumplir lo que predica: «¿Quién es mi prójimo?». Jesús no va a teorizar, sino a mostrar qué sucede cuando descubrimos que cualquier herido en los caminos de la vida es nuestro prójimo. Los representantes de la religión pasan de largo, sin duda por razones que consideran legítimas. Para Jesús nada hay más importante que aliviar el sufrimiento de las personas. Y el único que se conmueve y obra con misericordia es un samaritano. Gran audacia de Jesús al poner como ejemplo a alguien considerado un hereje por la religión oficial. Toda una provocación.

7

Martes
Nuestra Señora, la Virgen del Rosario

Primera lectura: Jonás 3,1-10

Salmo 129: Si llevas cuentas de los delitos, Señor, ¿quién podrá resistir?

Evangelio: Lucas 10,38-42

En aquel tiempo entró Jesús en una aldea y una mujer llamada Marta lo recibió en su casa. Esta tenía una hermana llamada María que, sentada a los pies del Señor, escuchaba su palabra. Y Marta se multiplicaba para dar abasto con el servicio; hasta que se paró y dijo: «Señor, ¿no te importa que mi hermana me haya dejado sola con el servicio? Dile que me eche una mano».

Pero el Señor le contestó: «Marta, Marta, andas inquieta y nerviosa con tantas cosas; solo una es necesaria. María ha escogido la parte mejor, y no se la quitarán».

Marta y María, dos hermanas, dos actitudes que parecen contrapuestas. María se sienta a los pies de Jesús, encandilada por su Palabra. Estar a los pies del Maestro es la expresión que se utiliza para dar a entender el discipulado. Ella no quiere perderse ni una sola de las palabras de Jesús, porque lo ama profundamente. Marta también lo ama, pero tiene un modo distinto de expresarlo. Lo hará a través del servicio, preocupándose de que el Huésped esté bien atendido. Sin embargo, esto la deja insatisfecha y critica la actitud de su hermana, que no le ha ayudado. Jesús, en cambio, responde afablemente a Marta, pero defiende el derecho de María –de la mujer– de nutrirse de su Palabra y no quedar relegada solo a tareas del hogar. De nada sirve un activismo vacío de experiencia de Dios. Teresa de Jesús dirá que «Marta y María han de andar juntas».

Primera lectura: Jonás 4,1-11

Salmo 85: Tú, Señor, eres lento a la cólera y rico en piedad

Evangelio: Lucas 11,1-4

Una vez que estaba Jesús orando en cierto lugar, cuando terminó, uno de sus discípulos le dijo: «Señor, enséñanos a orar, como Juan enseñó a sus discípulos». Él les dijo: «Cuando oréis decid: "Padre, santificado sea tu nombre, venga tu reino, danos cada día nuestro pan del mañana, perdónanos nuestros pecados, porque también nosotros perdonamos a todo el que nos debe algo, y no nos dejes caer en la tentación"».

El evangelio muestra a Jesús, en muchas ocasiones, orando. Necesitaba experimentar la presencia, la acción del Padre en él. De ahí nacía luego su modo de vivir compasivo y acogedor con todos. De ahí brotaba su infinita confianza. Los discípulos le piden que les enseñe, como todo maestro enseña a sus discípulos. Jesús ora sencillamente ante ellos con las palabras de una oración que ha llegado hasta nosotros y que expresa la propia experiencia de Jesús, que llamaba a Dios *Abbá*, Padre. La primera palabra mira hacia arriba: «Padre», y la segunda mira en horizontal: «nuestro», de todos. Dios nos hermana porque a todos nos ha creado. La oración del Padrenuestro es el grito orante del discípulo para que se cumpla el querer de Dios, que es la vida plena para todos, y el pan para todos. Nos enseña a vivir reconciliados con él porque somos capaces de reconciliarnos con los demás. Dediquemos hoy un rato a saborear las palabras del Padrenuestro, no dichas de memoria, sino desgranándolas ante él como si fuera la primera vez.

OCTUBRE

9

Jueves
San Dionisio y comps. márts., San Juan Leonardi

Primera lectura: Malaquías 3,13-20

Salmo 1: Dichoso el hombre, que ha puesto su confianza en el Señor

Evangelio: Lucas 11,5-13

En aquel tiempo dijo Jesús a los discípulos: «Si alguno de vosotros tiene un amigo y viene durante la medianoche para decirle: "Amigo, préstame tres panes, pues uno de mis amigos ha venido de viaje y no tengo nada que ofrecerle". Y, desde dentro, el otro le responde: "No me molestes; la puerta está cerrada; mis niños y yo estamos acostados; no puedo levantarme para dártelos". Si el otro insiste llamando, yo os digo que, si no se levanta y se los da por ser amigo suyo, al menos por la importunidad se levantará y le dará cuanto necesite. Pues así os digo a vosotros: pedid y se os dará, buscad y hallaréis, llamad y se os abrirá; porque quien pide recibe, quien busca halla, y al que llama se le abre. ¿Qué padre entre vosotros, cuando el hijo le pide pan, le dará una piedra? ¿O si le pide un pez le dará una serpiente? ¿O si le pide un huevo le dará un escorpión? Si vosotros, pues, que sois malos, sabéis dar cosas buenas a vuestros hijos, ¿cuánto más vuestro Padre celestial dará el Espíritu Santo a los que se lo pidan?».

Jesús se vale de la imagen de dos amigos para referirse a la relación entre Dios y el ser humano. Pero, una vez más, es una imagen que se queda corta, como también resulta insuficiente la de la paternidad humana frente a la de Dios. Pero necesitamos valernos de imágenes cotidianas para descubrir la desproporción con la que Dios actúa. Hoy el evangelio es una llamada a la confianza sin límites, a descubrir a Dios como un buen amigo, como el mejor de los padres. Una invitación a ver cómo Dios vive pendiente de nuestras necesidades, y las socorre antes de que se lo pidamos. Pero lo que él desea darnos, sobre todo, es su Espíritu, lo más íntimo de sí mismo. ¿Nos atreveremos a suplicarlo?

OCTUBRE

10 | **Viernes**
Santo Tomás de Villanueva

Primera lectura: Joel 1,13-15; 2,1-2

Salmo 9: El Señor juzgará el orbe con justicia

Evangelio: Lucas 11,15-26

En aquel tiempo, habiendo echado Jesús un demonio, algunos de entre la multitud dijeron: «Si echa los demonios es por arte de Belzebú, el príncipe de los demonios». Otros, para ponerlo a prueba, le pedían un signo en el cielo. Él, leyendo sus pensamientos, les dijo: «Todo reino en guerra civil va a la ruina y se derrumba casa tras casa. Si también Satanás está en guerra civil, ¿cómo mantendrá su reino? Vosotros decís que yo echo los demonios con el poder de Belzebú; y, si yo echo los demonios con el poder de Belzebú, vuestros hijos, ¿por arte de quién los echan? Por eso ellos mismos serán vuestros jueces. Pero si yo echo los demonios con el dedo de Dios, entonces es que el reino de Dios ha llegado a vosotros. Cuando un hombre fuerte y bien armado guarda su palacio, sus bienes están seguros. Pero si otro más fuerte lo asalta y lo vence, le quita las armas de que se fiaba y reparte el botín. El que no está conmigo está contra mí; el que no recoge conmigo desparrama. Cuando un espíritu inmundo sale de un hombre, da vueltas por el desierto, buscando un sitio para descansar; pero, como no lo encuentra, dice: "Volveré a la casa de donde salí". Al volver se la encuentra barrida y arreglada.

Entonces va a coger otros siete espíritus peores que él y se mete a vivir allí. Y el final de aquel hombre resulta peor que el principio».

Estamos ante un texto complicado, porque Jesús habla en un lenguaje simbólico que ahora no usamos: Belcebú, los demonios, los espíritus… Podemos quedarnos con esta idea: nuestro corazón es un campo de batalla en el que hacen la guerra fuerzas contrarias: el bien y el mal, el amor y el egoísmo, el Espíritu de Dios y el maligno. Si nos abrimos a la llegada del reino de Dios, presente en Jesús, su fuerza expulsará todas las otras tendencias humanas negativas. Dios y el demonio no son dos poderes que estén en el mismo nivel. Dios es todopoderoso, el demonio es una criatura que hace la guerra a todo lo bueno que habita en nosotros. Hoy se nos hace una llamada a estar vigilantes, a asegurar nuestra casa, nuestro interior, a protegerlo y a abrir las puertas solo a Dios.

OCTUBRE

11

Sábado
Santa Soledad Torres Acosta, San Juan XXIII

Primera lectura: Joel 4,12-21

Salmo 96: Alegraos, justos, con el Señor

Evangelio: Lucas 11,27-28

En aquel tiempo, mientras Jesús hablaba a las gentes, una mujer de entre el gentío levantó la voz, diciendo: «Dichoso el vientre que te llevó y los pechos que te criaron». Pero él repuso: «Mejor, dichosos los que escuchan la palabra de Dios y la cumplen».

Jesús suscitaba muchas veces el entusiasmo en aquellos que lo escuchaban. Muchas mujeres asistían a sus enseñanzas porque hablaba como nadie, con palabras sencillas, utilizando imágenes basadas en lo más cotidiano: el pan, la levadura, el arca, el aceite... En esta ocasión, una mujer anónima lanza un piropo que afecta a su madre, bendiciendo el vientre en el que Jesús se gestó y los pechos que lo alimentaron. Jesús le responde poniendo el acento no en el vínculo familiar, sino en esa otra familia que nace de la fe, de la escucha y del cumplimiento de la Palabra de Dios. Pareciendo que quita méritos a María, en realidad está reivindicando la verdadera valía de su Madre, que no es de índole física, sino espiritual: nadie como ella escuchó y puso por obra la Palabra de Dios. Ella fue la primera y la mejor discípula de su Hijo.

OCTUBRE

12

Domingo
XXVIII Tiempo Ordinario
Nuestra Señora del Pilar

Primera lectura: 2 Reyes 5,14-17

Salmo 97: El Señor revela a las naciones su salvación

Segunda lectura: 2 Timoteo 2,8-13

Evangelio: Lucas 17,11-19

En aquel tiempo, yendo Jesús camino de Jerusalén, pasaba entre Samaría y Galilea. Cuando iba a entrar en un pueblo vinieron a su encuentro diez leprosos, que se pararon a lo lejos y a gritos le decían: «Jesús, maestro, ten compasión de nosotros». Al verlos les dijo: «Id a presentaros a los sacerdotes». Y, mientras iban de camino, quedaron limpios. Uno de ellos, viendo que estaba curado, se volvió alabando a Dios a grandes gritos y se echó por tierra a los pies de Jesús, dándole gracias. Este era un samaritano.

Jesús tomó la palabra y dijo: «¿No han quedado limpios los diez?; los otros nueve, ¿dónde están? ¿No ha vuelto más que este extranjero para dar gloria a Dios?». Y le dijo: «Levántate, vete; tu fe te ha salvado».

El evangelio de hoy nos presenta un gesto compasivo de Jesús. Diez leprosos van a su encuentro y, a gritos, le piden que les cure. La Ley les obligaba a alejarse de todos. Eran seres abandonados a su suerte. Jesús los envía a presentarse al sacerdote para que levante acta de su sanación y les permita volver con su familia. Les pide así un acto de fe en su curación. Yendo en busca del sacerdote, la piel de los diez queda limpia de la lepra, pero este portento solo toca el corazón de uno de ellos, que, lleno de gratitud, vuelve en busca de Jesús. Lucas pone el acento en el hecho de que el único que se postra ante Jesús era un samaritano, un extranjero, un indeseable para los judíos. El evangelio nos debe llevar a librarnos de todo prejuicio. Y la fe ha de suscitar siempre el agradecimiento por tanto bien recibido.

OCTUBRE

13 | **Lunes**

Primera lectura: Romanos 1,1-7

Salmo 97: El Señor da a conocer su victoria

Evangelio: Lucas 11,29-32

En aquel tiempo, la gente se apiñaba alrededor de Jesús, y él se puso a decirles: «Esta generación es una generación perversa. Pide un signo, pero no se le dará más signo que el signo de Jonás. Como Jonás fue un signo para los habitantes de Nínive, lo mismo será el Hijo del hombre para esta generación. Cuando sean juzgados los hombres de esta generación, la reina del Sur se levantará y hará que los condenen; porque ella vino desde los confines de la tierra para escuchar la sabiduría de Salomón, y aquí hay uno que es más que Salomón. Cuando sea juzgada esta generación, los hombres de Nínive se alzarán y harán que los condenen; porque ellos se convirtieron con la predicación de Jonás, y aquí hay uno que es más que Jonás».

En este pasaje, Jesús aparece con una actitud crítica y severa para con aquellos que quieren tentarle, exigiéndole un signo que pruebe su divinidad. Lo de menos parece ser conocer personalmente a Jesús, seguirle por sus enseñanzas. Hay quien busca solo espectáculo o la seguridad de un ser divino que actúe según su conveniencia. Por eso, Jesús califica a esa gente de «perversa». Jesús, como Jonás, es un signo en sí mismo. Su vida, su palabra, su cercanía a los pobres, deberían bastar. También él, como Jonás –que salió vivo del seno del pez– regresará de la muerte. Una vez más, Jesús pone de ejemplo a los gentiles, a los no judíos, como aquellos que acogerán mejor su enseñanza, como hizo la reina del Sur con Salomón, recorriendo medio mundo hasta dar con él. Y nosotros tenemos delante a la Verdad y la Sabiduría, pero no la reconocemos.

14

Martes
San Calixto

Primera lectura: Romanos 1,16-25

Salmo 18: El cielo proclama la gloria de Dios

Evangelio: Lucas 11,37-41

En aquel tiempo, cuando Jesús terminó de hablar, un fariseo lo invitó a comer a su casa. Él entró y se puso a la mesa. Como el fariseo se sorprendió al ver que no se lavaba las manos antes de comer, el Señor le dijo: «Vosotros, los fariseos, limpiáis por fuera la copa y el plato, mientras por dentro rebosáis de robos y maldades. ¡Necios! El que hizo lo de fuera, ¿no hizo también lo de dentro? Dad limosna de lo de dentro y lo tendréis limpio todo».

En esta ocasión, Jesús escandaliza a un fariseo, cumplidor de la Ley y los múltiples ritos que formaban parte del día a día de un judío piadoso. Jesús se salta el rito de lavarse las manos. Era un provocador. Ante la extrañeza del fariseo, Jesús proclama la importancia de lo interior frente a lo exterior. La hipocresía, es decir, la buena apariencia frente a la maldad del corazón es uno de los rasgos más frecuentes dentro de quien se cree ejemplar. Se sacralizan los ritos, y eso hace que uno se sienta fiel, cumplidor, y que desprecie a otros. Y se olvida de que lo que Dios mira es el corazón. La verdadera pureza no viene por un lavatorio ritual, proviene de la bondad interior, y se transmite a todo, también a lo de fuera.

15

Miércoles
Santa Teresa de Jesús

Primera lectura: Eclesiástico 15,1-6

Salmo 88: Contaré tu fama a mis hermanos, en medio de la asamblea te alabaré

Evangelio: Mateo 11,25-30

En aquel tiempo exclamó Jesús: «Te doy gracias, Padre, Señor de cielo y tierra, porque has escondido estas cosas a los sabios y entendidos y se las has revelado a la gente sencilla. Sí, Padre, así te ha parecido mejor. Todo me lo ha entregado mi Padre, y nadie conoce al Hijo más que el Padre, y nadie conoce al Padre sino el Hijo, y aquel a quien el Hijo se lo quiera revelar. Venid a mí todos los que estáis cansados y agobiados, y yo os aliviaré. Cargad con mi yugo y aprended de mí, que soy manso y humilde de corazón, y encontraréis vuestro descanso. Porque mi yugo es llevadero, y mi carga, ligera».

El texto del evangelio de hoy es un grito de alegría, una expresión de júbilo con la que Jesús se dirige a su Padre Dios al ver que sus palabras calan en la gente sencilla, aunque no tengan gran formación, y, en cambio, parece que resbalan a los sabios y entendidos, que no comprenden ni comparten su enseñanza. El mensaje de Jesús es descanso y alivio para quienes se sienten cargados con los yugos pesados que imponen los demás. Jesús era un soplo fresco, un descanso frente a tantas exigencias sin sentido que habían introducido en la religión. Hoy recordamos a la primera doctora de la Iglesia, Teresa de Jesús. Ella, también como mujer en su tiempo, era una persona que no tenía una formación teológica académica, pero supo intimar como nadie con Jesús. Y hoy nos enseña a orar a Jesús como quien está a solas conversando con el mejor amigo.

OCTUBRE

16

Jueves
Santa Eduvigis, Santa Margarita María de Alacoque

Primera lectura: Romanos 3,21-29

Salmo 129: Del Señor viene la misericordia, la redención copiosa

Evangelio: Lucas 11,47-54

En aquel tiempo dijo el Señor: «¡Ay de vosotros, que edificáis mausoleos a los profetas, después que vuestros padres los mataron! Así sois testigos de lo que hicieron vuestros padres, y lo aprobáis; porque ellos los mataron, y vosotros les edificáis sepulcros. Por algo dijo la sabiduría de Dios: "Les enviaré profetas y apóstoles; a algunos los perseguirán y matarán"; y así, a esta generación se le pedirá cuenta de la sangre de los profetas derramada desde la creación del mundo; desde la sangre de Abel hasta la de Zacarías, que pereció entre el altar y el santuario. Sí, os lo repito: se le pedirá cuenta a esta generación. ¡Ay de vosotros, maestros de la Ley, que os habéis quedado con la llave del saber; vosotros, que no habéis entrado y habéis cerrado el paso a los que intentaban entrar!».

Al salir de allí, los escribas y fariseos empezaron a acosarlo y a tirarle de la lengua con muchas preguntas capciosas, para cogerlo con sus propias palabras.

Jesús se enfrenta en este pasaje a los escribas, los maestros de la Ley, los fariseos. Sus palabras van a suscitar en ellos el deseo de acabar con él. Son duras las acusaciones: no obedecen la Palabra de Dios, no escuchan a sus enviados, los profetas (como Juan el Bautista, como el propio Jesús). Tienen la autoridad espiritual, pero no les sirve para acercar a la gente a Dios, sino al revés, para distanciar, para dificultar a los sencillos el encuentro con un Dios misericordioso. Todo lo han convertido en normas minuciosas que son meros ritos, vacíos, casi imposibles de cumplir e inútiles. Además, para perpetuarse en el poder, no dudan en eliminar a quienes cuestionan su autoridad o su enseñanza. Por eso Jesús está ya en su punto de mira.

OCTUBRE

17 | **Viernes**
San Ignacio de Antioquía

Primera lectura: Romanos 4,1-8

Salmo 31: Tú eres mi refugio: me rodeas de cantos de liberación

Evangelio: Lucas 12,1-7

En aquel tiempo, miles y miles de personas se agolpaban hasta pisarse unos a otros. Jesús empezó a hablar, dirigiéndose primero a sus discípulos: «Cuidado con la levadura de los fariseos, o sea, con su hipocresía. Nada hay cubierto que no llegue a descubrirse, nada hay escondido que no llegue a saberse. Por eso, lo que digáis de noche se repetirá a pleno día, y lo que digáis al oído en el sótano se pregonará desde la azotea.

A vosotros os digo, amigos míos: no tengáis miedo a los que matan el cuerpo, pero no pueden hacer más. Os voy a decir a quién tenéis que temer: temed al que tiene poder para matar y después echar al infierno. A este tenéis que temer, os lo digo yo. ¿No se venden cinco gorriones por dos cuartos? Pues ni de uno solo se olvida Dios. Hasta los pelos de vuestra cabeza están contados. Por lo tanto, no tengáis miedo: no hay comparación entre vosotros y los gorriones».

Vivimos llenos de miedos. Jesús, en este pasaje, rodea de cariño a sus discípulos y los llama con un término entrañable: «amigos míos». Teniéndole a él como amigo, ¿qué se puede temer?

Jesús los prepara para un tiempo de riesgo, de persecución. Respaldados por el amor de Dios, deben saber que la vida es algo más que la existencia corporal. Hay quienes no viven con libertad. Como dice la carta a los Hebreos: «Pasan la vida entera como esclavos por miedo a la muerte» (Heb 13,2). Jesús hace una llamada a contemplar los gorriones, de los que Dios se cuida, vela por ellos, aunque apenas tengan valor. Si así se comporta con estas criaturas, ¡cuánto más hará con aquellos a quienes llama amigos suyos!

OCTUBRE

18

Sábado
San Lucas, evangelista

Primera lectura: 2 Timoteo 4,10-17a

Salmo 144: Que tus fieles, Señor, proclamen la gloria de tu reinado

Evangelio: Lucas 10,1-9

En aquel tiempo designó el Señor otros setenta y dos y los mandó por delante, de dos en dos, a todos los pueblos y lugares adonde pensaba ir él. Y les decía: «La mies es abundante y los obreros, pocos; rogad, pues, al dueño de la mies que mande obreros a su mies. ¡Poneos en camino! Mirad que os mando como corderos en medio de lobos. No llevéis talega, ni alforja, ni sandalias; y no os detengáis a saludar a nadie por el camino. Cuando entréis en una casa decid primero: "Paz en esta casa". Y si allí hay gente de paz, descansará sobre ellos vuestra paz; si no, volverá a vosotros. Quedaos en la misma casa, comed y bebed de lo que tengan, porque el obrero merece su salario. No andéis cambiando de casa. Si entráis en un pueblo y os reciben bien, comed lo que os pongan, curad a los enfermos que haya y decid: "Está cerca de vosotros el reino de Dios"».

Estas palabras son todo un programa de cómo los discípulos han de ser testigos de Jesús en medio del mundo. Ligeros de equipaje, sin confiar en medios muy complicados, sino con toda sencillez y pobreza. La llegada del seguidor de Jesús ha de provocar siempre la paz: la del corazón y la de la sociedad. Paz que es vida en plenitud. Hacer presente al Señor significa acercarse a cada persona como él lo hacía, conocer sus necesidades, contagiar vida, esperanza, salud. La presencia del discípulo, como la del Maestro, ha de ser curativa. Sus palabras y obras, conjuntamente, han de expresar la Buena Noticia de Jesús. ¿Sentimos como dirigidas a nosotros esas palabras de Jesús? ¿Estamos dispuestos a ser obreros de su mies? ¿Vivimos instalados o en camino?

OCTUBRE

19

Domingo
XXIX Tiempo Ordinario
San Pedro de Alcántara,
San Juan de Brébeuf y San Isaac Jogues,
San Pablo de la Cruz

Primera lectura: Éxodo 17,8-13

Salmo 120: El auxilio me viene del Señor, que hizo el cielo y la tierra

Segunda lectura: 2 Timoteo 3,14-4,2

Evangelio: Lucas 18,1-8

En aquel tiempo, Jesús, para explicar a sus discípulos cómo tenían que orar siempre sin desanimarse, les propuso esta parábola: «Había un juez en una ciudad que ni temía a Dios ni le importaban los hombres. En la misma ciudad había una viuda que solía ir a decirle: "Hazme justicia frente a mi adversario". Por algún tiempo se negó, pero después se dijo: "Aunque ni temo a Dios ni me importan los hombres, como esta viuda me está fastidiando, le haré justicia, no vaya a acabar pegándome en la cara"». Y el Señor añadió: «Fijaos en lo que dice el juez injusto; pues Dios, ¿no hará justicia a sus elegidos, que le gritan día y noche?; ¿o les dará largas? Os digo que les hará justicia sin tardar. Pero, cuando venga el Hijo del hombre, ¿encontrará esta fe en la tierra?».

Las parábolas de Jesús ofrecen a menudo un contraste entre dos personajes radicalmente distintos. Hoy tenemos a una mujer, una viuda, que en el contexto de la vida de Jesús era ejemplo de absoluta indefensión, y un juez, símbolo de poder y autoridad. Ella está abajo. Él, arriba. Además, la viuda no puede confiar en que la defienda de su adversario, porque se trata de un juez inmoral al que no le importa nada ni nadie. Cualquiera, en esa situación, tiraría la toalla. Esta mujer no. Su insistencia acaba por derribar el muro de indiferencia en el que se pertrechaba el juez. Si decide ayudarla, no lo hace por convicción, sino buscando que la mujer lo deje en paz. ¿Qué tiene que ver esto con Dios? Jesús pone este ejemplo para que nadie piense nunca que es un caso perdido. Dios escucha y ayuda siempre, no deja a nadie desamparado, pero ¿tenemos la confianza suficiente de poner en sus manos lo que nos inquieta? ¿Seguimos orando aunque no haya resultados aparentes o sucumbimos al desaliento? Hoy se nos hace una llamada a confiar siempre en un Dios que vive volcado hacia sus criaturas más indefensas.

20 | Lunes

Primera lectura: Rom 4,20-25

Salmo Lucas 1,69-73.75: Bendito sea el Señor, Dios de Israel,
porque ha visitado a su pueblo

Evangelio: Lucas 12,13-21

En aquel tiempo dijo uno del público a Jesús: «Maestro, dile a mi hermano que reparta conmigo la herencia». Él le contestó: «Hombre, ¿quién me ha nombrado juez o árbitro entre vosotros?».

Y dijo a la gente: «Mirad: guardaos de toda clase de codicia. Pues, aunque uno ande sobrado, su vida no depende de sus bienes».

Y les propuso una parábola: «Un hombre rico tuvo una gran cosecha. Y empezó a echar cálculos: "¿Qué haré? No tengo donde almacenar la cosecha". Y se dijo: "Haré lo siguiente: derribaré los graneros y construiré otros más grandes, y almacenaré allí todo el grano y el resto de mi cosecha. Y entonces me diré a mí mismo: 'Hombre, tienes bienes acumulados para muchos años; túmbate, come, bebe y date buena vida'". Pero Dios le dijo: "Necio, esta noche te van a exigir la vida. Lo que has acumulado, ¿de quién será?" Así será el que amasa riquezas para sí y no es rico ante Dios».

Una nueva parábola de Jesús nos invita a despertar, a cuestionar nuestra mentalidad, tan condicionada por una sociedad que nos invita siempre a prosperar, a aumentar los beneficios, a enriquecernos personalmente. ¿Acaso hay algo malo en ello? A este hombre de la parábola, la vida le sonreía. Cultivaba la tierra, y esta le devolvía el ciento por uno en forma de cosecha. Ya ni le cabía en el granero. Pero no se planteó en ningún momento compartir con los demás algo de lo mucho que recibía. Su vida estaba asegurada por tantos bienes, pero su ambición le hacía quererlo todo para él, y con esos beneficios dedicarse a descansar, mientras otros no tenían qué comer. El futuro no está en nuestras manos y, cuando llegue el final de la vida, los bienes acumulados se quedarán aquí, nuestra existencia habrá sido un fracaso por haber puesto en ellos todo el corazón.

OCTUBRE

21 | Martes

Primera lectura: Romanos 5,12.15b.17-19.20b-21

Salmo 39: Aquí estoy, Señor, para hacer tu voluntad

Evangelio: Lucas 12,35-38

En aquel tiempo dijo Jesús a sus discípulos: «Tened ceñida la cintura y encendidas las lámparas. Vosotros estad como los que aguardan a que su señor vuelva de la boda, para abrirle apenas venga y llame. Dichosos los criados a quienes el señor, al llegar, los encuentre en vela; os aseguro que se ceñirá, los hará sentar a la mesa y los irá sirviendo. Y, si llega entrada la noche o de madrugada y los encuentra así, dichosos ellos».

Este evangelio es una llamada a vivir despiertos, pendientes del Señor, que llega en cualquier momento a nuestra vida, a nuestra historia. La cintura ceñida simboliza el servicio, y las lámparas encendidas, la vigilancia. Así se nos pide estar, sin desfallecer, aunque aquel que esperamos tarde en llegar. Como dice Jesús: no sabemos el día ni la hora. ¿Cuántas veces nos pasa que nos cansamos de esperar? Aquello que anhelamos no llega, Aquel al que esperamos.

22

Miércoles
San Juan Pablo II

Primera lectura: Romanos 6,12-18

Salmo 123: Nuestro auxilio es el nombre del Señor

Evangelio: Lucas 12,39-48

En aquel tiempo dijo Jesús a sus discípulos: «Comprended que, si supiera el dueño de casa a qué hora viene el ladrón, no le dejaría abrir un boquete. Lo mismo vosotros, estad preparados, porque a la hora que menos penséis viene el Hijo del hombre». Pedro le preguntó: «Señor, ¿has dicho esa parábola por nosotros o por todos?». El Señor le respondió: «¿Quién es el administrador fiel y solícito a quien el amo ha puesto al frente de su servidumbre para que les reparta la ración a sus horas? Dichoso el criado a quien su amo, al llegar, lo encuentre portándose así. Os aseguro que lo pondrá al frente de todos sus bienes. Pero si el empleado piensa: "Mi amo tarda en llegar", y empieza a pegarles a los mozos y a las muchachas, a comer y beber y emborracharse, llegará el amo de ese criado el día y a la hora que menos lo espera y lo despedirá, condenándolo a la pena de los que no son fieles. El criado que sabe lo que su amo quiere y no está dispuesto a ponerlo por obra recibirá muchos azotes; el que no lo sabe, pero hace algo digno de castigo, recibirá pocos. Al que mucho se le dio, mucho se le exigirá; al que mucho se le confió, más se le exigirá».

La tardanza del Señor, que podría ser una invitación a la vigilancia, se convierte para algunos, según esta parábola de Jesús, en ocasión para vivir como si el amo no existiera, como si uno pudiese erigirse en amo déspota y maltratador, pensando solo en su gusto –comer, beber, emborracharse...– y abusando de su posición privilegiada. En realidad, el planteamiento debería ser y portarse del mismo modo en la presencia que en la ausencia del amo. Dios siempre está, aun cuando parece que no lo vemos. Vivir experimentando su presencia en todo y en todos supone vivir con sumo respeto a la dignidad de lo creado. Seamos conscientes de tanto como hemos recibido y hagámoslo fructificar. El amor siempre es exigente, porque busca complacer a la persona amada.

OCTUBRE

23 | Jueves
San Juan de Capistrano

Primera lectura: Romanos 6,19-23

Salmo 1: Dichoso el hombre que ha puesto su confianza en el Señor

Evangelio: Lucas 12,49-53

En aquel tiempo dijo Jesús a sus discípulos: «He venido a prender fuego en el mundo, ¡y ojalá estuviera ya ardiendo! Tengo que pasar por un bautismo, ¡y qué angustia hasta que se cumpla! ¿Pensáis que he venido a traer al mundo paz? No, sino división. En adelante, una familia de cinco estará dividida: tres contra dos y dos contra tres; estarán divididos el padre contra el hijo y el hijo contra el padre, la madre contra la hija y la hija contra la madre, la suegra contra la nuera y la nuera contra la suegra».

Hoy Jesús nos dirige unas palabras llenas de pasión y radicalidad. «Prender fuego», desear que el mundo arda. ¿A qué se refiere? Todos conocemos lo que sucede cuando el corazón no arde, cuando no hay calor de hogar en las vidas de la gente, cuando en las relaciones no «se rompe el hielo». El mundo se transforma en un lugar inhabitable. Jesús habla de un fuego que mueve al amor y a la entrega. En palabras de Juan de la Cruz, una «llama de amor viva» que hiere y enamora. También este evangelio nos habla de división. Jesús es un signo de contradicción, un desafío. La opción por él provocará en el seno familiar el enfrentamiento entre quienes crean en él y quienes lo rechacen. Ante él no cabe quedar indiferente.

OCTUBRE

24 | **Viernes**
San Antonio María Claret

Primera lectura: Romanos 7,18-25

Salmo 118: Instrúyeme, Señor, en tus leyes

Evangelio: Lucas 12,54-59

En aquel tiempo decía Jesús a la gente: «Cuando veis subir una nube por el poniente decís enseguida: "Chaparrón tenemos", y así sucede. Cuando sopla el sur decís: "Va a hacer bochorno", y lo hace. Hipócritas: si sabéis interpretar el aspecto de la tierra y del cielo, ¿cómo no sabéis interpretar el tiempo presente? ¿Cómo no sabéis juzgar vosotros mismos lo que se debe hacer? Cuando te diriges al tribunal con el que te pone pleito, haz lo posible por llegar a un acuerdo con él mientras vais de camino; no sea que te arrastre ante el juez, y el juez te entregue al guardia, y el guardia te meta en la cárcel. Te digo que no saldrás de allí hasta que no pagues el último céntimo».

El seguidor de Jesús ha de vivir siempre con los ojos abiertos. Debe ser capaz de descubrir lo que le dice la naturaleza y lo que le dicen los signos de los tiempos, porque la historia también habla. Jesús llama «hipócritas» a quienes se niegan a entender el momento histórico en que viven. Dios habla también por la historia, por los acontecimientos. Jesús es el gran signo, el gran acontecimiento, y bien puede pasar inadvertido para quienes no tienen ojos para percibirlo. La segunda parte del evangelio nos habla de reconciliación. Siempre es momento propicio para llegar a un acuerdo satisfactorio con quien estamos enfrentados, incluso cuando ya estamos cerca del tribunal. Somos urgidos a ello, antes de que la división, la deuda contraída, el enfrentamiento, arruine nuestra vida para siempre.

OCTUBRE

25

Sábado
Santa Catalina de Alejandría

Primera lectura: Romanos 8,1-11

Salmo 23: Este es el grupo, Señor, que busca tu presencia

Evangelio: Lucas 13,1-9

En una ocasión se presentaron algunos a contar a Jesús lo de los galileos cuya sangre vertió Pilato con la de los sacrificios que ofrecían. Jesús les contestó: «¿Pensáis que esos galileos eran más pecadores que los demás galileos porque acabaron así? Os digo que no; y, si no os convertís, todos pereceréis lo mismo. Y aquellos dieciocho que murieron aplastados por la torre de Siloé, ¿pensáis que eran más culpables que los demás habitantes de Jerusalén? Os digo que no; y, si no os convertís, todos pereceréis de la misma manera». Y les dijo esta parábola: «Uno tenía una higuera plantada en su viña y fue a buscar fruto en ella, y no lo encontró. Dijo entonces el viñador: "Ya ves: tres años llevo viniendo a buscar fruto en esta higuera, y no lo encuentro. Córtala. ¿Para qué va a ocupar terreno en balde?" Pero el viñador contestó: "Señor, déjala todavía este año; yo cavaré alrededor y le echaré estiércol, a ver si da fruto. Si no, la cortas"».

Cuando alguien sufre un serio contratiempo –una enfermedad grave, la muerte de un ser querido, un revés económico...–, es frecuente escuchar de sus labios expresiones como: «¿Qué mal he hecho para que me haya venido esta desgracia? ¿Por qué Dios nos castiga así?». Jesús, en el evangelio de hoy, desvincula las adversidades de la culpa. Son dos cosas distintas. En el mundo existe el mal y nos afectará, pero no será nunca debido a que Dios intervenga compensando por un mal comportamiento nuestro. Él siempre da nuevas oportunidades, siempre, como el agricultor de la parábola. No se cansa de esperar que los seres humanos demos frutos de bondad y misericordia, y pone todo de su parte, nos rodea de todo lo necesario para que así sea. La llamada de atención es a no vivir una vida estéril, sin sentido y sin futuro.

OCTUBRE

 26

Domingo
XXX Tiempo Ordinario

Primera lectura: Eclesiástico 35,12-14.16-18

Salmo 33: Si el afligido invoca al Señor, él lo escucha

Segunda lectura: 2 Timoteo 4,6-8.16-18

Evangelio: Lucas 18,9-14

En aquel tiempo, a algunos que, teniéndose por justos, se sentían seguros de sí mismos y despreciaban a los demás, dijo Jesús esta parábola: «Dos hombres subieron al templo a orar. Uno era fariseo; el otro, un publicano. El fariseo, erguido, oraba así en su interior: "¡Oh Dios!, te doy gracias, porque no soy como los demás: ladrones, injustos, adúlteros; ni como ese publicano. Ayuno dos veces por semana y pago el diezmo de todo lo que tengo". El publicano, en cambio, se quedó atrás y no se atrevía ni a levantar los ojos al cielo; solo se golpeaba el pecho, diciendo: "¡Oh Dios!, ten compasión de este pecador". Os digo que este bajó a su casa justificado, y aquel no. Porque todo el que se enaltece será humillado, y el que se humilla será enaltecido».

Una parábola más de Jesús que nos descoloca. Dos personajes se dirigen a Dios en el Templo. El primero es alguien intachable a sus propios ojos. Cree en Dios, pero, sobre todo, se adora a sí mismo, y su oración consiste en echar incienso sobre sus propias obras, que son solo obras de tipo ritual o religioso (ayunos, diezmos…), pero no de auténtico amor al prójimo. De hecho, su desprecio por el resto de las personas habla de alguien con dureza de corazón. Todos son malos excepto él. El segundo personaje no tiene ningún mérito que presentar a Dios, solo pide misericordia, porque conoce su pecado. Es alguien despreciado por su condición de recaudador. Él sabe que obra mal, y su breve oración es un mantra que han repetido a lo largo de la historia infinidad de personas para relacionarse con Dios: «¡Oh, Dios!, ten compasión de este pecador». Jesús asegura que este indeseable recaudador fue el que acogió la gracia de Dios. El fariseo no la pide, porque no cree necesitarla. Su religión es un culto a sí mismo.

OCTUBRE

27 | Lunes

Primera lectura: Romanos 8,12-17

Salmo 67: Nuestro Dios es un Dios que salva

Evangelio: Lucas 13,10-17

Un sábado enseñaba Jesús en una sinagoga. Había una mujer que desde hacía dieciocho años estaba enferma por causa de un espíritu, y andaba encorvada, sin poderse enderezar. Al verla, Jesús la llamó y le dijo: «Mujer, quedas libre de tu enfermedad». Le impuso las manos y enseguida se puso derecha. Y glorificaba a Dios. Pero el jefe de la sinagoga, indignado porque Jesús había curado en sábado, dijo a la gente: «Seis días tenéis para trabajar; venid esos días a que os curen, y no los sábados». Pero el Señor, dirigiéndose a él, dijo: «Hipócritas: cualquiera de vosotros, ¿no desata del pesebre al buey o al burro y lo lleva a abrevar, aunque sea sábado? Y a esta, que es hija de Abrahán, y que Satanás ha tenido atada dieciocho años, ¿no había que soltarla en sábado?». A estas palabras, sus enemigos quedaron abochornados, y toda la gente se alegraba de los milagros que hacía.

La mujer, en la sociedad del tiempo de Jesús, vivía una situación de marginación y subordinación al varón. La imagen de una mujer encorvada es el símbolo de cómo la mujer, en aquel tiempo, no podía mirar a los ojos al varón ni enderezarse para elevar la mirada a Dios. Jesús, en este pasaje, se fija en la mujer encorvada –su mirada siempre se dirige a quien tiene necesidad– y la libera de su mal imponiéndole las manos. La mujer, loca de contenta, alaba y glorifica a Dios, que ha «cambiado su luto en danza». Pero al jefe de la sinagoga, a quien tiene la autoridad religiosa, no le agrada esta sanación. Lo toma por una provocación, y Jesús le hace ver lo absurdo de su postura. El sábado, día en que actuó el Señor, es un día de liberación. Si se ayuda a un animal en sábado, velando por su supervivencia, ¡cuánto más a un ser humano, a una mujer! Jesús recalca su dignidad llamándola «hija de Abrahán».

28

Martes
SAN SIMÓN Y SAN JUDAS, APÓSTOLES

Primera lectura: Efesios 2,19-22

Salmo 18: A toda la tierra alcanza su pregón

Evangelio: Lucas 6,12-19

En aquel tiempo subió Jesús a la montaña a orar y pasó la noche orando a Dios. Cuando se hizo de día llamó a sus discípulos, escogió a doce de ellos y los nombró apóstoles: Simón, al que puso de nombre Pedro, y Andrés, su hermano, Santiago, Juan, Felipe, Bartolomé, Mateo, Tomás, Santiago Alfeo, Simón, apodado el Celotes, Judas el de Santiago y Judas Iscariote, que fue el traidor.

Bajó del monte con ellos y se paró en un llano, con un grupo grande de discípulos y de pueblo procedente de toda Judea, de Jerusalén y de la costa de Tiro y de Sidón. Venían a oírlo y a que los curara de sus enfermedades; los atormentados por espíritus inmundos quedaban curados, y la gente trataba de tocarlo, porque salía de él una fuerza que los curaba a todos.

Jesús vive unido al Padre, en relación permanente y amorosa. Toda una noche velando en oración expresa esa dependencia de Jesús de su Padre Dios. El fruto de su obrar, de sus decisiones, todo en él nace de ese núcleo en el que ambos son uno en el Amor. La elección de este grupo de enviados, de apóstoles, tiene lugar después de esas largas horas de diálogo o de silencio orante. Pero la materia frágil de la que estamos hechos los humanos y la libertad que Dios jamás anula harán que, entre los Doce, haya quien lo niegue, lo abandone y lo traicione. Nada de esto impide a Jesús creer en ellos y hacerlos testigos de su Reino. La gente sencilla, menesterosa, acude a él. Experimentan una fuerza sanadora en contacto con Jesús. ¿Me acerco yo para dejarme tocar y sanar por él?

OCTUBRE

29 | Miércoles

Primera lectura: Romanos 8,26-30

Salmo 12: Yo confío, Señor, en tu misericordia

Evangelio: Lucas 13,22-30

En aquel tiempo, Jesús, de camino hacia Jerusalén, recorría ciudades y aldeas enseñando. Uno le preguntó: «Señor, ¿serán pocos los que se salven?». Jesús les dijo: «Esforzaos en entrar por la puerta estrecha. Os digo que muchos intentarán entrar y no podrán. Cuando el amo de la casa se levante y cierre la puerta, os quedaréis fuera y llamaréis a la puerta, diciendo: "Señor, ábrenos"; y él os replicará: "No sé quiénes sois". Entonces comenzaréis a decir: "Hemos comido y bebido contigo, y tú has enseñado en nuestras plazas". Pero él os replicará: "No sé quiénes sois. Alejaos de mí, malvados". Entonces será el llanto y el rechinar de dientes, cuando veáis a Abrahán, Isaac y Jacob y a todos los profetas en el reino de Dios, y vosotros os veáis echados fuera. Y vendrán de oriente y occidente, del norte y del sur, y se sentarán a la mesa en el reino de Dios. Mirad: hay últimos que serán primeros y primeros que serán últimos».

Una vez más, Jesús hace un llamamiento a no desaprovechar la oportunidad que nos da la vida para vivir bien, para que esta no termine en «llanto y rechinar de dientes», sino en el gozo de comer y beber en el banquete eterno. Es una llamada a la radicalidad. La «puerta estrecha» es la puerta del amor, que supone servir a los demás, perdonar, compartir… todo lo que Jesús ha enseñado exige morir al propio egoísmo. Y solo el amor –que es el lenguaje que Dios escucha, según Juan de la Cruz– nos hará reconocibles como discípulos. No será nuestra adscripción a una organización religiosa ni los ritos que hayamos realizado. Será si hemos puesto al otro y sus necesidades en el centro de nuestra vida.

OCTUBRE

30 | Jueves

Primera lectura: Romanos 8,31-39

Salmo 108: Sálvame, Señor, por tu bondad

Evangelio: Lucas 13,31-35

En aquella ocasión se acercaron unos fariseos a decirle: «Márchate de aquí, porque Herodes quiere matarte». Él contestó: «Id a decirle a ese zorro: "Hoy y mañana seguiré curando y echando demonios; pasado mañana llego a mi término". Pero hoy y mañana y pasado tengo que caminar, porque no cabe que un profeta muera fuera de Jerusalén.

¡Jerusalén, Jerusalén, que matas a los profetas y apedreas a los que se te envían! ¡Cuántas veces he querido reunir a tus hijos, como la clueca reúne a sus pollitos bajo las alas! Pero no habéis querido. Vuestra casa se os quedará vacía. Os digo que no me volveréis a ver hasta el día que exclaméis: "¡Bendito el que viene en nombre del Señor!"».

El evangelio de hoy muestra dos rostros sorprendentes de Jesús. El primero, su intrepidez y valentía cuando unos fariseos intentan que huya, por miedo a Herodes, que busca acabar con él. Jesús se planta y lo llama «zorro». Sabe que su final está cerca, pero nada lo hará callar. La muerte violenta es uno de los distintivos del profeta. El segundo rasgo de Jesús en este texto es una ternura extrema, hasta el punto de compararse a sí mismo con la clueca, que agrupa a sus polluelos para protegerlos bajo sus alas. No cabe imagen más sencilla –frente a la majestuosa águila, la popular gallina– ni más afectuosa. A Jesús se le quiebra el corazón, porque constata la dureza del pueblo, que se niega a acoger su Palabra.

OCTUBRE

31 | Viernes

Primera lectura: Romanos 9,1-5

Salmo 147: Glorifica al Señor, Jerusalén

Evangelio: Lucas 14,1-6

Un sábado entró Jesús en casa de uno de los principales fariseos para comer, y ellos le estaban espiando. Se encontró delante un hombre enfermo de hidropesía y, dirigiéndose a los maestros de la Ley y fariseos, preguntó: «¿Es lícito curar los sábados o no?». Ellos se quedaron callados. Jesús, tocando al enfermo, lo curó y lo despidió. Y a ellos les dijo: «Si a uno de vosotros se le cae al pozo el hijo o el buey, ¿no lo saca enseguida, aunque sea sábado?». Y se quedaron sin respuesta.

En este pasaje, Jesús aparece invitado a comer, y el anfitrión forma parte del grupo de sus adversarios. En este contexto, Jesús se encuentra, de pronto, con un hombre enfermo. Su tendencia innata es hacer todo lo posible por ayudarlo. Pero eso entra en conflicto con la interpretación estrecha de la Ley que tienen los fariseos. Curar se interpreta como un trabajo, y está prohibido en sábado, el día de descanso. Pero, para Jesús, más importante que obedecer las leyes es ayudar a quien lo necesita, a los que sufren, porque ese es el querer de su Padre Dios. Por eso les hace ver que, si se puede ayudar a un animal en peligro en sábado, con más razón hay que restablecer la salud de alguien que sufre. El amor está por encima de cualquier ley. Y los deja sin palabras.

NOVIEMBRE

 1

Sábado
Todos los Santos

Primera lectura: Apocalipsis 7,2-4.9-14
....
Salmo 23: Este es el grupo que viene a tu presencia, Señor
....
Segunda lectura: 1 Juan 3,1-3
....

Evangelio: Mateo 5,1-12a

En aquel tiempo, al ver Jesús el gentío, subió a la montaña, se sentó y se acercaron sus discípulos; y él se puso a hablar, enseñándoles: «Dichosos los pobres en el espíritu, porque de ellos es el reino de los cielos. Dichosos los que lloran, porque ellos serán consolados. Dichosos los sufridos, porque ellos heredarán la tierra. Dichosos los que tienen hambre y sed de justicia, porque ellos quedarán saciados. Dichosos los misericordiosos, porque ellos alcanzarán la misericordia. Dichosos los limpios de corazón, porque ellos verán a Dios. Dichosos los que trabajan por la paz, porque ellos se llamarán hijos de Dios. Dichosos los perseguidos por causa de la justicia, porque de ellos es el reino de los cielos. Dichosos vosotros cuando os insulten y os persigan y os calumnien de cualquier modo por mi causa. Estad alegres y contentos, porque vuestra recompensa será grande en el cielo».

Jesús nos presenta hoy una visión contracultural de la felicidad. Realmente felices no son los que tienen la vida asegurada, los poderosos o los triunfadores, sino todo lo contrario. Aquellos que, en esta vida, sufren y no cuentan, los que buscan una justicia que les es negada, los que tienen una mirada limpia. Aquí Jesús nos revela a un Dios lleno de empatía hacia sus criaturas sufrientes, hacia quienes luchan cada día por un mundo más digno y justo. Jesús presenta, en el monte, como un nuevo Moisés, no una lista de mandatos, de normas, sino un conjunto de bienaventuranzas, para mostrarnos qué es lo que a Dios le importa: la felicidad humana. Eso son los santos, que hoy celebramos, aquellos que han descubierto el auténtico camino de la dicha, según el corazón de Dios. El compromiso de todos nosotros es construir una sociedad en la que se haga realidad esta palabra de Dios: que los pobres, los que lloran, los que sufren, encuentren quienes trabajen por su felicidad.

NOVIEMBRE

Domingo
XXXI Tiempo Ordinario
Conmemoración de todos los fieles difuntos

Primera lectura: Sabiduría 11,22-12,1

Salmo 144: Bendeciré tu nombre por siempre, Dios mío, mi rey

Segunda lectura: 2 Tesalonicenses 1,11-2,2

Evangelio: Lucas 19,1-10

En aquel tiempo entró Jesús en Jericó y atravesaba la ciudad. Un hombre llamado Zaqueo, jefe de publicanos y rico, trataba de distinguir quién era Jesús, pero la gente se lo impedía, porque era bajo de estatura. Corrió más adelante y se subió a una higuera, para verlo, porque tenía que pasar por allí. Jesús, al llegar a aquel sitio, levantó los ojos y dijo: «Zaqueo, baja enseguida, porque hoy tengo que alojarme en tu casa». Él bajó enseguida y lo recibió muy contento. Al ver esto, todos murmuraban diciendo: «Ha entrado a hospedarse en casa de un pecador». Pero Zaqueo se puso en pie y dijo al Señor: «Mira, la mitad de mis bienes, Señor, se la doy a los pobres; y si de alguno me he aprovechado le restituiré cuatro veces más». Jesús le contestó: «Hoy ha sido la salvación de esta casa; también este es hijo de Abrahán. Porque el Hijo del hombre ha venido a buscar y a salvar lo que estaba perdido».

El episodio de Zaqueo nos enseña que nadie, por muy alejado que se considere de Dios, es un caso perdido. Zaqueo era un explotador que había condenado a la miseria a muchas personas, exigiéndoles pagos abusivos de impuestos, y con ello iba amasando una gran fortuna. Pero, sin duda, no se sentía querido. Los recaudadores eran odiados por el pueblo. Zaqueo se siente intrigado al oír hablar de Jesús, de su estilo de vida. Sin duda, le tuvo que chocar cómo Jesús se acerca a los publicanos, y quiere conocerlo personalmente. Solo se le ocurre subirse a un árbol, prescindiendo de su imagen, para ver pasar a Jesús. Pero el Maestro le esperaba ahí, en su situación concreta. Jesús pone siempre los ojos en quienes lo necesitan. Y toma la iniciativa: se invita él mismo a comer en casa de este odiado personaje. Para Zaqueo, la mirada de Jesús, su falta de prejuicios y su cercanía fue el comienzo de una revolución interior que le llevó a cambiar su vida. De pensar solo en su provecho pasó a preocuparse de las víctimas. ¿Qué efecto provoca en mí la cercanía de Jesús? ¿Acepto o rehúyo la invitación del Señor a comer conmigo?

3

Lunes
San Martín de Porres

Primera lectura: Romanos 11,29-36

Salmo 68: Que me escuche, Señor, tu gran bondad

Evangelio: Lucas 14,12-14

En aquel tiempo dijo Jesús a uno de los principales fariseos que lo había invitado: «Cuando des una comida o una cena no invites a tus amigos, ni a tus hermanos, ni a tus parientes, ni a los vecinos ricos; porque corresponderán invitándote, y quedarás pagado. Cuando des un banquete invita a pobres, lisiados, cojos y ciegos; dichoso tú, porque no pueden pagarte; te pagarán cuando resuciten los justos».

Una vez más, Jesús rompe los esquemas de quienes lo escuchan. Más allá del propio círculo familiar, del grupo de amigos, hay un mundo de seres dolientes que esperan una mano tendida. Aún hoy, tras tantos siglos de cristianismo, esta Palabra sigue desafiando nuestras normas y convenciones sociales. Nos resulta extraña, quizá inconcebible, esta propuesta de actuar con absoluta gratuidad, de no esperar ser correspondido por nuestras buenas acciones. Esta es una propuesta generadora de Reino. Somos llamados a hacer el bien, principalmente a quienes no van a poder pagar nuestra generosidad, porque no tienen con qué. Jesús presenta a su anfitrión una nueva bienaventuranza: «Dichoso tú, porque no pueden pagarte». ¿Y yo? ¿Descubro la dicha de amar sin ser correspondido?

4 | **Martes**
San Carlos Borromeo

Primera lectura: Romanos 12,5-16

Salmo 130: Guarda mi alma en la paz junto a ti, Señor

Evangelio: Lucas 14,15-24

En aquel tiempo, uno de los comensales dijo a Jesús: «¡Dichoso el que coma en el banquete del reino de Dios!». Jesús le contestó: «Un hombre daba un gran banquete y convidó a mucha gente; a la hora del banquete mandó un criado a avisar a los convidados: "Venid, que ya está preparado". Pero ellos se excusaron uno tras otro. El primero le dijo: "He comprado un campo y tengo que ir a verlo. Dispénsame, por favor". Otro dijo: "He comprado cinco yuntas de bueyes y voy a probarlas. Dispénsame, por favor". Otro dijo: "Me acabo de casar y, naturalmente, no puedo ir". El criado volvió a contárselo al amo. Entonces el dueño de casa, indignado, le dijo al criado: "Sal corriendo a las plazas y calles de la ciudad y tráete a los pobres, a los lisiados, a los ciegos y a los cojos". El criado dijo: "Señor, se ha hecho lo que mandaste, y todavía queda sitio". Entonces el amo le dijo: "Sal por los caminos y senderos e insísteles hasta que entren y se me llene la casa. Y os digo que ninguno de aquellos convidados probará mi banquete"».

Una vez más, Jesús establece una semejanza entre el Reino y un gran banquete. Una imagen cargada de resonancias festivas. En el banquete se celebra, se come y se bebe en abundancia y en compañía, con frecuencia, de personas a las que queremos. La parábola relata una invitación desatendida, despreciada, rechazada con excusas mejores o peores por parte de quienes la recibieron. Prefirieron seguir en sus asuntos. Cuando el que organiza el banquete recibe estas respuestas, manda al criado a llenar la casa con pobres, lisiados, enfermos, gente marginal, gente de la calle, aquellos de los que nadie se acuerda, aquellos que nunca reciben invitación para nada. Estos sí van a valorar el banquete, sí van a experimentarse privilegiados. De fondo, el texto nos recuerda la libertad humana ante la oferta de Dios a una relación amorosa con él: siempre nos invita, pero nunca nos fuerza.

NOVIEMBRE

5

Miércoles
Santa Ángela de la Cruz

Primera lectura: Romanos 13,8-10

Salmo 111: Dichoso el que se apiada y presta

Evangelio: Lucas 14,25-33

En aquel tiempo, mucha gente acompañaba a Jesús; él se volvió y les dijo: «Si alguno se viene conmigo y no pospone a su padre y a su madre, y a su mujer y a sus hijos, y a sus hermanos y a sus hermanas, e incluso a sí mismo, no puede ser discípulo mío. Quien no lleve su cruz detrás de mí no puede ser discípulo mío. Así, ¿quién de vosotros, si quiere construir una torre, no se sienta primero a calcular los gastos, a ver si tiene para terminarla? No sea que, si echa los cimientos y no puede acabarla, se pongan a burlarse de él los que miran, diciendo: "Este hombre empezó a construir y no ha sido capaz de acabar". ¿O qué rey, si va a dar la batalla a otro rey, no se sienta primero a deliberar si con diez mil hombres podrá salir al paso del que le ataca con veinte mil? Y si no, cuando el otro está todavía lejos, envía legados para pedir condiciones de paz. Lo mismo vosotros: el que no renuncia a todos sus bienes no puede ser discípulo mío».

Estas palabras de Jesús son una llamada a la radicalidad. No se puede ser discípulo de Jesús de cualquier modo, sino dejando que él sea centro de la vida y unificador de los afectos. Seguirlo supone anteponer su querer a todo lo demás: personas y bienes. Y eso es cargar con la cruz. Cada uno sabe cuál será la suya, pero el discípulo la carga en pos del Maestro, poniendo sus pasos en las huellas de Jesús, y eso da sentido a cualquier sufrimiento. Además, en este pasaje se hace un llamamiento a ser realistas, a sopesar nuestras fuerzas. Habrá mucho que construir –dentro y fuera de nosotros–, habrá muchas batallas que afrontar. No nos comprometamos sin antes reflexionar y dar una respuesta lúcida y madura, ya que nos jugamos tanto.

NOVIEMBRE

6

Jueves
Santos Pedro Poveda e Inocencio
de la Inmaculada y comps. márts.

Primera lectura: Romanos 14,7-12

Salmo 26: Espero gozar de la dicha del Señor en el país de la vida

Evangelio: Lucas 15,1-10

En aquel tiempo solían acercarse a Jesús todos los publicanos y los pecadores a escucharle. Y los fariseos y los escribas murmuraban entre ellos: «Ese acoge a los pecadores y come con ellos». Jesús les dijo esta parábola: «Si uno de vosotros tiene cien ovejas y se le pierde una, ¿no deja las noventa y nueve en el campo y va tras la descarriada hasta que la encuentra? Y, cuando la encuentra, se la carga sobre los hombros, muy contento; y, al llegar a casa, reúne a los amigos y a los vecinos para decirles: "¡Felicitadme!, he encontrado la oveja que se me había perdido". Os digo que así también habrá más alegría en el cielo por un solo pecador que se convierta que por noventa y nueve justos que no necesitan convertirse. Y si una mujer tiene diez monedas y se le pierde una, ¿no enciende una lámpara y barre la casa y busca con cuidado hasta que la encuentra? Y, cuando la encuentra, reúne a las amigas y a las vecinas para decirles: "¡Felicitadme!, he encontrado la moneda que se me había perdido". Os digo que la misma alegría habrá entre los ángeles de Dios por un solo pecador que se convierta».

Jesús responde, en este evangelio, a las críticas que le formulan por acoger incondicionalmente a los pecadores, hasta el punto de compartir la mesa con ellos, algo inconcebible, ya que la comensalidad solo tiene cabida entre personas que se aceptan, se aman y viven reconciliados. Pero, para los fariseos, los pecadores no entran en ese grupo. Jesús cuenta estas dos parábolas para que entiendan qué sucede en el corazón de Dios cuando recupera a una de sus criaturas extraviadas. Las dos parábolas son muy similares. Jesús pudo pronunciarlas pensando en los hombres y las mujeres que lo escuchaban, proponiendo ejemplos con los que tanto ellos como ellas se sintieran identificados. Dios es el pastor, Dios es la mujer. Ambos pierden algo que apreciaban. Una oveja de entre cien no parece mucho; una dracma, que era una moneda de poco valor, parece poca cosa. Pero, para Dios, como para los protagonistas de la parábola, hay una iniciativa de búsqueda, un trabajo que no se detiene hasta encontrar lo perdido, y, finalmente, una alegría desbordante que lleva a festejar el hallazgo. Dios hace fiesta por mí cada vez me alejo y me recupera.

Primera lectura: Romanos 15,14-21

Salmo 97: El Señor revela a las naciones su victoria

Evangelio: Lucas 16,1-8

En aquel tiempo dijo Jesús a sus discípulos: «Un hombre rico tenía un administrador y le llegó la denuncia de que derrochaba sus bienes. Entonces lo llamó y le dijo: "¿Qué es eso que me cuentan de ti? Entrégame el balance de tu gestión, porque quedas despedido". El administrador se puso a echar sus cálculos: "¿Qué voy a hacer ahora que mi amo me quita el empleo? Para cavar no tengo fuerzas; mendigar me da vergüenza. Ya sé lo que voy a hacer para que, cuando me echen de la administración, encuentre quien me reciba en su casa".

Fue llamando uno a uno a los deudores de su amo y dijo al primero: "¿Cuánto debes a mi amo?" Este respondió: "Cien barriles de aceite". Él le dijo: "Aquí está tu recibo; aprisa, siéntate y escribe cincuenta". Luego dijo a otro: "Y tú, ¿cuánto debes?" Él contestó: "Cien fanegas de trigo". Le dijo: "Aquí está tu recibo, escribe ochenta". Y el amo felicitó al administrador injusto por la astucia con que había procedido. Ciertamente, los hijos de este mundo son más astutos con su gente que los hijos de la luz».

Hoy el evangelio nos sorprende, porque Jesús pone como ejemplo para sus discípulos a un administrador que abusó de la confianza de su amo. ¿A este personaje tienen que imitar los seguidores de Jesús? El administrador reflexiona y encuentra una fórmula ante el aviso de despido. Va a utilizar su margen de beneficio para congraciarse con aquellos que tenían deudas con su jefe. Renuncia a todo lo que él esperaba ganar como intermediario de la gestión, beneficiando así a los deudores. Con ello esperaba que alguno le diese empleo. Hasta su propio amo le felicita. ¿Cómo reaccionamos nosotros cuando sufrimos un revés? ¿Nos paraliza o buscamos una manera astuta de salir de esa situación? Hoy se nos invita a emplear todos los recursos a nuestro alcance para ponerlos al servicio de la luz.

NOVIEMBRE

8 | Sábado

Primera lectura: Romanos 16,3-9.16.22-27
....
Salmo 144: Bendeciré tu nombre por siempre, Dios mío, mi Rey
....

Evangelio: Lucas 16,9-15

En aquel tiempo decía Jesús a sus discípulos: «Ganaos amigos con el dinero injusto, para que, cuando os falte, os reciban en las moradas eternas. El que es de fiar en lo menudo también en lo importante es de fiar; el que no es honrado en lo menudo tampoco en lo importante es honrado. Si no fuisteis de fiar en el injusto dinero, ¿quién os confiará lo que vale de veras? Si no fuisteis de fiar en lo ajeno, lo vuestro, ¿quién os lo dará? Ningún siervo puede servir a dos amos, porque, o bien aborrecerá a uno y amará al otro, o bien se dedicará al primero y no hará caso del segundo. No podéis servir a Dios y al dinero». Oyeron esto los fariseos, amigos del dinero, y se burlaban de él. Jesús les dijo: «Vosotros presumís de observantes delante de la gente, pero Dios os conoce por dentro. La arrogancia con los hombres, Dios la detesta».

Jesús invita a sus discípulos a ser dignos de confianza en lo pequeño de cada día. Y también, con toda radicalidad, les advierte de que no se puede tener el corazón dividido. En la vida hay que tomar decisiones, optar, aun cuando ello conlleve el riesgo de equivocarse. Y cuando hay opciones incompatibles, más aún. Dios y el dinero son dos términos que Jesús opone. Quien sirve al dinero como a su amo busca, ante todo, el beneficio personal, aquello que le proporciona placer o poder, persigue el enriquecimiento a toda costa, sin tener en cuenta las necesidades de los otros... Quien sirve a Dios busca lo que agrada a Dios, rige su vida por los valores del Reino, se olvida de sí y procura el bien del prójimo, establece con todos relaciones de fraternidad... Son dos maneras de vivir antagónicas. ¿En cuál de ellas me sitúo yo?

NOVIEMBRE

9

Domingo
DEDICACIÓN DE LA BASÍLICA DE LETRÁN
XXXII TIEMPO ORDINARIO

Primera lectura: Ezequiel 47,1-2.8-9.12

Salmo 45: El correr de las acequias alegra la ciudad de Dios,
el Altísimo consagra su morada

Segunda lectura: 1 Corintios 3,9c-11.16-17

Evangelio: Juan 2,13-22

Se acercaba la Pascua de los judíos y Jesús subió a Jerusalén. Y encontró en el templo a los vendedores de bueyes, ovejas y palomas, y a los cambistas sentados; y, haciendo un azote de cordeles, los echó a todos del templo, ovejas y bueyes; y a los cambistas les esparció las monedas y les volcó las mesas; y a los que vendían palomas les dijo: «Quitad esto de aquí; no convirtáis en un mercado la casa de mi Padre». Sus discípulos se acordaron de lo que está escrito: «El celo de tu casa me devora». Entonces intervinieron los judíos y le preguntaron: «¿Qué signos

nos muestras para obrar así?». Jesús contestó: «Destruid este templo y en tres días lo levantaré». Los judíos replicaron: «Cuarenta y seis años ha costado construir este templo, ¿y tú lo vas a levantar en tres días?». Pero él hablaba del templo de su cuerpo. Y, cuando resucitó de entre los muertos, los discípulos se acordaron de que lo había dicho, y dieron fe a la Escritura y a la palabra que había dicho Jesús.

En este pasaje encontramos a un Jesús aparentemente violento, pero, en realidad, está llevando a cabo una acción simbólica. La frase «No convirtáis en un mercado la casa de mi Padre» debería hacernos reflexionar sobre cómo son nuestras relaciones con Dios. ¿Son de compraventa, como en el mercado? ¿Ofrezco a Dios determinados servicios para, a cambio, recibir de él una serie de beneficios? A veces las relaciones con Dios son así. Puro interés, un buscar tenerlo contento para que no nos suceda nada malo. Jesús siempre intentó hacernos ver que el amor de Dios es incondicional, y que no tenemos que hacer nada para agradarle, porque ya le agradamos infinitamente. ¿Somos capaces de creer este inaudito amor? Cuando los judíos piden a Jesús signos de su autoridad, los emplaza a destruir el Templo. También aquí habla simbólicamente. El Templo auténtico es su cuerpo. Y, como anunció a la samaritana, viene un tiempo en el que ya no habrá que dirigirse a Dios en un templo determinado, sino en «espíritu y verdad».

10 | **Lunes**
San León Magno

Primera lectura: Sabiduría 1,1-7

Salmo 138: Guíame, Señor, por el camino recto

Evangelio: Lucas 17,1-6

En aquel tiempo, Jesús dijo a sus discípulos: «Es inevitable que sucedan escándalos; pero ¡ay del que los provoca! Al que escandaliza a uno de estos pequeños, más le valdría que le encajaran en el cuello una piedra de molino y lo arrojasen al mar. Tened cuidado. Si tu hermano te ofende, repréndelo; si se arrepiente, perdónalo; si te ofende siete veces en un día, y siete veces vuelve a decirte: "Lo siento", lo perdonarás». Los apóstoles le pidieron al Señor: «Auméntanos la fe». El Señor contestó: «Si tuvierais fe como un granito de mostaza diríais a esa morera: "Arráncate de raíz y plántate en el mar". Y os obedecería».

Varias son las enseñanzas que Jesús ofrece en este pasaje. La primera, la de no escandalizar a los sencillos. La exhortación a «tener cuidado» es una llamada a la responsabilidad de cada uno para proteger el corazón y evitar las influencias destructivas que pueden llegarnos, y también a ser delicados en nuestras relaciones y no causar daño ni escándalo en nadie. La siguiente enseñanza es sobre el perdón. Un perdón ofrecido siempre, tantas veces como se produzca la ofensa. Así lo declaramos en el Padrenuestro, cuando pedimos ser perdonados como perdonamos. Por último, los apóstoles le piden a Jesús que les aumente la fe. Él les pone el ejemplo del grano de mostaza. La fe es una semilla que se siembra en el campo de nuestro corazón, y que va germinando hasta convertirse en un árbol frondoso. Es todo un proceso, aunque al inicio nos parezca una fe insignificante. Eso sí, hay que proporcionarle las condiciones para que crezca. Si lo hacemos, podremos obrar maravillas.

NOVIEMBRE

11 | **Martes**
| San Martín

Primera lectura: Sabiduría 2,23-3,9

Salmo 33: Bendigo al Señor en todo momento

Evangelio: Lucas 17,7-10

En aquel tiempo dijo el Señor: «Suponed que un criado vuestro trabaja como labrador o como pastor; cuando vuelve del campo, ¿quién de vosotros le dice: "Enseguida, ven y ponte a la mesa"? ¿No le diréis: "Prepárame la cena, cíñete y sírveme mientras como y bebo, y después comerás y beberás tú"? ¿Tenéis que estar agradecidos al criado porque ha hecho lo mandado? Lo mismo vosotros: cuando hayáis hecho todo lo mandado decid: "Somos unos pobres siervos, hemos hecho lo que teníamos que hacer"».

Si hay algo que constituye el distintivo del discípulo de Jesús es el servicio. Una entrega a los demás sin condiciones, porque nos debemos a ellos. Lo aprendimos del Maestro, que fue siervo y servidor. Pero el servicio no puede llevarnos a creernos con méritos de ningún tipo. Nos lo enseña Jesús con esta frase tan poderosa: «Somos unos pobres siervos, hemos hecho lo que teníamos que hacer». Nada extraordinario, nada por lo cual esperemos recompensa. Solo porque nos sabemos servidos por Dios, nuestro Padre, de la mañana a la noche, y ello nos impulsa a una entrega gozosa e incondicional a nuestros hermanos.

12

Miércoles
San Josafat

Primera lectura: Sabiduría 6,2-11

Salmo 81: Levántate, oh Dios, y juzga la tierra

Evangelio: Lucas 17,11-19

En aquel tiempo, yendo Jesús camino de Jerusalén, pasaba entre Samaría y Galilea. Cuando iba a entrar en un pueblo vinieron a su encuentro diez leprosos, que se pararon a lo lejos y a gritos le decían: «Jesús, maestro, ten compasión de nosotros». Al verlos les dijo: «Id a presentaros a los sacerdotes». Y, mientras iban de camino, quedaron limpios. Uno de ellos, viendo que estaba curado, se volvió alabando a Dios a grandes gritos y se echó por tierra a los pies de Jesús, dándole gracias. Este era un samaritano. Jesús tomó la palabra y dijo: «¿No han quedado limpios los diez?; los otros nueve, ¿dónde están? ¿No ha vuelto más que este extranjero para dar gloria a Dios?». Y le dijo: «Levántate, vete; tu fe te ha salvado».

«Jesús, maestro, ten compasión de nosotros» es una frase conmovedora. Más aún, pronunciada a gritos, porque no pueden acercarse, porque las normas se lo impedían, tratando de frenar el contagio. Los leprosos, estigmatizados, no se atreven a acercarse a Jesús. La voz lastimosa llega a Jesús, que, instintivamente, se conmueve y los invita a buscar al sacerdote para que certifique la curación que va a realizar. Aunque todos son curados, solo uno de los diez leprosos es tocado por dentro y vuelve, lleno de gratitud, ante Jesús, consciente de lo que supone haber quedado limpio. Era el que menos cabía esperar, según los prejuicios judíos: un samaritano, un extranjero, un enemigo.

Hoy podemos preguntarnos si vivimos conscientes de los milagros que Dios obra en nosotros cada día, y si los sabemos agradecer.

Primera lectura: Sabiduría 7,22-8,1

Salmo 118: Tu palabra, Señor, es eterna

Evangelio: Lucas 17,20-25

En aquel tiempo, a unos fariseos que le preguntaban cuándo iba a llegar el reino de Dios, Jesús les contestó: El reino de Dios no vendrá espectacularmente ni anunciarán que está aquí o está allí; porque, mirad, el reino de Dios está dentro de vosotros». Dijo a sus discípulos: «Llegará un tiempo en que desearéis vivir un día con el Hijo del hombre, y no podréis. Si os dicen que está aquí o está allí, no os vayáis detrás. Como el fulgor del relámpago brilla de un horizonte a otro, así será el Hijo del hombre en su día. Pero antes tiene que padecer mucho y ser reprobado por esta generación».

Nos sucede a menudo que esperamos con ansia lo que ya ha llegado. Miramos al futuro aguardando de él algo que soñamos, y no vivimos despiertos en el presente. Jesús nos pone en guardia para que no esperemos signos espectaculares que nos ahorren el acto de fe. Sin fe no hay encuentro, sin fe no hay nada. Con Jesús se inaugura el Reino, que alienta en el interior de cada persona. Estas palabras nos hablan de la inaudita cercanía de Dios. También advierte Jesús frente a los que buscan en lo religioso algo espectacular. Su presencia será la del

Siervo de Yahvé: sin figura, sin belleza. Mientras nuestros ojos busquen el brillo nos perderemos la presencia discreta del Reino, tan a la mano, tan cerca, tan dentro.

NOVIEMBRE

14 | Viernes

Primera lectura: Sabiduría 13,1-9
Salmo 18: El cielo proclama la gloria de Dios

Evangelio: Lucas 17,26-37

En aquel tiempo dijo Jesús a sus discípulos: «Como sucedió en los días de Noé, así será también en los días del Hijo del hombre: comían, bebían y se casaban, hasta el día que Noé entró en el arca; entonces llegó el diluvio y acabó con todos. Lo mismo sucedió en tiempos de Lot: comían, bebían, compraban, vendían, sembraban, construían; pero el día que Lot salió de Sodoma llovió fuego y azufre del cielo y acabó con todos. Así sucederá el día que se manifieste el Hijo del hombre. Aquel día, si uno está en la azotea y tiene sus cosas en casa, que no baje por ellas; si uno está en el campo, que no vuelva. Acordaos de la mujer de Lot. El que pretenda guardarse su vida la perderá; y el que la pierda la recobrará. Os digo esto: aquella noche estarán dos en una cama: a uno se lo llevarán y al otro lo dejarán; estarán dos moliendo juntas: a una se la llevarán y a la otra la dejarán». Ellos le preguntaron: «¿Dónde, Señor?». Él contestó: «Donde se reúnen los buitres, allí está el cuerpo».

En este pasaje, Jesús hace una llamada de atención a sus discípulos para que vivan preparados. También nosotros vivimos muchas veces aletargados, ocupados –como en tiempos de

Noé– en una vida rutinaria, sin sospechar que, de pronto, puede suceder algo que ponga fin a todo. Estas palabras de Jesús, en lenguaje apocalíptico, que hablan de diluvios, de lluvia de azufre, de cuervos y de cadáveres, nos resultan extrañas, pero se trata de una manera de llamar la atención de aquellos que le escuchan. Quedémonos con la frase: «El que pretenda guardarse su vida la perderá; y el que la pierda la recobrará». Jesús nos invita a reflexionar sobre cuáles son nuestras prioridades y a cuestionarnos si estamos viviendo nuestra vida de modo que refleje nuestros valores más hondos.

NOVIEMBRE

15 | Sábado
San Alberto Magno

Primera lectura: Sabiduría 18,14-16; 19,6-9

Salmo 104: Recordad las maravillas que hizo el Señor

Evangelio: Lucas 18,1-8

En aquel tiempo, Jesús, para explicar a sus discípulos cómo tenían que orar siempre sin desanimarse, les propuso esta parábola: «Había un juez en una ciudad que ni temía a Dios ni le importaban los hombres. En la misma ciudad había una viuda que solía ir a decirle: "Hazme justicia frente a mi adversario". Por algún tiempo se negó, pero después se dijo: "Aunque ni temo a Dios ni me importan los hombres, como esta viuda me está fastidiando, le haré justicia, no vaya a acabar pegándome en la cara"». Y el Señor añadió: «Fijaos en lo que dice el juez injusto; pues Dios, ¿no hará justicia a sus elegidos, que le gritan día y noche?; ¿o les dará largas? Os digo que les hará justicia sin tardar. Pero, cuando venga el Hijo del hombre, ¿encontrará esta fe en la tierra?».

«Orar siempre sin desanimarse». He aquí todo un programa de vida que Jesús intenta que cale en sus discípulos. Solemos orar ante una necesidad, con la urgencia de algo que nos desborda, que no sabemos cómo afrontar: una enfermedad grave –nuestra o de alguna persona querida–, un revés en las relaciones, un bache económico... Oramos tratando de que Dios intervenga, que cambie la situación que nos hace sufrir. Pero Dios no es intervencionista, tiene otros modos de hacerse presente en el mundo. Lo que sí sabemos es que escucha siempre nuestras necesidades. Aunque las conoce, desea que las pronunciemos ante él, desea que lo impliquemos en nuestra historia, que contemos con su ayuda. Él verá la forma de ayudarnos en esa y en cualquier otra necesidad. Pero, muchas veces, cuando parece que Dios no nos oye, porque nada parece cambiar, lo dejamos. La perseverancia en la oración, aunque no veamos signos, es una prueba de nuestra fe.

NOVIEMBRE

16

Domingo
XXXIII Tiempo Ordinario
Santa Margarita de Escocia, Santa Gertrudis

Primera lectura: Malaquías 3,19-20

Salmo 97: El Señor llega para regir los pueblos con rectitud

Segunda lectura: 2 Tesalonicenses 3,7-12

Evangelio: Lucas 21,5-19

En aquel tiempo, algunos ponderaban la belleza del templo por la calidad de la piedra y los exvotos. Jesús les dijo: «Esto que contempláis llegará un día en que no quedará piedra sobre piedra: todo será destruido». Ellos le preguntaron: «Maestro, ¿cuándo va a ser eso?, ¿y cuál será la señal de que todo eso está para suceder?». Él contestó: «Cuidado con que nadie os engañe.

Porque muchos vendrán usurpando mi nombre, diciendo: "Yo soy", o bien: "El momento está cerca"; no vayáis tras ellos. Cuando oigáis noticias de guerras y de revoluciones, no tengáis pánico. Porque eso tiene que ocurrir primero, pero el final no vendrá enseguida». Luego les dijo: «Se alzará pueblo contra pueblo y reino contra reino, habrá grandes terremotos y en diversos países epidemias y hambre. Habrá también espantos y grandes signos en el cielo. Pero antes de todo eso os echarán mano, os perseguirán, entregándoos a las sinagogas y a la cárcel, y os harán comparecer ante reyes y gobernadores por causa mía. Así tendréis ocasión de dar testimonio. Haced propósito de no preparar vuestra defensa, porque yo os daré palabras y sabiduría a las que no podrá hacer frente ni contradecir ningún adversario vuestro. Y hasta vuestros padres, y parientes, y hermanos, y amigos os traicionarán, y matarán a algunos de vosotros, y todos os odiarán por causa mía. Pero ni un cabello de vuestra cabeza perecerá; con vuestra perseverancia salvaréis vuestras almas».

El evangelio de hoy es una llamada a la confianza, a creer en Jesús, como roca firme en un mundo que se desmorona. Advierte a sus discípulos que serán perseguidos por su causa. Y no hay que defenderse, como un signo de que nuestra causa la lleva Dios. Él será nuestro abogado. Él instruye el corazón de sus amigos para que sea el Espíritu quien hable por ellos. «Ni un cabello de vuestra cabeza perecerá»: hemos de estar confiados en la protección de Dios, de la que seremos rodeados, y que no permitirá que el mal nos afecte. Jesús presenta un panorama desolador, en el que hasta las personas más queridas –padres, hermanos...– nos traicionarán, como él mismo fue traicionado. Seguir la misma suerte que el Maestro es el privilegio del discípulo. Saberse en manos de Dios permitirá atravesar esa situación con la misma paz y confianza que él lo hizo.

17

Lunes
Santa Isabel de Hungría

Primera lectura: 1 Macabeos 1,11-16.43-45.57-60.65-67

Salmo 118: Dame vida, Señor, y guardaré tus decretos

Evangelio: Lucas 18,35-43

En aquel tiempo, cuando se acercaba Jesús a Jericó, había un ciego sentado al borde del camino, pidiendo limosna. Al oír que pasaba gente preguntaba qué era aquello; y le explicaron: «Pasa Jesús Nazareno». Entonces gritó: «¡Jesús, hijo de David, ten compasión de mí!». Los que iban delante le regañaban para que se callara, pero él gritaba más fuerte: «¡Hijo de David, ten compasión de mí!».

Jesús se paró y mandó que se lo trajeran. Cuando estuvo cerca le preguntó: «¿Qué quieres que haga por ti?». Él dijo: «Señor, que vea otra vez». Jesús le contestó: «Recobra la vista, tu fe te ha curado». Enseguida recobró la vista y lo siguió glorificando a Dios. Y todo el pueblo, al ver esto, alababa a Dios.

Este pasaje del evangelio nos interpela. Un ciego mendigando al borde del camino, es decir, una persona marginal, de aquellas que no cuentan en la sociedad. Pero este ciego vive pendiente de lo que sucede a su alrededor, y, cuando le dicen que es Jesús quien pasa, todo él se convierte en un grito, porque no puede dejar pasar la oportunidad de encontrarse con Jesús. Sabe que no puede nada, que no tiene influencia ni medios para que alguien importante se fije en él, y por eso grita. Apela a la compasión de Jesús. El Maestro sí se va a preocupar por él, y, cuando lo tiene delante, le pregunta: «¿Qué quieres que haga por ti?». Era evidente lo que esta persona podía desear, pero Jesús le fuerza a verbalizarlo. Es bueno verbalizar aquello que necesitamos ante Jesús. Tomar contacto con nuestra menesterosidad. Y Jesús obra el prodigio. Pero, en este hombre, lo de menos es que recupere la vista. Sobre todo recupera un sentido para vivir: el seguimiento de Jesús

Martes
Dedicación de las basílicas de los apóstoles San Pedro y San Pablo

Primera lectura: Hechos de los Apóstoles 28,11-16.30-31

Salmo 97: El Señor revela a las naciones su justicia

Evangelio: Mateo 14,22-33

En aquel tiempo, Jesús apremió a sus discípulos a que subieran a la barca y se le adelantaran a la otra orilla, mientras él despedía a la gente. Y, después de despedir a la gente, subió al monte a solas para orar. Llegada la noche estaba allí solo.

Mientras tanto, la barca iba ya muy lejos de tierra, sacudida por las olas, porque el viento era contrario. A la cuarta vela de la noche se les acercó Jesús andando sobre el mar. Los discípulos, viéndole andar sobre el agua, se asustaron y gritaron de miedo, diciendo que era un fantasma. Jesús les dijo enseguida: «¡Ánimo, soy yo, no tengáis miedo!». Pedro le contestó: «Señor, si eres tú, mándame ir a ti sobre el agua». Él le dijo: «Ven». Pedro bajó de la barca y echó a andar sobre el agua acercándose a Jesús; pero, al sentir la fuerza del viento, le entró miedo, empezó a hundirse y gritó: «Señor, sálvame». Enseguida Jesús extendió la mano, lo agarró y le dijo: «¡Hombre de poca fe! ¿Por qué has dudado?».

En cuanto subieron a la barca amainó el viento. Los de la barca se postraron ante él diciendo: «Realmente eres Hijo de Dios».

El evangelio de hoy es un reflejo fiel de la situación que vivimos en tantos momentos en nuestras comunidades, en nuestros grupos, en la propia Iglesia. Sin Jesús no pisamos firme, nos hundimos. Sin Jesús, nuestra vida es como una barca que parece naufragar. Aunque él está a nuestro lado para infundirnos ánimo, no acabamos de creer en su presencia. Lo confundimos con un fantasma, porque su figura se nos difumina, y todo lo de la fe nos parece un engaño. Es una experiencia de noche oscura. Como Pedro, muchas veces tenemos la sensación de caminar sobre las olas, con el viento en contra, y en la oscuridad. Jesús mismo es quien infunde ánimo en los suyos, con la mano tendida. El miedo y la desconfianza van de la mano. Donde hay fe, el temor desaparece.

NOVIEMBRE

19 | Miércoles

Primera lectura: 2 Macabeos 7,1.20-31

Salmo 12: Al despertar, Señor, me saciaré de tu semblante

Evangelio: Lucas 19,11-28

En aquel tiempo dijo Jesús una parábola; el motivo era que estaba cerca de Jerusalén y se pensaban que el reino de Dios iba a despuntar de un momento a otro. Dijo, pues: «Un hombre noble se marchó a un país lejano para conseguirse el título de rey y volver después. Llamó a diez empleados suyos y les repartió diez onzas de oro, diciéndoles: "Negociad mientras vuelvo". Sus conciudadanos, que lo aborrecían, enviaron tras él una embajada para informar: "No queremos que él sea nuestro rey".

Cuando volvió con el título real mandó llamar a los empleados a quienes había dado el dinero, para enterarse de lo que había ganado cada uno. El primero se presentó y dijo: "Señor, tu onza ha producido diez". Él le contestó: "Muy bien, eres un empleado cumplidor; como has sido fiel en una minucia tendrás autoridad sobre diez ciudades". El segundo llegó y dijo: "Tu onza, señor, ha producido cinco". A ese le dijo también: "Pues toma tú el mando de cinco ciudades".

El otro llegó y dijo: "Señor, aquí está tu onza; la he tenido guardada en el pañuelo; te tenía miedo, porque eres hombre exigente que reclamas lo que no prestas y siegas lo que no siembras". Él le contestó: "Por tu boca te condeno, empleado holgazán. ¿Conque sabías que soy exigente, que reclamo lo que no presto y siego lo que no siembro? Pues, ¿por qué no pusiste mi dinero en el banco? Al volver yo lo habría cobrado con los intereses". Entonces dijo a los presentes: "Quitadle a este la onza y dádsela al que tiene diez". Le replicaron: "Señor, si ya tiene diez onzas". "Os digo: 'Al que tiene se le dará, pero al que no tiene se le quitará hasta lo que tiene'. Y a esos enemigos míos, que no me querían por rey, traedlos acá y degolladlos en mi presencia"». Dicho esto, echó a andar delante de ellos, subiendo hacia Jerusalén.

En esta parábola, de nuevo Jesús utiliza una imagen de tipo económico que nos podría sorprender. Somos invitados a negociar con aquello que se nos ha entregado. Aquello que tenemos –dones, cualidades, bienes...– no es nuestro, solo es algo prestado que tenemos que emplear correctamente para que dé fruto y se multiplique en bien de los demás. Pero hay determinadas imágenes de Dios que nos pueden bloquear, como le sucede al último empleado, y paralizarnos. ¿Tenemos miedo a Dios porque lo consideramos un ser exigente que nos pide más de lo que nos da? Entonces nuestra reacción será esconder lo poco que creemos tener para no perderlo. Pero Dios da a manos llenas. Solo tenemos que echar una mirada a nuestro alrededor o dentro de nosotros y nos sentiremos colmados de bienes.

20 | Jueves

Primera lectura: 1 Macabeos 2,15-29

Salmo 49: Al que sigue buen camino le haré ver la salvación de Dios

Evangelio: Lucas 19,41-44

En aquel tiempo, al acercarse Jesús a Jerusalén y ver la ciudad, le dijo llorando: «¡Si al menos tú comprendieras en este día lo que conduce a la paz! Pero no: está escondido a tus ojos. Llegará un día en que tus enemigos te rodearán de trincheras, te sitiarán, apretarán el cerco, te arrasarán con tus hijos dentro y no dejarán piedra sobre piedra. Porque no reconociste el momento de mi venida».

Como cualquier otro ser humano, también Jesús llora. Experimenta tristeza por el fracaso en su misión. No nos lo ocultan los evangelistas. Jesús se lamenta con tristeza a la vista de Jerusalén –ciudad de paz–, que no sabe de dónde le ha de venir la paz, que no reconoce que él es el Príncipe de la paz y va a condenarlo a morir en cruz. Jesús anuncia que la ciudad será nuevamente destruida, y sus habitantes perecerán. Esta profecía se cumplirá como consecuencia del comportamiento de la ciudad y sus habitantes, que han endurecido su corazón y no han reconocido al Mesías. Por eso su final no es de vida, sino de muerte. ¿Reconozco yo a Jesús, presente en nuestro mundo?

21

Viernes
Presentación de la Santísima Virgen María

Primera lectura: 1 Macabeos 4,36-37.52-59

Salmo: 1 Crónicas 29,10-12: Alabamos, Señor, tu nombre glorios

Evangelio: Lucas 19,45-48

En aquel tiempo entró Jesús en el templo y se puso a echar a los vendedores, diciéndoles: «Escrito está: "Mi casa es casa de oración"; pero vosotros la habéis convertido en una "cueva de bandidos"». Todos los días enseñaba en el templo. Los sumos sacerdotes, los escribas y los notables del pueblo intentaban quitarlo de en medio; pero se dieron cuenta de que no podían hacer nada, porque el pueblo entero estaba pendiente de sus labios.

Jesús es un provocador. No tiene miedo a decir lo que piensa. Lleva adelante su misión, con independencia de cómo se reciban sus palabras. Jesús defiende el Templo como lugar de la presencia de Dios, como lugar de oración, no como recinto destinado al mercadeo. Sabe que su acción profética, la purificación del Templo, puede acelerar su muerte, pero, aun así, nada le detiene. Sus enemigos no se atreven a acabar con él, porque el pueblo «estaba pendiente de sus labios». Las palabras de Jesús impactaban, embelesaban. Su lenguaje era distinto del de los maestros de la Ley. Traían aire nuevo, esperanza, hablaban de un Dios que prefiere a los débiles, que se compadece de los necesitados. ¿Siguen impactando hoy sus palabras? ¿Cómo resuenan en mi interior al escucharlas?

22

Sábado
Santa Cecilia

Primera lectura: 1 Macabeos 6,1-13

Salmo 9: Gozaré, Señor, de tu salvación

Evangelio: Lucas 20,27-40

En aquel tiempo se acercaron a Jesús unos saduceos, que niegan la resurrección, y le preguntaron: «Maestro, Moisés nos dejó escrito: si a uno se le muere su hermano, dejando mujer, pero sin hijos, cásese con la viuda y dé descendencia a su hermano. Pues bien, había siete hermanos: el primero se casó y murió sin hijos. Y el segundo y el tercero se casaron con ella, y así los siete murieron sin dejar hijos. Por último, murió la mujer. Cuando llegue la resurrección, ¿de cuál de ellos será la mujer? Porque los siete han estado casados con ella». Jesús les contestó: «En esta vida, hombres y mujeres se casan; pero los que sean juzgados dignos de la vida futura y de la resurrección de entre los muertos no se casarán. Pues ya no pueden morir, son como ángeles; son hijos de Dios, porque participan en la resurrección. Y que resucitan los muertos, el mismo Moisés lo indica en el episodio de la zarza, cuando llama al Señor "Dios de Abrahán, Dios de Isaac, Dios de Jacob". No es Dios de muertos, sino de vivos; porque para él todos están vivos». Intervinieron unos escribas: «Bien dicho, Maestro». Y no se atrevían a hacerle más preguntas.

Los saduceos era un grupo poderoso, acomodado, tradicional. No contemplaban la necesidad de una resurrección futura, y plantean a Jesús un caso hipotético y bastante ridículo referente a la otra vida. Buscan ver cómo Jesús sale del apuro que plantea la historia. Para Jesús no supone ningún problema responderles. Deja claro que la vida eterna no es un calco de las costumbres y tradiciones terrenas, tan injustas muchas veces, como el caso de esta mujer, pasando de un marido a otro con el único objeto de darles descendencia. La vida futura será totalmente distinta, por eso será nueva y plena. Y, en respuesta a los saduceos, Jesús les asegura que Dios no es un Dios de muertos, sino de vivos; porque para él todos están vivos. Dios es fuente inagotable de vida.

NOVIEMBRE

Domingo
JESUCRISTO, REY DEL UNIVERSO
San Clemente I y San Columbano

Primera lectura: 2 Samuel 5,1-3
....
Salmo 121: Vamos alegres a la casa del Señor
....
Segunda lectura: Colosenses 1,12-20
....

Evangelio: Lucas 23,35-43

En aquel tiempo, las autoridades hacían muecas a Jesús, diciendo: «A otros ha salvado; que se salve a sí mismo, si él es el Mesías de Dios, el Elegido». Se burlaban de él también los soldados, ofreciéndole vinagre y diciendo: «Si eres tú el rey de los judíos, sálvate a ti mismo». Había encima un letrero en escritura griega, latina y hebrea: «Este es el rey de los judíos».

Uno de los malhechores crucificados lo insultaba, diciendo: «¿No eres tú el Mesías? Sálvate a ti mismo y a nosotros». Pero el otro le increpaba: «¿Ni siquiera temes tú a Dios, estando en el mismo suplicio? Y lo nuestro es justo, porque recibimos el pago de lo que hicimos; en cambio este no ha faltado en nada». Y decía: «Jesús, acuérdate de mí cuando llegues a tu reino». Jesús le respondió: «Te lo aseguro: hoy estarás conmigo en el paraíso».

En la fiesta de Cristo Rey se nos propone este conmovedor pasaje del evangelio. Jesús, el Siervo Sufriente, clavado en la cruz, espera la hora de su muerte rodeado de desprecio. La imagen no puede ser más dolorosa, más terrible. Las autoridades se burlan de aquel que pasó haciendo el bien, aliviando el sufrimiento de los menesterosos. Incluso uno de los condenados, crucificado junto a él, ironiza sobre su poder de salvar. Pero, incluso en esas atroces circunstancias, hay alguien que lo invoca con fe. Se trata de otro de los condenados. Este sí es capaz de ver en Jesús a alguien que no merece correr esa suerte, alguien que «no ha faltado en nada». Jesús le asegura que estarán juntos en ese Reino que ambos esperan: en los brazos acogedores y amorosos del Padre. Este texto nos recuerda que siempre hay esperanza, incluso estando a un paso de la muerte, para volver la mirada a Dios.

NOVIEMBRE

24 | Lunes
San Andrés Dung Lac y comps. márts.

Primera lectura: Daniel 1,1-6.8-20

Salmo Daniel 3,52-56: A ti gloria y alabanza por los siglos

Evangelio: Lucas 21,1-4

En aquel tiempo, alzando Jesús los ojos, vio unos ricos que echaban donativos en el arca de las ofrendas; vio también una viuda pobre que echaba dos reales, y dijo: «Sabed que esa pobre viuda ha echado más que nadie, porque todos los demás han echado de lo que les sobra, pero ella, que pasa necesidad, ha echado todo lo que tenía para vivir».

Fijarse en las apariencias o ser capaz de penetrar la realidad y ver el corazón. He ahí la diferencia. Jesús no miraba como solemos mirar nosotros. Era habitual que las mujeres que enviudaban cayeran en la indigencia, pues dejaban de tener quien las sostuviera a ellas y a sus hijos. A esta viuda indigente nadie la ha mirado. Sus dos reales ni siquiera han sonado al caer en el arca de las ofrendas. Pero Jesús se ha fijado en ella y ha llamado la atención de sus discípulos para que aprendan a mirar qué es lo que cuenta a los ojos de Dios. La viuda compartió de su pobreza. Más que dar se dio. Todo un programa de vida para los seguidores de Jesús.

NOVIEMBRE

25 | **Martes**
Santa Catalina de Alejandría

Primera lectura: Daniel 2,31-45

Salmo Daniel 3,57-61: Ensalzadlo con himnos por los siglos

Evangelio: Lucas 21,5-11

En aquel tiempo, algunos ponderaban la belleza del templo, por la calidad de la piedra y los exvotos. Jesús les dijo: «Esto que contempláis llegará un día en que no quedará piedra sobre piedra: todo será destruido». Ellos le preguntaron: «Maestro, ¿cuándo va a ser eso?, ¿y cuál será la señal de que todo eso está para suceder?». Él contestó: «Cuidado con que nadie os engañe. Porque muchos vendrán usurpando mi nombre, diciendo: "Yo soy", o bien: "El momento está cerca"; no vayáis tras ellos. Cuando oigáis noticias de guerras y de revoluciones no tengáis pánico. Porque eso tiene que ocurrir primero, pero el final no vendrá enseguida». Luego les dijo: «Se alzará pueblo contra pueblo y reino contra reino, habrá grandes terremotos, y en diversos países epidemias y hambre. Habrá también espantos y grandes signos en el cielo».

Las palabras de Jesús en este pasaje nos hablan de tiempos difíciles. Así lo son también los actuales. El Templo de Jerusalén no era un simple edificio. Suponía, para los judíos, el corazón de su fe, un signo de identidad como pueblo, con valor religioso, cultural y político. En el año 70 d. C. sería destruido por los romanos. Jesús advierte a sus discípulos de que no se puede confiar en la perdurabilidad de los signos exteriores de identidad. Jesús pasará a ser, él mismo, el Templo vivo. El culto ya no se hará en Jerusalén o en el Garizín, sino «en espíritu y en verdad». También advierte Jesús contra los falsos profetas. ¡Cuántos personajes aparecen hoy en nuestra sociedad pretendiendo ser salvadores, proponiendo doctrinas que aseguren la felicidad por un camino fácil o que recurran al miedo para ganar adeptos! Sobre todo, este evangelio es una llamada a la confianza. La historia está en manos de Dios.

NOVIEMBRE

26 | Miércoles

Primera lectura: Daniel 5,1-6.13-14.16-17.23-28
Salmo Daniel 3,62-67: Ensalzadlo con himnos por los siglos

Evangelio: Lucas 21,12-19

En aquel tiempo dijo Jesús a sus discípulos: «Os echarán mano, os perseguirán, entregándoos a las sinagogas y a la cárcel, y os harán comparecer ante reyes y gobernadores por causa mía. Así tendréis ocasión de dar testimonio. Haced propósito de no preparar vuestra defensa, porque yo os daré palabras y sabiduría a las que no podrá hacer frente ni contradecir ningún adversario vuestro. Y hasta vuestros padres, y parientes, y hermanos, y amigos os traicionarán, y matarán a algunos de vosotros, y todos os odiarán por causa mía. Pero ni un cabello de vuestra cabeza perecerá; con vuestra perseverancia salvaréis vuestras almas».

Hoy nos podemos plantear, a la luz de las palabras de Jesús, cómo es nuestro testimonio, allá donde cada uno se encuentre. Ojalá que cuando la Iglesia se sienta perseguida sea, de verdad, por causa de Jesús y no por otras causas. Que sea por estar cerca de los pobres, a favor de la paz y de la integración de los excluidos, los leprosos de nuestro tiempo. Ojalá que sea por buscar el último puesto y no el primero. Entonces sí podremos experimentar en nosotros la fuerza del Espíritu, que hablará por nosotros. No serán nuestros argumentos los que convenzan, sino nuestra vida. Y, sobre todo, hay que saber que estamos en manos de Dios y no de los poderes de este mundo.

NOVIEMBRE

27 | Jueves

Primera lectura: Daniel 6,12-28

Salmo Daniel 3,68-7: Ensalzadlo con himnos por los siglos

Evangelio: Lucas 21,20-28

En aquel tiempo dijo Jesús a sus discípulos: «Cuando veáis a Jerusalén sitiada por ejércitos, sabed que está cerca su destrucción. Entonces, los que estén en Judea que huyan a la sierra; los que estén en la ciudad que se alejen; los que estén en el campo que no entren en la ciudad; porque serán días de venganza en que se cumplirá todo lo que está escrito. ¡Ay de las que estén encinta o criando en aquellos días! Porque habrá angustia tremenda en esta tierra y un castigo para este pueblo. Caerán a filo de espada, los llevarán cautivos a todas las naciones, Jerusalén será pisoteada por los gentiles, hasta que a los gentiles les llegue su hora. Habrá signos en el sol y la luna y las estrellas, y en la tierra, angustia de las gentes, enloquecidas por el estruendo del mar y el oleaje. Los hombres quedarán sin aliento por el miedo y la ansiedad ante lo que se le viene encima al mundo, pues los astros se tambalearán. Entonces verán al Hijo del hombre venir en una nube, con gran poder y majestad. Cuando empiece a suceder esto, levantaos, alzad la cabeza: se acerca vuestra liberación».

Las palabras de este evangelio nos sobrecogen. Hoy mismo, en muchos lugares del mundo, hay infinidad de personas que se quedan sin aliento por el miedo ante lo que se avecina, incluso ante lo que ya están viviendo. Incontables son los lugares sumidos en la guerra, en una intolerable ola de violencia, en la miseria, en el dolor. En medio de todas esas circunstancias son un bálsamo las palabras de Jesús: «Levantaos, alzad la cabeza: se acerca vuestra liberación». Frente a vivir hundidos, tumbados, caídos, vivir levantados. Frente a la mirada meramente a ras de suelo se nos invita a poner los ojos en lo alto, con la certeza de que no tardará quien tiene sus ojos puestos en nosotros, ha visto nuestra opresión y viene a libertarnos.

28 | Viernes

Primera lectura: Daniel 7,2-14

Salmo Daniel 3,75-81: Ensalzadlo con himnos por los siglos

Evangelio: Lucas 21,29-33

En aquel tiempo expuso Jesús una parábola a sus discípulos: «Fijaos en la higuera o en cualquier árbol: cuando echan brotes os basta verlos para saber que el verano está cerca. Pues, cuando veáis que suceden estas cosas, sabed que está cerca el reino de Dios. Os aseguro que antes de que pase esta generación todo eso se cumplirá. El cielo y la tierra pasarán, mis palabras no pasarán».

Jesús está hablando del fin de los tiempos, y en su discurso menciona una serie de señales que anunciarán la llegada del reino de Dios. Para que se entienda pone el ejemplo de la higuera. Es un árbol que, en invierno, está completamente pelado. Solo vemos una corteza gris y rugosa que recubre tronco y ramas. Pero, con la llegada del buen tiempo, comienza a echar brotes y a vestirse de hojas. Es una señal de que el verano está cerca. ¿Creemos que la Palabra de Dios va a cumplirse, a pesar de los signos en contra que tantas veces nos rodean? Este evangelio nos recuerda que Dios está presente en la historia humana y que su Reino avanza imparable hacia su cumplimiento final.

29 | Sábado

Primera lectura: Daniel 7,15-27

Salmo Daniel 3,82-87: Ensalzadlo con himnos por los siglos

Evangelio: Lucas 21,34-36

En aquel tiempo dijo Jesús a sus discípulos: «Tened cuidado: no se os embote la mente con el vicio, la bebida y los agobios de la vida, y se os eche encima de repente aquel día; porque caerá como un lazo sobre todos los habitantes de la tierra. Estad siempre despiertos, pidiendo fuerza para escapar de todo lo que está por venir y manteneros en pie ante el Hijo del hombre».

Este pasaje del evangelio nos hace una llamada de atención muy seria. Se nos invita a vivir despiertos, despejados, sobrios, confiados. A menudo vivimos aletargados. Buscamos las distracciones para no darnos cuenta del momento que vivimos. No nos gusta y, en lugar de hacerle frente, para no sufrir, buscamos un anestésico. Jesús hoy nos llama a vivir atentos, conectados con la realidad sufriente de nuestro mundo, con nuestro mundo interior, a veces tan contradictorio, con Dios, que está siempre viviendo, siempre presente. ¿Pedimos la fuerza necesaria para poder vivir así, para mantenernos en pie, esperando su venida?

COMIENZA EL NUEVO AÑO LITÚRGICO
TIEMPO DE ADVIENTO
CICLO A

30

Domingo
I Adviento
San Andrés, apóstol

Primera lectura: Isaías 2,1-5

Salmo 121: Vamos alegres a la casa del Señor

Segunda lectura: Romanos 13,11-14

Evangelio: Mateo 24,37-44

En aquel tiempo dijo Jesús a sus discípulos: «Cuando venga el Hijo del hombre pasará como en tiempo de Noé. Antes del diluvio, la gente comía y bebía y se casaba, hasta el día en que Noé entró en el arca; y cuando menos lo esperaban llegó el diluvio y se los llevó a todos; lo mismo sucederá cuando venga el Hijo del hombre: dos hombres estarán en el campo: a uno se lo llevarán y a otro lo dejarán; dos mujeres estarán moliendo: a una se la llevarán y a otra la dejarán. Por tanto, estad en vela, porque no sabéis qué día vendrá vuestro Señor. Comprended que, si supiera el dueño de casa a qué hora de la noche viene el ladrón, estaría en vela y no dejaría abrir un boquete en su casa. Por eso estad también vosotros preparados, porque a la hora que menos penséis viene el Hijo del hombre».

El evangelio que hoy se nos propone en este primer domingo de Adviento nos invita a la vigilancia, a mantener los ojos y los oídos abiertos para acoger al Señor, que quiere hacerse presente en nuestra vida. Cuando esperamos con ilusión, la propia espera se transforma en gozosa esperanza y fuente de alegría. Jesús se acerca y anhela que abramos nuestro corazón para acogerle y ser testigos de su amor entre los hermanos, junto a toda la humanidad. Aunque las palabras del evangelio «a la hora que menos penséis» puedan infundir cierto temor, en el fondo se trata de una invitación a estar abiertos a la sorpresa de Dios, a no dejarnos llevar por la rutina, por la inercia, sino a desplegar en nuestro interior una actitud abierta a la esperanza y a la acogida de Jesús, que pronto acampará junto a nosotros.

DICIEMBRE

1 | Lunes

Primera lectura: Isaías 2,1-5 o 4,2-6

Salmo 121: Vamos alegres a la casa del Señor

Evangelio: Mateo 8,5-11

En aquel tiempo, al entrar Jesús en Cafarnaún, un centurión se le acercó rogándole: «Señor, tengo en casa un criado que está en cama paralítico y sufre mucho». Jesús le contestó: «Voy yo a curarlo». Pero el centurión le replicó: «Señor, no soy quién para que entres bajo mi techo. Basta que lo digas de palabra y mi criado quedará sano. Porque yo también vivo bajo disciplina y tengo soldados a mis órdenes; y le digo a uno: "Ve", y va; al otro: "Ven", y viene; a mi criado: "Haz esto", y lo hace».

Al oírlo, Jesús quedó admirado y dijo a los que le seguían: «Os aseguro que en Israel no he encontrado en nadie tanta fe. Os digo que vendrán muchos de oriente y occidente y se sentarán con Abrahán, Isaac y Jacob en el reino de los cielos».

El evangelio propuesto hoy nos habla de la fe del centurión romano, un extranjero que forma parte de quienes oprimen al pueblo judío. Se dirige a Jesús, sale a su encuentro, porque cree en él, en su palabra, y no reclama su presencia, sino que tan solo le basta la palabra pronunciada por Jesús para alcanzar la curación de su criado. Jesús ensalza la fe del centurión, al que elogia por ese gesto valiente y a su vez confiado. Como bien sabemos, la Iglesia ha conservado las palabras del centurión en la eucaristía, antes de la comunión. Algunas de las enseñanzas que nos sugiere este pasaje son la confianza plena en Jesús, la no exigencia en nuestras peticiones y dejarnos abrazar por la misericordia de Dios, que siempre se nos regala.

DICIEMBRE

2 | Martes

Primera lectura: Isaías 11,1-10

Salmo 71: Que en sus días florezca la justicia, y la paz abunde eternamente

Evangelio: Lucas 10,21-24

En aquel tiempo, lleno de la alegría del Espíritu Santo, exclamó Jesús: «Te doy gracias, Padre, Señor del cielo y de la tierra, porque has escondido estas cosas a los sabios y a los entendidos y las has revelado a la gente sencilla. Sí, Padre, porque así te ha parecido bien. Todo me lo ha entregado mi Padre, y nadie conoce quién es el Hijo, sino el Padre; ni quién es el Padre, sino el Hijo y aquel a quien el Hijo se lo quiere revelar».

Y, volviéndose a sus discípulos, les dijo aparte: «¡Dichosos los ojos que ven lo que vosotros veis! Porque os digo que muchos profetas y reyes desearon ver lo que veis vosotros, y no lo vieron; y oír lo que oís, y no lo oyeron».

Este evangelio nos habla de un tema clave: la pobreza de espíritu. Dios se manifiesta a los sencillos de corazón y se oculta a los sabios humanos. Dios elige siempre a quienes no se sienten superiores frente a los demás, sino a los que se ven necesitados de todo y, por eso, saben esperar en quien les puede conceder todo: Dios. Él se revela a los que no cuentan, a los marginados, a los que están en los límites que han puesto los poderosos. Estos no son conscientes de que no entienden nada de lo verdaderamente importante, que es el amor de Dios manifestado en Jesús, su Hijo. Por eso Jesús llama «dichosos» a sus discípulos y a todos los que, como ellos, son capaces de ver y oír, de entender la auténtica sabiduría que solo se manifiesta a quienes no se creen en posesión de ella.

DICIEMBRE

3 | **Miércoles**
San Francisco Javier

Primera lectura: Isaías 25,6-10

Salmo 22: Habitaré en la casa del Señor por años sin término

Evangelio: Mateo 15,29-37

En aquel tiempo, Jesús, bordeando el lago de Galilea, subió al monte y se sentó en él. Acudió a él mucha gente llevando tullidos, ciegos, lisiados, sordomudos y muchos otros; los echaban a sus pies, y él los curaba. La gente se admiraba al ver hablar a los mudos, sanos a los lisiados, andar a los tullidos y con vista a los ciegos, y dieron gloria al Dios de Israel. Jesús llamó a sus discípulos y les dijo: «Me da lástima de la gente, porque llevan ya tres días conmigo y no tienen qué comer. Y no quiero despedirlos en ayunas, no sea que se desmayen en el camino». Los discípulos le preguntaron: «¿De dónde vamos a sacar en un despoblado panes suficientes para saciar a tanta gente?». Jesús les preguntó: «¿Cuántos panes tenéis?». Ellos contestaron: «Siete y unos pocos peces». Él mandó que la gente se sentara en el suelo. Tomó los siete panes y los peces, dijo la acción de gracias, los partió y los fue dando a los discípulos, y los discípulos a la gente. Comieron todos hasta saciarse y recogieron las sobras: siete cestas llenas.

Este pasaje evangélico nos muestra a Jesús como quien es, todo amor y bondad, que se compadece de la multitud y no quiere despedirlos en ayunas. Los discípulos se ven desbordados ante el número de personas y las escasas provisiones, y tiene que ser el mismo Jesús quien les indique que, en la medida en que pongan su granito de arena, lo poco que poseen o son, en esa medida, él lo hace fructificar. El Señor nos pide colaborar con él en la tarea de dar de comer, de compartir el alimento con quien lo necesita. Nos urge a ser generosos en el don, en nuestra entrega y en la gratuidad. Y, sobre todo, a creer en la sobre-abundancia de la gracia de Dios, que es quien realmente hace fructificar toda acción humana.

DICIEMBRE

4 | Jueves
San Juan Damasceno

Primera lectura: Isaías 26,1-6

Salmo 117: Bendito el que viene en nombre del Señor

Evangelio: Mateo 7,21.24-27

En aquel tiempo dijo Jesús a sus discípulos: «No todo el que me dice "Señor, Señor" entrará en el reino de los cielos, sino el que cumple la voluntad de mi Padre, que está en el cielo.

El que escucha estas palabras mías y las pone en práctica se parece a aquel hombre prudente que edificó su casa sobre roca. Cayó la lluvia, se salieron los ríos, soplaron los vientos y descargaron contra la casa; pero no se hundió, porque estaba cimentada sobre roca.

El que escucha estas palabras mías y no las pone en práctica se parece a aquel hombre necio que edificó su casa sobre arena. Cayó la lluvia, se salieron los ríos, soplaron los vientos y rompieron contra la casa, y se hundió totalmente».

La prioridad de nuestra vida es descubrir la voluntad de Dios y encarnarla, llevarla a cabo en nuestro día a día. Es lo que hizo Jesús, y nosotros hemos de seguir su ejemplo. Y no se trata de decirlo de palabra, sino de poner los cimientos sólidos para que, ante cualquier dificultad, no se derrumbe la casa de nuestra existencia. Jesús nos invita a ser palabra y testimonio vital de la misericordia de Dios, que es el auténtico cimiento de nuestra vida, sin el cual nada tiene sentido. Este evangelio constituye una invitación a ser coherentes, a ser auténticos y a testimoniar que somos seguidores de Jesús, que deseamos encarnar el mensaje evangélico en nuestras vidas.

DICIEMBRE

5 | **Viernes**

Primera lectura: Isaías 29,17-24

Salmo 26: El Señor es mi luz y mi salvación

Evangelio: Mateo 9,27-31

En aquel tiempo, dos ciegos seguían a Jesús, gritando: «Ten compasión de nosotros, hijo de David». Al llegar a la casa se le acercaron los ciegos, y Jesús les dijo: «¿Creéis que puedo hacerlo?». Contestaron: «Sí, Señor». Entonces les tocó los ojos, diciendo: «Que os suceda conforme a vuestra fe». Y se les abrieron los ojos. Jesús les ordenó severamente: «¡Cuidado con que lo sepa alguien!». Pero ellos, al salir, hablaron de él por toda la comarca.

Jesús pregunta a quien quiere ser curado si cree en él. Es prácticamente una constante en los milagros que realiza. La fe es condición indispensable para que actúe. Jesús nunca fuerza la libertad de las personas, solo actúa en nosotros si le dejamos entrar en nuestra vida, y esa es la clave de toda sanación. Jesús es quien mueve nuestra fe. Sus palabras así lo aseveran: «Que os suceda conforme a vuestra fe». Jesús les ordena silencio, no quiere protagonismos, pero los ciegos no pueden dejar de proclamar la buena noticia, la misericordia que Jesús ha derramado en ellos. Imitemos su ejemplo y demos testimonio de la bondad de Dios para con todo ser humano.

DICIEMBRE

6

Sábado
San Nicolás

Primera lectura: Isaías 30,19-21.23-26

Salmo 146: Dichosos los que esperan en el Señor

Evangelio: Mateo 9,35-10,1.6-8

En aquel tiempo, Jesús recorría todas las ciudades y aldeas, enseñando en sus sinagogas, anunciando el Evangelio del reino y curando todas las enfermedades y todas las dolencias. Al ver a las gentes se compadecía de ellas, porque estaban extenuadas y abandonadas, como ovejas que no tienen pastor. Entonces dijo a sus discípulos: «La mies es abundante, pero los trabajadores son pocos; rogad, pues, al Señor de la mies que mande trabajadores a su mies».

Y llamando a sus doce discípulos les dio autoridad para expulsar espíritus inmundos y curar toda enfermedad y dolencia. A estos doce los envió con estas instrucciones: «Id a las ovejas descarriadas de Israel. Id y proclamad que el reino de los cielos está cerca. Curad enfermos, resucitad muertos, limpiad leprosos, echad demonios. Lo que habéis recibido gratis dadlo gratis».

En este evangelio se pone de manifiesto el ser compasivo y misericordioso de Jesús, que recorría ciudades y aldeas enseñando y curando a quienes lo necesitaban. La imagen de Jesús como buen pastor resume a la perfección la esencia de su persona. Por ello invita a sus discípulos a que rueguen para que haya muchos y buenos pastores que amen a sus ovejas. A sus discípulos les concede el mismo poder de sanar que tiene él. Pero les advierte de que ese don es totalmente gratuito, por tanto, no se lo pueden atribuir a ellos mismos, sino que con la misma gratuidad con que lo reciben lo han de dar a sus hermanos. Jesús nos invita a ser generosos con los dones recibidos, a compartirlos con nuestro prójimo y a ser agradecidos en todo momento.

DICIEMBRE

7

Domingo
II Adviento
San Ambrosio

Primera lectura: Isaías 11,1-10

Salmo 71: Que en sus días florezca la justicia, y la paz abunde eternamente

Segunda lectura: Romanos 15,4-9

Evangelio: Mateo 3,1-12

Por aquel tiempo, Juan Bautista se presentó en el desierto de Judea, predicando: «Convertíos, porque está cerca el reino de los cielos. Este es el que anunció el profeta Isaías, diciendo: "Una voz grita en el desierto: 'Preparad el camino del Señor, allanad sus senderos'"».

Juan llevaba un vestido de piel de camello, con una correa de cuero a la cintura, y se alimentaba de saltamontes y miel silvestre. Y acudía a él toda la gente de Jerusalén, de Judea y del valle del Jordán; confesaban sus pecados; y él los bautizaba en el Jordán.

Al ver que muchos fariseos y saduceos venían a que los bautizara, les dijo: «¡Camada de víboras!, ¿quién os ha enseñado a escapar del castigo inminente? Dad el fruto que pide la conversión. Y no os hagáis ilusiones, pensando: "Abrahán es nuestro padre", pues os digo que Dios es capaz de sacar hijos de Abrahán de estas piedras. Ya toca el hacha la base de los árboles, y el árbol que no da buen fruto será talado y echado al fuego. Yo os bautizo con agua para que os convirtáis; pero el que viene detrás de mí puede más que yo, y no merezco ni llevarle las sandalias. Él os bautizará con Espíritu Santo y fuego. Él tiene el bieldo en la mano: aventará su parva, reunirá su trigo en el granero y quemará la paja en una hoguera que no se apaga».

Este evangelio nos habla de conversión, de vivir de cara a Dios. Asimismo, nos habla de limpieza de corazón, de auténtica verdad, necesaria para caminar por la senda de Jesús. Juan, como precursor de Jesús, es la figura que nos invita a preparar el nacimiento del Mesías. Clama contra los fariseos y saduceos, porque su hipocresía los lleva a pedir el bautismo, y Juan apela a que den frutos de auténtica conversión y no confíen en sus propias leyes. Presenta al Mesías, que bautizará con Espíritu Santo y fuego. Recibir el bautismo supone aceptar un Dios que quiere que vivamos en la auténtica verdad del Evangelio y no sigamos leyes que oprimen al ser humano. Jesús viene a librarnos de las cargas inútiles que nos aplastan y nos regala su verdad, su libertad de espíritu.

DICIEMBRE

8

Lunes

Inmaculada Concepción de Santa María Virgen

Primera lectura: Génesis 3,9-15.20

Salmo 97: Cantad al Señor un cántico nuevo, porque ha hecho maravillas

Segunda lectura: Efesios 1,3-6.11-12

Evangelio: Lucas 1,26-38

A los seis meses, el ángel Gabriel fue enviado por Dios a una ciudad de Galilea llamada Nazaret, a una virgen desposada con un hombre llamado José, de la estirpe de David; la virgen se llamaba María. El ángel, entrando en su presencia, dijo: «Alégrate, llena de gracia, el Señor está contigo».

Ella se turbó ante estas palabras y se preguntaba qué saludo era aquel. El ángel le dijo: «No temas, María, porque has encontrado gracia ante Dios. Concebirás en tu vientre y darás a luz un hijo, y le pondrás por nombre Jesús. Será grande, se llamará Hijo del Altísimo, el Señor Dios le dará el trono de David, su padre, reinará sobre la casa de Jacob para siempre y su reino no tendrá fin».

Y María dijo al ángel: «¿Cómo será eso, pues no conozco varón?». El ángel le contestó: «El Espíritu Santo vendrá sobre ti, y la fuerza del Altísimo te cubrirá con su sombra; por eso el Santo que va a nacer se llamará Hijo de Dios. Ahí tienes a tu pariente Isabel, que, a pesar de su vejez, ha concebido un hijo y ya está de seis meses la que llamaban estéril, porque para Dios nada hay imposible».

María contestó: «Aquí está la esclava del Señor; hágase en mí según tu palabra». Y la dejó el ángel.

La Anunciación es el misterio de la acogida, de la confianza plena en Dios. María es paradigma de quienes realmente se fían de Dios, de quienes, aun teniendo dudas, se lanzan al mar abierto de la confianza y se ponen en las manos del Señor, dejándose conducir como un niño en brazos de su madre. El ángel conforta a María, responde a sus dudas, pero también la anima, porque el Señor está con ella y el Espíritu la cubrirá con su gracia. Además, le muestra un signo de esperanza que se ha hecho realidad en la persona de Isabel: un acontecimiento humanamente imposible que, gracias a la fe en Dios, se ha hecho posible. Dejémonos acompañar e iluminar por el Señor, y sigamos el ejemplo de María para ser capaces de decir, como ella: «Hágase en mí según tu palabra».

DICIEMBRE

9 | **Martes**
San Juan Diego Cuachtlatoatzin

Primera lectura: Isaías 40,1-11
....
Salmo 95: Nuestro Dios llega con poder
....

Evangelio: Mateo 18,12-14

En aquel tiempo dijo Jesús a sus discípulos: «¿Qué os parece? Suponed que un hombre tiene cien ovejas: si una se le pierde, ¿no deja las noventa y nueve en el monte y va en busca de la perdida? Y si la encuentra, os aseguro que se alegra más por ella que por las noventa y nueve que no se habían extraviado. Lo mismo vuestro Padre del cielo: no quiere que se pierda ni uno de estos pequeños».

Con una imagen bucólica y entrañable, Jesús nos muestra la bondad de Dios Padre, que ama a todos sus hijos por igual y desea tenerlos en su regazo. Es un Dios que, como una madre, quiere tener a su prole reunida junto a ella, y desea todo lo mejor para cada uno de sus hijos, dado que nos ha creado y criado por amor, porque Dios es Amor. Y cuando uno de sus hijos se extravía, busca con ahínco hasta que lo encuentra, y la alegría es mayor que la que tiene cuando están todos los hijos reunidos. Ello no hace sino mostrar la ternura y grandeza de todo un Dios que se preocupa personalmente por cada uno de nosotros y nos busca, se interesa en todo momento por cuanto estamos viviendo.

DICIEMBRE
10
Miércoles
Santa Eulalia de Mérida

Primera lectura: Isaías 40,25-31

Salmo 102: Bendice, alma mía, al Señor

Evangelio: Mateo 11,28-30

En aquel tiempo exclamó Jesús: «Venid a mí todos los que estáis cansados y agobiados, y yo os aliviaré. Cargad con mi yugo y aprended de mí, que soy manso y humilde de corazón, y encontraréis vuestro descanso. Porque mi yugo es llevadero y mi carga, ligera».

Este evangelio es un soplo de aire fresco para quienes están atravesando momentos difíciles en su vida. Jesús nos ofrece ser él mismo nuestro descanso, nuestro lugar seguro donde recobrar las fuerzas para seguir caminando. La experiencia del cansancio es común a todas las personas. Jesús también se sintió cansado en el camino y buscó descanso junto al pozo de Jacob. Por eso, puede comprender a todo aquel que experimenta el cansancio, sea cual sea el motivo que lo causa. Sus palabras constituyen un bálsamo que alivia y conforta en los momentos de dificultad por los que atravesamos a lo largo de la existencia. ¿Hemos experimentado a Jesús como auténtico alivio de nuestros sufrimientos y dificultades? Sería interesante que en cualquier circunstancia de la vida recordáramos estas palabras de Jesús, probablemente aligerarían la carga que llevamos en nuestro día a día.

DICIEMBRE

11 | Jueves
San Dámaso

Primera lectura: Isaías 41,13-20

Salmo 144: El Señor es clemente y misericordioso, lento a la cólera y rico en piedad

Evangelio: Mateo 11,11-15

En aquel tiempo dijo Jesús a la gente: «Os aseguro que no ha nacido de mujer uno más grande que Juan, el Bautista; aunque el más pequeño en el reino de los cielos es más grande que él. Desde los días de Juan, el Bautista, hasta ahora se hace violencia contra el reino de Dios, y gente violenta quiere arrebatárselo. Los profetas y la Ley han profetizado hasta que vino Juan; él es Elías, el que tenía que venir, con tal de que queráis admitirlo. El que tenga oídos que escuche».

En este evangelio, Jesús ensalza a Juan y lo sitúa entre el tiempo antiguo y el nuevo que él mismo viene a inaugurar. Juan pertenece al tiempo de los profetas, anteriores a la llegada del Mesías, y, sin embargo, es el más grande nacido de mujer, aunque, con Jesús, los sencillos y pequeños son los que ocupan el primer lugar en el reino de los cielos. Jesús compara a Juan con el gran profeta Elías y apela a la escucha de sus palabras, escucha que nos es necesaria para discernir los signos de los tiempos, unos tiempos en los que se ejerce la violencia contra el Reino, contra quienes desean la paz. Este evangelio nos invita a la escucha sincera de la Palabra, a dejarnos interpelar por ella y llevarla a la vida.

DICIEMBRE

12

Viernes
Virgen de Guadalupe

Primera lectura: Isaías 48,17-19

Salmo 1: El que te sigue, Señor, tendrá la luz de la vida

Evangelio: Mateo 11,16-19

En aquel tiempo dijo Jesús a la gente: «¿A quién se parece esta generación? Se parece a los niños sentados en la plaza, que gritan a otros: "Hemos tocado la flauta, y no habéis bailado; hemos cantado lamentaciones, y no habéis llorado". Porque vino Juan, que ni comía ni bebía, y dicen: "Tiene un demonio". Vino el Hijo del hombre, que come y bebe, y dicen: "Ahí tenéis a un comilón y borracho, amigo de publicanos y pecadores". Pero los hechos dan razón a la sabiduría de Dios».

Jesús muestra en este evangelio la volubilidad de las personas que, de igual modo, critican a los que hacen una cosa y la contraria. Es la característica de los niños que pasan de la risa al llanto con igual facilidad. Al final, la sabiduría de Dios es la que prevalece en la persona de Jesús, que trae la salvación a todo ser humano, independientemente de la opinión cambiante de quienes lo escuchan. Jesús, amigo de publicanos y pecadores, sabe que no gusta a los «sabios de la Ley», pero él se deja guiar por la ley del amor, la que hermana a toda la humanidad. A dejarnos iluminar por la auténtica sabiduría es a lo que nos invita Jesús, y a no dejarnos manipular por las tornadizas opiniones de moda.

DICIEMBRE

13

Sábado
Santa Lucía

Primera lectura: Eclesiástico 48,1-4.9-11

Salmo 79: Oh Dios, restáuranos, que brille tu rostro y nos salve

Evangelio: Mateo 17,10-13

Cuando bajaban de la montaña, los discípulos preguntaron a Jesús: «¿Por qué dicen los escribas que primero tiene que venir Elías?». Él les contestó: «Elías vendrá y lo renovará todo. Pero os digo que Elías ya ha venido, y no lo reconocieron, sino que lo trataron a su antojo. Así también el Hijo del hombre va a padecer a manos de ellos». Entonces entendieron los discípulos que se refería a Juan, el Bautista.

En este evangelio, Jesús habla del profeta Elías y, de alguna manera, se identifica con él. Profeta perseguido, maltratado, que tuvo que sufrir la soledad y el abandono del pueblo. De igual modo, Jesús será perseguido y sufrirá la muerte en cruz. La incomprensión de los discípulos puede hacernos reflexionar sobre nuestra dureza de corazón, que no sabe reconocer a Jesús en los hermanos, sobre todo en los que sufren, en los pobres, en los marginados, en todos aquellos que no cuentan en nuestra sociedad de consumo. Pidamos a Dios que nos abra los ojos y los oídos para reconocer a Jesús en la persona de nuestros hermanos y hermanas que caminan junto a nosotros.

DICIEMBRE

14

Domingo
III Adviento
San Juan de la Cruz

Primera lectura: Isaías 35,1-6.10

Salmo 145: Ven, Señor, a salvarnos

Segunda lectura: Santiago 5,7-10

Evangelio: Mateo 11,2-11

En aquel tiempo, Juan, que había oído en la cárcel las obras del Mesías, le mandó a preguntar por medio de sus discípulos: «¿Eres tú el que ha de venir o tenemos que esperar a otro?».

Jesús les respondió: «Id a anunciar a Juan lo que estáis viendo y oyendo: los ciegos ven y los inválidos andan; los leprosos quedan limpios y los sordos oyen; los muertos resucitan y a los pobres se les anuncia el Evangelio. ¡Y dichoso el que no se escandalice de mí!».

Al irse ellos, Jesús se puso a hablar a la gente sobre Juan: «¿Qué salisteis a contemplar en el desierto, una caña sacudida por el viento? ¿O qué fuisteis a ver, un hombre vestido con lujo? Los que visten con lujo habitan en los palacios. Entonces, ¿a qué salisteis?, ¿a ver a un profeta? Sí, os digo, y más que profeta; él es de quien está escrito: "Yo envío mi mensajero delante de ti, para que prepare el camino ante ti". Os aseguro que no ha nacido de mujer uno más grande que Juan, el Bautista; aunque el más pequeño en el reino de los cielos es más grande que él».

En este evangelio, Jesús muestra muy a las claras la identidad de Juan el Bautista; a su vez, este pregunta, a través de sus discípulos, si realmente Jesús es el Mesías o hay que seguir esperando. Juan es la personificación de la espera del Mesías. Jesús se manifiesta como tal por los signos que realiza y declara dichoso a quien no se escandalice de él. Nos invita a confiar plenamente en él, a pesar de lo que piensen los demás. Jesús ensalza a su precursor, Juan el Bautista, de quien dice que no ha nacido de mujer nadie más grande que él, aunque en el reino de los cielos el más pequeño será el mayor. De alguna manera, el tiempo anterior a Jesús queda caduco, y se abre la puerta a un tiempo de gozo, de esperanza y plenitud con la venida del Mesías. Hoy celebramos, precisamente, el domingo de la alegría, que nos lleva a una acción de gracias por el amor de Dios manifestado en Jesús, que pronto viene a nosotros.

DICIEMBRE

15 | Lunes

Primera lectura: Números 24,2-7.15-17a

Salmo 24: Señor, instrúyeme en tus sendas

Evangelio: Mateo 21,23-27

En aquel tiempo, Jesús llegó al templo y, mientras enseñaba, se le acercaron los sumos sacerdotes y los ancianos del pueblo para preguntarle: «¿Con qué autoridad haces esto? ¿Quién te ha dado semejante autoridad?».

Jesús les replicó: «Os voy a hacer yo también una pregunta; si me la contestáis, os diré yo también con qué autoridad hago esto. El bautismo de Juan, ¿de dónde venía, del cielo o de los hombres?». Ellos se pusieron a deliberar: «Si decimos "del cielo" nos dirá: "¿Por qué no le habéis creído?" Si le decimos: "De los hombres", tememos a la gente; porque todos tienen a Juan por profeta». Y respondieron a Jesús: «No sabemos».

Él, por su parte, les dijo: «Pues tampoco yo os digo con qué autoridad hago esto».

Los fariseos y escribas interpelan a Jesús con la única finalidad de dejarlo en ridículo, quieren tender una trampa a Jesús, pero él sabe sortear la malicia de los que pretenden hacerle caer. Y les plantea un interrogante que son incapaces de responder, porque no actúan de buena fe. Jesús conoce el interior de las personas y no se deja engañar por quienes no buscan la verdad, quienes no son limpios de corazón. El Señor nos invita en este evangelio a buscar siempre con sencillez la verdad, la luz que ilumine nuestra vida y que solo en él encontramos.

DICIEMBRE

16 | Martes

Primera lectura: Sofonías 3,1-2.9-13

Salmo 33: Si el afligido invoca al Señor, él lo escucha

Evangelio: Mateo 21,28-32

En aquel tiempo dijo Jesús a los sumos sacerdotes y a los ancianos del pueblo: «¿Qué os parece? Un hombre tenía dos hijos. Se acercó al primero y le dijo: "Hijo, ve hoy a trabajar en la viña". Él le contestó: "No quiero". Pero después recapacitó y fue. Se acercó al segundo y le dijo lo mismo. Él le contestó: "Voy, señor". Pero no fue. ¿Quién de los dos hizo lo que quería el padre?». Contestaron: «El primero». Jesús les dijo: «Os aseguro que los publicanos y las prostitutas os llevan la delantera en el camino del reino de Dios. Porque vino Juan a vosotros enseñándoos el camino de la justicia y no le creísteis; en cambio, los publicanos y prostitutas le creyeron. Y, aun después de ver esto, vosotros no recapacitasteis ni le creísteis»

Jesús echa en cara la dureza del corazón de los sacerdotes y ancianos del Templo, y lo hace con un ejemplo muy iluminador: enfrenta la actitud de dos hermanos a los que su padre les pide ir a trabajar en su viña. Uno se niega, pero al final recapacita y marcha, y el otro dice que va, pero lo cierto es que no fue. Estamos frente a una situación que no se soluciona con palabras, sino con hechos. Creer en el reino de Dios no supone conocer la Ley, sino ponerla por obra. Jesús pone por delante a los publicanos y prostitutas, porque creyeron en la justicia que enseñaba Juan, mientras que los sacerdotes y ancianos no le creyeron por su dureza de corazón. Este evangelio nos interpela y nos invita a abrir nuestros corazones y testimoniar con nuestra vida el mensaje de Jesús.

DICIEMBRE

17 | Miércoles

Primera lectura: Génesis 49,2.8-10

Salmo 71: Que en sus días florezca la justicia, y la paz abunde eternamente

Evangelio: Mateo 1,1-17

Genealogía de Jesucristo, hijo de David, hijo de Abrahán. Abrahán engendró a Isaac, Isaac a Jacob, Jacob a Judá y a sus hermanos. Judá engendró, de Tamar, a Farés y a Zará, Farés a Esrón, Esrón a Aram, Aram a Aminadab, Aminadab a Naasón, Naasón a Salmón, Salmón engendró, de Rahab, a Booz; Booz engendró, de Rut, a Obed; Obed a Jesé, Jesé engendró a David, el rey.

David, de la mujer de Urías, engendró a Salomón, Salomón a Roboán, Roboán a Abías, Abías a Asaf, Asaf a Josafat, Josafat a Jorán, Jorán a Ozías, Ozías a Joatán, Joatán a Acaz, Acaz a Ezequías, Ezequías engendró a Manasés, Manasés a Amós, Amós a Josías;

Josías engendró a Jeconías y a sus hermanos, cuando el destierro de Babilonia.

Después del destierro de Babilonia, Jeconías engendró a Salatiel, Salatiel a Zorobabel, Zorobabel a Abiud, Abiud a Eliaquín, Eliaquín a Azor, Azor a Sadoc, Sadoc a Aquim, Aquim a Eliud, Eliud a Eleazar, Eleazar a Matán, Matán a Jacob; y Jacob engendró a José, el esposo de María, de la cual nació Jesús, llamado Cristo.

Así, las generaciones desde Abrahán a David fueron en total catorce; desde David hasta la deportación a Babilonia, catorce; y desde la deportación a Babilonia hasta el Mesías, catorce.

El evangelio propuesto para este día nos transmite la genealogía de Jesús para decirnos que su existencia no fue un hecho etéreo ni inventado, sino que tiene, como todo ser humano, unas raíces familiares que le preceden, y en ocasiones no siempre son personas «limpias», sino débiles y pecadoras, e incluso se cita a mujeres que no eran tenidas en cuenta. Nació y creció en el seno de una familia, como todas las personas. Esta lectura nos invita a algunas reflexiones. En primer lugar, agradecer el don de la vida y de la familia que el Señor nos ha regalado; en segundo lugar, trabajar por una convivencia que redunde en bien de los más cercanos, de la familia y seres queridos, que constituyen nuestra herencia más preciada. Y, finalmente, ser compasivos con la debilidad humana propia y ajena.

Primera lectura: Jeremías 23,5-8

Salmo 71: Que en sus días florezca la justicia, y la paz abunde eternamente

Evangelio: Mateo 1,18-24

El nacimiento de Jesucristo fue de esta manera: María, su madre, estaba desposada con José y, antes de vivir juntos, resultó que ella esperaba un hijo por obra del Espíritu Santo. José, su esposo, que era justo y no quería denunciarla, decidió repudiarla en secreto. Pero, apenas había tomado esta resolución, se le apareció en sueños un ángel del Señor, que le dijo: «José, hijo de David, no tengas reparo en llevarte a María, tu mujer, porque la criatura que hay en ella viene del Espíritu Santo. Dará a luz un hijo y tú le pondrás por nombre Jesús, porque él salvará a su pueblo de los pecados».

Todo esto sucedió para que se cumpliese lo que había dicho el Señor por el profeta: «Mirad: la virgen concebirá y dará a luz un hijo y le pondrá por nombre Emmanuel, que significa "Dios con nosotros"». Cuando José se despertó, hizo lo que le había mandado el ángel del Señor y se llevó a casa a su mujer.

Este evangelio relata el anuncio del nacimiento de Jesús, ya cercano. El protagonista de este relato es José, el hombre fiel, bueno, que ama a María y no quiere denunciarla. A pesar de no entender, en un primer momento, lo que está sucediendo, su bondad posee más fuerza que sus dudas. Y es entonces cuando recibe la respuesta de Dios en sueños, que le ilumina el gran acontecimiento que pronto va a suceder. Se pone de manifiesto la confianza de José en su esposa y en Dios, porque escucha y pone por obra la voluntad de Dios, que se le ha manifestado. Es todo un ejemplo de obediencia para nosotros, que también deseamos escuchar y llevar adelante en nuestra vida la voluntad del Señor.

DICIEMBRE
19 | Viernes

Primera lectura: Jueces 13,2-7.24-25

Salmo 70: Que mi boca esté llena de tu alabanza y cante tu gloria

Evangelio: Lucas 1,5-25

En tiempos de Herodes, rey de Judea, había un sacerdote llamado Zacarías, del turno de Abías, casado con una descendiente de Aarón llamada Isabel. Los dos eran justos ante Dios, y caminaban sin falta según los mandamientos y leyes del Señor. No tenían hijos, porque Isabel era estéril, y los dos eran de edad avanzada.

Una vez que oficiaba delante de Dios con el grupo de su turno, según el ritual de los sacerdotes, le tocó a él entrar en el santuario del Señor a ofrecer el incienso; la muchedumbre del pueblo estaba fuera, rezando, durante la ofrenda del incienso. Y se le apareció el ángel del Señor, de pie a la derecha del altar del incienso. Al verlo, Zacarías se sobresaltó y quedó sobrecogido de temor.

Pero el ángel le dijo: «No temas, Zacarías, porque tu ruego ha sido escuchado: tu mujer Isabel te dará un hijo, y le pondrás por nombre Juan. Te llenarás de alegría, y muchos se alegrarán de su nacimiento. Pues será grande a los ojos del Señor: no beberá vino ni licor; se llenará de Espíritu Santo ya en el vientre materno, y convertirá a muchos israelitas al Señor, su Dios. Irá delante del Señor, con el espíritu y poder de Elías, para convertir los corazones de los padres hacia los hijos, y a los desobedientes, a la sensatez de los justos, preparando para el Señor un pueblo bien dispuesto».

Zacarías replicó al ángel: «¿Cómo estaré seguro de eso? Porque yo soy viejo y mi mujer es de edad avanzada». El ángel le contestó: «Yo soy Gabriel, que sirvo en presencia de Dios; he sido enviado a hablarte para darte esta buena noticia. Pero, mira: te quedarás mudo, sin poder hablar, hasta el día en que esto suceda, porque no has dado fe a mis palabras, que se cumplirán en su momento».

El pueblo estaba aguardando a Zacarías, sorprendido de que tardase tanto en el santuario. Al salir no podía hablarles, y ellos comprendieron que había tenido una visión en el santuario. Él les hablaba por señas, porque seguía mudo. Al cumplirse los días de su servicio en el templo volvió a casa. Días después concibió Isabel, su mujer, y estuvo sin salir cinco meses, diciendo: «Así me ha tratado el Señor cuando se ha dignado quitar mi afrenta ante los hombres».

En este pasaje evangélico vemos la actitud de incredulidad de Zacarías, que, siendo un hombre piadoso y justo, no es capaz de fiarse del Señor, por ello pierde el habla hasta que tenga que pronunciar el nombre de su hijo, fruto de una mujer estéril. Solo la fe y la fuerza de Dios son capaces de obrar aquello que es imposible humanamente. Estamos en el paso del Antiguo Testamento al Nuevo: Juan, el hijo de Zacarías e Isabel, será el profeta que anunciará la venida del Mesías. Dará paso a un tiempo nuevo en que primará el amor sobre la Ley. Isabel reconoce el gran don que le ha hecho Dios y da gracias. Es a lo que nos invita este texto evangélico, a ser agradecidos con los dones que el Señor nos regala y confiar plenamente en su infinita misericordia y sabiduría, aun en medio de las dudas y oscuridades que nos puedan acontecer en el camino de la vida.

20 | Sábado

Primera lectura: Isaías 7,10-14

Salmo 23: Va a entrar el Señor, él es el Rey de la gloria

Evangelio: Lucas 1,26-38

A los seis meses, el ángel Gabriel fue enviado por Dios a una ciudad de Galilea llamada Nazaret, a una virgen desposada con un hombre llamado José, de la estirpe de David; la virgen se llamaba María. El ángel, entrando en su presencia, dijo: «Alégrate, llena de gracia, el Señor está contigo».

Ella se turbó ante estas palabras y se preguntaba qué saludo era aquel. El ángel le dijo: «No temas, María, porque has encontrado gracia ante Dios. Concebirás en tu vientre y darás a luz un hijo, y le pondrás por nombre Jesús. Será grande, se llamará Hijo del Altísimo, el Señor Dios le dará el trono de David, su padre, reinará sobre la casa de Jacob para siempre y su reino no tendrá fin».

Y María dijo al ángel: «¿Cómo será eso, pues no conozco varón?». El ángel le contestó: «El Espíritu Santo vendrá sobre ti, y la fuerza del Altísimo te cubrirá con su sombra; por eso el Santo que va a nacer se llamará Hijo de Dios. Ahí tienes a tu pariente Isabel, que, a pesar de su vejez, ha concebido un hijo y ya está de seis meses la que llamaban estéril, porque para Dios nada hay imposible».

María contestó: «Aquí está la esclava del Señor; hágase en mí según tu palabra». Y la dejó el ángel.

El relato de la Anunciación nos trae la presencia de María, figura clave en este tiempo de Adviento. Ella fue capaz de escuchar y acoger la Palabra que pronto se iba a encarnar en su seno. Su «sí» posibilitó la salvación para toda la humanidad, y, a pesar de sus iniciales dudas, se dejó recrear por la gracia del Espíritu Santo. El ángel la conforta y le muestra un ejemplo de la grandeza de Dios cuando le dice que su prima Isabel espera un hijo, porque lo que es humanamente imposible, Dios lo hace posible. María será la Madre del Redentor y también será la Madre de toda la humanidad. Todo un testimonio de generosidad y entrega a la voluntad de Dios. Que María siga iluminando nuestra vida y nos enseñe a responder con generosidad y plena disponibilidad al Señor.

DICIEMBRE
21

Domingo
IV Adviento
San Pedro Canisio

Primera lectura: Isaías 7,10-14
....
Salmo 23: Va entrar el Señor, él es el Rey de la gloria
....
Segunda lectura: Romanos 1,1-7
....

Evangelio: Mateo 1,18-24

El nacimiento de Jesucristo fue de esta manera: María, su madre, estaba desposada con José y, antes de vivir juntos, resultó que ella esperaba un hijo por obra del Espíritu Santo. José, su esposo, que era justo y no quería denunciarla, decidió repudiarla en secreto. Pero, apenas había tomado esta resolución, se le apareció en sueños un ángel del Señor, que le dijo: «José, hijo de David, no tengas reparo en llevarte a María, tu mujer, porque la criatura que hay en ella viene del Espíritu Santo. Dará a luz un hijo y tú le pondrás por nombre Jesús, porque él salvará a su pueblo de los pecados».

Todo esto sucedió para que se cumpliese lo que había dicho el Señor por el profeta: «Mirad: la virgen concebirá y dará a luz un hijo y le pondrá por nombre Emmanuel, que significa "Dios con nosotros"». Cuando José se despertó, hizo lo que le había mandado el ángel del Señor y se llevó a casa a su mujer.

Nos estamos acercando al nacimiento de Jesús, y este relato evangélico pone de manifiesto la actitud acogedora de José, esposo de María, que, como era bueno y justo, no quiso denunciarla cuando supo que su esposa esperaba un hijo. José no se deja llevar por el cumplimiento de la Ley, que hubiera sido lo «normal» en esos casos, sino que su bondad y su fe le llevan a confiar en Dios y en su enviado. El ángel se le aparece en sueños y le desvela el plan de Dios, al que José responde con plena disponibilidad. José, al igual que María, es confortado por un ángel, y ambos responden con generosidad. Esta actitud de acogida de los planes de Dios, aun no entendiéndolos, es la que nos propone hoy el evangelio. Sintámonos invitados a contemplar esta escena que encierra este gran misterio del amor de Dios por cada uno de nosotros.

DICIEMBRE

22 | Lunes

Primera lectura: 1 Samuel 1,24-28

Salmo 1 Samuel 2,1.4-8: Mi corazón se regocija por el Señor, mi Salvador

Evangelio: Lucas 1,46-56

En aquel tiempo, María dijo: «Proclama mi alma la grandeza del Señor, se alegra mi espíritu en Dios, mi salvador; porque ha mirado la humillación de su esclava. Desde ahora me felicitarán todas las generaciones, porque el Poderoso ha hecho obras grandes por mí: su nombre es santo y su misericordia llega a sus fieles de generación en generación. Él hace proezas con su brazo: dispersa a los soberbios de corazón, derriba del trono a los poderosos y enaltece a los humildes, a los hambrientos los colma de bienes y a los ricos los despide vacíos. Auxilia a Israel, su siervo, acordándose de la misericordia –como lo había prometido a nuestros padres–, en favor de Abrahán y su descendencia por siempre». María se quedó con Isabel unos tres meses y después volvió a su casa.

La expresión de gozo y entusiasmo de María en el *Magnificat* es todo un preámbulo maravilloso del nacimiento de Jesús, que muy pronto vamos a celebrar. María se sabe elegida y favorecida por Dios, y ese es el motivo de su profunda alegría. Ella pertenece al grupo de los pequeños, los *anawim*, los preferidos del Señor, porque se abandonan a él y se disponen a la gracia que los transforma. Dios derriba la fuerza de quienes solo confían en sí mismos y, en cambio, ensalza a los humildes, a los que solo confían en él, como María. Asimismo, la disponibilidad y entrega de María la vemos en su decisión de ir a visitar a su pariente Isabel, que, como ella, está esperando un hijo. Hagamos nuestro el canto de alabanza de María y la generosidad en la entrega de vida por nuestros hermanos, sobre todo por los más necesitados.

DICIEMBRE

23 | **Martes**
San Juan de Kety

Primera lectura: Malaquías 3,1-4.23-24

Salmo 24: Levantaos, alzad la cabeza: se acerca vuestra liberación

Evangelio: Lucas 1,57-66
A Isabel se le cumplió el tiempo del parto y dio a luz un hijo. Se enteraron sus vecinos y parientes de que el Señor le había

hecho una gran misericordia, y la felicitaban. A los ocho días fueron a circuncidar al niño, y lo llamaban Zacarías, como a su padre. La madre intervino diciendo: «¡No! Se va a llamar Juan». Le replicaron: «Ninguno de tus parientes se llama así». Entonces preguntaban por señas al padre cómo quería que se llamase. Él pidió una tablilla y escribió: «Juan es su nombre». Todos se quedaron extrañados. Inmediatamente se le soltó la boca y la lengua, y empezó a hablar bendiciendo a Dios. Los vecinos quedaron sobrecogidos, y corrió la noticia por toda la montaña de Judea. Y todos los que lo oían reflexionaban, diciendo: «¿Qué va a ser este niño?». Porque la mano del Señor estaba con él.

En este pasaje evangélico se pone de relieve la inmensa misericordia de Dios para con Isabel. Ella se siente regalada por el Señor, y sabe que el hijo que ha llevado en su seno es obra de la bondad de Dios. Por eso, «Juan es su nombre» –como afirma Zacarías cuando le preguntan–, y en ese momento, se le suelta la lengua para bendecir a Dios. Zacarías había perdido el habla por su falta de fe, y ahora, cuando reconoce la acción de Dios, la recupera. Ante tal acontecimiento, todo el mundo queda sobrecogido. Este evangelio nos invita a admirar y agradecer la misericordia de Dios, a reconocer la acción del Señor en nuestras vidas y a ser mensajeros de la gracia que él regala a todos. Solo nos pide que confiemos plenamente en él.

DICIEMBRE

24 | Miércoles

Primera lectura: 2 Samuel 7,1-5.8-11.16

Salmo 88: Cantaré eternamente tus misericordias, Señor

Evangelio: Lucas 1,67-79

En aquel tiempo, Zacarías, padre de Juan, lleno del Espíritu Santo, profetizó diciendo: «Bendito sea el Señor, Dios de Israel, porque ha visitado y redimido a su pueblo, suscitándonos una fuerza de salvación en la casa de David, su siervo, según lo había predicho desde antiguo por boca de sus santos profetas. Es la salvación que nos libra de nuestros enemigos y de la mano de todos los que nos odian; realizando la misericordia que tuvo con nuestros padres, recordando su santa alianza y el juramento que juró a nuestro padre Abrahán. Para concedernos que, libres de temor, arrancados de la mano de los enemigos, le sirvamos con santidad y justicia, en su presencia, todos nuestros días. Y a ti, niño, te llamarán profeta del Altísimo, porque irás delante del Señor a preparar sus caminos, anunciando a su pueblo la salvación, el perdón de sus pecados. Por la entrañable misericordia de nuestro Dios nos visitará el Sol que nace de lo alto, para iluminar a los que viven en tinieblas y en sombra de muerte, para guiar nuestros pasos por el camino de la paz».

Zacarías, padre de Juan el Bautista, entona el canto del *Benedictus*, que se reza en la liturgia de Laudes. Es un canto de agradecimiento y bendición a Dios por todo lo que ha hecho por su pueblo, el pueblo de Israel, con el que ha establecido su alianza. Es un himno que no solo recuerda lo que Dios hizo, sino también a lo que se compromete el pueblo: «Servirle con santidad y justicia todos los días». Es la maravilla de todo un

Dios que se vincula con un pueblo y que desea que este, a su vez, le sea fiel, que cumpla su voluntad. Zacarías habla de su hijo Juan, al que nombra profeta del Altísimo, que anunciará al pueblo la salvación que traerá Jesús, el «Sol que nace de lo alto», que iluminará nuestras oscuridades y será nuestra salvación y nuestra paz.

COMIENZA EL TIEMPO DE NAVIDAD

DICIEMBRE

25 | **Jueves**
| Natividad del Señor

Primera lectura: Isaías 52,7-10

Salmo 97: Los confines de la tierra han contemplado la victoria de nuestro Dios

Segunda lectura: Hebreos 1,1-6

Evangelio: Juan 1,1-18 o 1,1-5.9-14

En el principio ya existía la Palabra, y la Palabra estaba junto a Dios, y la Palabra era Dios. La Palabra en el principio estaba junto a Dios. Por medio de la Palabra se hizo todo, y sin ella no se hizo nada de lo que se ha hecho. En la Palabra había vida, y la vida era la luz de los hombres. La luz brilla en la tiniebla, y la tiniebla no la recibió. Surgió un hombre enviado por Dios que se llamaba Juan: este venía como testigo, para dar testimonio de la luz, para que por él todos vinieran a la fe. No era él la luz, sino testigo de la luz. La Palabra era la luz verdadera que alumbra a todo hombre. Al mundo vino y en el mundo estaba; el mundo se hizo por medio de ella, y el mundo no la conoció. Vino a su casa, y los suyos no la recibieron. Pero a cuantos la recibieron les da poder para ser hijos de Dios, si creen en su nombre. Estos no han nacido de sangre, ni de amor carnal, ni de amor humano, sino de Dios. Y la Palabra se hizo carne y acampó entre nosotros, y hemos contemplado su gloria: gloria propia del Hijo único del Padre, lleno de gracia y de verdad.

Juan da testimonio de él y grita diciendo: «Este es de quien te dije: "El que viene detrás de mí pasa delante de mí, porque existía antes que yo"». Pues de su plenitud todos hemos recibido, gracia tras gracia. Porque la Ley se dio por medio de Moisés, la gracia y la verdad vinieron por medio de Jesucristo. A Dios nadie lo ha visto jamás: Dios Hijo único, que está en el seno del Padre, es quien lo ha dado a conocer.

El evangelio de Juan nos sitúa en el centro del misterio que estamos celebrando: la encarnación del Verbo, que se hace hombre. Jesús, la Palabra, es luz y vida, dones que se nos regalan gratuitamente si permanecemos con el corazón abierto para recibir esta Palabra que se encarna y anhela venir a nuestra tierra, a nuestras vidas. Pero no siempre es bien recibida por algunas personas. Sin embargo, a quienes la reciben les da la condición de hijos de Dios, que forman una familia, unida por el Espíritu. Es un misterio inabarcable que nos hermana a todos y nos vivifica para ser cauces de ese amor recibido. Juan, como precursor de Jesús, anuncia su venida y señala quién es el Mesías, del que recibimos «gracia tras gracia». En esta gran solemnidad de la Natividad de Jesús damos gracias a Dios por su infinito amor manifestado en su Hijo, que ha querido compartir nuestra condición humana.

Viernes
San Esteban, protomártir

Primera lectura: Hechos de los Apóstoles 6,8-10; 7,54-60

Salmo 30: A tus manos, Señor, encomiendo mi espíritu

Evangelio: Mateo 10,17-22

En aquel tiempo dijo Jesús a sus apóstoles: «No os fieis de la gente, porque os entregarán a los tribunales, os azotarán en las sinagogas y os harán comparecer ante gobernadores y reyes por mi causa; así daréis testimonio ante ellos y ante los gentiles. Cuando os arresten, no os preocupéis de lo que vais a decir o de cómo lo diréis: en su momento se os sugerirá lo que tenéis que decir; no seréis vosotros los que habléis, el Espíritu de vuestro Padre hablará por vosotros. Los hermanos entregarán a sus hermanos para que los maten, los padres a los hijos; se rebelarán los hijos contra sus padres, y los matarán. Todos os odiarán por mi nombre; el que persevere hasta el final se salvará».

En este evangelio se nos invita a la confianza plena en Dios, a abandonarnos totalmente en sus brazos y a dejar que sea él nuestro defensor ante cualquier pleito. Sabernos amados por el Señor constituye el pilar de nuestra fortaleza; en la medida en que confiamos, la certeza de estar protegidos y seguros crece. El Espíritu Santo es nuestro abogado, quien nos inspirará las palabras acertadas y quien nos guiará hasta la meta. Es indudable que sufriremos incomprensión por parte incluso de quienes más amamos, los miembros de nuestras familias, pero lo importante es continuar el camino de seguimiento de Jesús, y vivirlo hasta las últimas consecuencias.

Primera lectura: 1 Juan 1,1-4

Salmo 96: Alegraos, justos, con el Señor

Evangelio: Juan 20,2-8

El primer día de la semana, María Magdalena echó a correr y fue donde estaba Simón Pedro y el otro discípulo, a quien tanto quería Jesús, y les dijo: «Se han llevado del sepulcro al Señor y no sabemos dónde lo han puesto». Salieron Pedro y el otro discípulo camino del sepulcro. Los dos corrían juntos, pero el otro discípulo corría más que Pedro; se adelantó y llegó primero al sepulcro; y, asomándose, vio las vendas en el suelo; pero no entró. Llegó también Simón Pedro detrás de él y entró en el sepulcro: vio las vendas en el suelo y el sudario con que le habían cubierto la cabeza, no por el suelo con las vendas, sino enrollado en un sitio aparte. Entonces entró también el otro discípulo, el que había llegado primero al sepulcro; vio y creyó.

Este evangelio nos traslada a la resurrección del Señor y nos sugiere varias enseñanzas: la preocupación de María Magdalena por el Señor: corre presurosa a comunicar a los discípulos que no está el cuerpo de Jesús en el sepulcro; el ímpetu de los discípulos que corren juntos hacia la tumba; la humildad de Juan, que sabe reconocer la primacía de Pedro y espera a que llegue este y entre el primero; la incertidumbre al ver las vendas y el sudario, pero no el cuerpo; la fe de Juan, el discípulo amado, que ve y cree… En la fiesta del apóstol Juan estamos invitados a profundizar en esta escena, que nos sitúa en la clave esencial de nuestra fe: la muerte y resurrección de Jesús.

DICIEMBRE

28

Domingo
SAGRADA FAMILIA: JESÚS, MARÍA Y JOSÉ
LOS SANTOS INOCENTES

Primera lectura: Eclesiástico 3,2-6.12-14

Salmo 127: ¡Dichoso el que teme al Señor y sigue sus caminos!

Segunda lectura: Colosenses 3,12-21

Evangelio: Mateo 2,13-15.19-23

Cuando se marcharon los magos, el ángel del Señor se apareció en sueños a José y le dijo: «Levántate, coge al niño y a su madre y huye a Egipto; quédate allí hasta que yo te avise, porque Herodes va a buscar al niño para matarlo». José se levantó, cogió al niño y a su madre, de noche, se fue a Egipto y se quedó hasta la muerte de Herodes. Así se cumplió lo que dijo el Señor por el profeta: «Llamé a mi hijo, para que saliera de Egipto».

Cuando murió Herodes, el ángel del Señor se apareció de nuevo en sueños a José en Egipto y le dijo: «Levántate, coge al niño y a su madre y vuélvete a Israel; ya han muerto los que atentaban contra la vida del niño». Se levantó, cogió al niño y a su madre y volvió a Israel. Pero, al enterarse de que Arquelao reinaba en Judea como sucesor de su padre Herodes, tuvo miedo de ir allá. Y, avisado en sueños, se retiró a Galilea y se estableció en un pueblo llamado Nazaret. Así se cumplió lo que dijeron los profetas, que se llamaría Nazareno.

En el evangelio propuesto hoy aparece el misterio del mal, del sufrimiento. José recibe en sueños el mandato de llevarse a Jesús y a María a Egipto para huir del tirano Herodes. Y, cuando muere este, José vuelve a recibir un mensaje del ángel para que regrese de nuevo a Israel. Llama la atención la pronta disponibilidad de José ante los dos mensajes que recibe. Es todo un ejemplo que nos puede iluminar y del que podemos aprender en cualquier circunstancia de nuestra vida. La prudencia de José también se pone de manifiesto en su decisión de retirarse a Galilea, lugar más seguro y tranquilo. Hoy, que celebramos la solemnidad de la Sagrada Familia, damos gracias a Dios por el testimonio que nos ofrecen José, María y Jesús y por nuestras familias, que nos han educado y ayudado a crecer en la fe.

DICIEMBRE

29 | **Lunes**
Santo Tomás Becket

Primera lectura: 1 Juan 2,3-11

Salmo 95: Alégrese el cielo, goce la tierra

Evangelio: Lucas 2,22-35

Cuando llegó el tiempo de la purificación, según la Ley de Moisés, los padres de Jesús lo llevaron a Jerusalén, para presentarlo al Señor, de acuerdo con lo escrito en la Ley del Señor: «Todo primogénito varón será consagrado al Señor», y para entregar la oblación, como dice la Ley del Señor: «Un par de tórtolas o dos pichones». Vivía entonces en Jerusalén un hombre llamado Simeón, hombre justo y piadoso, que aguardaba el consuelo de Israel; y el Espíritu Santo moraba en él. Había recibido un oráculo del Espíritu Santo: que no vería la muerte antes de ver al Mesías del Señor. Impulsado por el Espíritu fue al templo. Cuando entraban con el niño Jesús sus padres para cumplir con él lo previsto por la Ley, Simeón lo tomó en brazos y bendijo a Dios, diciendo: «Ahora, Señor, según tu promesa, puedes dejar a tu siervo irse en paz. Porque mis ojos han visto a tu Salvador, a quien has presentado ante todos los pueblos: luz para alumbrar a las naciones y gloria de tu pueblo, Israel». Su padre y su madre estaban admirados por lo que se decía del niño. Simeón los bendijo, diciendo a María, su madre: «Mira, este está puesto para que muchos en Israel caigan y se levanten; será como una bandera discutida: así quedará clara la actitud de muchos corazones. Y a ti, una espada te traspasará el alma».

Este pasaje evangélico nos sitúa en la presentación de Jesús en el templo. Sus padres, siguiendo la Ley judía, lo llevan allí con la ofrenda exigida. Ya en el Templo los recibe el anciano Simeón, que reconoce al Mesías y da gracias a Dios porque le ha permitido verlo antes de morir. Será luz de las naciones y gloria del pueblo de Israel. Estas palabras de Simeón nos pueden hacer reflexionar sobre nuestra acogida de Jesús, si realmente ilumina y da sentido a nuestra vida. Al tiempo que ensalza a Jesús, dice que será una bandera discutida, porque ante él habrá que optar: o aceptar su mensaje o rechazarlo. Una propuesta que Jesús siempre nos ofrece, a la que con libertad hemos de responder. El misterio del dolor y el sufrimiento es inherente a la propuesta evangélica, de ahí que el profeta lo anuncie a su Madre. Preguntémonos si somos conscientes de esta realidad que conlleva ser seguidores de Jesús y su Evangelio y si somos capaces de vivirlo hasta las últimas consecuencias.

DICIEMBRE

30 | **Martes**

Primera lectura: 1 Juan 2,12-17

Salmo 95: Alégrese el cielo, goce la tierra

Evangelio: Lucas 2,36-40

Había también una profetisa, Ana, hija de Fanuel, de la tribu de Aser. Era una mujer muy anciana; de jovencita había vivido siete años casada y luego viuda hasta los ochenta y cuatro; no se apartaba del templo día y noche, sirviendo a Dios con ayunos y oraciones. Acercándose en aquel momento daba gracias a Dios y hablaba del niño a todos los que aguardaban la liberación de Jerusalén.

Y, cuando cumplieron todo lo que prescribía la ley del Señor, se volvieron a Galilea, a su ciudad de Nazaret. El niño iba creciendo y robusteciéndose, y se llenaba de sabiduría; y la gracia de Dios lo acompañaba.

Si ayer contemplábamos al justo Simeón, hoy vemos a la profetisa Ana, que celebra y da gracias a Dios por contemplar a Jesús. Ella permanece en el Templo, aguardando al Mesías, y, cuando se le manifiesta, lo comparte con todos los que esperaban la liberación de Israel. Ana nos enseña a ser pacientes, a estar en búsqueda constante del Señor, que es quien nos traerá la auténtica libertad. El evangelio nos dice que el niño Jesús iba creciendo y se llenaba de sabiduría. Es toda una invitación a empeñarnos en nuestro crecimiento espiritual, a seguir buscando la fuente de la verdadera sabiduría, que solo la hallaremos en Dios, estar abiertos a su gracia y dejarnos transformar por ella.

DICIEMBRE

31 | **Miércoles**
San Silvestre I

Primera lectura: 1 Juan 2,18-21

Salmo 95: Alégrese el cielo, goce la tierra

Evangelio: Juan 1,1-18

En el principio ya existía la Palabra, y la Palabra estaba junto a Dios, y la Palabra era Dios. La Palabra en el principio estaba junto a Dios. Por medio de la Palabra se hizo todo, y sin ella no se hizo nada de lo que se ha hecho. En la Palabra había vida, y la vida era la luz de los hombres. La luz brilla en la tiniebla, y la tiniebla no la recibió. Surgió un hombre enviado por Dios que se llamaba Juan: este venía como testigo, para dar testimonio de la luz, para que por él todos vinieran a la fe. No era él la luz, sino testigo de la luz. La Palabra era la luz verdadera que alumbra a todo hombre. Al mundo vino y en el mundo estaba; el mundo se hizo por medio de ella, y el mundo no la conoció. Vino a su casa, y los suyos no la recibieron. Pero a cuantos la recibieron les da poder para ser hijos de Dios, si creen en su nombre. Estos no han nacido de sangre, ni de amor carnal, ni de amor humano, sino de Dios. Y la Palabra se hizo carne y acampó entre nosotros, y hemos contemplado su gloria: gloria propia del Hijo único del Padre, lleno de gracia y de verdad.

Juan da testimonio de él y grita diciendo: «Este es de quien te dije: "El que viene detrás de mí pasa delante de mí, porque existía antes que yo"». Pues de su plenitud todos hemos recibido, gracia tras gracia. Porque la Ley se dio por medio de Moisés, la gracia y la verdad vinieron por medio de Jesucristo. A Dios nadie lo ha visto jamás: Dios Hijo único, que está en el seno del Padre, es quien lo ha dado a conocer.

El prólogo del evangelio de Juan es un texto que invita a la reflexión profunda por el mensaje tan iluminador que encierra. La Palabra es vida, luz, y a quienes la reciben les regala la filiación divina, que nos hermana a unos con otros por el Espíritu. Pero el mundo no la conoce y la rechaza, prefiere las tinieblas a la luz. La Palabra se ha encarnado en la persona de Jesús, a quien Juan anuncia y proclama que ya existía antes que él. Juan personifica la Ley antigua; Jesús, el nuevo tiempo de gracia y verdad. Hoy es el último día del año y estamos a las puertas de uno nuevo. Confiamos vivir no anclados en el pasado, sino en el tiempo nuevo que Jesús inaugura. Estemos abiertos a recibir «gracia tras gracia» en este año que pronto vamos a iniciar. Dejémonos guiar e iluminar por la auténtica Palabra de vida que siempre permanece y se nos ha manifestado en Jesús.

ÍNDICE